THOU SHALL PROSPER

부의 바이블

THOU SHALL PROSPER

부의 바이블

삼천 년 유대인 역사 속 부의 비밀

다니엘 라핀 지음 | 김재홍 옮김

북스넛
Booksnut

옮긴이 김재홍

성균관대학교 영어영문학과를 졸업하고 출판사 편집자를 거치며 번역과 출판 기획에 전념하고 있다. 옮긴 책으로는 『어느 선장의 가르침』, 『꿈을 도둑맞은 사람들에게』, 『화의 심리학』, 『험담』, 『물의 찬가』, 『평생 잊을 수 없는 체험여행 40』 등이 있다.

THOU SHALL PROSPER

부의 바이블

1판 1쇄 인쇄 ┃ 2017년 11월 1일
1판 3쇄 발행 ┃ 2022년 3월 15일
지은이 ┃ 랍비 다니엘 라핀
옮긴이 ┃ 김재홍
발행인 ┃ 이현숙
발행처 ┃ 북스넛
등 록 ┃ 제410-2016-000065호
주 소 ┃ 경기도 고양시 일산동구 호수로 662 삼성라끄빌 442호
전 화 ┃ 02-325-2505
팩 스 ┃ 02-325-2506
이메일 ┃ booksnut2505@naver.com

ISBN 978-89-91186-90-3 03320

■ 차 례

10장 인생관　　절대로 은퇴하지 말라　•　381

에필로그　　　　　•　417

참고자료　　　　　•　423

프롤로그

데이브 램지의 추천 서문

나는 부유한 유년시절을 보내지는 않았지만, 사업가적인 기질을 배우며 자랐다. 나의 아버지는 탁월한 사업가적인 태도를 지니고 계셨으며, 그는 나에게 목표 설정하기와 열심히 일하기, 고도로 집중하기에 대해 가르치셨다. 내가 12살 되던 어느 여름날, 나는 아버지를 찾아가서 "아빠, 돈이 필요해요."라고 말한 적이 있었다.

그때 아버지는 "너는 이제 12살이란다. 너에게 필요한 것은 돈보다 일이란다."

그래서 그해 여름, 나는 유리 커팅에 대해 배워야만 했다. 사실, 나는 거기서 그 이상의 많은 것을 배울 수 있었는데, 목표와 마케팅 그리고 결정하는 방법 등이 그것이다. 그 후, 나는 명함을 갖게 되었고 매우 자그마한 회사를 세우게 되었다.

아버지가 나에게 준 가장 큰 사업상의 가르침은 돈은 일로부터 나온다는 것이었다. 이것은 태초부터 내려온 현실이다. 일단, 당신은 동굴을 떠나서 짐승을 잡아야 하며, 그것을 집으로 끌고 와야 한다. 그제야 그것이 당신 것이 된다. 당신이 어떤 가치나 어떤 자격을 가졌는지는 중요하지 않다. 만일 당신이 자신에 대한 생각만을 내세운다면, 그 어떤 사람도 당신에게 일을 맡기려 하지 않을 것이다.

나는 그 어디에서도 쉽게 접해 볼 수 없는 이러한 교훈을 어린 시절부터 나에게 가르쳐준 아버지께 진심으로 감사한다. 토마스 에디슨이 이것에 대해 매우 적절한 표현을 했다.

"사람들이 대개 기회를 놓치는 이유는, 기회는 마치 작업복 차림의 일감처럼 보이기 때문이다."

대다수 많은 사람들이 부를 원하지만, 부를 위한 노력은 원치 않는다. 그들은 쾌락의 충족을 바라는 동시에 도덕성과 윤리성, 사업의 중대성에도 부합해야 한다는 것을 알고 있지만, 모든 것을 충족하기가 쉽지 않다는 것도 알고 있기 때문이다.

그리고 그것은 내가 왜 이 책을 사랑하게 되었는지에 대한 답이기도 하다.

2년 전쯤, 성경 공부 모임에서 한 친구가 이 책을 나에게 주기 전까지 나는 랍비 라핀에 대해 알지 못했다. 나는 이 책에 대해 들어본 적이 전혀 없었고, 받은 직후 대충 훑어보기만 했었다. 훗날, 모임에서 다 함께 공부하며 이 책을 자세히 읽게 되었다. 이 책의 내용은 나를 완전히 매료시켰고, 내가 읽어 왔던 수많은 재정 서적 중 단연 최고임이 분명했다.

라핀이 "금융권의 스타"가 아니라는 점에서 이 책의 탁월함을 인정한다. 당신이 빌 게이츠나 워런 버핏에 의해 쓰인 책을 읽을 때, 그 책의 저자가 "평범한 사람"이 아님을 인지한다. 빌 게이츠가 당신의 옆집에 살지 않을 가능성이 높다. 모든 유명한 스타들은 성공을 얻기 위한 과정을 거치게 되며, 평범한 사람이 그렇게 되기란 극히 드물다.

이 책은 평범한 사람들에 대한 이야기이다. 당신이 파트 타임으로 일하는 카페 점원이든, 대기업의 사장이든, 라핀은 당신의 일과 돈에 대해 완전히 다른 시각에서 사고하는 방법을 알려준다. 혹시, 당신은 한 번이라도 이 관계에 대해 생각해 본 적이 있는가? 대부분의 사람들이 이 둘의 상관관계에 대해 전혀 깨닫지 못한다.

일-돈 관계 이외에도, 라핀의 종합 이론은 매우 흥미롭다. 몇몇 사람들에게는 유대인들의 선천적인 부의 축적 능력에 대해 인정하는 것이 불편한 진실일는지 모르겠지만, 나는 이것이 사실임을 역사가 증명한다고 생각한다. 이것은 인종적인 것이 아닌 문화적인 것이다. 부를 이루기 원하는 우리는 유대인들의 문화적 사고방식과 민족적 경험에 대해 알 필요가 있다.

라핀은 돈을 단지 물리적인 것이 아님을 이해하고 있었으며, 그는 그것이 정신적 현실이라고 말한다. "정신적인 것"은 단순히 포개어져 있는 종이 뭉치에 관한 것도 아니며, 그것으로 무엇을 살 수 있는지를 의미하는 것도 아니다. 그것은 사람과 관계에 대한 것이다. 돈은 끊임없이 움직이며, 우리의 대인 관계를 풍부하고 단단하게 다져주는 역할을 한다.

이런 경우, 돈은 각기 다른 두 사람의 꿈을 연결시켜 주기도 한다. 한 번 생각해 보자. 나는 개인적으로 스키를 매우 좋아한다. 스키를 타며 가족들과 함께 지내는 것을 즐기는데, 이때 나는 돈 쓰는 것에 대해 전혀 인색해 하지 않는다.

이번에는 호화 스키 리조트를 소유하고 운영하는 다른 사람의 꿈에 대해 생각해 보자. 그는 리조트 이용객들에게 훌륭한 서비스와 편안한 잠자리를 제공하려는 열망이 있으며, 그것이 충족 됐을 때 만족감을 얻는다. 자, 그럼 내가 휴가를 갔을 때, 나는 그에게 돈을 줄 것이고 그는 나에게 열쇠와 스키 장비들을 줄 것이다. 우리는 서로가 원하는 것을 얻었기 때문에 이 거래는 매우 만족스러운 것이 될 것이며, 우리 둘의 꿈은 이루어진 셈이다. 이런 관점에서 볼 때, 돈은 단순한 종이가 아니다. 돈은 관계를 이어주는 매개체이다.

하지만 오늘날의 사업가들은 부당한 평가를 받고 있다. 어떤 사람들은 성공적인 사업을 통한 부의 축적을 존경받을 만한 기업의 성과로 여기지 않고 있는데, 나는 솔직히 그런 반응에 대해 이해하기 어렵다.

내가 가장 받아들이기 어려운 것 중 하나가 성공적인 사업을 통한 부의 축적을 부정직한 사기나 도덕적인 결함에 의한 부산물이라고 여기는 통념이다. 어떤 사람들은 한 사람이 부를 얻는 유일한 길이 거짓말과 속임수 그리고 다른 사람을 이용하는 것이라고 믿는다. 많은 사람들이 명예롭고 존경할 만한 부자를 부정적 시선으로 바라보는데, 이것은 매우 슬픈 일이다.

언론을 포함하여 많은 사람들이 "심리적 결핍"을 이야기한다. 이 이론에 따르면, 이 세상에는 제한된 양의 부가 있으며, 따라서 누군가의 성공은 다른 누군가의 실패를 초래시킨다는 것이다. 즉 더 많은 돈을 벌 수 있는 유일한 방법은 다른 사람의 것을 빼앗아 오는 것이라고 생각하는 것이다. 이게 무슨 뚱딴지같은 소리인가!

남녀노소를 불문하고 많은 사람들이 이런 말도 안 되는 이야기에 동의하는데, 과연 그럴까? 나는 종종 불평 많은 가난한 사람과 죄 많은 부자와 같이 양극단에 있는 사람들을 목격하곤 한다. 모든 가난한 사람이 불평이 많다고 할 수 없으며, 모든 부자가 유죄라고 할 수도 없지만, 사회는 때때로 우리를 이 양쪽 사이의 어딘가로 이끌고 간다. 어쩌면 당신은 두 극단 어딘가에 있는 사람을 이미 알고 있을 수도 있다.

이 가난한 사람들은 작고 소박한 야망을 가지고 있으며, 9시부터 5시까지만 일하며, 집에 가서 소파에 앉아 "하찮고 보잘것없는 사람"이 어떻게 앞서 나갈 수 있는지에 대해 불평한다. 그는 고등학교 졸업 후 읽은 책이 별로 없으며, 세상은 자신에게 빚을 지고 있다고 느낀다. 그에 대한 보상은 무료 보건 서비스나 건강 보험, 대학등록금, 대중교통비, 아니면 퇴직 후의 삶일 수도 있다. 그들은 단지 자신이 하루 8시간 꼬박 일했으니, 그들이 할 수 있는 전부를 한 것으로 생각한다. 만일 그들이 충분한 돈을 벌지 못하게 된다면, 누군가는 그들을 대신해서 일해야 하며 그들을 돌봐주어야 한다고 생각한다.

죄가 많은 부자인 경우, 그들은 미친 사람처럼 일에만 몰두하고, 다른 사람에게 봉사하는 새롭고 창의적인 방법에 대해 생각하며, 어떻게 하면 1달러를 100달러로 만들 수 있는지 알고 있으며, 그들의 자식들을 위한 학자금 계좌에 돈을 쏟아붓는다. 한 달에 한 권 이상의 책을 읽으며, 은퇴 후의 삶을 위해 매우 많은 투자를 하지만, 그런 후 그들은 죄책감을 느낀다. 그들은 사업의 부정직함과 불신에 대한 거짓을 듣고 그들 자신의 성공을 부끄럽게 여기게 된다. 그들은 상당히 이로운 많은 것들을 주지만, 이러한 것들은 의무나 관용으로부터 오는 것이 아닌, 그들의 부가 다른 이들을 가난으로 내몰았다는 잘못된 생각에서 온다.

분명히 해보자. 두 그룹 모두 중요한 부분을 놓치고 있다. 부의 창출에 대한 존엄이 명예로운 사업을 통해 이루어진다는 것은 지구상의 그 어떤 가치와도 비교하기 어렵다. 누구든 필요를 충족하기 위해 돈을 지불하는 것을 범죄 행위라 여기지 않으며, 이에 대한 서비스 제공을 기꺼이 받아들이는 것이 부끄러운 일이라 생각하지 않는다. 이것이 저자가 당신이 버는 모든 돈이 당신의 고객으로부터 온 "감사장"이라고 말한 이유이다.

당신도 알다시피, 만일 당신이 사업을 제대로 운영하지 못한다면, 아무도 당신에게 이와 같은 작은 증명서를 주려고 하지 않을 것이다. 그 결과 당신은 사업을 접게 될 것이다. 그렇다. 당신이 아첨꾼이라면, 당신의 고객들은 당신이 오래 가지 못할 것을 이미 눈치챌 것이다. 그렇다면, 모든 부정직한 뒷거래와 부정부패를 일삼는 기업가들은 어디에 있을까?

이 책에 설명된 십계명은 모두를 위한 것이다. 당신이 유대인일 필요도, 부자일 필요도 없다. 꼭 사업을 할 필요도 없으며, 제2의 마이클 델이 되고자 하는 욕망을 가질 필요도 없다. 이 십계명은 간단하며 실용적인 삶과 비즈니스를 위한 원칙들이다. 이것은 당신이 돈을 어떻게 보아야 하는지, 사람들을 어떻게 대해야 하는지, 비즈니스에서 자신을 어떻게 표현해야 하는지에 대해 알려줄 것이다.

끝으로, 이 책은 부자가 되는 법에 대해서만 알려주는 것은 아니다. 이 책의 내용은 당신 자신과 가족, 당신을 둘러싼 모든 것에 대해 가치를 더하는 법을 알려준다. 저자 라핀은 정직한 비즈니스와 현명한 관리를 통해 다른 사람들의 행복에 기여할 때, 당신의 가치를 깨닫게 될 것이라고 말한다. 또한 그것은 당신만이 아니라, 당신을 둘러싼 모두에게 영향을 끼친다는 것을 일깨워준다. 당신이 당신의 지역사회에서 진정한 부의 축적을 하게 된다면, 그 모든 혜택은 당신을 포함한 모두에게 돌아갈 것이다.

-데이브 램지
테네시 주 나스빌에서

3천년 유대인의 역사 속에서 발견한 부의 비밀

언젠가 마크 트웨인은 이렇게 말했다. "유대인은 전 인류의 1 퍼센트밖에 되지 않는다. 순리대로라면 그들에 관한 이야기는 좀처럼 들리지 않아야 정상이다. 하지만 우리는 유대인에 관한 이야기를 늘 들어왔다. 이야기 속의 유대인은 대부분 성공적인 비즈니스맨이다. 브로드웨이라는 막대한 규모의 사업이 실질적으로 그들의 수중에 있고, 독일에서는 대형사업의 85퍼센트를 유대인이 쥐고 있다. 그들은 돈 버는 법을 아는 사람들이다."

사실 유대인이 전 인류의 1퍼센트는 고사하고 그 10분의 1도 안 된다는 점에서 마크 트웨인이 유대인 인구를 과대평가한 것은 사실이지만, 그 비율에 비해 경제적으로 성공한 사람들이 놀라울 정도로 많다는 점을 언급한 것은 옳은 이야기다. 악명 높은 나치로부터 하시드정통파 유대인 학자에 이르기까지, 일본의 문화 비평가로부터 유대인을 한 번도 만나본 적이 없는 음모 이론가에 이르기까지, 유대인의 과거와 현재의 정체성을 연구해온 사람이라면 누구나 인정하는 단순한 사실이 하나 있다. 유대인은 비즈니스에 능통하다는 것이다.

나는 유대인이 비즈니스에서 뛰어난 성과를 올리게 되는 비결이 무엇인지 연구하고 그것을 구체화시키기 위해 많은 노력을 기울여왔다. 많은 이들이 그 비결을 자유로이 활용할 수 있게 하기 위해서였다. "부의 비밀을 알고 있다면 그냥 그렇게 하면 되지, 왜 굳이 그 비밀을 다른 사람들에게 알릴까?"하고 궁금해할 사람이 있을지도 모른다. 그러나 나는 다른 이들이 부자가 된다고 해서 그만큼 내 몫이 축소되는 것은 아니라는 것을 알고 있다. 나아가 3천 년간 축적되어온 유대인의 지식을 오랫동안 연구해 보니 다음과 같은 놀라운 결과에 도달할 수 있었다. 바로 주변 사람들이 더 많은 부를 창출할수록 나 또한 더 많은 이익을 누리게 된다는 사실이다.

부유할수록 좋다

돈을 더 많이 벌었으면 좋겠다는 생각을 부끄러워하지 말고 인정해야 한다. 재산이 더 많다면 어떤 멋진 일들을 할 수 있을지 떠올려보라. 그렇게 한다고 해서 자기 인생에 불만이 생겨, 영혼이 좀먹는 일은 발생하지 않는다. 우리는 삶에 대해 만족하고 여러 가지 축복에 대해 감사하면서도 동시에 더 많은 것을 바랄 수 있다. 그런다고 해서 감사를 모르는 탐욕스런 인간이 되는 것은 아니다.

"자, 돈을 더 많이 벌면 좋겠는가?"라는 물음보다 그냥 "그래, 지금보다 돈을 더 많이 벌면 좋겠어."라고 말하라. 나는 여러분이 돈을 더 많이 벌고 싶다고 생각하기를 진심으로 바란다. 돈을 더 많이 벌고 싶어 하면 할수록 수많은 다른 사람들을 위해 더욱 열심히 일하고 생산할 것이기 때문이다. 돈을 더 많이 벌면 좋겠다고 생각하고, 그래서 일하기를 간절히 바라는 여러분 같은 이들이 세상에 있다는 것을 알기에 나는 행복하다.

옛날, 유대인 가운데 벤 조마라고 하는 사람이 언젠가 군중 틈에 섞여 길을 간 적이 있었다. 아마도 그의 주변에 있던 몇몇 사람들이 군중 때문에 이리저리 떠밀리다가 불평을 했던 모양이다.

그러자 벤 조마는 유쾌하게 웃으며 말했다.

"이 모든 사람들을 지어 나를 섬기게 하시는 창조주께 복이 있을지어다."

그는 계속해서 소리 높여 외쳤다.

"아담이 빵을 먹기 전에 감내해야 했던 일을 생각해 보라. 땅을 갈고, 씨를 뿌리고, 추수하고, 곡식단을 묶고, 타작과 키질을 하고, 낟알을 갈고, 가루를 체로 골랐다. 그 다음엔 반죽을 해서 굽고, 그러고 나서야 겨우 빵을 먹을 수 있었다. 하지만 나는 매일 아침 일어나면 이 모든 일이 끝나 있다. 아담은 옷을 얻기 위해 얼마나 많은 수고를 해야 했는가! 양을 기르고, 양털을 깎고 씻어서 빗고, 실로 자아내서 짜야 했다. 나는 매일 아침 일어나면 이 모든 일이 끝나 있다. 온갖 장인들이 내 집 문 앞까지 와서 내게 필요한 것을 무엇이든 가져다주니 말이다."

벤 조마와 마찬가지로, 나도 다른 사람들이 나의 행복에 결정적으로 기여하고 있다고 생각한다.

이 책을 통해 나는 여러분에게 돈과 부에 대한 유대인의 접근방식을 요약해서 보여줄 뿐만 아니라 그것을 유용하게 활용할 수 있는 방법을 제시할 것이다. 이 책에서 여러분은 유대인의 비즈니스 성공비결과 그것의 이용방법을 알게 될 것이다.

인구 비율에 비해 많은 부를 창출해낸 유대 문화에 대해 깊이 이해하게 될 것이다. 그리고 삶에서 활용할 정보와 도구, 기법들을 배우게 될 것이다. 무엇보다 좋은 점은, 그렇게 함으로써 자기 자신뿐 아니라 주변 사람들에게도 도움을 줄 수 있다는 것이다.

우선 성공의 뿌리가 되는 돈을 벌고 부를 창출하는 강력한 개념들을 살펴보기에 앞서 몇 가지 그릇된 인식들을 몰아내기로 하자.

유대인에 관한 4가지 오해

유대인이 비즈니스에 성공하는 이유를 설명하기 위해 흔히 제기되는 이론 중에 많은 사람들이 오해하는 네 가지가 있다. 그것들을 하나하나 차례로 파헤쳐서 진실을 밝히고자 한다. 생명력이 긴 대부분의 거짓말이 그렇듯이, 일부 이론에는 작은 진실의 씨앗들이 발견된다. 거짓말이 세간의 신뢰와 인정을 받는 까닭은 그처럼 내부에 있는 작은 진실 때문이지만, 분석에 방해받지 않기 위해 그런 진실들은 한쪽으로 제쳐두겠다.

많은 이들이 오해하는 네 가지 이론은 다음과 같다.

1. 박해에 몰린 유대인은 자연 선택에 의해 돈을 버는 천부적인 재능을 지닌 민족으로 진화했다.

2. 유대인들은 사기꾼이다. 1971년 판『옥스포드 영어사전』은 유대인을 가리키는 'jew' 라는 단어를 "유대인 장사꾼의 속성. 속이거나 지나치게 욕심을 부리다"라는 뜻의 동사로 정의했다.

3. 유대인은 비밀 조직을 통해 상호이익을 도모한다.

4. 돈을 다루는 유대인들의 재능은 그들의 높은 지능지수로 설명할 수 있다.

이 잘못된 설명 네 가지는 모두 반박이 가능하다.

첫 번째 오해 : 유대인은 돈 잘 버는 민족으로 진화했다.

첫 번째 이론에 따르면, 뇌물을 주고 달아날 수 없었던 가난한 유대인들의 경우 박해자에게 붙잡혀 죽임을 당했고, 부자 유대인들은 도망칠 방법을 마련하고 살아남아서 자유롭게 번성했다는 것이다. 이 설명을 진지하게 받아들이려면 유대인의 DNA에 일종의 '돈 유전자'가 들어 있다고 믿어야 할 것이다. 자연 선택에 따른 적자생존설을 주장한 다윈의 이론과 마찬가지로, '돈 유전자' 이론의 요지는 '돈 유전자'를 가진 이들이 같은 유전자를 가진 유대사회 내에서 번성하여 그 유전자를 보존할 수 있었다는 것이다.

명백히 인종차별적인 이 설명이 갖는 유일한 문제점은 그런 유전자가 존재하지 않는다는 사실이다.

두 번째 오해 : 유대인은 돈을 벌기 위해 속임수를 쓴다.

두 번째 거짓 이론은 유대인이 비즈니스에서 유리한 위치를 점하기 위해 속임수를 쓰거나 지나치게 공격적인 비즈니스 관행을 따른다는 것이다. 부정한 행동을 하는 유대인들이 없는 건 아니지만, 그것은 세계 어느 민족이나 종교, 인종 집단에서도 마찬가지이며, 이중적이고 불쾌한 행동이 유대인의 전반적인 특징은 아니다. 지난날 사람들이 유대인을 한 번도 만나본 적이 없어도 "그가 유대인처럼 날 속였어He jewed me down" 같은 표현을 함부로 썼던 것이 사실인데, 나는 그와 같은 언어 사용이 유대인의 문화적 특성을 제대로 지적했다고는 생각하지 않는다.

'토라Torah 하나님의 계시를 받아 모세가 썼다는 율법 또는 오경. 곧 구약성경의 창세기, 출애굽기, 레위기, 민수기, 신명기'라고 알려진 유대교 지침서는 성경에 기초를 둔, 현실에 대한 광범위한 청사진을 제시하는 책이다. 이 책에는 비즈니스의 정직성에 관련된 율법이 음식 규정에 관련된 율법에 비해 다섯 배 이상 많이 나온다. 오늘날 유대인의 번영을 속임수 때문이라고 보는 시각도 있지만, 사실 그들이 속임수와 몰상식한 행동으로 이익을 얻는 건 극소수이며, 그 기간도 매우 짧다. 문제는 신용이다. 속임수를 쓰고 거짓말을 하고 무례하게 구는 사업가는 얼마 못 가서 거래할 사람들을 잃고 만다.

세 번째 오해 : 모든 유대인은 비밀 조직에 속해 있다.

세 번째 거짓 이론은 모든 유대인이 지나치게 서로를 끔찍이 아끼고 서로를 도울 기회를 끊임없이 찾는다는 희한한 인식에 바탕을 두고 있다. 이런 말도 안 되는 주장이 모든 유대인에게 적용된다면, 그것은 모든 테니스 선수 혹은 모든 대머리 남자에게도 적용되어야 한다. 크고 단결된 조직 안에서 사람들이 서로의 이익을 증진하려고 헌신적으로 노력한다면, 어떤 사람이든 번영을 누리게 될 것은 당연하다.

나는 그 같은 형제애적인 감정이 바람직하다고 여기지만, 미국 유대인 사회에는 해당되지 않는다는 점을 슬프게도 인정하지 않을 수 없다. 유대인은 온갖 것을 놓고 따진다. 유대교와 유대인 사회에 깊이 관련된 유대인일수록 논쟁에 더욱 광적이고 격렬해지는 듯하다. 다음 농담에서 볼 수 있듯이 따지기 좋아하는 유대인의 모습은 너무나 유명하여, 유대 문화의 핵심 부분이 된 것처럼 보일 정도다.

한 젊은 학자가 작고 오래된 회당에 신임 랍비로 초빙되었다. 그가 첫 번째 안식일 예배를 드리는 날, 사람들 사이에서 십계명을 읽을 때 일어서야 하는지 아니면 앉아야 하는지에 대해 격렬한 논쟁이 벌어졌다. 다음 날 그 랍비는 동네에 한 요양원에 있는 98세의 카츠 씨를 찾아갔다.

"카츠 선생님, 선생님은 지역에서 가장 연장자이십니다."

랍비가 말했다.

"십계명을 읽는 동안 어떻게 하는 것이 우리의 관습입니까?"

"그건 왜 묻나?"

카츠 씨가 물었다.

"어제 우리는 십계명을 읽었습니다. 일어선 사람들도 있었고 앉아 있는 사람들도 있었죠. 그런데 일어선 사람들은 앉아 있는 사람들에게 일어나라고 소리를 질렀습니다. 앉아 있는 사람들은 일어선 사람들에게 앉으라고 소리를 질렀고요."

"그게 바로 우리의 관습이네."

노인이 대답했다.

네 번째 오해 : 유대인은 머리가 좋아 돈을 잘 번다.

유대인이 비즈니스에 성공하는 이유를 설명하는 네 번째 거짓 이론은 유대인 전체의 지능이 특별히 높다는 것이다. 그것의 사실 여부는 중요하지 않다. 중요한 것은 그것이 돈을 잘 버는 데 문제가 되지 않는다는 점이다. 지나치게 낮지 않은 한, 지능지수는 사업의 성공과는 거의 무관하다. 그냥 평범하게 멍청한 것만큼이나 지나치게 똑똑한 것도 사업 성공에 해를 끼친다.

나는 수십 년간 비즈니스에 관심을 갖고, 또한 유대 교사의 역할을 수행하면서 수십 가지 직업에 종사하는 수백 명의 사람들을 주의 깊고 면밀하게 관찰해 왔다. 그 결과, 종 모양을 한 지능지수 곡선의 오른쪽 경사면을 따라 상위 세 자릿수의 지능지수를 가진 사람도 비즈니스에 실패할 운명이기는 마찬가지라는 사실을 분명히 깨닫게 되었다.

대부분의 경우 그들은 비즈니스에 재주가 없기로 악명이 높으며, 거물 사업가가 되는 경우는 좀처럼 보기 어렵다. 머리는 좋아 보이지만 비즈니스에는 별로 재주가 없는 것이다. 비즈니스에서 성공하기 위해서는 머리가 좋은 것보다는 세상이 실제로 어떻게 돌아가는지 아는 것이 훨씬 더 중요하다.

머리가 좋았을 뿐 아니라 그 명석함을 이용하여 큰돈을 벌었던 토마스 에디슨 같은 사람이 있지 않느냐는 지적에 대해서는, 독창적인 발명가는 무일푼으로 죽고 나중에 훨씬 더 평범한 사람이 그 발명품을 상품화하여 큰돈을 벌었다는 이야기들이 수없이 많다는 것을 밝혀 둔다. 그나마 위로가 되는 소식은, 타고난 지능을 높이는 것은 매우 힘들지만, 세상이 어떻게 돌아가는지를 배우는 일은 그보다 훨씬 더 쉽다는 것이다.

유대인을 부자로 만든 독특한 사고방식

앞에 나온 네 가지 이론이 모두 틀렸다면, 싸움을 걸어오는 편견과 길목마다 진을 친 장애물에도 불구하고 유대인이 나라와 시대를 불문하고 꾸준히 최고의 경제적 입지를 누려온 사실을 도대체 어떻게 설명할 수 있을까?

특별히 종교적이거나 유대인답다고 여겨지지 않는 가정에도 유대인의 마음속에 깊숙이 자리 잡고 있는 많은 특징들이 있다. 이 특징들은 성공을 좇는 사람이라면 누구나 닮으려고 노력하여 제2의 천성으로 삼아야 하는 것들이다.

유대 전통은, 얼마 동안 새로운 일을 꾸준히 하고 나면 스스로 다른 사람이 된 기분을 느낄 수 있다고 가르친다. 돈을 더 많이 벌기 위해서는 새로운 사실들뿐만 아니라 여러 가지 상황에 반응하는 새로운 직관과 방법을 배워야 한다. 어떤 단계가 되었든 크게 성장하기 위해서는 자신을 전혀 새로운 사람으로 바라보는 것이 필수적이다. 이것이 정확한 인식이다. 우리가 정말 성장했다면 실제로 변한 것이다. 간단하다.

돈 버는 법을 배우고 이해하고 연습하라

어떻게 하면 돈을 더 잘 벌 수 있을까? 그것은 유도를 더 잘하거나 음식을 더 잘 만들거나 시를 더 잘 쓸 수 있는 3단계 방법과 아주 흡사하다.

(1) 배워라.
(2) 이해하라.
(3) 연습하라.

1단계는 기법을 배우는 단계이다. 2단계는 기법 뒤에 있는 원칙을 이해하는 단계이다. 기법의 작동 구조를 이해하면 작동을 보장할 수 있다. 기법의 궁극적인 효과에 대해 믿음을 갖는 것이 중요한 까닭은, 그렇게 해야 3단계까지 수행할 동기부여가 되기 때문이다. 3단계는 불굴의 정신과 굳은 결심을 품고 연습을 거듭하여, 기교에 능숙해질 뿐 아니라 예전과 다른 사람이 되는 단계이다.

연습의 필요성을 강조할 때면 나는 학생에게 연습을 재촉하는 피아노 선생님과 똑같은 심정이 된다. 연습하면 그 대상이 자신의 일부가 된다. 가끔 나 자신을 '연습하는 유대인'이라 부르는 이유가 여기에 있다. 충분히 연습만 하면 언젠가는 제대로 하게 된다는 뜻이 아니라, 종교적으로 요구되는 행동을 꾸준히 연습하고 다른 일과 연계하여 집중하면 내가 바라는 행위들을 습관으로 내 안에 통합시켜, 마침내 새 사람이 된다는 뜻이 함축되어 있다. 여기에서 논의될 기법들을 끊임없이 연습하여 일상생활의 규칙적인 요소, 곧 습관으로 만든다는 생각을 부담스러워하지 말아야 한다.

스스로 변하지 않으면 부자가 될 수 없다.

부를 창출하는 능력을 키운다는 것은 단순히 기술적인 문제가 아니다. 어떤 종류의 투자를 해야 하는지 안다고 해결될 문제도 아니고, 이력서 쓰는 법을 안다고 해서 되는 문제도 아니다. 주머니에 여분의 돈, 실제로 쓸 수 있는 돈이 있다는 것은 펜이나 라이터가 있다는 것과는 다르다. 소유한 돈의 액수가 실질적이고 눈에 띄게 증가한다면 사람은 변하게 마련이다. 우리가 사뭇 다른 사람으로 변하면 주변 사람들은 그 변화를 알아차린다. 여분의 돈이 우리를 새로운 사람으로 만든다면, 새로운 사람으로 만드는 것이 더 많은 돈을 벌기 위한 하나의 단계라는 결론이 금방 나오게 된다.

수학 방정식으로 표현하면 이렇다.

예전의 나 + 더 많은 돈 = 새로운 나

이제 방정식의 양쪽에서 '예전의 당신'을 빼면, 다음과 같다.

더 많은 돈 = 새로운 나 − 예전의 나

바꾸어 말하자면 돈을 더 많이 벌기 위해서는 단순히 새로운 기술을 배우는 것만으로는 안 되고 그것을 훌쩍 뛰어넘기 위한 노력이 필요하다는 뜻이다. 즉 자기 자신을 변화시키려고 노력해야 한다. 이것은 쉽지 않겠지만 분명히 할 수 있고 효과가 있는 일이다.

나는 토라를 읽을 때마다 그 책이 세상의 실제 작동원리를 보여주는 포괄적인 안내서라고 생각해 왔다. 내가 누린 커다란 축복과 이점은 하나님의 말씀인 토라를 무척 진지하게 받아들이는 집안에서 태어났다는 것이다. 게다가 우리 집안은 수천 년 된 유대인의 지식을 연구하고 이해하기 위해 여러 세대에 걸쳐 열과 성을 다해왔다. 내가 돈과 경제적 성공에 대해 배운 거의 모든 가치들은 제한적이기 짝이 없는 내

개인 경험에서 나온 것이 아니라, 재정적으로 성공한 사람들의 심리와 사회 활동에 대한, 역사상 가장 영구적이고 장기적인 연구의 결과이다.

3천 년 역사를 자랑하는 이 연구의 토대는 내 믿음 체계의 밑바탕을 이룬다. 그것은 내가 보는 현실을 원칙의 색깔로 바꿔놓는 프리즘이다. 그것은 가치와 직업에 관한 나의 의견에 깊은 영향을 미쳤고 나는 그 사실을 결코 숨기지 않는다. 토라는 재정적인 교류에 대해 많은 것을 이야기한다. 이 원칙들은 원래 유대 민족에게 주어진 것이지만, 많은 원칙들이 보편성을 띠고 있고, 종교가 있든 없든 상관없이 누구에게나 적용된다. 이런 방안들이 이 책의 핵심이며, 어떤 배경을 가진 사람이든 그와는 무관하게 유용한 도움을 얻을 수 있다.

토라는 이 지식의 토대이며, 613개의 개별적인 원칙으로 구성되어 있다. 이 원칙들은 우리가 '십계명'이라 일컫는 10개의 큰 제목 하에 나누어진다. 나는 우리의 번영을 위해 필요한 재료들을 10개의 큰 제목들로 배치했고, 각각의 제목 밑에 많은 원칙들을 정리해 놓았다. 그리고 각 장의 끝에 '성공으로 가는 길'이라 하여 평상시에 겪게 되는 여러 상황에 어떻게 대처해야 하는지, 성공하기 위해 지켜야 할 것은 무엇인지를 상세히 안내하고 있다.

유대인을 부자로 만들어 온 이 원칙들을 통해 여러분도 큰돈을 벌기 바란다. 그게 인류 전체의 번영을 약속하는 길이기도 하니까.

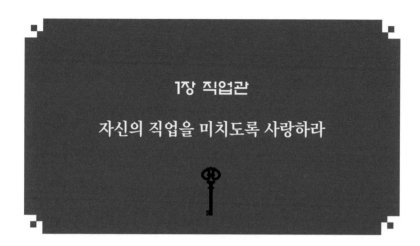

1장 직업관

자신의 직업을 미치도록 사랑하라

자기 일에 떳떳한 사람이 부자가 된다
돈은 성스러운 것이다
유대인이 금융업을 선택한 이유
하나님은 '좋은 금'이라고 말씀하셨다
보람과 기쁨이 없다면 당장 그만둬라
이 시대는 비즈니스를 왜곡하고 있다
남의 말에 현혹되지 마라
비즈니스에 대한 편견
부의 축적은 영성을 표현하는 중요한 방식이다
비즈니스를 하지 않는 자는 없다

자신의 일에 내재된 도덕성에 대해 깊은 확신을 가질 수만 있다면,
그 일을 할 때 엄청난 힘을 낼 수 있게 된다.

자신의 직업을 미치도록 사랑하라

　　유대인이 부자가 되는 직접적인 요인이라고 할 수 있는 그들의 속성 한 가지가 있다면 바로 이것이다. 유대 전통은 이윤과 부를 추구하는 것이 원래부터 도덕적으로 정당하다고 보았다. 어떻게 그렇지 않을 수 있단 말인가? "나는 누구인가?"라는 물음과 "내가 어떻게 돈을 버는가?"라는 물음은 서로 불가분의 관계이다. 세상에 기여하고 자신의 필요와 욕망을 채우기 위해 선택한 방편이 비도덕적이라면, 그로 인해 자신의 전 존재는 불가피하게 해를 입게 될 것이므로 그것은 반드시 중단되어야 한다. 만약 자신의 생활이 일과 사교의 영역으로 나누어져 있고 그 둘이 마음속에서조차 서로 만나지 않는다면, 그 부분은 바로 첫 번째로 수리해야 할 곳이다.

　수입을 늘리기 위한 과정의 첫 번째 단계는 서로 연관된 두 가지 인식으로 자기 자신을 무장하는 것이다.

　첫째로 나는 돈 버는 일, 곧 비즈니스를 하고 있고,

둘째로 그것은 도덕적이고 고귀하고 가치 있다고 믿는 것이다.

자기 일에 떳떳한 사람이 부자가 된다

자기가 하는 일을 떳떳하다고 여길 때 더 크게 성공한다는 사실을 대부분의 사람들은 알고 있다. 예를 들어 전쟁 상황에서는 공격하는 측보다 방어하는 측이 5 대 1 정도로 유리하다. 공격하는 측 입장에서 보면, 승리하기 위해서는 5 대 1 정도로 우월한 능력이 있어야 방어하는 측이 가지고 있는 자기 정당성에 대한 확신을 극복할 수 있다는 뜻이다. 가족을 지키려는 사람들은 방어하는 일이 도덕적으로 정당하다고 느끼는 반면, 공격하는 측 사람들은 종종 자신의 명분이 옳은지 의심하기 때문이다. 그러므로 자신이 하는 일에 내재된 도덕성에 대해 깊은 확신을 가질 수만 있다면, 그 일을 할 때 엄청난 힘을 낼 수 있게 된다.

인간은 단순한 육체 그 이상이다. 인간의 몸이 최고의 능력을 발휘할 때는 정신과 육체가 일치할 때이다. 자기 일을 정말 긍정적으로 여기면, 다른 이들도 우리의 일에 대한 열정의 파도에 휩쓸릴 것이다. 우리는 직업과 관련된 재미있는 일들을 흥미진진하게 이야기하는 사람으로 소문날 것이다. 일하다가 겪는 사건들을 이야기하다 보면 사람들은 자극을 받게 되고, 사람들은 우리가 들려주는 짜릿한 이야기 전개에 마음을 졸일 것이다. 사람들 앞에 드러나는 이런 자연스럽고 긍정적인 면모는, 자기 일에 자부심과 열정을 갖게 되면 자연히 드러나게 마련이다.

자기 일에 열정과 자부심이 있으면 그 일에 대해 즐겁게 이야기하게 되듯이, 자기 일을 신나게 이야기하다 보면 그 일에 대한 열정과 자부심이 그만큼 커지게 된다. 그런 까닭에 오랜 유대의 지혜는 주변 친구들의 인정이 사업의 성공에 큰 도움이 된다고 가르친다. 사람은 역시 주변 사람과 친구들의 인정에 자극과 격려를 받는다. 훨씬 더 중요한 것은 이런 인정으로 말미암아 사람들은 자신들이 하는 일에 대해 열정과 의욕을 갖게 된다는 것이다.

반대로 자신의 비즈니스를 부끄러워하는 이는 실패를 자초한다. 자기가 파는 제품이나 서비스가 싸구려이거나 지나치게 가격이 높다고 생각하면, 그것을 팔기 위해 정성을 다하거나 효과적으로 움직일 수 없을 것은 당연하다. 도덕적인 혼란 때문에 일에 전력을 다하지 못하게 되는 것은 물론, 그에 대한 반사작용으로 부끄러움마저 느끼게 된다. 고견을 가진 이들에게 인정을 받기는커녕, 그 일을 바라보는 그들의 부정적인 감정에 스스로 위축되어 미안하고 부끄러운 표정을 짓게 되어 있다. 이런 자세로는 좀처럼 성공할 수 없다. 결과적으로 자신의 일에 대해 자신 있게 말을 꺼내지 못하게 되고, 일상적인 교제 속에 상존하는 홍보 기회를 놓치고 만다.

자기 일을 떳떳하게 여긴다는 것은 엄청난 이점이다. 이 진리는 오랜 옛날부터 유대 전통의 한 부분으로 확립되었다. 비즈니스에 도덕성과 존엄성이 깃들어 있다는 깊은 확신은 어떤 사업이 되었든 그 속에 강력한 힘을 불어넣는다. 비즈니스의 과정과 관행 역시 다른 것만큼이나 악의 유혹에 취약한 것은 사실이지만, 원래는 존엄하고 도덕적이라는 것을 내가 기업의 중역들과 사원들에게 가르치는 데에는 매우 현실적이고 실질적인 이유가 있다. 자신을 윤리적이고 선하다고 생각하는 사람은, 스스로 이미 부적절한 행위에 깊숙이 관련되어 있다고 느끼는 사람들보다 법적인 한계선을 넘을 가능성이 현저히 낮다.

이런 의견을 지지하는 유대의 원칙이 『미슈나 토라를 풀이한 해설서』의 「선조들의 말씀」에 나온다.

"서둘러 선을 행하고 악행으로부터 도망쳐야 하는 이유는, 모든 선행은 뒤이어 또 다른 선행을 가져오지만, 모든 악행은 다음 선행으로 가는 길을 없애기 때문이다."

이것이 유대교가 속죄贖罪의식을 강조하는 한 가지 이유이다. '속죄하다atone'라는 단어는 '하나님과 하나 됨at one'이라는 말에서 기원한다. 유대인은 욤 키푸르Yom Kippur라는 '대속죄일'을 매년 지킴으로써, 도덕성을 자가 측정하는 주행기록기를 다시 제로로 돌려놓는다. 하나님은 우리가 다시 한번 그분과 하나 되는 것으로 여기실 수 있다. 이렇게 새롭게 출발할 수 있게 되면, 우리 마음은 무거운 죄의식이나 수치심에서 벗어나 자유로운 영혼의 생동감으로 가득 차게 되고 그와 함께 도덕적인 자제력을 회복할 수 있게 되는 반면, 그렇지 않으면 점점 더 무거워지고 부패하여 한계를 넘어버릴 수도 있다.

이와 마찬가지로 비즈니스에서도 우리 것이 아닌 파이 한 조각을 더 잘라내야 할 무수한 경험들이 있다. 파이를 조금 더 얻기 위해 넘지 말아야 할 선을 넘어야 하는 경우가 자주 생기는 것이다. 직업 때문에 스스로를 이미 사기꾼이라고 생각하는 사람-쉽게 속아 넘어가는 바보들의 수입을 **빼앗아** 이익을 내는 탐욕스러운 장사꾼-은 별로 힘들이지 않고 조금 더 움켜쥘 수 있을 것이다.

그렇지만 우리는 사기꾼이 아니다. 우리는 다른 사람들의 필요를 채워주는 고귀한 사람이며, 우리가 배려하는 만큼 주위에서 호의적으로 보상해 준다는 것을 믿어야 한다. 이런 말을 듣고 웃을지도 모르겠다. 하지만 일단 이러한 의구심을 극복하고 나면 수입을 늘리는 커다란 발걸음을 내딛게 될 것이다.

돈은 성스러운 것이다

유대의 축일을 살펴보면, 돈의 고귀함에 대한 의구심을 극복하는 일이 유대인을 위한 하나님의 원래 계획 속에 처음부터 있었던 것으로 보인다.

특히 돈에 초점을 맞춘 것 같은 축일이 있다. 유대인들이 8일 동안 밤마다 촛불을 밝혀 하누카봉헌절를 지킨다는 것은 거의 모든 사람들이 알고 있다. 하지만 이 축하 행사와 관련된 두 가지 세부 규정은 그다지 알려져 있지 않다.

1. 촛불을 실용적인 목적으로 사용해서는 안 된다. 이런 규정 때문에 대개 전기 조명을 켜놓은 방에서 촛불을 밝히는 것이 관례이다. 그에 따라 촛불은 독자적인 상징성으로 빛나게 되며, 촛불을 사이에 두고 가족 구성원들이 모여서 행사를 치르는 것이다. "방이 이미 환한데 왜 촛불을 켜놓는 거죠?"라고 묻는 이도 있을지 모른다. 어떤 이는 "촛불이 더 잘 보이도록 불을 꺼도 될까요?"라고 묻기도 한다.

2. 하누카 때에는 아이들에게 돈을 선물로 주는 관습이 있다. 다른 민족들과 마찬가지로 유대인도 행사 때에 다양한 종류의 선물을 주고받는다. 예를 들어 에스더를 기념하는 부림절에는 귀한 음식을 선물로 준다. 하지만 하누카 때에는 돈을 선물로 주어도 흉이 되지 않을 뿐 아니라, 그것이 특히 아이들에게 긍정적인 영향을 미친다고 한다.

하누카 때에는 촛불 앞에서 돈을 세는 등, 돈에 대해 지극히 민감해야 하고 특별히 감사해야 한다. 이것은 하누카 축일의 매우 중심적인 특징이기 때문이다.

하누카의 촛불이 갖는 특별한 상징적 의미가 이렇듯 돈과 연관되어 있지만, 그 의미는 사실 더 고상하다. 하누카의 촛불은 오직 한 가지 목적을 위한 것인데, 그것은 바로 교육과 지식을 상징하는 일이다. 하누카라는 축일의 이름도 '교육'을 뜻하는 히브리어에서 나왔다. 이 단어는 하누카라는 히브리어 단어를 구성하는 다섯 개의 문자 가운데 앞에 있는 네 개의 문자로 되어 있다. 그렇다. 교육과 돈은 밀접한 관련이 있다. 누가 그것을 모를까? 그러나 오늘날 상당수의 사람들이 그 사실을 모르는 것으로 밝혀졌다.

촛불과 돈이라는 주제를 연관 지어 보면, 하누카의 8일 동안 밤마다 아이들에게 성적 향상에 비례한 금액만큼 돈을 주는 관습이 생긴 이유를 알게 된다. 그 돈은 아이들이 지난해에 모은 '빛light'에 대한 보상이다. 이렇게 해서 성장 초기에 있는 아이들의 마음에 돈이 나쁘지 않을 뿐 아니라, 종종 자기 향상에 따른 결과물일 수 있다는 생각이 자리를 잡는다. 자신이 다른 사람들에게 얼마만큼 도움이 되었는가에 비례하여 돈을 받는 것이다. 하누카는 이런 교육이야말로 사람의 잠재력을 향상시켜 다른 사람들에게 도움을 줄 수 있는 가장 좋은 방법 가운데 하나임을 상기시켜준다.

유대인이 금융업을 선택한 이유

서구 문화에서 '대금업자'라는 용어는 하나의 모욕이자 비난의 대상이었다. 대금업이나 은행업, 혹은 금융업을 더럽고 하찮은 직업으로 보는 사람들은 그 일을 통해 부자가 되는 것은 고사하고 그 일을 좀처럼 하지 않을 것이 분명하다. 이와 대조적으로 유대인은 위험을 무릅쓰고 자신의 자본을 빌려주어 다른 사람이 이윤을 얻도록 하는 대금업이 수입을 얻고 다른 사람들을 도울 수 있는 명예로운 방법이라고 늘 생각해왔다.

유대인들은 자비로움의 높고 낮음을 따질 때, 어떤 사람에게 비즈니스를 시작할 수 있도록 돈을 빌려주는 것이 그냥 돈을 주는 것보다 더 귀한 일이라고 생각한다. 돈을 그냥 주는 것은, 돈 받는 사람을 자기 일을 시작할 만한 자존심도 없는 거지로 내모는 행위이다. 하지만 필요한 사람에게 돈을 빌려주는 일은 그를 독립적인 사업가로 격상시키는 행위인 것이다. 이렇게 하면 그는 품위를 지키면서 성공적인 비즈니스를 위해 꼭 필요한 심리적 자아상을 계속 유지하게 된다.

돈을 빌리는 사람들에게 이자를 물리는 것을 금한 성경의 가르침을 글자 그대로 해석하여 받아들이는 절대주의적 시각으로 인해, 은행업은 종종 직업에서 배제되기도 한다. 그러나 유대인은 그들의 전통을 통해 정확히 어떤 조건 하에서 빌려준 돈에 대해 이자를 부과할 수 있도록 하나님이 허락하시는지, 그리고 그 빌려준 돈에 대한 계약서를 정확히 어떻게 작성해야 하는지 배울 수 있었다.

결과적으로 유대인은 자본금 대출을 중개하거나 제공한 대가로 수입을 얻는 것에 양심의 가책을 느끼지 않았다. 오히려 그 반대로 자신들이 중요하고 가치 있는 서비스를 제공하고 있다고 생각했다. 분명 다른 분야와 마찬가지로 금융업 분야에도 도덕적인 문제가 존재한다. 몇몇 금융업자들이 비정상적으로 높은 이자율을 강요하여 악명을 떨쳤지만, 유대교는 사회적 약자들에 대한 그와 같은 착취를 명백히 금하고 있다. 몇몇 사람들이 규칙을 어겼다면 문제는 그들에게 있는 것이지 그 직업에 있는 것이 아니다.

금융업이 수 세기에 걸쳐 수많은 유대인에게 가져다준 믿을 수 없을 정도의 많은 이윤은, 주로 그 직업이 명예로우며 사회에 도움이 된다고 하는 유대인의 생각에서 나왔다. 그들은 기꺼이 은행가가 되려고 했을 뿐 아니라 그것을 자랑스러워하고 간절히 바라기까지 했다.

하나님은 '좋은 금'이라고 말씀하셨다

유대교는 신도들에게 사업에 대한 도덕적 존경심을 확고히 심어줌으로써 글자 그대로 부를 물려준다. 사업의 도덕성에 대해 유대인들이 갖는 확신의 뿌리는 토라의 첫 도입부에서 찾아볼 수 있다. 유대의 지혜를 진지하게 받아들이는 가정에서 자라난 아이라면 거의 대부분 열 번째 생일이 돌아오기 전에 성경의 처음 몇 장들을 공부했을 것이다. 유대인은 거기에 담겨 있는 메시지를 마음 깊숙이 새긴다.

천지창조의 7일 동안 일곱 번 등장하는 '좋다'라는 단어는, 하나님이 세상의 여러 부분들을 창조하시고 그 지어진 모습에 깊은 만족감을 표현하실 때 사용된다. 놀랍게도 '좋다'라는 단어가 여덟 번째로 적용된 곳은 다름 아닌 돈의 영원한 상징, 황금이다. 바로 거기, 토라라고 하는 방대한 책의 첫 시작에서 유대 민족의 헌법을 펼쳐 43절밖에 지나지 않았을 때, 교환의 궁극적인 매개체이자 화폐를 주조하는 금속인 황금을 하나님이 직접 좋은 것이라고 설명하신 것이다.

상상할 수 있겠지만, 그 구절로 인해 유대인들은 보석업을 매우 편안하게 생각하여 많은 나라에서 남들보다 앞섰을 뿐 아니라, 집단 무의식 속에서 돈과 부의 은유인 '황금'이 좋은 것이라는 생각을 확립하기에 이르렀다.

분명 유대인은 수 세기에 걸쳐 자신들에게 합당한 몫 이상의 가난을 겪었다. 무일푼의 난민으로 낯선 해변에 도착하면 부는 언제나 하나의 축복으로 보였다. 유대인이 매번 새달이 시작되기 전날 밤에 정기적으로 읊조리는, 많은 이들이 사랑하는 그 기도문을 보면, 그들은 아무런 거리낌 없이 하나님에게 건강과 평안뿐 아니라 물질적인 번영까지 주시기를 기도한다. 하나님에게 돈을 요구하는 것은 철저히 정직한 일이다. 만약 기도에 익숙하다면, 기도 속에서 번영에 대한 요청을 어서 빨리 포함시키길 바란다.

기도를 통해 실제로 요구하는 것은 동료들에게 봉사할 수 있는 기회인 것이다. 탈무드에 보면, 부자가 되고 싶어 하는 예루살렘 성전의 예배자들에게 예식의 빵이 놓여 있는 탁자의 방향인 남쪽을 보고 기도하라고 조언하는데, 그것은 그 빵이 신비한 방식으로 돈과 연결되어 있기 때문이다.

13세기 학자인 나크마니데스는 성전의 예식 탁자와 제물용 빵에 대해 이렇게 썼다.

"탁자 위에 있는 제물용 빵으로부터 물질적인 축복과 경제적인 풍성함이 솟아나 모든 이스라엘인에게로 간다."

그는 그 빵을 경제가 시작되는 일종의 출발점으로 묘사했다. 오늘날 영어권의 구어적인 표현으로 돈을 빵bread 또는 반죽 덩어리dough라고 일컫는다.

전통적인 유대 문화를 깊숙이 들여다보면, 다른 사람들의 필요에 부지런히 주의를 기울이는 것과 명예롭고 믿음이 가는 자세로 행동하는 것이 부를 얻을 수 있는 유일하고도 진정한 방법이라는 확신이 자리 잡고 있다. 유대인들은 안식일이 돌아올 때마다 다음과 같은 말로 아이들을 마음껏 축복한다.

"하나님이 너를 에브라임 같고 므낫세 같게 하시기를 축복한다."

토라의 설명에 따르면, 에브라임은 영적인 견고함을 상징하고 므낫세는 경제적 창출 능력을 상징한다. 이 두 가지는 함께 가는 것이어서, 유대인은 아이들이 이 두 가지 모두를 구현하게 되기를 바란다.

유대인 아이들에 대한 안식일의 축복은 성경에 나오는 사제의 축복으로 이어진다.

"주께서 너에게 복을 주시고 너를 지켜주시기를 원한다."

19세기 독일 유대인 공동체의 지도자인 삼손 라파엘 힐키와 권위 있는 주석가 래시가 인용한 바에 따르면, 토라는 이 축복이 물질적인 부를 위한 것이라고 다시 한번 설명하고 있다. 하나님께서 사람들이 부자가 되기를 원하시는 이유는, 부가 그분의 자녀들을 향한 궁극적 목적인 범사에 의롭게 행동하는 것에 뒤따르기 때문이다.

사실 성경은 족장들의 부를 강조하고 있다. 성경 시대에는 다른 요건들과 더불어 부자라는 요건도 선지자로 선택받기 위해 필요한 것이었다. 예컨대 모세는 엄청난 재산을 소유했을 뿐만 아니라 그 뒤를 잇는 이스라엘의 선지자들 대다수도 그랬다.

"하나님은 강하고, 부유하고, 현명하고, 겸손한 자에게만 그 거룩한 임재를 허락하신다."

지혜로운 왕 솔로몬은 "부는 지혜 있는 사람의 면류관이다."라고 말했고, 유대인들은 늘 그 문장이 하나님은 지혜로운 행동을 기뻐하시고 그에 대한 보상으로 부를 주신다는 뜻이라고 이해했다.

성경은 황금에 대한 하나님의 따뜻하고 긍정적인 의견을 담은 이야기로 시작할 뿐 아니라, 계속 읽어나가다 보면 고대 이스라엘의 기원에 관한 이야기로 이 주제를 재확인시켜주고 있음을 알 수 있다. 성경은 그 신봉자들에게, 돈의 적법한 획득이 하나님을 기쁘시게 하는 일이고 긍정적인 체험이라는 건강한 시각을 다시 한번 설명한다.

국가로서의 고대 이스라엘은 이집트에서 시작되었다. 유월절이 되면 유대인은 이집트로부터의 대탈출을 축하하고 그 탈출을 기억하면서 저녁을 보낸다. 그들은 굴종의 땅을 서둘러 떠나야 할 것을 강조하기 위해 효모를 넣지 않은 무교병無酵餠을 먹는데, 그것은 빵을 부풀릴 만한 시간이 없었기 때문이었다.

하지만 그렇게 서둘렀음에도 불구하고 고대 이스라엘인에게 비즈니스를 할 시간은 넉넉했음이 분명하다. 빵을 부풀릴 시간은 없었는지 모르지만, 그보다 훨씬 더 중요한 일을 할 시간은 있었다. 바로 하나님이 모세에게 내린 지시에 순종하는 일이었다.

"이스라엘 백성으로 하여금 각기 이집트인들에게 은과 금을 구하게 하라." (출 3:22)

나중에는 이런 구절이 나온다.

"이스라엘 자손들이 모세의 말대로 행하여 이집트인들에게 은과 금과 의복을 구하였으며, 이집트인들은 구하는 대로 주었고 그들은 이집트인들의 물품을 취했다."

이집트 노예생활이라는 수백 년간의 혹독한 시련 속에 형성된 고대 이스라엘은 마침내 민족의 대탈출을 경험하고, 이후에 성막을 짓는 것과 더불어 그들만의 약속받은 땅을 일으키기에 충분한 금과 은을 갖고서 광야로 떠난다. 구원과 부를 연결 짓는 이 주제는 유대 문화 속에 끊임없이 재등장한다.

분명 돈이 전부는 아니지만 그것을 과소평가해서도 안 된다. 사실, 그것은 어떤 경우가 되었든 거룩한 구속이 정당한 요소이다. 유대인이 돈에 대한 도덕적 혼란 때문에 비즈니스에서 장애를 겪은 적이 한 번도 없다는 것은 놀랄 일이 아니다.

비즈니스의 도덕성을 단언하는 이 드넓은 문화적 저수지를 유대인이 소유하고 있다는 사실이 반드시 모든 사람에게 도움이 되지는 않는다. 토라의 처방이 현대의 비즈니스 종사자와는 무관하며, 비유대인에게는 분명히 그렇다고 생각하는 이들도 있을 것이다.

그렇지만 나의 목적은 유대 민족이 어떻게 역경으로 점철된 역사 속에서, 비즈니스가 명예로운 일이라는 깊은 확신을 가지고 그것으로부터 진정한 비즈니스의 효과와 경제적인 힘을 이끌어냈는지 보여주는 것이다. 그것이 바로 그들에게 성공을 허락하고, 돈을 버는 데 박차를 가하게 만든 비밀이기 때문이다.

보람과 기쁨이 없다면 당장 그만둬라

내가 아는 어느 젊은 여성은 제약회사 외판원으로 꽤 괜찮은 수입을 올리며 딸과 함께 살았다. 그녀가 하는 일은 의사들이 일하는 사무실에 찾아가서 회사의 신약을 소개하는 것이었다. 그녀는 자신의 판매 구역 내에 있는 한 의사의 사무실로 걸어 들어갈 때면 공포를 느낀다고 종종 이야기하곤 했다.

그러던 어느 날, 그녀의 사무실을 방문했던 나는 우연히 통화 내용을 엿듣게 되었다. 그녀의 목소리는 잔인했다. 처음에는 애원이었다가 나중에는 위협으로 바뀌었다. 그녀는 분명 "안 돼!"라는 대답을 받아들이지 않을 작정이었다. 몇 분 뒤, 그녀는 수화기를 내려놓으며 승리의 미소를 지었다.

"천 달러를 받아냈어!"

그녀는 환호성을 질렀다. 어찌 된 일인가 했더니, 그녀는 유방암 연구를 위한 기금을 모으는 중이었다. 의사가 약을 구매하게 만드는 일에 비해 하청업자를 윽박질러 기부를 받아내는 일이 훨씬 더 마음이 편한 이유가 뭐냐고 묻자, 그녀는 충격적인 대답을 내놓았다.

"이건 좋은 목적으로 하는 거니까요."

자신의 직업에 대해 도덕적 회의를 품은 채 진정 뛰어난 성과를 낼 수 있는 사람은 많지 않다. 그녀는 의학 연구를 위해 돈을 모으는 일은 선하고 가치 있는 반면 의약품을 파는 일은 이기적이라고 믿었고, 그것이 그녀의 마음을 위축시켰다. 그녀는 직업이 뭐냐고 질문을 받으면 자신의 직업을 다른 것으로 위장하려 애썼다. 하지만 자신이 구호 활동을 위해 돈을 얼마나 많이 걷었는지에 대해서는 시도 때도 없이 이야기를 늘어놓았다. 왜 그녀는 지난달에 번 수수료에 대해서는 한 번도 자랑할 생각을 하지 않을까?

그녀가 매달 버는 수수료 금액이 의사, 환자, 그녀의 회사, 그리고 그녀의 판매 실적에 의존하는 수백 명의 직원들에게 얼마나 도움을 주었는지 보여주는 척도라고 내가 설명하자 그녀는 깜짝 놀라는 표정이었다.

그녀는 분명 마음속 깊은 곳에 약을 파는 것은 다른 사람에게 아무런 도움도 주지 못한다고 생각했던 것이다. 어쩌면 자신이 회사를 도와서 텔레비전의 비평꾼들이 끊임없이 욕을 해대는 그런 종류의 부정 이윤을 내고 있다는 의혹을 품었을지도 모른다. 그녀에게는 자신의 돈벌이가 최소한 근년에 있었던 만병통치약 장사보다는 더 도덕적이라는 자신감조차 없었다. 자신이 의사와 환자들에게 좋은 일을 하고 있고, 물론 그와 동시에 자기도 이익을 얻는다는 믿음을 마음속 깊이 갖지 못했던 것이다.

마지막으로 다음 사례를 살펴보자. 최근 한 동료가 나에게 상의를 해왔다. 이웃 사람이 계속해서 네트워크 마케팅 회사를 소개한다는데, 그 회사에 들어가면 수입을 늘릴 수 있을지 내 생각을 알고 싶다는 것이었다. 나는 그렇게 되면 실질적으로 어떤 일이 뒤 따르는지 알고 있느냐고 물었다. 그는 대답하기에 앞서 잠시 발을 굴리며 불안해 했다. 친구, 친척, 그리고 동료들을 그가 맡은 제품의 소비자 겸 사업자로 만들어야 할 것이라는 게 그의 설명이었다. 그는 그 일을 하려면 자신의 이익을 위해 친구들을 '이용하여야 한다'고 생각하는 듯했다. 그런 생각이라면 그가 사람들에게 다가갈 때 후원자의 모습이 아닌 애원자의 모습이 될 것이 뻔했다.

많은 사람들이 네트워크 마케팅 일을 해서 성공을 거두었고 몇몇은 눈부신 성공을 거둔 것이 사실이지만, 그에게는 그 일이 맞지 않는다는 것이 내 대답이었다. 정말로 성공하는 사람들은 넘칠 정도의 열정과 의욕과 확신으로 가득 차 있다. 내 친구의 태도와 말을 미루어볼 때, 그는 자신의 교제권에 속하는 사람들을 비즈니스 활동에 끌어들이는 것을 부담스러워 한다는 판단이 들었다. 나는 그가 마치 그들을 착취하게 될 것이라고 생각하는 듯이 보인다고 말했다. 그는 고개를 끄덕이며 동의를 표했다. 만일 친구들과 친척들을 끌어들이는 일이 그들에게 베풀 수 있는 가장 큰 호의라는 것을 믿지 못한다면, 다른 길을 통해 부자가 되는 것이 최선이라고 설명해줄 수밖에 없었다.

어떤 비즈니스를 선택하든 정말로 성공하기 위해서는, 자신의 비즈니스 활동이 선하고 도덕적이라는 근본적인 진실을 이해하고 그것을 자신의 존재 속에 온전히 받아들여야 한다. 물론 비즈니스를 정직하고 명예롭게 수행한다는 것이 그 전제이다. 이 교훈을 마음과 영혼에 깊이 받아들이길 바란다. 그러면 재정적인 성공으로 가는 길에 놓인 주요 장애물을 이미 뛰어넘은 것이다.

자신이 하는 일 자체의 존엄성과 도덕성을 늘 높이 평가해야 한다.

이것이야말로 유대인이 여러 세대에 걸쳐 경제적인 성공을 누려온 가장 중요한 이유이다. 배경에 상관없이 누구나 그렇게 할 수 있다. 우리는 돈 버는 방법에 대해 그 장점과 고귀함을 바라볼 수 있는 자기만의 방법을 찾아야 한다. 그것은 단순히 자기 자신을 정직하고 선한 사람으로 바라보는 데서 훨씬 더 나아간다. 우리는 비즈니스를 수행하기 위한 매일의 행위 속에 우리의 선행과 다른 사람들의 이익이 포함되어 있다는 점을 깨달아야 한다.

우리가 임업에 종사하든 제약업에 종사하든, 아니면 문화적 분노를 초래하는 산업에 종사하든, 또는 기계를 만들든, 작은 꽃집을 운영하든, 일상적인 비즈니스 활동에 내재된 고귀함을 이해해야 한다. 어떤 직업이든 마음속 깊은 곳에서는 무가치하게 여기면서 동시에 탁월한 성과를 낼 수 없는 것이 통례이다. 다른 이들처럼 비즈니스는 비즈니스일 뿐이라는 도덕적으로 어정쩡한 생각을 갖고 있다면 성공하기 어렵다.

이 시대는 비즈니스를 왜곡하고 있다

하지만 안타깝게도 누구라 할 것 없이, 비즈니스의 도덕성에 대해 회의에 빠져있는 듯하다. 고등학교 선생님이 학생들에게 선택하고 싶은 직업과 그 이유를 급우들에게 얘기해 보라고 차례대로 시키는 모습을 상상해보자.

남학생 하나가 일어서서 발표한다.

"저는 모든 사람들에게 깨끗한 공기와 맑은 물을 제공해줄 수 있도록 환경 컨설턴트가 되고 싶습니다."

모두들 환호성을 지른다. 다음 학생은 에이즈 치료 방법을 찾기 위해 의료 연구원이 되고 싶다고 말한다. 모두 힘찬 박수를 보낸다. 또 다른 학생은 자신의 꿈이 선생님이 되는 거라고 말한다.

"……그러면 저는 가난한 아이들이 꿈을 이룰 수 있도록 도울 수 있을 것입니다."

모두들 미래의 교육가가 내놓은 이상주의에 대한 존경심으로 숨이 막힐 지경이다.

마침내 마지막 남은 여학생에게 계획을 묻는다. 그 여학생은 잠시 이마를 찡그리더니 천천히 그리고 분명하게 말한다.

"저는 회사의 간부로 크게 성공하여 더 나은 세상을 만들고 많은 사람들의 생활을 개선하고 싶습니다."

조리에 딱 맞는 말이지만 대부분의 학교에서는 와자지껄한 웃음소리가 터져 나올 것이다.

이것은 상상 속에서만 나오는 수업 내용이 아니다. 1990년과 1995년 사이에 독일에서는 거의 50만 개에 이르는 일자리가 사라졌다. 이 기간 동안 독일인들이 경험한 경기 후퇴는 부분적으로 동독과 서독의 통일비용 탓일 수도 있지만, 독일의 주간지 「비르트샤프트복서」의 설명은 다르다. 전 세계에 '라인 강의 기적'이라는 용어를 가져다주었던 산업 국가의 이 서글픈 경제적 후퇴는, 지난 삼십여 년 동안 아이들에게 돈이 나쁜 것이라고 가르쳐온 교육제도 때문이라고 주장하였다.

이 신문의 전국적인 조사에 따르면 독일인의 40퍼센트가 사업가를 '착취하는 사람'으로 생각한다는 사실이 드러났는데, 이 수치는 1965년의 마지막 여론조사에서 17퍼센트가 나온 이래 줄곧 상승한 결과였다. 또 모험할 준비가 되어 있다고 생각되는 연령층인 16세에서 19세 사이의 대다수가 사업을 시작하는 것에 대하여 "하고는 싶지만, 안 하겠다."고 대답한 것으로 밝혀졌다. 그 이전에 학교를 다닌, 비즈니스에 반反하는 교육적 세뇌를 피할 수 있었던 보다 나이든 연령층은, 사업 활동에 대해 훨씬 더 왕성한 의욕을 보였다. 돈 버는 일에 사회적 가치가 결핍되어 있다고 믿는 단체나 회사나 나라의 경제 상황이 나빠지더라도 놀랄 이유가 없다. 개인도 마찬가지이다.

할리우드는 비즈니스에 반하는 이 같은 사회적 분위기에 편승하여 비즈니스 종사자들을 부정적인 역할로 그리는 틀에 박힌 일을 계속하고 있다. 『월 스트리트』(1987), 『보일러 룸』(2000), 『007 네버 다이』(1997), 그리고 2002년 여름의 흥행작 『스파이더맨』은 비즈니스계의 거물들을 악당으로 등장시킨다. 비즈니스 종사자들을 영웅적으로 그리거나 도덕적인 면에서 중립적으로 그리는 영화나 TV 프로그램은 찾아보기 어렵다. 1983년에 파라마운트 영화사가 제작하고 에디 머피가 주연을 맡은, 유쾌하고 인기 있는 흥행작 『대역전』을 기억할지도 모르겠다. 영화 속의 악당은 두 명의 형제 비즈니스맨으로 증권 및 선물을 중개하는 대형회사를 운영했다. 그들은 무자비하고 인종차별적이며 사기를 일삼는 한 쌍의 거물로 묘사되었다. 일반적으로 연예

산업계는 비즈니스에서 큰 수입을 얻는 이들을 악하거나 정신이상자, 아니면 둘 다인 것으로 그리려는 의도가 있는 것처럼 보인다.

잡지 「배니티 페어」의 칼럼니스트 크리스토퍼 허친스의 말을 들어보자.

"적어도 소설과 영화에서는 비즈니스맨이 가장 흔한 악당이다……. 영화에서 카메라가 위로 올라가며 높이 솟아 번쩍이는 마천루를 훑는 순간, 맨 꼭대기 층에 기업인 악당이 도사리고 있다는 것을 알게 된다."

어쩌면 우리는 이렇게 혼잣말을 할지도 모른다.

"재미 삼아 보는 걸 누가 신경 쓴다고 그러지? 영화가 허구라는 건 다 알잖아."

남의 말에 현혹되지 마라

성경의 사무엘하에 나오는 이야기를 살펴보자. 들어본 적이 없는 이야기일지도 모르지만, 이 이야기의 온전한 목적은 성경을 읽는 이에게 피할 수 없는 한 가지 사실을 교육시키려는 데 있다. 사람은 다른 사람들이 하는 말에 부분적이나마 영향을 받지 않을 수 없다는 사실 말이다.

이스라엘에 다윗이라는 이름을 가진 위대하고 선한 왕이 살았다. 그는 전쟁터에 나가 승리를 위해 싸웠고, 나라 살림을 돌보지 않는 시간에는 아름다운 음악을 작곡하고 시를 읊는 사람이었다. 하나님이 그를 어찌나 자랑스럽게 여기시고 아끼셨던지, 미래의 메시아가 다윗의 혈통으로부터 날 것이라고 공포하셨다.

수년 전, 왕이 되기 오래 전부터 다윗에게는 요나단이라는 사랑하는 친구가 있었는데, 그는 사울 왕의 아들이자 왕세자였다. 사울 왕은 다윗이 자신의 왕위를 다툴 것이라 생각하여 여러 차례 그의 목숨을 빼앗으려고 시도했지만, 그럼에도 불구하고 요나단에 대한 다윗의 애정은 전혀 흔들리지 않았다. 그리고 요나단은 자신이 결코 아버지의 뒤를 이어 왕이 되지 못할 것이라는 사실을 알면서도, 아무런 욕심을 부리지 않고 예전처럼 자신의 오랜 친구를 사랑했다. 다윗과 요나단이라는 이름이 진정한 우정의 동의어가 된 것도 놀랄 일이 아니다.

다윗은 사울 왕가가 무너진 뒤에도 당시에 유행하던 관습대로 그 숙적들을 처형하지 않고, 자리를 잃은 사울 왕실의 피지명인들과 관리들을 위엄과 아량으로 대하려고 신중을 기했다.

"옛 친구 요나단을 위해 내가 구하고 도와줄 사울 가문의 생존자가 있느냐?"

다윗 왕이 물었다. 시바라는 이름을 가진 종이 왕에게 요나단의 연약한 아들 하나가 살아남았다고 아뢰었다. 다윗은 시바가 시중을 들고 있던 요나단의 불쌍한 아들인 절뚝발이 므비보셋을 불러들여 말하였다.

"두려워 말라. 내가 돌아가신 너의 아버지 요나단으로 인하여 너에게 은혜를 베풀 것이다. 너의 할아버지 사울 왕에게 속했던 모든 땅을 너에게 돌려줄 것이고, 네가 언제든지 내 집에 오는 것을 환영할 것이다."

므비보셋이 새로운 왕에 대해 얼마나 안도하고 감사했을지 상상이 갈 것이다. 므비보셋은 자신의 은인에게 영원한 충성을 다짐했다.

다윗이 이스라엘의 왕위에 오른 지 얼마 안 되어 아들 압살롬이 반란을 일으켰다. 신하들 중 수많은 무리가 압살롬의 수하로 들어갔다는 소식이 다윗에게 전해졌다. 아들의 무자비함을 알고 있던 다윗은 충성스러운 이들을 불러 모았다.

"일어나라. 달아나자. 압살롬에게 붙잡히면 도망치거나 자비를 구할 방법이 없을 것이다."

다윗은 몰랐지만, 므비보셋은 충성심을 보이기 위해 왕을 따라가려고 했다. 하지만 신체적인 약점이 걸림돌이었다. 그래서 자신을 대신해 자신의 종 시바를 보내어 지지 서약을 전달하게 했다. 하루 이틀이 지난 뒤, 다윗은 달아나던 중에 므비보셋의 늙은 신하를 발견했다. 다윗은 시바를 불러 그의 주인 므비보셋이 어떻게 지내는지 물었다.

그는 자신의 주인을 배반하며 교활하게 대답했다.

"왕이시여, 저는 당신에게 드릴 선물을 가지고 홀로 왔습니다. 므비보셋은 예루살렘에 남은 채로 혼란을 틈타 할아버지의 왕권을 회복하려는 희망을 품고 있습니다. 그도 왕에 대한 역모에 합류했습니다."

"그러한가?"

화가 난 왕이 천둥 같은 고함을 질렀다.

"오늘부터 므비보셋의 모든 땅은 이제 네 것이 되었느니라."

시바는 자신의 음모가 큰 성공을 거두자 기쁨을 감출 수 없었다.

마침내 반란이 끝나고 다윗 왕은 예루살렘으로 돌아갔다. 므비보셋은 절뚝거리며 왕을 찾아가 왕의 방으로 들어갔다.

"내가 압살롬에게서 달아날 때 너는 왜 나와 함께 가지 않았느냐? 너도 나의 죽은 아들 압살롬의 편이었느냐?"

다윗 왕은 옛 친구의 아들을 슬픈 목소리로 꾸짖었다.

"친애하는 왕이시여, 절대로 그렇지 않습니다."

므비보셋이 대답했다.

"그 사건이 일어났을 때 시바가 조언하기를 저는 몸이 불편하니 집에 머물러 있고 그동안 자기가 대신 도움을 드리겠다고 했습니다. 그런데 그 배반자 악당이 저를 중상모략하여 제가 당신을 배신하고 반란에 합세했다고 왕에게 전했나이다. 제가 어찌 그런 짓을 하겠습니까. 저는 왕이 하신 모든 일에 크나큰 은혜를 입고 있습니다. 부디 그 이야기를 믿지 마소서."

다윗 왕이 손을 들더니 말했다.

"사랑하는 므비보셋이여, 더 말하지 않아도 알겠다. 너의 선한 믿음을 확신하노라. 그럼, 너는 돌아가신 네 할아버지의 땅을 시바와 나누어 가지겠느냐?"

"그가 전부 다 갖게 하소서."

므비보셋이 낙담한 목소리로 대답했다.

말하지 않아도 알겠지만, 유대 전승은 여러 장에 걸쳐 이 이야기의 예기치 못한 결말에 관심을 기울인다.

왜 다윗은 사악한 시바에게서 땅을 도로 빼앗고 그의 이중성을 벌하며 전 재산을 정당한 주인인 므비보셋에게 돌려주지 않았을까? 왜 다윗은 그 사기꾼에게 부정으로 얻은 재산의 반을 남겨주고, 선하고 충성스러운 므비보셋에게 반만 돌려준 것일까? 탈무드는 이것을 다윗왕의 엄청난 실수로 본다. 이 잘못된 판단에 대해 하나님은 나중에 다윗에게 벌을 내리시는데, 다윗의 손자 르호보암 시대에 그의 땅을 둘로 나누신 것이다. 하지만 다윗이 어떻게 해서 그 상황을 잘못 판단했는가 하는 의문은 그대로 남는다.

다윗은 지혜롭고 유능한 통치자였다. 다윗같이 인간의 본성을 잘 아는 사람이 어떻게 충성스러운 므비보셋에게, "시바와 함께 돌아가신 할아버지의 땅을 나누지 않겠느냐?"라고 물을 수 있었을까? 탈무드의 대답은 인간의 본성에 대한 두려운 시선을 드러낸다. 즉 거짓말이나 헛소문이 일단 귀에 들어오고 나면 결코 그 영향으로부터 완전히 자유로울 수 없다는 것이다. 정보를 기억에서 지웠다고 생각할지 모르지만 그 충격은 영원히 남는다.

다윗도 이성적으로는 시바가 므비보셋을 중상모략하여 자신을 속였다는 것을 알고 있었다. 하지만 요나단의 아들이 자기를 배신했다는 소식을 처음 들었을 때 느꼈던 분노의 감정적인 충격은 그의 마음속에 여전히 남아 있었다. 머릿속에서는 실제로 무슨 일이 일어났는지 알고 있었지만, 가슴 속 판단은 이미 귀에 들어온 헛소문으로 인해 손상되었던 것이다. 이것이 바로 이 이야기의 교훈이자 성경에서 그렇게 자세하게 언급되는 주된 이유이다. 우리는 남에게서 들은 것으로부터 아무런 영향을 받지 않을 수 있다고 생각할지 모르지만, 결코 그렇지 않다.

비즈니스에 대한 편견

비즈니스에 대한 온갖 악의적인 비난에 털끝만큼도 영향을 받지 않을 가능성은 거의 없다는 사실을 이해하자. 비즈니스의 가치를 신뢰하지 않으려는 흐름이 성공적인지 의심하는 사람들을 위해 「비즈니스 위크」는 "기업의 힘이 지나치다?"라는 제목의 표지 기사를 2000년 9월 11일 자에 게재했는데, 그것은 여론 조사를 통해 비즈니스에 대한 미국인들의 태도를 계량화한 것이었다.

-국민의 72퍼센트는 비즈니스가 자신들의 삶에 지나치게 많은 영향력을 갖게 되었다는 데 동의한다.

-47퍼센트는 "일반적으로, 비즈니스에 좋은 것은 대부분의 사람들에게 좋다."는 데 동의한다(1996년에는 71퍼센트였다).

-66퍼센트는 "안전하고 믿을 만하고 질 좋은 제품을 개발하는 것보다는 큰 이윤을 얻는 것이 비즈니스에 더 중요하다."는 데 동의한다.

-27퍼센트만이 비즈니스가 "이윤에 비하여 공정하고 적당한 가격"

을 매긴다고 생각한다.

사람들은 오늘날 엄청난 성공을 거둔 여러 젊은 기업가들의 업적은 분명히 존경하면서도, 비즈니스의 도덕성은 불신하는 자세를 갖고 있다. 대형 회사들이 정부 관료들에 의해 사소한 벌이라도 받게 될라치면 거의 열광적으로 갈채를 보낸다. 예를 들어 복잡한 반독점법에 대해 별로 익숙하지 않은 개인들이 두드러진 성공을 거둔 기업들에 대한 법적인 조치를 열성적으로 부추긴다. 이것은 그 자체로 파괴적이라 할 수 있는 시기심으로부터 일부 비롯되었다고 볼 수 있다. 하지만 많은 부분은, 회사와 개인 모두가 눈에 보이지 않는 다른 희생자들이 있어야만 번영할 수 있다는 광범위한 정서로부터 비롯된다. 회사가 애매한 정부 규정 때문에 벌을 받아도, 당연히 받아야 할 벌을 받는 것뿐이라는 것이다.

더구나 도덕적으로 열심히 일하는 사람들 가운데 대부분은 탐욕과 이기심을 미덕이 아니라 악덕으로 본다. 그렇기 때문에 비즈니스는 탐욕 그 자체이고, 이기심에서 발로되는 탐욕은 실제로는 좋은 것이라는 식의 설득 방식은 상당히 문제가 많다고 생각한다. 비즈니스는 탐욕스럽기 때문에 좋은 것이라는 주장은 결코 사람들의 동의를 얻을 수 없다. 비즈니스가 탐욕이라는 어리석은 주장은 비즈니스가 그 뿌리에 있어서 근본적으로 부도덕하여 필요악이라는 문화적 신념이 자라나도록 도와줄 뿐이다. 베스트셀러 작가 디네쉬 드수자는 자신의 생각을 다음과 같이 요약한다.

"자본주의는 경제 전쟁에서 승리했지만 도덕 전쟁에서는 아직 승리하지 못했다."

실제 상황은 이보다 훨씬 더 나쁘다. 예일대 역사학 교수로 있는 데이비드 볼트쉬트리허 같은 학자들은 이윤이 전적으로 나쁜 것이라고 생각한다. 그의 말을 빌면, "자본주의는 다른 사람들에게서 이윤을 뽑아내며, 그 때문에 늘 윤리적인 문제를 일으킨다."

어떻게 절도 혐의로 체포되지 않고도 다른 사람들에게서 이윤을 뽑아낼까? 아무도 다른 이들로부터 이윤을 뽑아내지는 않는다. 보통 사업하는 사람은 자기가 팔고 싶은 물건이나 서비스에 가격을 매긴다. 그러면 손님들이 와서 그 물건이나 서비스를 사든가 사지 않든가 둘 중의 하나를 선택한다. 손님들이 사면 파는 사람은 이윤을 얻는다. 만약 손님들이 퇴짜 놓는다면 사업하는 사람은 이윤을 얻는 데 실패한다. 그렇다면 '뽑아내기'는 어디에 있는 걸까? 물론 그것이 들어설 자리는 없다. 그 교수는 그런 말을 사용함으로써 비즈니스에 대한 자신의 본심을 무심결에 드러낸 것이다.

경영대학 학생들조차도 상당 부분 자본주의는 악마의 도구라고 믿는다는 것이 아리조나 주립대학 경영대학원장의 주장이다. 최근 이런 글을 쓴 학생이 있었다고 한다.

"자본주의는 모든 가난의 근원이다."

나는 그 학생이 왜 상업과 자유시장을 싫어하는지 이해할 수 있다. 가난의 근원을 발견했다는 확신이 들었다면 나라도 그것을 싫어했을 것이다. 궁극적으로 유대의 학문은 가난을 죽음에 비교한다. 그처럼 난처한 상황에서는 어느 쪽이든 선택의 폭이 극적으로 제한되어 있다는 점 때문이다.

경영대학에서 법과 윤리를 연구하는 한 교수는 학생들에 대해 다음과 같이 이야기한다.

"내가 가르치는 학생들 중에는, 경영자의 보수가 지나치게 높고 스톡옵션 제도도 문제가 심각하며, 동성애자의 권리 현황이 회사의 도덕성을 측정하는 리트머스 시험지라고 믿는 이들이 많습니다……. 비즈니스가 노숙자들을 양산한다고 믿고 있지요. 비즈니스가 속임수를 쓰고 있는데 사람들은 이상하게도 그것을 숙명으로 받아들인다고 생각합니다."

부의 축적은 영성을 표현하는 중요한 방식이다

유대인은 사람을 하나님이 손으로 빚어낸 매우 특별한 존재라고 믿는다. 그분은 인간을 동물과 다르게, 그리고 독특하게 만드셨다. 이 믿음은 유대 신앙뿐만 아니라, 유대 사회의 구조, 신뢰, 비즈니스, 그리고 부의 창출에 있어서도 근본 원리로 작용한다.

인간을 정신적인 존재로 바라보는 하나님의 시각으로 인해, 전적으로 비동물적인 부의 축적 같은 활동을 유대인은 좋은 것으로 여긴다. 그들은 부의 창출은 영성을 표현하는 방식이라 생각하는 것이다. 물론 그것은 자연과는 거리가 먼 행동-본디 그런 일을 하는 동물은 없다-이지만, 본성 특히 인간의 본성을 극복하는 일을 유대교에서는 인간의 의무로 생각한다. 만일 인간이 아리스토텔레스의 생각처럼 '이성을 가진 동물'에 불과하다면, 비즈니스에서 착취가 일어나는 것도 당연할 것이다.

13세기 유대 전승자인 라베이누 바흐야는 사람이 부의 창출에 적극적으로 참여한다는 것은 정신이 강건하다는 증거라고 설명했다. 비즈니스 활동이 부분적이나마 인간 본성에 관한 철학적 논의와 연관이 있을 거라고 생각한 사람이 있을까? 당신은 이렇게 말할지도 모르겠다. "골치 아픈 생각은 하지 맙시다. 난 그냥 부자가 되고 싶을 뿐이오."

유대교의 가르침에 의하면 그렇게 단순한 것만은 아니다. 모든 것은 원인과 결과라는 마술을 통해 연결되어 있다. 북경에 있는 나비가 조그만 날개를 펄럭거리면 뉴욕에 폭풍이 불 수도 있고 그렇지 않을 수도 있다.

하지만 인간이 하나님의 손으로 빚어진 독특한 정신적 생명체라는 신념은 분명 유대인의 놀랄만한 경제적 성공을 설명하는 부분적인 이유가 되었다.

비즈니스를 하지 않는 자는 없다

생활 방편을 무자비하게 공격하는 부정적인 생각들로부터 사람들이 얼마나 영향을 받는지, 그리고 그것이 왜 모든 사람들에게 중요한지를 이해하기 바란다. 자신이 생계를 꾸리는 방법과 대기업 CEO들이 생계를 꾸리는 방법이 별 관계가 없다고 생각할지 모르지만, 사실 대부분의 사람들이 수입을 얻는 방편은 거의 예외 없이 다른 사람들을 위해 일하거나 물건을 제공하는 것이다. 그것을 비즈니스라고 한다.

대법원 판사나 종신 계약으로 일하고 있는 사람이 아니라면, 아마 대부분 비즈니스에 종사하고 있을 것이고, 그중 다수는 피고용인일 것이다. 하지만 독립적인 비즈니스 종사자처럼 새로운 고객을 찾을 수도 있다. 더 나은 일자리를 자유롭게 구하고 찾을 수 있다는 뜻이다. 독립적인 사업주와 마찬가지로 추가 고객을 찾을 수도 있다. 즉 일자리를 하나 더 구하거나 부업으로 홈 비즈니스를 할 수도 있다. 우리에게 주위 사람들의 생활을 개선시킬 제품이나 서비스가 많이 있다는 것은 의심의 여지가 없다.

무슨 일을 하든지 우리는 비즈니스를 하겠지만, 마음속 깊은 곳에서 비즈니스의 존엄성과 도덕성에 대한 존경심이 부족하면 성공하기가 훨씬 더 힘들다. 대기업의 우두머리들이 부도덕한 착취자라고 욕을 먹는다면 우리도 마찬가지이다. 정도의 차이가 있을 뿐이니까.

현미경으로 볼 수 있는 분자 하나에 이르기까지 자신의 온 존재를 다해 가장 도덕적이고 가장 좋은 일 중 하나가 비즈니스라는 사실을 정말로 믿는다면, 그 비즈니스 종사자가 얼마나 엄청난 이점을 누릴 것인지는 쉽게 상상할 수 있다. 반대로 자신이 선택한 직업이 함께 살아가는 수많은 사람들에게서 얼마나 많은 비난을 받는지 안다면, 영혼에 드리운 자기 혐오의 그림자를 조금이라도 씻어낼 수 있을까? 다시 한번 강조하지만, 만일 비즈니스에 대한 도덕적 반감의 찌꺼기가 조금이라도 마음속에 자리 잡고 있다면 다른 일을 찾아보는 게 최선일 것이다.

'비즈니스는 근본적으로 부도덕하다'는 부정적 관념이 얼마나 은밀하게 마음속으로 스며드는지 알았다면, 성공을 위한 결정적인 준비에 돌입할 수 있다. 그것은 곧 마음에 있는 잘못된 이러한 관념을 뽑아내는 일이다.

다음 단계는 비즈니스의 미덕과 여러 측면의 도덕성을 발견하는 것이다.

다음 장에서는 인간관계에 대해 살펴볼 것이다.

1 자신의 비즈니스 활동이 도덕적이라는 사실에 확고한 신념을 가져라.

첫째로 나는 돈 버는 일, 곧 비즈니스를 하고 있고, 둘째로 비즈니스는 도덕적이고 고귀하며 가치 있다. 만약 나의 생활이 돈 버는 일과 사교의 영역으로 나누어져 있고 그 둘이 마음속에서조차 만나지 않는다면 그 부분이 바로 첫 번째로 수리해야 할 곳이다. 내가 어떤 일을 선택하든 정말로 성공하기 위해서는, 내 비즈니스 활동이 선하고 도덕적이라는 근본적인 진실을 이해하고 그것을 나의 존재 속에 온전히 받아들여야 한다. 물론 비즈니스를 정직하고 명예롭게 한다는 것이 그 전제이다.

2 신문의 짧은 칼럼이나 개인 의견란에 비즈니스는 고귀하고 도덕적인 것이라고 솔직하게 선언하고, 그 이유를 설명하라. 자신이 속한 조직에서 연설할 기회를 찾아 비즈니스의 도덕성과 고귀함을 주제로 이야기하라.

3 정기적으로 비즈니스 관련 책들을 찾아 읽어라.

항상 비즈니스를 옹호하는 사람의 전기를 읽어라. 도서관, 인터넷 그 밖의 다른 방법을 이용하여 비즈니스를 사랑했던 사람들이 쓴 책들과 그들에 관한 책들을 찾아라. 그렇게 되면 마침내 일을 즐기게 될 것이고, 비즈니스 문화에 대한 열정으로 가득 찰 것이다. 이런 종류의 책들로 채워진 자기만의 작은 서재를 꾸며라.

4 책을 읽거나 텔레비전이나 영화를 볼 때, 비즈니스의 존엄성과 도덕성을 교묘하게 공격하는 내용을 늘 경계하라.

이런 부당한 비난을 식별할 수 있게 되면, 그것들이 무의식에 끼치는 영향을 물리치는 데 도움이 된다. 자신의 직업을 변호하라. 그때마다 일에 대한 자부심이 생긴다.

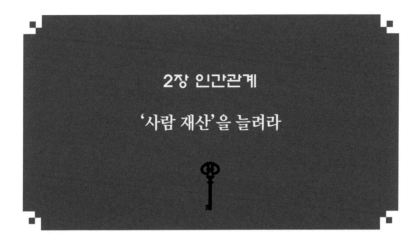

2장 인간관계

'사람 재산'을 늘려라

대인관계를 통한 교류와 정보 전달의 기회가 많을수록,
더 많은 부를 창출할 수 있다.

'사람 재산'을 늘려라

　　유대 전통에 따르면 성경에 있는 실제 십계명은 두 갈래로 나
누어진다. 첫째로 인간과 하나님 사이의 관계를 말하는 것들(첫 번째
계명에서 네 번째 계명까지)과 둘째로 인간 상호 간의 관계를 말하는
것들(다섯 번째 계명에서 열 번째 계명까지)이다. 흥미로운 것은 다섯
번째 계명이다.

　　"주 너의 하나님이 명하신 대로 네 부모를 공경하라. 그러면 네 생
명이 길고 땅에서 복을 누릴 것이다."

　　따라서 이 계명은 하나님의 영역에서 인간의 영역으로 넘어오는 과
정이다. 달리 말하자면, 유대 전통으로 볼 때, 부모를 공경하는 것은
부모가 아니라 하나님을 기쁘게 해드리기 위해서이다.

인간관계는 부모로부터 배운다

부모를 공경하라는 계명은 부모님뿐 아니라 주위에 있는 모든 사람들과 어떻게 관계를 맺어야 하는지 그 원칙을 가르쳐 주는 최초의 약도이다. 다른 이들을 단지 욕망의 수단으로만 바라보지 못하게 하는 것이다. 이 모든 것이 부모님으로부터 시작된다.

우리가 알게 된 최초의 사람들은 누구였을까? 우리를 행복하게 바라보는 그 커다란 얼굴들을 언제 처음 보았는지 기억이 나지 않을 것이다. 훨씬 더 오랜 시간이 지나고 나서야, 우리에게 까꿍 하는 소리를 내던 그 자랑스러운 표정의 사람들이 부모임을 알았을 것이다. 그 낯선 사람들은 갑자기 우리의 모든 안락과 안전의 근원이 되고 우리와 최초로 관계를 맺은 사람들이 된다. 유대 문화에서 볼 때, 다섯 번째 계명이 담고 있는 부모와의 관계는 인간관계의 토대라고 해도 놀랄 일이 아니다.

오랜 유대의 지혜는 성경에 나오는 이 다섯 번째 계명에 대해 한 가지 문제를 제기한다. 자세히 읽어보면 여섯 번째, 일곱 번째, 그리고 여덟 번째 계명에서는 단지 명령만이 등장한다. 도둑질하지 말고, 간음하지 말고, 살인하지 말라는 경고가 이스라엘 사람들에게 주어지지만 그 이유는 나와 있지 않다. 하지만 다섯 번째 계명은 명령의 이유를 제시한다. 하나님은 만일 오래 살고 싶거든 부모를 공경해야 한다고 말씀하시는 듯하다.

그에 따라 유대의 옛 현인들은 불 보듯 뻔한 질문을 했다. 부모를 헌신적으로 공경했음에도 불구하고 비극적인 사고로 요절한 아이의 이야기가 조만간 거의 모든 사람들에게 들릴 것임을 하나님은 알지 못하셨을까? 그렇다. 많은 사람들이 부모를 진정으로 공경했음에도 불구하고 젊은 나이에 세상을 떴다. 왜 그분은 계명에 대한 순종의 결과로 장수를 약속하셨을까? 그로 인해 믿음만 해치게 될 수도 있는데 말이다.

모제스 마이모니데스는 자신의 책에서 이 계명의 의미를 이렇게 풀고 있다. 부모를 공경하는데도 불구하고 젊은 나이에 죽는 사람이 있다는 것은 너무나 명백한 사실이므로, 그 의미는 좀 더 깊은 곳에 있음이 틀림없다. 유대인은 부모를 공경하라는 계명을 언제나 순전한 기쁨과 덕을 위해서만 그렇게 하라는 지시로 이해해 왔다. 다섯 번째 계명이 그 결과로서 장수라는 축복을 가져오려면, 그것을 행할 때 이기심이 전혀 없어야 한다.

공동체 전체의 맥락에서 보면 훈계와 그 결과가 가장 잘 보인다. 사고는 언제나 일어나게 마련이다. 하지만 일반적으로 볼 때, 어떤 사회가 되었든, 시민들이 순전한 기쁨에서 우러나와 부모를 공경하고 사람들과 우호적으로 지내는 법을 배우면, 더 오랜 생명을 누린다는 것이 통계적으로 입증될 수 있을 것이다. 실제로 증명할 수 있느냐고? 그렇다. 반대의 경우를 살펴보면 된다.

인간관계와 건강의 밀접한 관계

여기에 몇 가지 증거가 있다. 몬트리올 심장 연구소의 낸시 프라저 스미스가 222명의 심장병 환자들을 대상으로 연구한 결과에 따르면, 기분이 우울한 심장병 환자들은 그렇지 않은 환자들에 비해 6개월 이내에 사망할 확률이 네 배나 높았다. 또 애틀랜타 에모리 의과대학 정신과 교수 찰스 네메로프는 심장 발작 환자들을 연구하면서, 첫 번째 사망 요인이 우울한 기분이라는 것을 발견했다.

그러면 우울한 기분의 첫째 원인은 무엇일까? 스웨덴의 말뫼에서 223명의 심장병 환자들을 조사한 비오르크 박사는, 이 환자들이 가장 심각한 의학적 문제와 맞닥뜨리는 때는 퇴원을 한 이후라는 사실을 발견했다. 그는 회복기에 존재하는 특수한 문제로 친구, 이웃, 그리고 가족과의 접촉이 결핍되는 것을 지적했다. 그런 상황에서는 외로운 감정, 그 다음에는 우울한 감정이 나타난다. 제임스 린치 박사는 자신의 책 『무너진 마음 : 외로움의 의학적 결과』에서 건강과 친구 관계는 함께 간다고 결론짓는다.

우정은 부를 낳지만 부는 우정을 낳지 않는다

폭넓은 인간관계를 만들고 유지한 결과로 인해 얻게 되는 이점은 건강만이 아니다. 관계는 거래로 이어질 수 있고 거래는 부로 이어질 수 있다. 앉아서 돈만 바란다면 아무것도 이루어지지 않는다. 몽상만 하거나 자기 확신의 주문만 외운다고 해서 이루어지는 것은 없다. 사람들과 적극적으로, 심지어 즐겁게 교류해야 부가 창출되는 환경이 조성될 수 있다. 일반적으로 사람들은 이미 관계를 맺고 있는 사람들과 비즈니스나 거래를 하고 싶어 한다. 앞으로의 거래를 염두에 두고 관계를 형성하려고 하면, 때가 너무 늦는다. 거래가 발생하려면 관계가 미리 존재해야 한다.

그러나 성경의 다섯 번째 계명이 주는 교훈을 기억하라. 순전한 기쁨으로 부모를 공경해야지, 자신의 이익을 위해 그렇게 해서는 안 된다는 가르침 말이다. 마찬가지로 친구 관계를 맺는 것은 이익을 보기 위해서가 아니라, 인간관계를 형성하고 유지하는 순전한 기쁨을 맛보기 위해서이다. 역설적이지만 그렇게 해야만 삶의 질을 높일 수 있는 가능성이 가장 커진다.

나는 데일 카네기가 자신의 책 『카네기 인간관계론How to win friends and influence people. 친구를 얻고 사람들에게 영향력을 미치는 법』에 붙인 제목이 항상 마음에 걸렸다. 그가 붙인 제목은 '사람들을 다루는 기본 원리'였다. 나는 그가 의도적으로 제목을 그렇게 계산적으로 들리게 붙인 것이 아님을 알고 있고, 그 훌륭한 책에서 많은 교훈을 발견하기도 했다. 하지만 우리 같으면 정녕 다루는 법을 궁리하고 있는 사람과 친구가 되고 싶을까? 누군가 우리를 조정하려 의도할 때 그것을 깨닫지 못하리라고는 생각할 수 없다. 동기가 정직하지 않으면 누구나 그것을 느낄 수 있다.

흔히들 다른 사람이 원하는 것을 주면 때가 되어 내가 원하는 것을 전부 얻게 된다고 이야기한다. 그 격언에 상당한 진실이 담겨 있는 것은 분명하지만, 그것 때문에 사람들은 끔찍이 잘못 행동하기도 한다. 사실 효과도 별로 없다. 성경의 다섯 번째 계명이 주는 교훈을 기억하라. 내가 원하는 것을 얻기 위해 다른 사람들이 원하는 것을 주려는 노력은 장기적으로 볼 때 별로 소용이 없다. 사람들은 어떤 식으로든 이면의 동기를 간파하게 되어 있다. 아마도 그것은 무의식적으로 풍기는 절박한 분위기 때문일 것이다.

표면적으로 보면 성경의 다섯 번째 계명은 보상을 바라지 말고 가능하면 많은 사람들과 진실하고 정직한 관계를 맺으라고 충고한다. 하지만 이면에서는 역설적으로 우리가 처음부터 관계를 형성하는 동안 얼마나 이기심을 드러내지 않았는가에 따라 보상이 따를 것이라고 알려준다. 이 다섯 번째 계명의 관점에서 보면, 모든 사람들이 추구해 마지않는 성공이란, 인간관계를 쌓은 데 따른 보상에 불과하다.

다음에 나오는 성공 실화를 살펴보자. 1924년 1월 2일의 뉴욕은 지독히도 추웠다. 하지만 리처드 사이먼은 친할머니를 찾아가기로 약속이 되어 있었다. 그는 할머니 댁에 있으면서 할머니가 이웃 사람과 함께 십자낱말퀴즈를 즐기신다는 것을 알게 되었다. 두 노부인은 「뉴욕월드」에 일요일마다 실리는 십자낱말퀴즈를 함께 풀면서 긴 겨울밤 동안 서로에게 동무가 되어주었다. 문제는 보통 화요일까지는 퀴즈를 몽땅 풀어버린다는 것이었다.

리처드는 자리에 앉아 잠시 생각했다. 책 한 권 전체가 십자낱말퀴즈로 되어 있으면 좋으시겠냐고 그가 묻자 할머니의 눈이 빛났다.

"그런 물건이 나오기만 한다면야."

할머니가 말했다.

리처드는 링크라고 부르는 친구이자 동료에게 함께 십자낱말퀴즈를 책으로 만들어 출간하자고 설득했다. 그리하여 나온 『십자낱말퀴즈』는 리처드 사이먼과 그의 친구 링컨 슈스터, 이 뉴욕 출신의 유대인 젊은이 둘이서 세운 것이 후에 출판 제국 사이먼 앤 슈스터Simon & Schuster의 토대가 되었다.

'사람 재산'을 늘려라

유대인의 비즈니스 성공에서 찾아볼 수 있는 한 가지 교훈이 있다면 바로 이것, 많은 사람들과 친해질 기회를 찾으라는 것이다. 유대인의 공동체 생활은 남달리 유리한 점이 있다. 그들의 하루는 매일 아침 간단한 예배를 위해 회당에 나가는 것으로 시작된다.

전통적인 유대의 기도 규칙은 민얀minyan, 즉 10명의 참석 정족수를 요구한다. 한번 생각해 보라. 10명은 많은 숫자가 아닌 것처럼 들리지만 그중에 적어도 두 사람은 생일이 같을 가능성이 놀랄 정도로 높다. 적어도 두 사람의 생일이 반드시 같으려면 366명이 필요할 것이므로 당신은 겨우 10명 중에 같은 생일이 있을 가능성은 지극히 낮다고 예상할 것이다. 하지만 간단한 계산에 의하면 민얀에서 같은 생일이 있을 확률은 10퍼센트나 된다. 10은 좋은 숫자이다. 너무 많아서 다루기에 까다롭지도 않고 너무 적어서 무의미하지도 않다.

같은 생일이 관계를 맺기에 가장 좋은 바탕이 된다는 말은 아니다. 하지만 10명이 있으면 생일보다 더 귀중한 많은 공통점들이 나올 거라는 게 나의 요지이다. 특히 그 10명을 한 사람씩 정기적으로 만나 우정이 싹튼다면 말이다. 만일 어느 낯선 도시에 출장 가서 바로 다음 날 아침에 회당으로 가면, 적어도 아홉 명의 사람을 만날 것이다. 그곳에 있는 이들이 각자의 범위 내에서 줄잡아 10명의 비즈니스 친구들이 있다면, 어젯밤에 막 도착한 도시에서 90명의 잠재적인 새 친구들에게 접근할 수 있게 된다. 예배가 끝나고 대화를 나누는 동안, 그곳에 있는 사람들 가운데 적어도 한 사람과는 공통점을 찾을 수 있을 것이다. 같은 생일이 아니더라도 더 중요한 무언가가 있을 것이다. 두 사람이 비슷하거나 보완적인 비즈니스를 하고 있을 수도 있다. 만나야 할 사람을 어쩌면 거기에 있는 사람이 알고 있을지도 모른다.

아침 기도 예배의 목적이 비즈니스 관계를 맺는 데 있는 것은 아니라고 말하는 이들도 있을 것이다. 물론 그렇다. 하지만 자신의 이익을 특별히 소리쳐 외치지 않는 환경에서 관계를 맺는 것이 기본임을 기억하라. 그렇기 때문에 로터리 인터내셔널 같은 시민 봉사단체에 정기적으로 참여하는 것이, 참석자들로 하여금 명함을 주고받게 하는 것을 유일한 목적으로 하는 직업인 조찬 모임에 나가는 것보다 비즈니스에 훨씬 더 도움이 된다. 로터리는 다른 사람들을 배려하는 환경

속에서 관계가 발전되도록 도와준다. 뒤따르는 비즈니스상의 이득은 그러한 우정보다 부차적인 것이며, 이것이 그 단체가 최고의 기능을 할 때의 모습이다.

직업인 조찬 모임에서는 관계를 쌓지 못한다. 그것은 단지 자기 이익에 관심을 둔 야심 찬 사람들이 자기 비즈니스를 광고하는 기회의 장일 뿐이다. 대부분의 경우 그와 같은 행사들은 주로 셰익스피어의 『줄리어스 시저』에 나오는 캐시우스처럼 '야위고 배고픈 표정'을 짓는 사람들을 끌어모으는 경향이 있다. 약간의 성공을 누리고 있는 사람들에게는 그 같은 사실이 거의 곧바로 명백해지므로, 그들은 다음 번 행사부터는 떼를 지어 사라진다.

기도 예배는 관계를 오염시키는 사리사욕의 악취를 맡지 않고도 사람들을 만날 수 있는 또 하나의 완벽한 공간이다. 그래서 아침 민얀에 참석하면, 분명 직접적으로 그 같은 목적을 의도한 것은 아니지만, 유대인 공동체 내에서 비즈니스에 도움을 받는다. 짝을 찾는 미혼자들에게도 똑같은 원리가 적용된다. 미혼자들의 행사와 미혼자들이 모이는 장소에서 시간을 보내면, 그 자리에 있는 다른 모든 미혼자들에게 동정심을 불러일으키는 절박한 메시지가 타전된다. 그러는 것보다 직장이나 교회, 비행기 안, 사교 행사에서 적합한 사람을 만나는 것이 훨씬 더 낫다.

하지만 전통적인 유대인 공동체에 있어서 아침 민얀은 시작에 불과하다. 금요일 저녁과 토요일 아침에도 각각 안식일 예배가 있다. 흔히 토요일 아침 예배의 하이라이트는 바르 미츠바bar mitzvah, 즉 성년 축하식이다. 여기에는 친구와 가족을 비롯하여 많은 사람들이 참석하는데, 마을 바깥에서 오는 사람들도 많다.

바르 미츠바 외에도 참석할 수 있는 즐거운 행사들이 많다. 유대인은 아기가 태어날 때마다 힘써 할례식에 참석하고 결혼식에 가는 것도 좋아한다. 둘째 사촌의 딸 결혼식에 가서 비즈니스를 하는 것은 눈치 없는 짓일까? 물론 그렇다. 결혼식에서는 축하받을 이들을 위해 기쁨을 더하는 일에만 초점을 맞춰야 한다. 하지만 거래가 가능할지 의논하고 싶은 사람을 불러, 지난주에 있었던 결혼식 축하 무도회에서 그를 봤다고 이야기한들 하나도 잘못될 것이 없다.

유대인은 즐겁지 않은 행사에도 함께 모인다. 장례식을 위해 모이며 장례식 후에는 일주일 내내 매일같이 유족들의 집에서 모인다. 이런 활동들은 모두 인간관계를 가장 심오한 방식으로 강화시킨다.

레이퍼의 이야기를 생각해 보라. 대부분의 사람들은 그가 뉴욕 브루클린에서 상당히 고립된 삶을 살았다고 생각할 것이다. 유대교를 믿는 전형적인 십대로서, 그의 하루는 날이 밝기 전에 집에서 나와 회당으로 출발하면서 시작된다. 그는 이른 아침에 기도 예배를 드린 뒤 하루 종일 유대인의 종교 학교인 예쉬바yeshiva에서 공부했다. 그의 하루는 마지막 강의가 마무리되는 밤 10시에 끝났고, 그 뒤에 집으로 돌아와 잠이 들곤 했다. 그런 그가 어떻게 해서 플리트 은행에서 주는 젊은 기업가 상을 받았고, 또 18살에 백만장자가 되었을까?

"글쎄요, 그는 누구를 대하든지 무척 편안해 합니다. 정말 신기한 일이지요."

플리트 은행 부행장의 대답이다. 아론은 엄마가 컴퓨터를 사주자 기초적인 기술을 익혔고, 그 후에는 학교 친구들과 그가 사는 보로우 파크 지역 사람들이 겪는 간단한 컴퓨터 문제들을 도와주기 시작했다. 마침내 그의 단골손님들이 마음 편하게 그를 호출할 수 있도록 그에게 돈을 받으라고 재촉했다. 2년 뒤, 그는 25명의 친구를 프리랜서 직원으로 고용했다. 그에게는 수백 명의 고객이 있었고 연간 수익은 백만 달러에 이르렀다. 그는 이제 일주일에서 6일, 하루에 14시간을 일하지만, 여전히 하루에 두 시간씩 예쉬바에서 공부하며 아침 기도 예배에도 절대로 빠지지 않는다.

만약 유대인이 아니라면 어떨까? 만약 여자이고 유대인의 전통적인 아침 예배에 참석하지 않는다면 어떨까? 내가 설명하고 있는 것은 수세기에 걸쳐 유대인들의 성공에 기여한, 일상적인 관습 이면에 감춰져 있는 원칙들이다. 우리의 몫은 이런 원칙들을 붙잡고 주무르고 분석하여 삶에 적용할 수 있는 자기만의 독특한 방법을 찾는 것이다. 우리는 정기적인 평일 예배에는 참석하지 못할지도 모르지만, 회당이나 교회, 스포츠 동호회나 시민 단체에 참여하여 언제든지 더 많은 사람들과 가까워질 수 있다.

새로운 친구들을 찾을 수 있는 방법은 여러 가지이다. 여성들의 경우에는 남성 전용 회합장소에서 비공식적인 시간의 비즈니스 기회로부터 배제되는 것이 사실이다. 하지만 스포츠 동호회나 체육관 같은 여성 전용 회합 장소들도 많고, 거기에서 우정을 가꿀 수 있는 좋은 기회들을 얻을 수 있다. 나는 일반적으로 여성들이 남성들보다 서로 관계를 맺는 데 더 뛰어나다고 생각한다. 내가 확실히 보장하건대, 상황이 어떻든 사람들을 만날 수 있는 기회는 우리 삶 속에 분명히 있다. 깊이 생각해보지 않아서 그렇지, 머리를 짜내기만 하면 기회를 찾을 수 있을 것이다.

인간관계의 본질과 비결

삶에서 인간관계의 폭을 넓힐 수 있는 많은 기회들을 찾은 다음에는 어떻게 하는 것이 관계를 확립하는 최선의 방법일까? 그 단서는 '친구'를 뜻하는 히브리어 단어 하버chaver에서 찾을 수 있다. 이 단어의 어원학적 뿌리가 되는 하브는 신세 또는 은혜를 뜻한다. 우정을 쌓고 유지하는 길은, 지속적으로 은혜를 끼치고 갚는 역학 관계에 있다는 것이다. 누군가를 위해 일해 보라. 그러면 관계를 맺기 위한 길에 들어서게 된다. 이것이 저녁 식사 데이트를 할 때, 관계를 이어가려는 남자가 그렇게도 돈을 내려고 애쓰는 이유다.

누구나 우정에 따르는 중요하고 작은 형식들을 잘 알고 있다. 내가 당신을 저녁 식사에 초대하면 당신은 나중에 나에게 감사 카드를 보낸다. 당신이 내게 생일 선물을 주면 나는 당신이 제일 좋아하는 포도주 한 병을 보낸다. 내가 당신의 딸이 일자리를 구하도록 도와주면 당신은 내게 구하기 힘든 야구 경기 티켓을 얻어준다. 관계를 맺는 한쪽이 선물을 전달하여 은혜를 끼치면 다른 한쪽은 그 선물을 받아들이고 감사를 표함으로써 수용성을 드러낸다.

'감사합니다'에 해당하는 히브리어 호데hodeh는 '자백' 또는 '고백'에 해당하는 히브리어와 똑같다. 감사를 표하는 것은 종속성을 고백하는 것과 동격에 해당한다. 당신의 선물을 감사히 받아들임으로써 나는 당신이 그 선물을 주었을 때 나에게는 없는 무엇인가를 제공했다고 말한다. 당신의 선물을 받아들이고 감사를 표현함으로써 나는 당신이 필요했다고 '고백'하는 것이다. 어느 때든 내가 당신을 필요로 한다면 그로 인해 나는 그 순간 종속적인 존재가 된다. 또 어떤 때는 내가 당신을 위해 무엇인가를 함으로써 은혜를 끼치는 사람이 될 수 있는 반면, 당신은 내 제의를 받아들임으로써 수용성을 내보인다. 이 지속적인 역학 관계가 우정을 형성하고 유지하는 방식은, 연결된 도로를 따라 이리저리 달려가는 차들과 도로 주변을 따라 이어져 있는 전화선을 타고 날아다니는 전자 메시지들이 두 도시를 연결시키는 방식과 같다.

이제 어떤 사람들은 다음과 같이 말할 것이다.

"글쎄 온통 아주 물질주의적이군. 나의 우정은 아주 실질적이고 은밀해서 선물이나 감사 카드는 필요하지 않아. 내가 배려하고 있다는 것을 친구도 아니까 우리한테는 손으로 만질 수 있는 조잡한 증거 따위는 필요 없지."

이것은 정말이지 꽃에 물을 줄 필요가 없다고 생각하는 사람과 대단히 흡사하다. 실제로 그는 방 분위기를 밝게 만들기 위해 꽃을 화분에서 떼어다가 실내에 둘 수 있다고 생각한다. 얼마 후, 꽃이 시들어 죽었을 때에야 이 멍청한 원예가는 영양분을 공급하는 화분과 물의 역할이 매우 중요했다는 것을 깨닫는다. 그것들이 지속성과 내구성을 제공했다. 그것들이 없었기 때문에 꽃은 결국 시들었다. 마찬가지로, 끊임없이 서로에게 은혜를 끼치고 되갚는 이런 형식들을 무시하는 친구들은 우정이 곧 사라지는 것을 보게 된다.

두 사람 사이에 은혜와 수용성의 역학 관계를 만들어 우정을 쌓는 방법은 두 가지이다. 우선 한 사람이 다른 사람에게 선물을 주는 것처럼 어느 쪽이든 한 사람이 주도적으로 수행할 수 있는 활동이 있다. 그 다음으로는 함께 일출을 구경하는 것과 같이 두 사람이 함께할 수 있는 활동들이 있다. 이 경우 일출 선물이란 표현이 가능하다면 그것은 두 사람의 외부에서 오는 것이고 그 순간에는 두 사람 다 수용성을 경험한다. 이 두 가지 형태의 활동은 모두 관계를 형성하고 북돋우는 데 큰 역할을 하지만 두 번째 활동은 약간 위험하다 하겠다. 두 사람이 공유할 수는 있지만 관계에는 그다지 도움이 되지 않는 경향이 있는 것이다.

두 사람이 한 방에서 텔레비전을 보며 하루 저녁을 보낸다고 가정해 보라. 우리는 이렇게 보내는 시간이 관계에 아무런 도움이 되지 않는다는 것을 알고 있다. 왜냐하면 그들은 공항 대합실에서 모니터로 CNN 뉴스를 보고 있는 두 명의 여행객과 마찬가지이기 때문이다. 그들 사이에는 어떠한 관계도 생겨날 것 같지 않다.

남자친구의 꾐에 빠져 함께 텔레비전으로 축구를 보고 있는 여자는 이렇게 보내는 오후 시간이 서로에 대한 감정에 그다지 좋지 않다는 것을 알고 있다. 함께 도보 여행을 가거나 한 사람이 다른 사람에게 새로운 기술을 가르치거나 한 사람이 다른 사람에게 선물을 주는 일은 모두 관계를 강화시키는 활동들이다.

어떤 활동이나 경험이 관계를 강화시켜줄 것인지 알아보는 열쇠는 거기에 참여한 사람들의 역할이 얼마나 능동적인지 혹은 수동적인지에 있다. 양쪽의 역할이 지극히 수동적이라면 나중에 그 활동에 대해 이야기를 나누는 것이 관계에 도움을 주는 적극적인 과정이겠지만, 그 활동을 하면서 보낸 실제 시간은 그다지 의미가 없다.

예를 들어 최신 할리우드 스펙타클 영화를 보며 극장에서 보낸 시간은 두 사람의 관계에 별로 도움이 되지 않는다. 하지만 상영이 끝난 후에 함께 저녁을 먹으면서 그 영화에 대해 이야기를 나누는 것은 그들의 우정에 커다란 도움이 된다. 관계를 확립하기 위해서는 이 원칙들을 이용하라.

하지만 명심해야 할 것은 우리가 이런 행동을 통해 단순히 비즈니스에 써먹을 인적 사항을 확보하려는 것은 아니라는 점이다. 우리는 새로운 인간관계를 통해 삶에 훈기를 불어넣으려 하는 것이다. 이 한 가지 요점이야말로 우리 존재 속으로 받아들이기가 가장 어려운 것이면서, 동시에 관계 형성의 가장 귀중한 단서가 된다.

우리를 이용할 사람들을 새로 구하는 것이 아니라, 새로운 이들과 좋은 관계를 맺으려는 것이다. 진정한 인간관계를 형성하는 데 성공하면 결국 수입이 증가할 것이다. 그 성공이 우리의 삶 전체를 곧장 향상시킨다는 것 역시 중요하다.

원만한 관계가 부를 낳는다

서로 교류하고 정보를 전달할 기회가 많을수록 더 많은 부를 창출할 수 있다. 먼저 사람들과의 교류를 극대화해야 한다. 분명 현대에 들어와서는 지리적 고립에도 불구하고 장거리 통신의 발달로 비즈니스를 하는 것이 가능해졌다. 그렇다고 해도 작고 외진 동네로 옮겨가는 일이 경제적 성공이라는 새 삶을 준비하기 위한 최선의 방법은 아닐 것이다. 게다가 시간이 날 때 혼자서 좋은 책을 읽거나 텔레비전 수상기 앞에 딱 붙어서 지내기를 즐긴다면, 바로 지금이 이용할 수 있는 시간을 총동원하여 새로운 관계를 쌓아나갈 적기일 것이다. 우리 자신에게 그 일이 편안하게 받아들여질까? 아마 처음에는 그렇지 않을 것이다. 내성적인 성격이라면 특히 더 그렇다. 하지만 돈에 대해 진지하게 생각한다면 변해야 한다. 주소록을 빼곡히 채워야 하고 그 리스트에 있는 사람들과 관계를 강화해야 한다.

새로운 친구를 사귀고 기존의 친구를 살필 기회를 절대로 놓치거나 무시하지 마라. 이웃들이 행사에 초대하면 항상 수락하라. 슬픈 행사에도 언제나 빠지지 않도록 하라. 바꾸어 말하자면 공동체를 이루는 지속적인 활동에 참여하라는 것이다.

요즈음 바쁘지 않은 사람이 없다. 그래서 보통 초대나 다른 사람들과 시간을 보낼 기회들을 무시하기 십상이다. 이것은 실수이다. 이미 아주 오랫동안 초대를 거절해온 바람에 이제는 좀처럼 초대받지 못한다면 어떻게 할까? 혹은 동네에 새로 온 지 얼마 되지 않았다면 어떻게 할까? 의사소통의 통로를 만드는 두 가지 방법은 초대를 하고 초대를 받는 것이다.

유대 전승에 의하면, 다음 세 가지 정보는 겉으로는 무관해 보이지만 서로 관련이 있다. 첫째 아브라함은 적어도 2만에 달하는 친구들을 가까운 사교 영역 안에 두었고, 둘째 손님들을 끊임없이 집으로 초대했으며, 셋째 그의 커다란 장막에는 네 개의 길로 난 각각의 문이 있었다. 역사적으로 실제 그러했는지는 알 수 없지만, 아브라함의 이야기는 비즈니스의 강력한 교훈을 제시하고 있다. 오늘날에는 대형 백화점들도 아브라함의 세 번째 교훈을 받아들여 손님들이 안으로 쉽게 들어올 수 있도록 건물을 짓는다. 그 백화점들은 모두 각기 다른 방향과 다른 도로 쪽으로 난 여러 개의 입구가 있다.

우리도 손님을 초대하고 환대를 베풀어서 친구의 폭을 넓힐 수 있다. 친절한 대접은 관계를 확립할 수 있는 가장 좋은 방법이다. 식당에서 계산서를 먼저 집는 것도 한 방법이고, 새로운 친구를 초대하여 집에서 함께 저녁 식사를 하는 것도 한 방법이다. 식당보다는 집에서 즐기는 편이 값도 훨씬 저렴할 뿐 아니라 유대 관계를 형성하는 데에도 훨씬 더 효과적이다.

이런 이유 때문에, 전에는 회사들이 특별한 중역을 고용할 때 후보자와 폭넓은 면담도 했지만, 그의 아내하고도 면담하곤 했다. 그들이 염려한 것은, 집에서 열리는 중요한 저녁 식사 파티에서 아내가 안주인 노릇을 제대로 할 수 있느냐 하는 것이었다. 오늘날에는 생활이 무척 복잡해졌지만, 이 원칙을 인식하고 우리 삶을 둘러싼 현실이 어떤 것이든 거기에 적용해야 한다.

타인의 삶에 의미 있는 일을 해라

다른 사람과의 관계에서 진정한 기쁨을 누리고 우정을 가꾸는 일은 필수적이다. 그러나 그것만으로는 충분하지 않다. 우리는 다른 사람의 삶에 도움을 주는 방법을 터득해야 한다.

예를 들어 내가 오늘 오후에 90분의 여가 시간이 생겼다고 가정해 보라. 시간은 가장 희소한 물건이므로, 나는 그 시간을 어떻게 투자해야 할지 신중하게 결정하고 싶다. 텔레비전에서 하는 운동 경기를 볼 수도 있겠지만, 그것은 투자가 아닐 것이다. 오히려 그것은 나의 귀중한 한 시간 반을 낭비하는 일이다. 잔디 깎는 기계로 잔디를 깎으면 적어도 건강에는 좋을 것이다. 아니면 친구가 소유한 자동차 대리점에서 사용할 설명서를 작성할 수도 있다. 그 대리점은 내게 세부적인 작동법을 알려주었고, 플로차트에 기반을 둔 작동 설명서를 절실히 필요로 하고 있다.

친구를 위해 자동차 작동 설명서를 작성하는 것이 내 시간을 가장 잘 사용하는 길이다. 이유는 이렇다. 일단 90여 분 뒤에 설명서 작성이 끝나면, 나는 차를 타고 대리점으로 가서 주인에게 나의 성과물을 주고, 내가 한 작업에 대해 합의한 보수 350달러를 수표로 받을 수 있다. 내가 다시 집으로 돌아왔을 무렵, 잔디를 깎기 위해 고용한 사람이 일을 막 끝낸다. 나는 흥정해서 결정한 60달러를 그녀에게 기꺼이 지불하고 안락의자에서 쉬며 인생을 생각한다. 두 시간 남짓한 시간이 지나는 동안 나는 잔디를 깎는 대신, 두 사람-잔디를 깎았으면 하고 바랐던 내 아내까지 친다면 세 사람-을 행복하게 해주었다. 그뿐만이 아니라 290달러의 이윤이 남았다. 내가 직접 잔디를 깎을 수도 있었겠지만, 만일 그랬다면 잔디를 정말로 잘 깎는 사람이 다듬었을 때만큼 훌륭하게 보이지 않을 것이다. 당신에게 많은 친구들이 있고, 그들 모두가 다른 사람들이 무슨 일을 가장 잘하는지 알고 있다면, 삶은 하나의 기적이 된다. 또한 거기에는 광고의 가치도 있다.

'월급 노예'로 살아갈 것인가

처음 만난 사람들이 서로 상대방에게 던지는 첫 번째 질문 가운데 하나는 "무슨 일을 하십니까?" 또는 "어떤 분야에 계십니까?"이다. 우리는 이 질문에 대해 약 20초간의 설명만으로 대답할 수 있어야 한다. 그뿐만 아니라 그 대답은 반드시 매력적으로 들려야 하며 질문한 사람이 반드시 더 자세히 묻도록 만드는 것이어야 한다.

만일 우리의 대답이 "아, 저는 애크미 볼 베어링 회사에 다닙니다."에 그친다면, 부를 생산할 수 있는 잠재적인 기회를 놓친 셈이다. 정말로 관심을 끌 만한 자기 이야기를 하나도 말하지 않았으니까. 애크미

사에서 무슨 일을 하는가? 회장인가? 영업부나 생산부, 혹은 회계부에서 근무하는가? 만일, 함박웃음을 지으면서 "아, 저는 온 우주에서 가장 부드럽고 빛나며, 단단한 작은 공을 만드는 애크미라는 제조회사에 다닙니다."라고 대답했다면 당연히 관심을 끌었을 것이다.

풍부한 표정을 지으며 무언가에 대해 열정적으로 이야기하는 사람들과 나누는 대화는 다른 어떤 일보다도 즐겁다. 할 수 있는 말이 고작 다른 사람 밑에서 일하고 있고, 그 사람이 시키는 대로 하는 것이라면, 솔직히 말해 나는 업무를 지시하는 사람과 이야기하고 싶다. 말하는 당사자보다는 그 사람에게 더 관심이 간다. 그러므로 회사나 조직에서 어떤 일을 하든, 스스로 매력적인 일을 하고 있다고 생각하라. 단순히 무언가를 하는 것이 아니라, 스스로 비즈니스를 하고 있다고 여겨라.

자기 일에 의욕이 없고 싫어하는 일을 하면서 돈을 벌겠다는 것은 한쪽 손을 뒤로 묶고 권투를 하는 것과 같다. 자기 일에 흥미를 키우기 위해 할 수 있는 모든 일을 해야 한다. 그것이 불가능하다면 열정적으로 일할 수 있는 자리를 찾아보라고 말하고 싶다. 어떤 일이 되었든 자극이 사라지는 순간들은 분명히 있게 마련이다. 그럼에도 불구하고 자기 일에 대해 열정을 느껴야 한다. 햄버거를 뒤집든 수십억 원짜리 회사를 운영하든 상관없다.

현재 하고 있거나 좋아하는 일이 수지가 맞지 않는다면 어떻게 해야 할까? 돈 걱정 없는 운 좋은 소수에 속하지 않는다면, 취미나 자원봉사 활동을 하는 여가 시간에 의욕을 충족시켜야 할 것이다. 그리고 그러는 동안 예전에는 생각조차 해보지 않았던 분야에 대해 열정을 키워라. 너무나 많은 사람들이 지극히 적은 숫자의 직업에만 고착되어, 일의 세계가 제안하는 셀 수 없을 정도로 많은 놀라운 기회들을 놓치고 있다.

전통에 밝은 유대인은 '월급 노예'가 되는 것과 비즈니스를 하는 것 사이의 차이를 알고 있다. 피고용인임에도 불구하고 월급 노예가 되지 않을 수 있다. 옛날 이야기 중에는 함께 철도회사에서 처음으로 일을 시작한 지 20년 만에 다시 만난 두 친구의 이야기가 있다.

노반路盤에서 곡괭이를 휘두르며 일하던 친구는 개인 객차에서 내리는 옛 친구의 부유한 모습에 깜짝 놀랐다. 지금 철도회사의 사장이 되어 있는 그 친구는 다음과 같이 설명했다.

"이십 년 전에 자네는 시간당 3달러를 받기 위해 일했겠지만, 나는 철도 회사를 갖기 위해 일했다네."

그의 요지는, 친구가 성공하지 못한 까닭은 언제나 스스로를 '월급 노예'로 생각하고 얼마 되지 않는 봉급에만 목을 맸기 때문이라는 것이었다. 반면에 그는 스스로 비즈니스를 한다고 생각했기에 자신의 고객 즉 자신의 고용주에게 초점을 맞출 수 있었다.

문으로 들어오는 모든 손님들에게 열심히 인사하는 구둣가게 여주인을 한번 지켜보라. 많은 직원들이 사장에 대해 품는 시무룩하고 화난 감정을 그녀도 손님들에게 품을까? 아니, 그렇지 않다. 그 이유는 그녀가 자기 스스로 비즈니스를 한다고 생각하고 있고, 손님이 바로 자신의 고객이라고 생각하기 때문이다.

고용된 이라도 이와 똑같이 할 수 있다. 스스로 비즈니스를 한다고 생각할 수 있으며, 또 그래야 한다. 고용주인 사장을 자기 고객 중 한 사람으로 생각하면 되는 것이다.

자신의 직업을 사람들에게 알려라

이 책의 두 번째 장은 이렇게 요약될 수 있다. 친구를 많이 사귀고, 그들을 도우려고 애쓰라. 그리고 한 사람 한 사람에게, 어떻게 도움을 줄 수 있는지 그리고 얼마나 도와주고 싶어 하는지 분명히 알려라.

많은 사람이 자기 직업을 숨긴다. 나는 그것이 때때로 속물근성에서 비롯된 의식 때문이라고 생각한다. 과거에는 돈을 버는 일이 하층 계급의 몫이었다. 그들은 오히려 돈을 상속받아 탕진하는 것이 훨씬 나은 일이라고 생각했다. 제2차 세계대전 이전에 영국에서 가장 악의에 찬 욕설 가운데 하나가 "아, 그는 일개 장사꾼에 불과해."라는 말이었다. 하지만 어떻게 생계를 꾸리는지, 무슨 일을 하는지, 무엇을 할 수 있는지, 그리고 그 일을 얼마나 하고 싶어 하는지를 자랑스럽게 여기는 것이 훨씬 더 현명한 일이다. 그것은 돈이 들어올 수 있게 문을 활짝 여는 일이다.

유럽의 많은 유대인은 온갖 역경을 무릅쓰고 문화의 차이와 차별에 따른 어려움에 맞서 재정적으로 크게 성공했는데, 그들이 당면한 어려움을 극복할 수 있었던 한 가지 방법은 자신이 선택한 이름을 통해 사람들에게 정확히 어떤 도움을 줄 수 있는지 알린 것이었다. 글래이저 야곱은 마을의 유리장이었다. 드러커 이삭은 인쇄업자였고, 다이아몬드 요셉은 보석상이었다. 와인버그는 포도주를 생산하여 팔았고, 펠러는 가죽공장 주인이었다. 슈나이더는 재단사였고, 쿠퍼는 술통을 만들었으며, 바서만은 물을 길어왔다. 그들은 자신의 정체성을 생계수단과 연결시키는 것에 대해 부끄러워하지 않았다.

탈무드 기록에 있는 많은 위대한 학자들과 뛰어난 현인들은 구두장이 요하난처럼 직업으로 구분되었다. 특징적인 이름을 가진 탈무드의 영웅들로 인해, 유대인은 자신들의 직업을 자랑스럽게 밝히게 되었다. 유대인은 또 하나님의 선지자 요나로부터 가슴에 새겨야 할 교훈을 얻었다.

배를 위협하는 폭풍 때문에 두려움에 떨던 선원들은 그 위험의 정체를 알아내기 위해 잠자던 요나를 깨워 다음과 같이 물었다.

"누구 때문에 이런 폭풍이 일어났는지 말하시오(당신 때문이오?). 당신은 무엇을 하는 사람이오? 당신은 어디서 왔소?"

오늘날에도 새로 알게 된 사람에게 묻는 첫 번째 질문 가운데 하나는 "무슨 일을 하십니까?"이다. 이것이 정당한 질문인 까닭은, 질문자는 상대가 다른 사람들을 위해 무슨 일을 하는지 정말로 알고 싶어 하기 때문이다. 또는 사람들이 그에게서 어떻게 도움을 얻는지 궁금해하기 때문이다. 우리가 동료들을 돕는 방식은 우리의 정체성을 확립하기에 아주 좋은 방식이다. 그 질문에 부끄러워해야 할 유일한 사람은 대답이 없는 사람이다. 전통적으로 유대인은 곧장 직업을 밝혔다. 그로 인해, 사람들은 비즈니스를 목적으로 관계를 쌓는 데 훨씬 더 수월해졌다. 유대인이 비즈니스에 진취적이고 적극적이라는 명성을 얻게 된 이유 중 하나일 것이다. 직업을 적극적으로 알리는 것은 모든 사람에게 이익을 주는 일이지 주제넘거나 미움받을 일이 아니다.

서비스의 원칙을 지켜라

누군가 우리에게 '인생의 비밀'을 말하려 한다면, 그 이야기를 하는 데 시간이 얼마나 걸리는지 물어봐야 한다. 만일 상대방의 대답이 3년 미만이라면 괜한 시간을 낭비할 필요가 없다. 30초 이내에 인생의 비밀을 전달할 수 있는 방법은 없을뿐더러 인생에는 수많은 비밀이 있다. 쉽게 속아 넘어가는 사람들은 단순한 경구警句가 인생의 모든 복잡한 문제들을 해결할 수 있다고 주장하기도 한다.

단순한 격언들이 갖는 명백한 결함 한 가지는, 그와 정확히 반대되는 행동 방향을 촉구하는 많은 예리한 격언들과 상충된다는 점이다. 사랑하는 이와 멀리 떨어져 있게 된 사람이 "안 보이면 멀어진다"는 격언을 떠올리게 되면, 그와 반대되는 "곁에 없으면 더 그리워진다"는 격언이 위로가 되지 않을 것이다. 우유부단한 사람은 "뛰기 전에 먼저 살피라"는 격언을 들으면 기뻐하겠지만, 누군가가 "주저하는 사람은 실패한다"는 격언을 생각나게 하면 마음의 평정을 잃고 만다. 사람들은 흔히 "다리에 가기도 전에 건너려고 하지 마라"는 격언을 생각하며 일을 미루고 안도하지만, "제때 하는 바느질 한 땀은 아홉 땀을 절약한다"는 격언도 기억해야 한다. 인생은 너무나 복잡하기 때문에 이런 한 줄짜리 문장이 실패를 막는 안내자 역할을 할 수 없고, 비즈니스 경력도 인생이라는 피륙에 촘촘하게 짜여져 있기 때문에 속담 하나에 좌우되지는 않는다.

"고객은 언제나 옳다"는 표현을 자주 듣는다. 글쎄, 내가 방금 인용했던 예들과 마찬가지로 이 표현 또한 미덥지 않다. 정말이지 짜증 나고 제멋대로인 고객과 한 번도 마주친 적이 없는가? 돌이켜 생각해 보면, 우리가 그러한 고객이었던 적은 없는가?

예컨대 노드스트롬은 모든 고객이 옳은 것은 아니라는 사실을 발견한 백화점이다. 때때로 얌체 고객들은 이런 백화점의 관대한 환불 정책을 악용하여, 집에 옷을 가져가 특별행사 때 입고서는 나중에 환불받는다. 그런 고객은 옳지 않으므로 백화점에서는 그들을 차단하고 다른 곳에서 쇼핑하도록 내몰기 위해 첨단 기법들이 사용된다.

또 하나의 예로, 주식회사 페이징 네트워크는 무선 호출 서비스를 제공하는 회사로서, 시장 점유율을 높이기 위한 경쟁 때문에 어쩔 수 없이 여러 해 동안 호출기를 무상으로 배포했다. 1998년 이 회사는 메시지를 소나기처럼 받으면서도 종종 최저한도의 월 부과금만 내는 과다 사용자들을 쫓아버리기 시작했다. 1998년 말까지 이 회사는 거의 50만 명에 이르는 비양심 고객을 정리했다.

분명, 고객이 언제나 옳다는 단순한 신조를 가지고 복잡한 비즈니스를 해나가는 것은 실패를 부르는 비결이다. 그럴 것이 아니라 먼저 관련된 거래와 사람들을 살펴보는 습관을 길러라. 그러면 백화점과 신용카드회사들이 하는 일-상대편이 진정한 고객인지 판별하는 일-을 우리도 할 수 있다. 거래하고 싶은 마음이 드는 사람이 고객이다.

거래하고 싶은 진짜 고객을 판별한 뒤에는 고객과 어떻게 관계를 맺을까? 고객들이 흔히 그렇듯이 그 고객도 약간 까다롭게 군다고 가정해 보자. 언제나 고객은 옳다는 믿음을 갖고 있으면, 고객이 분명 옳지 않은 행동을 할 때는 분노에 사로잡힐 위험이 있다. 그러므로 자신과 직원들에게 고객은 언제나 옳다는 믿음을 심어주지 말고 서비스의 원칙에 대한 생각을 심어주라. 고객은 틀릴 수도 있고 불쾌할 수도 있고 추악할 수도 있다. 하지만 우리가 그 고객을 얻고 싶고 기쁘게 해주고 싶고 계속 고객으로 모시고 싶다고 결심했다면, 그 고객의 옳고 그름은 문제가 되지 않는다. 정말 중요한 것은 우리의 태도이다. 단순한 마음의 준비만으로는 고객의 감정 레이더를 뚫을 수 있을 만큼의 효과적인 태도 변화를 이끌어낼 수 없다. '고객은 언제나 옳다'고 스스로 반복해서 되뇌인다고 해결될 문제가 아닌 것이다.

서비스와 굴종은 다르다

복종은 모욕을 뜻하지 않고 서비스는 알랑거리는 아첨을 뜻하지 않는다는 것을 기억하라. 내가 서비스를 말할 때는 고객에게 서비스를 제공한다는 뜻이 아니라, 우리 안에 서비스라는 이름의 사랑을 심어나간다는 뜻이다. 뜬구름 잡는 소리가 아니다. 한 사람에게 서비스하는 일에서 얻는 쾌감은 장거리 달리기에서 찾아볼 수 있는 종류의 쾌감과 같다고 나는 생각한다. 처음 몇 킬로미터는 한 발짝 한 발짝 내딛는 것이 힘들고 고통스럽기까지 하지만, 어느 순간 갑자기 그 유명한 '러너스 하이runner's high'가 시작된다. 애를 쓰지 않고도 거의 둥둥 떠다니는 것 같은 느낌이 들고, 수 킬로미터가 미끄러지듯 지나간다. 서비스하는 법을 배우면 그와 똑같은 종류의 환희를 맛보게 된다.

자기 자신과 직원들에게 고객에 대한 서비스를 가르치는 일은 이것과는 거리가 멀게 보일 수도 있다. 하지만 그것은 정도의 차이일 뿐이다. 어떤 사람이 나의 서비스를 받을 가치가 있다고 믿든지 그렇지 않든지 둘 중의 하나일 뿐이다. 만일 그렇게 믿는다면 우리는 목숨을 걸고 그 사람의 생명을 구하거나, 무릎을 꿇고 고객이 새 신발을 신어볼 수 있도록 도와줄 수 있다. 만일 다른 사람을 대단치 않게 생각한다면, 우리는 절대 고객 서비스에 뛰어난 솜씨를 발휘할 수 없을 것이다. 그리고 인생에서 다른 결함들을 발견하게 될 것이다.

히브리어로 아보다avoda는 '서비스'를 뜻한다. 서비스라는 말은 '어떤 사람의 종으로서 섬긴다'고 할 때도 사용되고, 기도 예배service에서처럼 '하나님을 섬긴다'고 할 때도 사용된다. 영어에도 오늘날까지 그 용법이 그대로 남아 있다. 그래서 기독교와 유대교 모두 관용적 용법에 따라 교회나 회당의 '서비스'에 참석하는 것이다. 진정한 서비스를 아는 전문가가 되기 위해 반드시 기독교인이 되거나 유대인이 될 필요는 없다. 자기가 종이거나 서비스를 베푸는 사람이라는 사실에 대해 부끄러워하지 말라고 가르치는 유대 전통으로부터 누구나 유용한 원칙 한 가지를 도출할 수 있다. 이것이 서비스에 대한 유대인들의 전통적인 사고방식이다.

왜 히브리어는 '하나님을 섬긴다'고 할 때와 '동료 인간들을 섬긴다'고 할 때 똑같은 단어를 사용할까? 왜냐하면 지구상의 모든 생물 중에 오직 사람만이 그와 같은 활동을 하기 때문이다. 오직 사람만이 하나님을 숭배하고, 오직 사람만이 맹목적인 동물적 본능이 아니라 사랑과 이타주의, 이상에 대한 헌신으로 사람을 섬기겠다고 결심할 수 있다. 역사상 다른 동물을 '섬긴' 동물은 없었다. 자기 자신을 다른 사람에게 아낌없이 내어주는 행위인 서비스는 인간 실존과 직업적 성공 추구의 핵심이다.

네 이웃을 네 몸과 같이 사랑하라

서비스의 중요성에 대해 또 하나의 예리한 통찰을 제공하는 것은 사랑을 뜻하는 히브리어 단어이다. 아하브ahav라는 그 단어는 문자 그대로 '나는 준다! give'는 뜻이다.

사랑에 대한 옛 유대의 모델은 '내가 당신에게서 가져간다! take from you'가 아니라 '내가 당신에게 준다! give to you'이다. 다른 사람을 사랑한다는 것은 단순히 가슴속에서 솟아나는 감상적인 감정들을 느낀다는 뜻이 아니다. 오히려 그보다 더 중요한 것은 그들에게 내어준다-그들을 섬긴다-는 뜻이다. 하나님은 우리가 다른 사람들을 사랑하기 원하신다. 우리는 서비스를 통해 그렇게 할 수 있다. 그리고 그분은 그것에 대해 우리에게 상을 주신다.

사람들에게 서비스를 제공하는 일에서 즐거움과 충족감을 누리는 법을 배워라. 그러면 성공으로 가는 길 위에 놓인 주요한 장애물 하나를 제거한 셈이다. 어떻게 그럴 수 있을까. 새사람이 되어야 한다고 했던 나의 경고를 기억한다면 그것은 쉬운 일이다. 사람들을 기쁘게 섬기는 방법을 배우는 비결은 '겸손'이라는 인격적 자질을 개발하는 데 있다.

겸손한 사람은 많은 친구를 얻을 수 있고, 원래 있던 친구들에게도 기쁨을 준다. 겸손이란 자기가 쓸모없는 사람이라고 믿는 것이 아니다. 자기가 아무것도 아니라고 믿는다면 오늘날의 나를 있게 한 수년간의 노력이 모두 거짓이 될 것이다. 자, 그런데 만일 우리가 정말로 상당히 중요한 인물이라면 어떻게 거만해지지 않을 수 있을까? 승리와 성과가 가져다준 명성이 실제 자격에 비해 얼마나 큰지 깨달으면 된다. 우리는 운 좋게 육체적 생존뿐 아니라 무한한 기회도 제공되는 나라에서 태어나고 성장했다. 우리가 얻을 수 있는 명성 전체에 비하면 학창 시절이나 첫 직장 때 받은 교육도 대단한 것이 못 된다. 우리는 유전자 경쟁에서 좋은 성적을 냈을 것이고, 또 그동안 유익하고 관대한 많은 사람들로부터 도움을 받았을 것이다.

오늘날 우리의 모습과 우리가 가진 것에 대해 알게 모르게 기여했던 모든 사람들에게 보답하는 뜻에서, 매일 조금씩 혼자 조용한 시간을 갖고 고개를 숙여라. 사소하지만 이것을 규칙적으로 연습하면 진실과 마주하게 될 뿐 아니라, 점점 더 겸손한 몸가짐을 갖게 될 것이다. 이런 과정이 진행 중이라면 서비스를 화제로 꺼낼 준비가 된 셈이다. 다른 사람을 섬기는 일이 더 이상 우리를 짜증 나게 하거나 자존심을 건드리지 않는다. 상대가 나만큼 좋은 사람일 수 있는 까닭은 내가 나 자신보다 다른 사람들을 칭찬하는 데 주저하지 않기 때문이다. 이런 자질은 비즈니스를 하는 사람에게만 도움이 되는 것이 아니라 배우자나 부모에게도 대단히 귀중한 것이다.

서비스를 제대로 하려면 우선 받는 법부터 배워라

사람들에게 서비스할 때 편안함과 행복을 느끼는 방법을 배우면, 그 결과 다른 사람들에게 서비스를 받을 때도 편안함과 행복을 느끼는 방법을 알게 된다. 식당, 택시, 옷가게는 서비스를 경험할 수 있는 적절한 공간이며, 최고의 서비스를 식별하는 훈련을 할 수 있는 곳이다. 팁을 주는 관습은 사람들이 서비스에 대해 속으로 어떻게 생각하는지 상당 부분 보여준다. 내가 상담을 해주었던 호텔업계 경영자들의 귀띔에 따르면, 호텔을 떠날 때 방을 관리하는 직원들에게 팁을 주는 비율은 미국인들이 다른 어느 나라 사람들보다도 높다고 한다.

훌륭한 서비스를 하면 훌륭한 서비스를 알아보는 데에도 도움이 된다. 나는 몇몇 간이 식당의 웨이터들이 손님이 주는 팁을 받는 것을 불편해하고 있음을 알게 되었다. 실제로 그들은 식당업계에 빠르게 번지고 있는 끔찍한 제도-봉사료 포함-를 더 선호한다. 그러나 나한테는 그렇게 하지 말길 바란다. 나는 내가 받는 훌륭한 서비스에 대해 개인적으로 사례하고 싶다. 뛰어난 웨이터가 되려면 진정한 프로정신이 필요하다. 웨이터보다 현대적이고 성을 구별하지 않는 용어 '서버server'는 그 프로정신이 무엇에 관한 것인지 설명하는 데 도움이 된다. 바로 서비스이다. 흥미롭게도 독립전쟁 이래로, 미국인들은 평등주의 정신 때문에 '선생님sir'이라는 용어를 쓰는 경우가 거의 없다. 그런데 흔히 쓰이는 용법 가운데 하나가 웨이터의 주의를 끌 때 '선생님!'이라고 부르는 것이다. 미국인들이 자신에게 서비스해주는 사람을 거리낌 없이 존경한다는 사실을 이보다 더 분명하게 보여줄 수 있는 게 있을까?

내가 팁을 줄 수 있어 행복한 이유는 그로 인해 서비스를 의식하게 되고 또 서비스를 적극적으로 평가하게 되기 때문이다. 이 습관에는 어느 정도 전염성이 있다.

사람들은 예측 가능한 사람에게 모여든다

직업을 수행할 때는 '예측 가능성'을 목표로 삼아라. 그렇게 되면 우리의 가치가 크게 높아진다. 인간은 누구나 낯선 것보다는 익숙한 것을 선호한다. 20세기 후반에 프랜차이즈 개념이 깜짝 놀랄 만한 성공을 거둔 이유는 그것이 익숙하고 예측 가능한 것을 제공했기 때문이다.

프랜차이즈가 생기기 이전에는 출장을 가면 어느 마을이든 작은 호텔에 묵을 수는 있었지만, 어떤 대접을 받게 될지는 예측할 수 없었다. 그것은 전적으로 주인의 기분에 달려 있었다. 말할 것도 없이 호텔이 제공하는 방과 시설은 예측할 수 없는 일종의 도박이었다. 그러다가 모든 마을에 '홀리데이 인'이 등장하기 시작했다. 여행객들은 '홀리데이 인'으로 몰려 단골이 되었다. 그들은 '홀리데이 인'이 있는 마을에 도착할 때까지 운전을 계속하곤 했다. 왜일까? 그곳은 표준화가 이루어졌기 때문이다. 여행객은 모든 것이 어젯밤 약 500킬로미터쯤 떨어진 마을에서 묵었던 홀리데이 인과 정확히 일치하리라는 것을 미리 알고 있었다. 접수할 때 받는 인사, 요금, 그리고 시설은 예상했던 그대로였다. 벽에 걸린 그림들, 변기에 부착된 종이끈, 그리고 전등 스위치의 위치까지 알고 있었다. 이와 같은 예측 가능함과 익숙함은 편안함을 준다. 갑작스럽고 낯선 것은 불안감을 일으킨다. 그러므로 이익을 얻으려면, 모든 교류가 예측 가능하고 익숙한 것이 되도록 노력해야 한다. 누구나 한 번쯤은 예측 불가능하고 매우 변덕스러운 동료와 일해 본 경험이 있을 것이다. 자신의 요청이나 제안에 대해 어떤 반응이 돌아올지 모른다는 것은 커다란 고역이 될 수 있다.

직업상의 일을 할 때도 그와 비슷한 예측 가능함으로부터 이익을 얻을 수 있다. 예를 들어 고객의 방문을 받는 비즈니스라면, 가능한 한 오랫동안 같은 동료들을 데리고 있을 때 진정한 이익을 볼 것이다. 캘리포니아 주의 팜 스프링스나 플로리다 주의 브로워드 카운티 근처에, 은퇴한 사람들이 모여 사는 동네에 있는 은행 업무 및 금융 서비스 회사들은 모두 내방고객들에게 익숙한 얼굴들과 익숙한 환경을 제공하는 것이 얼마나 큰 가치를 갖는지 알게 되었다. 값비싼 치과 치료를 받을지 말지 결정하려는 환자 또한 주위에 익숙하고 믿을 수 있는 얼굴들이 있으면 결정을 더 쉽게 내린다.

이와 마찬가지로 어떤 회사에 있든 예측 가능하게 일하라. 변덕스러운 기분으로 동료와 고객에게 부담을 주는 일은 절대로 하면 안 된다. 그들이 결코 우리의 개인적인 삶이 어떻게 돌아가는지 알 수 없어야 한다. 이것이 프로다운 행동이다. 두 사람 중 한 사람을 선택해야 한다면 대부분의 고객과 의뢰인은 매번 새로운 성격을 보이는 사람과는 일하고 싶어 하지 않을 것이다.

이 장에서 한 가지 교훈을 뽑아낸다면 바로 이것이다. 즉 비즈니스의 성공은 사람들과 친근한 관계를 맺는 데 있다. 이제 어떤 종류의 사람들이 보다 수월하게 친구를 사귀는지 스스로에게 질문해 보라. 고도의 지능을 가진 학구적인 지식인인가, 아니면 보다 평범하고 소박한 사람인가? 그렇다. 대단히 지적인 사람들도 따뜻하고 친절할 수 있지만 그것은 매우 드문 일이다. 우리가 정말로 비즈니스에 성공한다면 그것은 사람들이 우리를 똑똑하다고 생각하기 때문이 아니라 사람들이 우리를 좋아하기 때문일 것이다.

한 가지 중요한 사실을 깨달으면 다른 사람들에 대한 진정한 관심을 발전시키고 발산하는 일이 훨씬 쉬워진다. 그건 바로 우리의 행복이 사회적 협력 체제 속에 있는 다른 모든 사람들의 행복과 직접 또는 간접적으로 서로 연결되어 있다는 것이다.

유대교의 가르침에 따르면, 하나님은 서로 떨어져 있지 않은 사람들에게 상이 돌아오는 체제를 고안하셨다. '양쪽 다 경제적 이윤이 생기는 인간적 교류'에 해당하는 히브리어 단어는 '가게'와 '군사진지'에 해당하는 단어와 같은 뿌리를 갖고 있다. 그것은 하나님의 말씀을 받게 된다는 뜨거운 기대 속에서 시내산 기슭에 진을 쳤던 고대 이스라엘의 모습을 묘사하기 위해 성경이 사용한 단어 바이칸vayichan이다. 히브리어에 익숙한 사람이라면 누구나 그 단어가 단수임을 알 수 있을 것이다. 이것은 고대 이스라엘을 구성했던 엄청난 숫자의 개인들이 모두 하나로 뭉쳐 한 가지 마음을 품었음을 암시하기 위해서이다. 많은 수의 사람들이 공통된 가치체계 안에 하나로 뭉쳐 있고, 또 진짜 진지 속에서 서로 가까운 거리에 있다면 경제적인 면에서 생산적인 교류를 하기 위한 최상의 여건이 갖춰진 셈이다.

이 광대하고 치밀하게 엮인 인간교류의 거미줄 속에서 자신의 역할을 효과적으로 감당하려면 자기 자신을 제대로 알아야 도움이 된다. 그것이 바로 우리가 다음에 해야 할 일이다.

Thou Shall Prosper
성공으로 가는 길

1 새로운 관계를 맺고 키우는 법을 배워라.

   그렇게 되면 비즈니스뿐 아니라 인생의 다른 측면에서 성공하는 데 도움이 될 것이다. 친구들을 얻고자 노력하되, 이익을 얻기 위해서가 아니라 좋은 인간관계를 형성하고 유지하는 데서 오는 순전한 기쁨을 위해서 하라. 역설적이지만 그런 방식이라야 삶을 향상시킬 수 있는 가능성이 최고가 될 것이다.

2 직업인 모임 같은 특정한 공개장소에서 관계를 쌓으려고 애쓰지 마라.

   다른 곳, 즉 교회나 취미 동호회 혹은 헬스클럽에서 사람들을 만나려고 노력하라. 이런 관계들을 쌓기 위해 애써라. 사람들과 이야기를 나누고, 쪽지를 주고받든 전자 메일을 주고받든, 의견을 교환해야 할 이유를 만들어라.

3 낯선 사람에게 진실한 배려와 관심으로 다가가 그들을 친구로 만드는 법을 배우라.

   상대방의 관심이 진실하지 않으면 누구든지 그것을 느낀다. 자신이 원하는 것을 얻으려는 목적으로 다른 사람들이 원하는 것을 주려는 노력은 장기적으로 볼 때 별로 효과가 없다. 사람들은 어떻게 해서든지 이면의 동기를 알아차린다. 보답을 바라지 말고 가능한 한 많은 사람들과 진정하고 신실한 관계를 맺으라.

역설적이지만 처음 관계를 맺을 때 얼마나 작은 이기심을 내비치는가에 비례하여 보상이 따를 것이다.

4 모든 친구와 아는 사람들에게, 그들을 도울 수 있는 길이 있으며 그들을 도울 수 있기를 열망한다는 것을 확실하게 알려라.

전통적으로 유대인은 곧바로 직업을 밝힌다. 이 때문에 비즈니스를 위한 목적으로 연락을 취하기가 훨씬 더 쉬워지는 것은 분명하다. 그것이 유대인으로 하여금 비즈니스에 진취적이고 적극적이라는 명성을 얻게 해준 부분적인 이유일 것이다. 사람들에게 자기 직업을 알리는 것은 모든 사람에게 이익을 주는 일이지 주제넘거나 미움받을 일이 아니다.

5 거래할 사람들을 신중하게 선택하라.

거래하고 싶지 않은 특정 고객의 경우, "고객은 언제나 옳다"라는 말은 사실이 아니다. 그 까다로운 고객과 비즈니스를 하고 싶지 않다면, 그가 바라는 것들을 들어주어야 한다는 의무감을 버려라.

6 다른 사람들에게 서비스하는 일에서 기쁨을 누려라.

한 사람의 인간이 우리의 서비스를 받을 가치가 있다고 믿든지 그렇지 않든지 둘 중의 하나이다. 만일 그렇게 믿는다면 우리는 목숨을 걸고 그 사람의 생명을 구하거나, 무릎을 꿇고 고객이 새 신발을 신어 볼 수 있게 도와줄 수 있다. 만일 다른 사람들을 대단치 않게 생각한다면, 우리는 고객 서비스에 뛰어난 솜씨를 발휘할 수 없을 것이다. 그리고 인생에서도 다른 결함들을 발견하게 될 것이다.

사람들을 기쁘게 섬기는 방법을 배우는 비결은 겸손이라는 인격적 자질을 계발하는 데 있다. 겸손한 사람은 많은 친구를 얻고 원래 있던 친구들에게도 기쁨을 준다.

7 예측 가능하게 행동하라. 그러면 프로로 보일 것이다.

누구든지 기분은 수시로 변하는 것이지만 감정 때문에 프로정신이 흔들려서는 안 된다. 대부분의 고객과 의뢰인은 매번 완전히 새로운 성격을 드러내는 사람과는 일하고 싶어 하지 않는다. 비즈니스의 성공은 사람들과 친근한 관계를 맺는 데 있다. 정말로 비즈니스에 성공한다면 그것은 사람들이 우리를 똑똑하다고 생각하기 때문이 아니라 우리를 좋아하기 때문일 것이다.

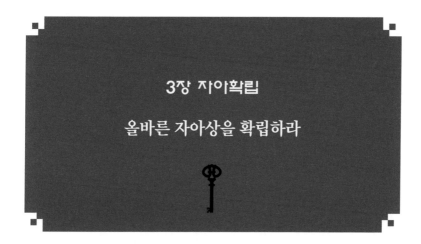

3장 자아확립

올바른 자아상을 확립하라

나는 월급쟁이인가 비즈니스맨인가
나의 '비즈니스 기술'이 성공을 좌우한다
나는 '나'라는 회사의 가장 중요한 직원이다
나는 스스로에게 가장 중요한 학생이다
자기파괴적인 충동을 제거하라
양심에 귀를 기울이라
자신에게 진실하라
사람들의 행동동기를 이해하라
네 가지 동기의 균형을 맞춰라
자신의 부정적인 속성을 인정하라

어디에서 무슨 일을 하든 적어도 한 사람의 부하 직원이 있다.
바로 나 자신이다.

올바른 자아상을 확립하라

대부분의 사람들이 비즈니스에 종사한다. 우리는 우리의 시간, 기술, 경험, 성격, 그리고 다른 능력들을 판다. 우리는 고객, 의뢰인, 감독, 고용주, 동료, 사장, 환자를 기쁘게 해주어야 한다. 우리에겐 이사회가 있다. 그 이사회의 의장은 바로 나이고, 아마도 배우자, 그리고 직업이나 삶의 방향에 대해 함께 이야기를 나눌 만한 친구 몇 명이 회원일 것이다. 이들은 '주식회사 나'라는 이사회에 속한 무보수 회원들이기도 하다. 이들과 그 외의 많은 사람들은 모두 '나'라는 회사의 발전에 영향을 미친다.

해고를 당했다고? 전혀 그렇지 않다. 우리는 다른 곳에서 '나'라는 회사의 서비스를 팔 뿐이다. 새로운 기술 교육을 받고 있다고? 괜찮다. 우리는 단지 고객에게 팔 새로운 제품을 찾고 있는 것이다. 우리는 비즈니스를 하고 있다. 그러면 됐다!

나는 월급쟁이인가 비즈니스맨인가

　자기 자신을 단순한 피고용자가 아닌 비즈니스를 하는 사람으로 바라보는 법을 배우면 결과적으로 엄청난 이익이 뒤따른다. 우선 커다란 안정감을 얻는다. 그리고 고용주의 변덕스러운 생각에 더 이상 휘둘리지 않는다. 마지막으로 나의 재정적 행복이 나 자신의 힘에 달려 있고 봉급 인상만 기다리는 것이 아니라 그 이상의 일을 충분히 할 수 있음을 알게 된다.

　물론 이것은 자신의 인생과 새로운 비즈니스 경력에 대해 책임감을 가져야 한다는 뜻이기도 하다. 그러려면 약간의 태도 조정이 필요하다. 우리는 일자리를 얻는 것이 최종 목표이고 그때부터는 모든 책임이 고용주의 몫이라고 생각하곤 했다. 고용주는 우리에게 봉급을 주어야 하고, 무슨 일을 해야 하는지 이야기해 주어야 하며, 실수했을 때는 고쳐주어야 한다고 생각했다. 아니, 틀린 생각이다. 그것은 비즈니스를 하는 사람이 자신의 일을 바라보는 관점이 아니다. 책임은 대부분 우리 몫이다. 우리는 우리가 받는 임금을 반드시 흥정해야 한다. 우리는 무슨 일을 해야 하는지 알아내고 그 일을 해야 한다. 우리가 실수했을 때 그 사실을 알아야 한다. 그리고 그 실수를 사장이나 감독에게 반드시 알려야 한다. 그들이 바로 우리의 고객이니까 말이다.

　일자리를 구했다면 그것은 시작에 불과하다. 이제부터는 언제나 책임을 확대하기 위해 새로운 영역을 찾고 유용성을 강화할 방법들을 끊임없이 추구하면서 그 일에서 성장해나가야 한다. 만일 하고 있는 일이 이런 성장전략을 펼칠 여지가 전혀 없다면 두렵더라도 그 일을 그만두라. 그리고 우리의 잠재력을 마음껏 발휘할 수 있는 새로운 일자리를 구하라.

하는 일이 무엇이든 그 일에서 성공하기 위해서는 비즈니스를 한다는 생각을 가져야 한다. 성공하는 데 있어서 비즈니스를 어떻게 운용할 것인가 하는 문제만큼 중요한 것은 없다. 우리는 고객들이 기대하는 것보다 조금이라도 더 많이 주기 위해 끊임없이 노력하는가? 언제나 광고와 마케팅에 주의를 기울이는가? 즉 회사 내에서 명성을 지키고 관계를 유지하는가? 우리가 슈퍼마켓에서 일하든, 버스를 몰든, 대단한 학위를 땄든, 고등학교를 중퇴했든, 그런 것과 상관없이 가장 중요한 질문은, 비즈니스를 하고 있는가 아니면 그냥 일자리를 갖고 있는가 하는 것이다.

말할 필요도 없겠지만 다른 사람들을 돌보는 관리자에게도 똑같은 원칙이 적용된다. 다른 사람들에게 성장할 수 있는 기회를 주어라. 자기 자신을 독립적인 비즈니스 종사자로 여기도록 가르쳐라.

나의 '비즈니스 기술'이 성공을 좌우한다

왜 어떤 변호사들은 돈을 많이 벌고, 어떤 변호사들은 똑같은 명문 로스쿨에서 비슷한 학위를 따고도 굶어 죽기 일보 직전인지 궁금하지 않는가? 성공적인 변호사가 그렇지 못한 변호사보다 판례를 더 많이 외우는 것은 아니다. 로스쿨에서 받은 성적이 더 나은 것도 아니다. 왜 어떤 의사들은 잘나가는 것처럼 보이는데 어떤 의사들은 겨우 먹고살까? 성공적인 의사들이 그렇지 못한 의사들보다 의학에 대해 더 많이 아는 것은 아니다. 사실 대부분의 사람들은 자신의 의학적 지식에 근거하여 의사를 평가할 만큼 의학에 대해 잘 알지는 못한다. 우리가 담당 의사의 의대 시절 성적을 확인할 가능성은 얼마나 될까? 나는 한 번도 그렇게 해본 적이 없다. 그리고 나를 담당하는 의사에 대한 믿음이 그가 의대생일 때 공부를 얼마나 잘했느냐와는 아무런 상관이 없음도 알고 있다.

살아가면서 도움을 받아야 할 의사, 변호사, 배관공, 그리고 자동차 수리공을 우리는 어떻게 선택하는가? 우리의 선택기준이 그들이 가진 기술, 지식이나 학문적인 자격일 리는 없다. 여기 깜짝 놀랄 만한 진실이 숨어있다. 우리는 그들을 선택할 때 그들의 비즈니스 기술을 기준으로 삼는다. 어떤 관행을 쌓았는가, 홍보는 어떻게 하는가, 명성은 어떻게 키우는가, 그리고 자신들이 활동하는 공동체 속에서 어떻게 자리매김하는가, 이런 것들이 그들의 성공을 결정하는 것이지, 몇십 년 전에 대학에서 공부를 얼마나 잘했느냐가 결정하는 것은 아니다.

우리는 이미 오래 전에 결정된 고등학교, 대학교 시절의 성적에 대해 어떻게 해볼 수 있는 여지가 별로 없다. 일자리에 대해서도 마찬가지이다. 하지만 태도는 바꿀 수 있다. 우리는 이 변화를 말할 수 없이 효과적이고 또 영구적인 것으로 만들 수 있다. 오늘 이후 우리의 주제

는 사람들과 어떻게 교류할 것인가 하는 것이어야 한다. 우리의 성공
은 그들에게 달렸지만 그 일의 대부분은 전적으로 우리 손에 달렸다.

자신의 실제 모습을 최대한 효과적으로 고치라고, 유대 전승에서는
가르치고 있다. '다시 방향 잡기'라는 뜻인 무사르Mussar로 불리는 유
대의 옛 문헌들은 단순히 다르게 행동하는 법보다는 다르게 존재하는
법을 가르친다. 그것이 제공하는 일종의 정신적 프리즘을 통해, 우리
는 자아가 내뿜는 빛에 흔들리지 않으면서 자기 자신을 보다 분명하
게 볼 수 있다. 이 정신적인 도구를 이용하면 모든 사람들과 훨씬 효과
적인, 궁극적으로는 그들에게서 더 많은 것을 얻을 수 있는 교류를 하
게 된다.

나는 '나'라는 회사의 가장 중요한 직원이다

훈련은 모든 조직 운영의 매우 중요한 부분이다. 판매조직이든
치과사무실이든 자동차 오일교환 프랜차이즈점이든, 그곳에서 일하
려면 훈련이 필요하다. 먼저 의사소통에 필요한 기본 기술들을 배워
야 하고, 일에 필요한 서류를 읽고 쓸 수 있어야 한다. 지시 사항을 이
해하고 그것을 다른 사람들이 이해하도록 전달할 수 있어야 한다. 그
다음엔 조직 내의 자기 역할에 따른 특수한 기술들을 익혀야 한다.

그뿐만 아니라 그 과정에서 직업의 도덕적 차원에 대해서도 배우고
받아들여야 한다. 그것은 자기 기분과는 상관없이 매일 제시간에 일

터에 나오는 모습을 배워야 한다는 뜻이고, 지시뿐 아니라 질책까지 받아들이면서 화내지 않고 맡은 일 이상을 충실히 해내는 법을 배워야 한다는 뜻이다. 책임감 있고 예측 가능하게 행동하는 법을 배워야 하고, 어느 직업에나 도사리고 있는 수많은 유혹을 피하는 법도 배워야 한다. 모든 책임자와 감독의 의무는 모든 부하 직원들이 이 교훈들을 전부 확실히 배우게 하는 것이다.

자기 밑에 직원이 한 명도 없으면 어떻게 될까? 부하 직원들을 가르쳐야 하는 의무에서 면제되는 것일까? 절대로 그렇지 않다! 무슨 일을 하든, 어디에서 일하든, 언제나 적어도 한 사람의 부하 직원이 있다. 바로 나 자신이다. 그 특별한 직원-나-은 어느 누구보다도 유리한 위치에서 나의 목표달성을 돕거나 방해한다. 가장 중추적이고 중요한 나의 직원-나-이 발휘하는 업무 효율이 최고조에 이를 때까지 나의 실패에 대해 어느 누구에게도 비난의 화살을 돌려서는 안 된다. 내가 개인적으로 책임지고 교육해야 하는 한 사람의 직원은 바로 나 자신이다.

나는 스스로에게 가장 중요한 학생이다

열성적인 유대인들은 다음 문장을 하루에 세 번씩 암송한다.

"너희는 그것들(성공적이고 훌륭한 삶을 위한 이런 소중한 원칙들)을 너희 자손들에게 가르쳐라."

유대 전승의 지적에 따르면, 토라 본문에 나오는 '그것들'이라는 단어에는 그 단어가 '너'로도 읽힐 수 있게 해주는 문자 하나가 빠져 있다고 한다. 만약 그렇다면 그 구절은 "너희는 (성공적이고 훌륭한 삶을 위한 이런 소중한 원칙들을) 먼저 자신에게 가르치고 그다음으로 너희 자손들에게 가르치라."로 읽힌다.

이 유명한 문장으로부터 나오는 원칙은, 만일 아버지에게 자신과 자식들 가운데 한쪽에게만 겨우 선생님을 붙여줄 정도의 수업료밖에 없다면 먼저 자신을 교육해야 할 의무를 진다는 것이다. 아버지가 나중에 더 나은 위치에서 자식들을 가르칠 거라는 생각 때문이다. 자식들에게 먼저 선생님을 붙여주고 그다음에 그들로 하여금 아버지를 교육하게 하는 것은 좋은 생각이 아니다. 부모가 자식에게서 배우는 것이 문제가 아니라, 자식이 부모에게서 배우고 부모를 존경한다는 기본적인 생각이 그로 인해 왜곡되기 때문이다.

교훈은 분명하다. 직원들이 있다면 의무에 따라 그들에게 가르쳐야 하는 모든 내용을 반드시 그들보다 앞서 체험하고 있어야 한다. 아직 직원이 없다면 다행히 먼저 출발할 수 있는 시간을 번 셈이다.

자신을 끊임없이 가르치거나 감독하는 것이 기를 죽이는 일처럼 보인다. 어떻게 하면 이런 관점에 익숙해질 수 있을까? 또다시 유대 전승을 참고해 보자. 유대 전승에서는 자기 자신을 서로 다른 두 명의 존재로 바라보는 게 아주 중요하다고 가르친다. '주관적인 나'와 그 주관적인 나를 반성하며 살펴보는 '객관적인 나'가 바로 그것이다.

자신을 정직하게 위에서부터, 말하자면 외부의 객관적인 관찰자가 바라보듯 살피는 이 필수불가결한 기술을 배우기 위해 유대인들은 하나의 이미지를 마음속에 각인하고 있다. 바로 당나귀에 사람이 타고 있는 이미지이다. 외계인 같으면 당나귀와 당나귀를 탄 사람을 하나의 커다랗고 기묘한 생명체로 여길 수도 있겠지만, 사람이라면 그 이상한 모습이 사실은 위에 타고 있는 생명체가 밑에 있는 생명체를 부리고 있는 광경임을 알 것이다.

금방 나타난 화성인이 당나귀와 당나귀를 탄 사람을 하나의 생물체로 바라보듯, 우리는 자신을 오직 하나의 생명체로 바라보는 실수를 저지른다. 만일 자신을 바라볼 때 더 지적이고 정신적인 생명체가, 더 육체적인 생명체를 부리고 있는 것으로, 바꾸어 말하자면 영혼이 육체를 타고 조정하고 있는 것으로 생각하면, 우리는 자신과 다른 사람들을 더 잘 이해할 수 있다. 적어도 우리 영혼은 명령을 내리는 위치에 있어야 하고 육체는 명령대로 움직여야 한다. 이것이 가르침의 요점이다.

자기파괴적인 충동을 제거하라

우리의 복합적인 욕구와 성향을 위와 같은 두 가지 구성 요소로 나누어 보는 능력이, 어떻게 유대 민족의 본성에 자리를 잡아 성공에 기여할까.

성경에는 하나님이 아브라함에게 아들을 바쳐 올리라고 말씀하시는 유명한 이야기가 나온다. 하나님이 아브라함에게 사랑하는 독자를 죽이라고 말씀하신 것으로 대부분의 사람들이 잘못 알고 있는 까닭은, '올리다'에 해당하는 히브리어 단어가 '제물로 삼다'라는 뜻도 되기 때문이다. 실제로 아브라함 자신도 오해했기 때문에, 나중에 하나님은 아브라함이 오해로 인해 치명적인 잘못을 행하지 못하도록 천사를 보내야만 했다.

이 이야기의 처음으로 돌아가 보자. 성경은 아브라함이 하나님께 받은 지시가 아들을 죽이라는 것으로 생각한 뒤, 당나귀에 안장을 얹었다고 설명한다. 이상한 점은 누구도 그 당나귀를 타거나 짐을 실었다는 언급이 없다는 것이다. 당나귀가 다시 등장하는 것은 아브라함이 두 하인에게 지시를 내릴 때였다.

"아들과 내가 저기에 가서 경배할 동안 너희는 여기에서 나귀와 함께 기다리라."

히브리어에서는 하나의 히브리어 단어가 두 가지를 뜻하면 유대의 오랜 지혜에 따라 이 두 가지가 밀접한 관계가 있는 것으로 간주한다. 히브리어에서는 하나의 특정한 단어가 '당나귀'와 '물질주의' 모두를 뜻한다는 사실이 대단히 의미심장하다. 유대 전승의 설명에 따르면 성경의 명명체계상 당나귀는 육체적인 몸을 상징한다. 왜 궁극적으로 메시야가 훨씬 더 호감이 가는 종마나 그보다 더 멋진 승용차가 아닌 당나귀를 타고 예루살렘에 입성할 것이라고 전해 내려오는지 궁금해 했던 적이 있다면 이제 해답을 얻은 셈이다. 메시야의 등장은 유물론을 정복하는 시대가 열릴 전조이다. 유대교 구전에서 당나귀는 온전히 물질적인 것을 뜻하는, 편리하면서도 시대를 초월한 은유이다. 당나귀를 타거나 그 등에 안장을 단단히 잡아매는 일조차도 육체적인 것에 대한 지배-머리를 몸의 책임자로 앉히는 것-를 암시한다.

아브라함에게로 돌아가 보자. 성경 기록에 의하면 아브라함은 하나님의 명령을 오해하여 아들을 죽일 계획으로 당나귀에 안장을 얹었다. 이제 우리는 드디어 당나귀가 이야기에 포함된 이유가 과거의 운송수단을 알리는 데 있지 않음을 알 수 있다. 그보다는 아브라함이 하나님에게 순종하기 위해 가슴이 아닌 머리를 따라야 했음을 알 수 있다. 즉 지성이 감정을 복종시켜야 했다. 바꾸어 말해 그는 당나귀에게 안장을 얹어야 했다. 그래서 당나귀가 실용적인 운송기능을 했다는 이야기를 찾아볼 수 없었던 것이다. 희생제사가 있을 것으로 여겨지는 모리아산에 다가갈수록 아브라함은 노년에 아들을 곁에 두고 싶은 육체적인 바람에서 자신을 멀리 떼어놓아야 할 필요가 있었다. 그가 뭐라고 말했던가?

"아들과 내가 저기에 가서 경배할 동안 너희는 여기에서 나귀와 함께 기다리라."

말하자면 성경은 아브라함과 이삭이 당나귀를 넘어서리라는 것을 읽는이에게 알림으로써 아브라함이 육체적인 것의 횡포에서 성공적으로 해방되었음을 보여준다. 자신을 끊임없이 가르치고 개선시키는 이런 필수적인 능력은, 전적으로 자기 자신이 분리된 두 개의 존재로 구성되었다고 보는 관점에 익숙해지는 데 달려있다. 하나는 단기적인 만족을 향해 나아가는 반면, 다른 하나는 보이지 않는 곳에서 경고의 소리를 발한다.

가슴이 자신을 파괴적인 방향으로 끌고 갈 수 있다는 인식이 유대인들의 마음속에 뿌리박혀 있다. 이 개념은 유대교에서 매우 중요한 것이어서 성경의 제일 첫 부분에서 강조하고 있다.

"여호와 하나님이 흙으로 사람을 지으시고…."

같은 장의 뒷부분에는 다음 구절이 나온다.

"여호와 하나님이 흙으로 각종 들짐승들을 지으시고…."

번역 과정에서 사라진 흥미진진한 세부 내용은, '지으셨다formed'라는 단어의 철자가 사람이 만들어질 때와 동물이 만들어질 때 약간 다르다는 것이다. 거기에는 별도의 문자가 포함되어 있는데, 유대 전승에 따르면 그것은 사람의 내면에는 공존하지만, 동물한테는 찾아볼 수 없는 분리된 두 가지 충동을 암시한다. 이쪽 충동은 사람들로 하여금 그들이 아는 최선의 이익에 따라 현명하게 행동하라고 촉구한다. 반면 저쪽 충동은 식이요법을 무시하고 냉장고를 뒤지라거나 결혼생활을 무시하고 복도에 있는 젊은 인턴사원에게 수작을 걸라는 제안을 유혹하듯 속삭인다.

'머리가 아프다' 혹은 '몸이 쑤신다'고 말할 때마다 우리는 자기 안의 이 이중성을 무의식적으로 인정한다. 머리가 아픈 '나'는 누구인가? 바로 거기에서 우리는 몸과 분리된 '자신'이 있음을 인식하고 있다. 그것을 '영혼soul'이라 부르기도 한다. 유대교는 그렇게 부른다. 랍비 아브라함 트월스키는 어느 결혼식에 참석한 장애 여성 이야기를 들려주었다.

"나는 모든 사람들과 어울려 춤을 추었어요. 물론 발을 움직일 수는 없었지만 식탁 위에서 손으로 춤을 췄죠. 아시겠지만 몸이 마비되었다고 해도 나는 변하지 않았어요. 나는 여전히 예전과 똑같은 사람이에요. 그 사람이 마비된 몸속에 갇힌 것뿐이죠."

트월스키가 계속해서 말했다.

"이 여인에게 몸은 그저 그 사람을 담는 그릇일 뿐이고 그 사람은 몸에 일어난 변화에 영향을 받을 필요가 없다고 인식하고 있습니다. 마찬가지로 우리가 몸의 요구들을 한쪽에 제쳐두는 것은 그 '사람'에게서 무언가를 빼앗는 게 아닙니다. 왜냐하면, 그 진정한 사람은 몸이 갈구하는 것들을 바라지 않을 수도 있기 때문입니다.

수입증대를 추구하기 위해서는 감정적인 이끌림과 욕구의 긴급호출을 따르려는 성향보다는 정신의 충고에 따라 행동하려는 성향을 키우는 것이 현명하다. 그렇게 하면 우리는 좀더 예측 가능한 사람이 되고 흔히 말하는 '훌륭한 판단력'이 있음을 보여주게 된다. 그리고 훌륭한 판단력을 가진 사람으로 인식되면 거래 상대자로서 호감도도 높아진다. 그 거래가 면접시험인지 고층 건물을 짓기 위한 합동 계약 체결인지는 문제가 안 된다. 부의 생산은 거래를 통해 이루어진다.

우리는 우리가 참여하는 거래의 수를 극적으로 늘릴 필요가 있다. 그것은 우리 스스로를 잠재적인 거래 상대자로서 가능한 한 매력적으로 보여야 한다는 뜻이다. 그렇다고 해서, 시집 못 간 딸을 걱정하는 어머니가 딸에게 화장을 좀 더 짙게 하고 눈길을 끄는 옷을 입으라고 이야기하는 것처럼 말하라는 것은 아니다. 외모를 뜯어고치라는 이야기도 아니다. 본질에서부터 진정한 변화를 일으키라는 말이다. 고여 있는 물에서 살아가기보다는 경제를 관통하는, 끊임없이 굽이치는 강물과 같은 재정적 흐름을 따라 흥미진진한 항해를 떠나라는 말이다.

다행스럽게도 우리에겐 내면의 미세한 목소리에 따라 행동하고 그 것을 함께 일하는 이들에게 보여줄 능력이 있다. 바른 정신으로 그렇게 꾸준히 노력하면 사람들은 우리를 리더로 인식하게 되고 결국 우리는 진짜 리더가 될 것이다. 그에 따르는 부와 성공은 부수적으로 얻게 되는 결과이다.

양심에 귀를 기울이라

자기파괴적인 행동의 호소력은 대개 단기적이다. 인격적인 힘에는 충동적인 만족을 일상적으로, 때로는 무제한적으로 유보할 수 있는 능력이 포함된다. 이것은 충동구매를 피하거나 운동이나 식이요법을 지속하거나 화려하지만 궁극적으로 파괴적인 제안, 혹은 수많은 유혹들을 거절한다는 뜻이다. '유혹에 저항한다'는 구절이 구식으로 들릴지 모르지만, 그것은 정확한 핵심이다.

어떻게 하면 신뢰감 들게 행동하고, 올바르게 선택할 수 있을까? 도덕적 투쟁을 두 충동 사이에 벌어지는 논쟁으로 시각화하면 도움이 된다. 현명한 결정만을 내리고자 하는 이 여행에서 성공을 거두려면, 이 여행을 전쟁으로 간주하라. 모든 전쟁에서 그러하듯 우리는 적과 그들의 목적을 알아내야 한다. 그러면 적을 물리칠 준비를 더 잘할 수 있을 뿐 아니라 더욱 용기를 내어 그 일에 전념할 수 있다. 적에 대해 모든 것을 알게 되면 적이 갑자기 훨씬 덜 무서워 보인다. 누가 우리의 적인가? 다른 어떤 사람보다도 우리의 야망을 방해하고 꿈을 향해 가는 길을 가로막는 자가 누구인가? 그것은 바로 내가 '부정적인 충동'이라고 밝혀왔던 우리의 일부분이다. 그것을 뭐라고 부르든지 간에 중요한 것은 우리가 그것을 이해했다는 것이다.

우리는 스스로에게 최악의 적이 될 수 있지만 최고의 부하가 될 수도 있다. 자기 자신을 두 사람으로 생각하는 법을 기억하라. 한 사람은 너무나 현명하고 이성적이며 언제나 장기적인 행복에 헌신한다. 다른 한 사람은 단기적인 기쁨을 누리라고 꼬드긴다. 한쪽에서는 자제심과 용기를 가지고 행동하라고 권한다.

정확히 같은 순간에, 우리를 구성하는 다른 쪽에서는 정말로 하고 싶은 일을 하라고 열정적으로 설득한다. 유일한 질문은 "누가 지배할 것인가?"이다.

하루에도 수십 번씩 맞닥뜨리는 선택의 기회 앞에서, 우리 내부의 이 두 경쟁자는 분노에 차서 서로를 공격하며 맹렬한 전투를 펼친다. 한목소리는 유혹하듯 재촉한다.

"해버려. 날아갈 것 같은 기분이 들거야! 어쨌든 마지막에는 다 잘될 거라니까."

다른 한목소리는 위험한 결과에 대해 경고한다. 둘 중 오직 한쪽만 이길 수 있으며, 어느 쪽이 이기게 될 것인지는 인격의 힘에 달렸다.

우리가 파괴적인 유혹을 거부하고 지혜의 목소리를 따르면, 다음번에 는 또다시 그렇게 할 수 있는 능력이 배가된다. 우리의 시스템은 운동 을 하고 나면 좀 더 효율적으로 반응하는 근육과 마찬가지다. 반대로 부정적인 충동에 자신을 맡기면 다음번에 올바른 결정을 내리기 힘들 어지는 결과를 맞는다.

다른 사람들을 리드할 수 있기를 바라기에 앞서 우선 자기 자신을 리드할 수 있는 힘을 얻어야 한다. 동료들이 '인격의 힘'의 존재 여부 를 얼마나 빨리 알아차리는지 보면 정말로 놀랄 것이다. 우리가 다른 사람들에게서 얼마나 쉽게 그 존재, 또는 부재를 인식하는지 한번 생 각해 보라.

우리가 도덕적 투쟁의 정황을 속속들이 이해하고 올바른 선택과 결 정을 하나씩 더해 나가면, 자제력이 극적으로 상승하고 부를 획득하 는 능력이 엄청나게 증대할 것이다.

인격의 힘은 흔한 것이 아니며 내면에서만 나올 수 있다. 인터넷으 로 대표되는 통신수단이 발달함에 따라 모든 이들의 손에 정보가 흘 러넘치지만 모든 사람들이 이용할 수 있는 정보라면 그다지 가치가 없다.

상품이 흔하면 흔할수록 시장가격은 더 낮아진다. 우리의 진정한 비 즈니스 가치는 귀한 상품을 소유하는 데서 나온다. 그것은 바로 인격 의 힘이다. 인격의 힘은 황금과 같고 우리가 그것을 얻지 못하게 막는 것은 아무것도 없다. 그리고 거기에는 종종 진짜 황금이 뒤따라온다.

자신에게 진실하라

유대교는 어떤 상황에서도 자살을 금하고 있다. 내가 처음 이 금지 내용을 들은 것은 이웃 사람이 자살한 것을 보고 두려워했던 어린 시절이었다. 나는 곧장 아버지에게 달려가 토라의 어느 구절이 자살을 금지하는지 보여 달라고 했던 기억이 난다. 지나고 보니 그때 아버지의 얼굴에 스쳐갔던 표정들은 그것을 내가 얼마나 이해할 수 있을지 궁금해 하는 것이었다. 당시에 내가 아버지의 설명을 얼마나 이해했는지 모르겠지만 적어도 그것을 잘 기억해 두기는 했다.

아버지는 내가 방금 설명했던 것들을 차근차근 가르쳐 주었다. 아버지는 각 사람이 실제로 어떻게 두 개의 다른 실체로 구성되어 있는지 이야기하면서, 각 실체는 사람에게 서로 다른 것을 원한다고 했다.

"그것은 당나귀를 타는 것과 같단다."

아버지가 말했다.

"그 당나귀는 한쪽 길로 가고 싶어하거나 아무데도 가고 싶어하지 않지. 그런데 넌 마음속에 아주 분명한 목적지가 있는 거야."

이제 우리는 누가 이길 것인지 결정해야 한다. 나인가, 당나귀인가? 누가 누구에게 명령을 내릴 것인가?

아버지는 인간의 이중성에 대해 설명하고 나서 '살인하지 말지니라'라는 계명을 강조했다.

"원칙은 분명하단다."

아버지가 말했다.

"무슨 일이든 다른 사람에게 해서 안 되는 일이면 자기 자신에게도 해서는 안 되는 거야. 네 안에는 실제로 분리된 두 개의 도덕적 실체가 있음을 기억하거라. 자살은 부정적 충동 부분이 나머지 부분을 없애려는 시도라고 할 수 있지."

아버지는 잔잔하게 웃으며 말했다.

"마찬가지로 너는 스스로에게 거짓말을 하면 안 돼. 그것은 다른 사람에게 거짓말을 하는 것만큼이나 금지된 것이고 죄에 해당하는 거야. 그것은 사실 어떤 면에서는 다른 사람에게 거짓말을 하고 있는 것이지."

자신에게 거짓말을 하거나 잘못된 방향으로 이끌면 두 배의 피해를 초래한다. 문제를 과소평가하게 되면 상황을 정확하게 평가하거나 올바르게 행동방향을 설정하는 것이 훨씬 더 어렵게 될 뿐 아니라 주위 사람들의 판단을 의심하게 된다. 낙관적인 것과 보지 못하는 것은 전혀 다른 문제이다. 마찬가지로 어떤 문제에 대해 마음의 준비를 하는 것은 얕잡아볼 수 없는 일에 대비하는 긍정적인 방법이다. 하지만 자기를 기만하여 문제에 눈을 감아 버리면, 필요한 조치를 취할 수 없게 되고 위험을 보지 못하게 된다.

자기 자신을 두 사람으로 바라보면, 다른 사람들을 정직하게 대하고 싶은 만큼 자기 자신에게도 정직하게 대해야 한다는 것을 기억하기 쉬워진다. 또 자기파괴적으로 행동하려는 성향에 맞서기도 쉬워진다. 자기파괴적인 성향이란 꼭 돌출적인 행동을 의미하기 보다는 사소한 실수들이 점점 쌓이면서 통제력을 상실하게 만드는 내적 영향력을 뜻한다. 자신을 파괴적인 방향으로 이끄는 성향과 효과적으로 싸우려면 내적 동기부터 이해해야 한다. 어떤 적대적인 상황에서도 이면의 동기를 알면 도움이 된다. 다른 사람들을 이끄는 힘이 무엇인지 정확하게 이해하는 것보다 나를 이끄는 힘이 무엇인지 아는 것이, 사실 훨씬 더 중요하다. 동기를 이해하면 왜 내가 이 일을 하고 있는지, 어떻게 나의 행동을 바꿀 수 있는지 훨씬 더 쉽게 판단할 수 있다. 어제와 별반 다를 게 없이 오늘을 살아간다면, 내일이 오늘보다 나을 이유가 없지 않겠는가.

사람들의 행동동기를 이해하라

사람들의 행동동기는 무엇일까? 우리는 왜 지금 이 일을 하고 있을까? 그 대답은 우리가 상상하는 것만큼 복잡하지 않다. 사람들이 하는 행동의 동기를 명확히 알면 알수록 일에 큰 도움이 될 것은 당연하다.

사람들이 특정한 일을 하는 이유와 특정한 방식으로 행동하는 동기가 무엇인지 밝히려는 노력들은 많이 있어 왔다. 인류학자이자 극작가인 로버트 오드레는 소유물에 대한 인간의 애착이 갖는 동물적 기원을 조사하여 '영역 보호본능'이 인간행동의 많은 부분을 설명한다고 주장했다. 우리 인간들이 하는 일이 아주 복잡해 보이지만, 실제로는 소유물의 수와 양을 늘리고 자기 영역을 확장하려는 '동물적 본능'에서 나온 것에 지나지 않는다고 설명한다. 오드레는 풍부하고 복잡한 인간의 삶 전체를, 영역표시를 위해 오줌을 누는 동물들의 행동수준으로 평가해 버리고 만 것이다.

세기말을 전후해서 지그문트 프로이트는 사람들의 동기가 대부분 성적인 본능에 있다고 했다. 하지만 무한히 복잡한 인간을 단 하나의 결정인자로 설명할 수 없다는 사실이 곧 밝혀졌다. 그 결정인자가 성性과 같은 강력한 것이라 하더라도 말이다. 그러다가 1950년대에 이르러 현대심리학은 사람들을 일정한 방향으로 움직이고 이끌어 가는 힘들을 밝히는 데 있어 커다란 진보를 이루었다. 유명한 유대인 경제심리학자 아브라함 매슬로우Abraham Maslow는 이전에 나왔던 이론들보다는 훨씬 정확한 청사진에 도달했다. 이 청사진은 무한히 복잡한 인간의 행동을 다섯 가지 기본 요소들로 압축했고 종국에는 네 가지로 압축했다. 그것은 (1) 자아, (2) 사람들과의 관계, (3) 환경 그리고 (4) 몸이다. 간단히 말해 매슬로우는 대부분의 사람들이 삶의 네 가지 영역에서 만족을 느끼려는 욕구가 있다고 설명했다.

1. 개인적인 성장에 대한 의식, 그리고 세상의 작동 원리에 대한 이해 증진.
2. 변덕스러운 운명의 희생양이 될 수 있다는 의식을 줄여주는 개인적인 힘의 확대.
3. 의식주를 포함한 삶의 기본 필수품들.

4. 다른 사람들로부터의 존경.

인간행동에 관한 현대심리학의 이같은 설명은, 유대의 전통학문이 수천 년 동안 가르쳐온 결과에 수렴된다. 아브라함 매슬로우가 이 지혜를 얻기 위해 2천 년이나 된 유대 문헌들을 뒤졌을 것 같지는 않다. 중요한 점은, 그도 인간의 행동동기를 이해하는 것과 비즈니스를 운영하는 것이 아주 깊은 연관성을 가진다고 보았다는 것이다. 1962년 매슬로우는 인간 본성에 대한 연구에 기초하여 『자기실현경영 Eupsychian Management』이라는 제목의 비즈니스 책을 썼다.

인간의 본성에 대한 유대인들의 생각은 최근의 연구가 아닌 오래된 두 가지 사상에 기초를 두고 있다.

1. 인간의 본성은 과거 5천 년간 그다지 큰 변화를 겪지 않았다.
2. 피조물에 대해 창조주보다 더 많이 아는 사람은 없다.

오늘날 기업의 중역 회의실을 발칵 뒤집어 놓는 인간관계 문제가, 『맥베드』나 『리처드 3세』 같은 셰익스피어 연극이나 성경 속의 '다윗왕과 밧세바' 이야기의 문제와 똑같은 것은 이 때문이다.

비즈니스에 있어서, 현대의 급격한 변화 가운데서도 절대로 변하지 않는 것들이 있다는 것을 인식하는 것이 중요하다. 절대로 변하지 않는 한 가지 사실은, 사람의 동기가 정확히 네 가지 기본요소로 요약된다는 것이다. 이 신비를 유대인들은 언제나 알고 있었다. 유대인들이 이것을 알게 된 것은, 어찌 보면 혼란스럽게 보이는 성경 창세기의 한 구절에 대한 전승의 설명을 통해서였다. "강 하나가 에덴에서 흘러나와 동산을 적시고 거기서부터 갈라져 강의 네 근원이 되었으니"

어떤 지도를 펼치더라도 고대 세계에 그와 같은 물길이 있었다는 사실은 없다. 이것은 정신적인 자료이지 지리학적인 자료가 아니다. 문장의 의미를 낱말 그대로 해석할 때 생기는 또 하나의 문제는, 만일 강의 목적이 '동산을 적시는' 것이라면 '에덴에서'가 아니라 '에덴으로' 흘러가야 한다. 옛 현인들은 이러한 문제점을 더 잘 알고 있었다. 이 구절의 의미는 따라서 더욱 깊은 의미를 갖고 있다.

큰 강은 가능한 한 최선의 삶을 이루고자 하는 인간의 간절한 바람-에덴으로 가는 자기만의 길을 찾는 개인의 여정-을 상징한다. 그것은 네 개의 작은 강, 또는 요소로 이루어져 있는데, 그중 하나는 황금의 땅을 에워싸고 있다. 성경에서는 그 다음 구절에 "그리고 그 땅에서 나는 금은 질이 좋았다."고 덧붙이고 있다. 에덴으로 가는 길을 찾기 위해서는 각자가 네 개의 강을 모두 따라가야 한다는 이 메시지는 인간이 가진 네 가지 동인動因을 모두-두 가지가 아니라 네 가지 모두-발전시키고 만족시켜야 한다는 영감을 준다.

이런 충고가 가장 간결하게 제시되어 있는 유대의 책이 『선조들의 말씀』이다. 이 책 4장은 벤 조마Ben Zoma라고 알려진 초기의 현인이 네 가지 질문을 묻고 그것에 답하는 것으로 시작된다.

1. 현명한 사람은 누구인가?

2. 힘 있는 사람은 누구인가?

3. 부유한 사람은 누구인가?

4. 존경을 얻는 사람은 누구인가?

후세의 학자들은 벤 조마가 왜 이 네 가지 질문에 만족했는지 묻는
다. 생각해 보면, '겸손한 사람은 누구인가?'하고 물을 수도 있었다.
'덕이 있는 사람은 누구인가?' 또는 '경건한 사람은 누구인가?'라고도
물을 수 있었다. 왜 이 네 가지 질문만을 했을까? 바로 벤 조마가 인간
행동의 동기를 탐구하고 있었기 때문이다.

첫 번째 동기 : 지혜(wisdom)

삶을 풍요롭게 전개하기 위해서 반드시 필요한 것으로 우선 꼽게 되
는 것은 정신적인 안정과 성장이다. 현재 일어나는 일들을 따라가고,
새로운 기술을 배우고, 전문적인 지식을 유지할 필요가 제기되고 있
다. 거기에는 아이들 숙제에 필요한 지식이나, 단순히 음악이나 중국
의 지리와 문화에 대해 더 많이 아는 것도 포함될 수 있을 것이다. 그
것이 무엇이든, 우리들은 지적 성장에 대한 매우 실제적인 필요를 늘
느끼고 있다. 지적 성장의 필요를 만족시켜라. 그러면 공동체 내에서
경제적 창조성의 교차로 위에 위치한 자신의 모습을 자주 보게 될 것
이다.

우리는 대중오락의 정신적 달콤함에 굴복하지 않기 위해, 글 읽기와
신선한 지적 자극을 필요로 한다. 또한 단단하고 실질적인 재료로부

터 공급되는 정신적인 영양분이 필요하며, 그것을 통해 깊이 있고도 필수적인 만족을 얻게 된다. 지혜가 없으면 삶의 균형을 잃는다.

우리는 정신적인 재화인 지식과 지혜를 끊임없이 공급받아야 한다. 그러면 다른 것은 다 제쳐두더라도 우리 스스로 더욱 흥미롭고 매력적인 사람이 되며, 이는 비즈니스에도 더욱 도움이 된다. 모든 사람들은 자기 자신과 환경에 대한 지식을 키우고 싶어 한다. 그것이 바로 지혜의 성장에 대한 필요이다.

두 번째 동기 : 힘(power)

대부분의 사람들은 자신들의 동기가 '힘에 대한 갈망'이라는 설명을 들으면 분개하고 반발할 것이다. 힘이라는 단어에서 부정적인 고정관념을 자동적으로 연상하기 때문이다. 하지만 힘의 진정한 의미는 부정적이지 않다.

유대인들에게 '현실'이 의미하는 바는, 하나님이 아담에게 말씀하셨고 또 그들의 문화를 통해 일상적으로 울려 퍼지는 다음과 같은 말씀이다.

"땅이 너로 인해 저주를 받고 너는 평생 수고하여야 그 소산을 먹을 것이다. 땅이 너에게 가시덤불과 엉겅퀴를 내리라……너는 얼굴에 땀이 흘러야 소산을 먹을 것이다."

그렇다. 맞는 말이다. 세상살이는 쉽지 않다. 비디오 게임이나 비싼 청바지, 혹은 대형 텔레비전을 먹을 수는 없는 일이다. 그런 것들은 먹을 것이 충분하고 물리적인 해악을 피할 수 있는 방편이 생긴 후에야 꿈꿀 수 있는 문화소비재이다. 일단 생존의 위기를 벗어나야 고통과 불편함을 피하기 위해 노력할 수 있다. 비로소 환경을 통제하기 위해 노력하기 시작하는 것이다.

사람들은 자신의 욕망이나 필요를 충족하기 위해 환경적인 것들을 조정하려 한다. 환경을 통제할 수 있는 정도가 곧 우리가 가진 힘의 세기이다. 이를테면 방에 들어가 벽에 붙은 자동온도조절장치로 곧장 가서 그것을 조절하여 온도를 높이거나 낮춘다면 그만큼의 힘을 행사하고 있는 것이다. 운이 좋아 회사에 가지 않고 하루를 쉴 수 있다면 그만큼의 힘이 있다는 증거이다. 비를 맞으며 버스를 기다리는 대신, 열쇠만 꽂으면 언제라도 차에 올라타 조용하고 따뜻하고 편안하게 어디든 원하는 대로 갈 수 있다면, 그만큼 일정한 힘을 확보하는 데 성공했다는 표시다. 외국의 눈 덮인 산으로 여행을 떠날 수 있었다면 그만큼 힘 있는 위치에 오른 것이다.

힘이란 우리를 둘러싼 주변 세계에 영향력과 통제력을 발휘할 수 있는 능력을 말한다. 만약 우리가 일주일 내내 하루 종일 일하고 겨우 먹고산다면 힘이 거의 없는 것이다. 반면에 매주 6일만 일하고도 직업을 통해 원하는 것을 상당수 얻을 수 있다면 우리는 매우 힘 있는 사람이다. 게다가 집이 있고 전기와 가스 그리고 다른 설비들을 이용할 수 있다면 우리는 정말로 힘이 센 사람이다. 휴가용 별장이 있고 투자해 놓은 게 있어서 나이가 들어 일할 수 없게 된 이후의 삶을 걱정하지 않아도 된다면, 거의 말할 수 없을 정도로 힘이 센 사람이다. 그뿐 아니라 자식들까지 말을 잘 듣는다면…… 뭐, 할 말이 없지 않을까? 「포브스」

지가 선정하는 400명의 명단 제일 위에 오른 사람과 미국 대통령은 분명 보기 드문 힘을 가진 사람들의 사례이다. 힘은 정확히 우리와 그들을 구분하는 어떤 것이다.

물론 요트나 대형 투자계획이 없어도 여전히 생존할 수는 있다. 수많은 사람들이 그러하다. 하지만 이런 여분의 것들이 가져다주는 정신적인 위안과 가치를 헐뜯지 마라. 기억하라. 이런 것은 세계가 물리적으로 공급해 주는 것들이다. 그 화려한 외양은 힘을 증대시켜 주고, 동물의 눈에도 보이는 철저히 물질적인 방식으로 전달된다. 어떤 사람이 집 문간에 나타나 소포를 건넸다고 하자. 그것은 우주가 우리에게 물리적이고 가시적인 방식으로 무언가를 전달한 것이다.

세 번째 동기 : 부(wealth)

생존에 꼭 필요한 기본적인 것이 바로 부이다. 거기에는 음식, 집, 육체적 건강 등이 포함된다. 이것을 '부'라고 부를 수 있는 까닭은 벤 조마가 이것을 "부유한 사람은 누구인가?"라는 질문으로 소개하기 때문이다. 그의 대답은 우리가 부를 생각할 때 종종 힘과 혼동한다는 사실을 이해하는 데 도움이 된다. 기본적으로 '부'는 이 땅에 생존할 수 있는 능력을 의미한다.

벤 조마는 자신의 질문에 대해 "자기 몫에 만족하는 사람이 곧 부유한 사람이다."라고 대답한다. 그것이 진정한 부이다. 분명 그것은 힘이 아니라 오직 부-우리 몸이 계속해서 기능하기 위해 필요로 하는 기본적인 것들을 가질 수 있는 수단-이다.

네 번째 동기 : 사람들로부터 받는 존경(esteem from others)

정신적으로 공급되지만 물리적으로도 필요한 재화가 있다. 이 보이지 않는 실체가 없다면 사람은 말 그대로 죽는다. 무엇일까? 바로 다른 사람으로부터의 존경이다.

성공하고 싶은 사람들은 자존심이 아니라 자부심과 사람들의 존경에 초점을 맞추어야 한다. 자부심은 진정한 성취의 결과이며 다른 사람들이 줄 수 없는 것이다. 아무것도 성취하지 못해 자부심을 가질 만한 자격이 되지 않을 때, 사람들은 자존심을 세우려 든다. 우리는 무언가를 성취함으로써 다른 이들로부터 존경을 받고 그에 따라 자부심도 가지게 된다.

분명, 다른 사람들로부터의 존경이 나에게 전달되는 모습은 전혀 눈에 보이지 않는다. 그러나 그것은 정신적으로 나의 존재감을 고양시킨다. 그렇다면 다른 이들로부터 존경을 받지 못하면 죽게 될까? 정말 그럴까? 만약 그렇다면 어떻게 해서 그렇게 될까?

나는 그것이 진실이라고 생각한다. 가령 노숙자들의 경우, 슬프지만 절대다수가 혼자 외롭게 사는 것이 사실이다. 가족, 우정, 혹은 교회 같은 단체를 통해 다른 사람들과 연결되어 있는 사람들은 대부분 재앙이 닥쳤을 때 거리로 내몰리지 않는다. 다른 사람들의 존경을 얻으려는 욕구는 사람들로 하여금 그러한 관계를 가꾸고 유지하도록 동기를 유발하는 메커니즘 가운데 하나이다.

다른 사람들과 끈끈하게 연결되어 있지 않다는 것은 잠재적으로 치명적인 상태이다. 예를 들어 몇 년 전 시카고 혹서 때 십여 명 이상의 노인들이 죽었는데, 그들의 공통분모는 나이가 아니었다. 다른 많은 시카고 노인들은 그 잔인한 열기 속에서도 살아남았으니까. 죽은 이들에게 공통된 단 하나의 특징은 모두 혼자 살았고 가족이나 친구들과 접촉이 없었다는 점이다. 상상하기 어려울지 모르겠지만, 친구와 비즈니스 동료 그리고 친척들에게 좋은 인상을 주려는 욕구가 있으면, '자기 경시'라는 위험한 경사로를 오랫동안 미끄러져 내려가는 상황을 모면하게 된다. 다른 사람들의 존경을 받으려는 욕구를 잃게 되면 쇠락을 거듭하여 죽음이 일찍 찾아올 수 있다.

때때로 이혼이나 배우자의 죽음을 겪은 사람(대개 남성)의 경우, 특히 자녀가 없으면 옛 친구와 동료들과의 관계가 비극을 맞이하는 일이 잦다. 그를 알고 있는 사람들은 그가 점점 쇠락하는 것을 본다. 그는 옷이 해지기 시작하고 깔끔한 모습이 사라진다. 개인위생, 정기적인 병원 진료와 치과 치료는 모두 무시되고, 내리막길은 가속이 붙는다. 때때로 알코올이나 기타 약물에 대한 의존도가 높아져 결국 죽음이 뒤따르기도 한다.

이것은 타락과 파멸로 가는 어쩔 수 없는 수순이 아니다. 많은 사람들이 그와 같은 상황을 피하고 있지만, 자신에게 중요한 사람들로부터 받는 존경이 없으면, 삶은 아주 취약해진다. 자살은 고통당하는 개인이 다른 사람들로부터 갑작스럽게 소외되었다고 느끼는 것과 대부분 관련이 있다. 존경 또는 신뢰의 공백이 만든 결과다. 다른 이들로부터의 존경이 육체적인 건강과 장수를 가져온다고 나는 굳게 믿는다.

네 가지 동기의 균형을 맞춰라

인간의 모든 욕망과 동기는 이 네 가지의 근원적인 필요에서 비롯된다. 이 네 가지 동기는, 인간이 생존하려면 물리적인 재화와 정신적인 재화 모두를 필요로 하기 때문에 생겨난다.

사람들이 추구하는 것 가운데 어떤 것은 동시에 두 가지 이상의 필요를 충족시킨다. 예를 들어 '돈 버는 일'은 부의 필요를 충족시키기도 하지만 힘의 추구도 충족시킨다. 생필품을 마련하는 것 말고도 임의로 처분할 수 있는 돈이 있다는 것은 바로 주변에서 일어나는 일에 영향력을 미칠 수 있다는 뜻이다. 힘이 더 커질수록 영향을 미치고 통제할 수 있는 영역도 더 넓어진다.

네 가지 동기 모델이 우리 삶에 가져다주는 최고의 선물은 생활의 균형을 잡을 수 있는 능력이다. 벤 조마는 삶 속에서 끊임없이 균형을 유지하라고 가르치고 있다. 우리가 리더일 경우, 다른 사람들이 자신들의 삶 속에서 균형을 유지하도록 무엇이든 도울 수 있는 것도 능력에 속한다. 부와 힘에 초점을 맞추려면 열심히 돈을 벌어야 하겠지만, 그 때문에 지혜를 얻지 못하면 돈을 버는 능력이 줄어들 것이다. 사람들의 존경을 얻으려고 애를 쓰면서도 그와 동시에 나와 내 가족을 제대로 입히고 기술과 지식을 늘리려고 하지 않으면, 그 노력은 실없게 보일 것이다.

이 네 가지 동기 모델은 삶을 위한 '균형 잡힌 식단'인 셈이다.

부를 얻는 일에만 초점을 맞추고, 똑같이 중요한 삶의 세 가지 다른 부분을 무시한다면 장기적으로는 비즈니스 효율이 떨어지는 결과를 초래할 것이다. 성공적인 비즈니스 종사자는 평생에 걸쳐 꾸준하게 이 네 영역을 균형 있게 가꿈으로써 삶에서 최대한의 성과를 이끌어 낸다.

유대인들에게는 다방면의 도전에 끊임없이 맞서야 한다는, 이런 본질적 주제를 포착한 단어가 있다. 그 단어는 '샬렘shalem'인데, 여기에서 '평화'를 뜻하는, 훨씬 더 잘 알려진 단어 '샬롬shalom'이 나왔다. 근본적인 의미는 '전체성' 또는 '포괄성'이다. '평화'라는 의미는, 갈등의 양쪽 당사자들이 하나가 되고 완전해졌다고 느끼지 않으면 진정하고도 지속적인 평화는 환상에 불과하다는, 대단히 논리적인 원칙에서 비롯된다. 샬렘은 인간계발의 맥락에서 흔히 사용되는 단어로, 전체성을 획득하기 위해서는 인간성의 네 가지 영역을 모두 끊임없이 발전시켜 나가야 한다는 점을 암시한다.

부자이면서 외로운 사람이 되기를 원하는 사람이 정말 있을까? 지혜롭지만 건강이 나쁜 사람이 되기를 원하는 사람이 정말 있을까? 물론 없다. 그러므로 다른 영역의 요구들을 막고 한 가지 전문화된 영역에 집착하여 주의를 집중하는 것은, 그것이 매력적으로 보인다 해도 결코 성공으로 나아가는 길이 아닌 것이다. 이런 의미에서 유대 전통에서는 삶의 전문화에 대해 얼굴을 찌푸린다. 직업에서는 전문화를 해야 할지도 모르지만 삶의 전체성 속에서는 그렇게 해서는 안 된다.

역설적으로 들리겠지만 유대 전승의 가르침에 따르면 전문화를 하지 않아야만, 그리고 우리의 노력이 삶의 모든 본질들을 배제하지 않아야만 축복을 받게 된다. 바꾸어 말하자면 전문화를 하지 말라는 것이다.

여기서 한 가지 경고해 두는 게 좋겠다. 어떤 분야에서든 정말로 눈이 번쩍 뜨이는 성공과 국제적인 명성을 쌓는다는 것은, 삶의 다른 영역들을 대부분 희생시켜야 한다는 뜻이다. 예를 들어 다음 올림픽에 출전하고 싶으면 앞으로 4년 동안은 제대로 된 생활을 할 수 없을 것이다. 비즈니스의 최정상에 오르고 싶은 충동을 느끼는가? 그렇다면 가족과 친구들에게 충분히 설명하고, 삼 년에 한 번씩 자신의 삶을 전체적으로 점검해 달라고 조언하는 것도 좋겠다.

우리는 여기서 또 다른 역설에 부딪힌다. 만일 돈 버는 일에만 모든 시간과 활력을 쏟는다면, 결과적으로 인간동기의 네 가지 중요영역에서 똑같이 균형 잡힌 노력을 할 때보다 돈을 적게 벌게 되는 결과에 부닥치게 된다. 이게 바로, 돈에 대한 유대인들의 접근방식에 숨어 있는 커다란 비밀들 가운데 하나였다.

성경의 등장인물들은 거의 모두가 삶의 무게에 눌리지 않는 3차원적인 인물들이다. 구전 토라는 그들 중 많은 숫자가 엄청난 부자였다고 묘사하고 있지만, 대개 본문에는 직접적으로 드러나지 않는다. 이것은 부 그 자체가 인생의 목적이 아니라 같은 일을 하는 다른 이들과 교제하며 사는 훌륭한 삶의 결과라고 생각하기 때문이다. 이런 성경 인물들은 대개 열정을 품고 사람들과 더불어 복합적이고 다층적인 관계를 맺는 흥미로운 이들이다. 그러므로 그들이 부자가 되었다는 사실은 놀라운 것이 아니다. 부는 결과였지 지상 목표가 아니었던 것이다.

미국 역사상 가장 부유한 유대인 가문 중 하나인 샐리그만 집안이 19세기에 어떤 일상을 살았는지 흥미롭게 들여다보자. 1892년에 뉴욕의 부유한 샐리그만 가문을 방문했던 폴란드의 왕 스타니슬라우스의 조카 안드레 포냐토프스키 왕자의 통찰을 들어 보라. 왕자는 샐리그만 가문의 은행과 거래를 하고 그들의 마을과 여름 별장을 방문한 뒤, 집으로 다음과 같은 편지를 썼다.

그런데 비즈니스를 제외하면 돈 그 자체는 그들에게 의미가 없었습니다. 여가 시간에 그들의 이야기를 들은 참관자들이라면 하나같이, 그들이 운동, 문학, 미술, 그리고 특히 음악을 즐길 줄 아는 훌륭한 임대 소득자들로 여겼을 것입니다. 그들은 자선단체에다 넉넉하게 기부했고 자기 정당에 훨씬 더 많은 돈을 보냈으며, 무엇보다도 오늘날 프랑스 지방에서만 찾아볼 수 있는 열정을 품고 가족적인 삶에 헌신했습니다.

샐리그만 가문의 생활방식이 보여주는 요점은, 어떤 것들은 직접적으로 추구하지 않는 게 최선이라는 것이다. 산봉우리는 직접적으로 접근해서는 절대 오를 수 없다. 성공적인 등반가는 대개 오래 걸리는 우회적인 공격법을 구사한다. 때때로 등반대원들은 정상의 목적지를 향해 가는 것이 아니라 그곳으로부터 멀어지는 것처럼 보이기까지 할 것이다. 그것이 산봉우리를 제대로 정복하는 길이다.

때때로 사람들은 적대적인 관계 속에 놓인다. 나라는 전쟁에 휩쓸리고, 개인은 직장과 가정에서 다툼을 벌인다. 이런 상황에서 평화를 직접적으로 추구하는 것은 대개 바람직하지 못한 일이다. 만일 평화가 유일한 목표라면 그것을 성취하기는 쉽다. 그냥 굴복하면 된다. 하지만 양쪽이 오랜 기간 동안 누릴 수 있는 진정한 평화는 갈등의 해결로서만 얻을 수 있다. 평화는 간접적으로 추구하는 것이 최선의 방책이다. 행복도 마찬가지다. 자기 안에 행복을 심기 위해서는 많은 것을 해야 한다. 열심히 일해서 성취하는 것, 지속적인 인간관계, 그리고 앞서 제시한 네 가지 주요 동기들이 실제로 필요하다. 하지만 행복을 직접적으로 추구하려는 필사적이고 단호한 시도들은 흔히 그럴싸한 감정적인 대체물로 이어지고, 알코올과 기타 약물 남용이라는 어두운 세계로 들어가는 괴로운 여행으로 이어진다.

안드레 포냐토프스키 왕자는 샐리그만 가문으로부터, 돈과 부는 산봉우리와 평화 그리고 행복과 같다는 것을 배웠다. 그중 어느 것도 직접적으로 추구해서는 효과적으로 공략할 수 없다.

자신의 부정적인 속성을 인정하라

장래가 촉망되는 어린 선수가 훈련을 시작할 때 가장 먼저 해야 할 일은, 그 선수가 갖고 있는 기존의 나쁜 습관을 버리도록 돕는 것이라고 한다. 그 일을 마친 뒤에야 올바로 달리는 법과 공을 치는 법, 던지는 법을 가르칠 수 있다.

좋은 습관을 받아들이기에 앞서 나쁜 습관을 몰아내는 이런 원칙은 유대인들의 문화에서는 낯설지 않다. 다윗 왕이 쓴 다음 문장은 널리 알려져 있다.

"악한 일을 버리고 선을 행하며 전체적인 완전함을 찾고 따르라."

유대 전승은 언제나 이 구절을 나쁜 습관을 버리기 전에는 좋은 습관을 얻으려는 힘겨운 노력을 하지 말라는 조언으로 이해했다. 먼저 파괴적인 행동을 그만두고 그 다음에 선하고 바람직한 행동을 삶의 일부로 만들어 나가는 게 권장할 만한 순서라는 것이다. 그렇게 하면 새롭고 온전한 자신 안에 그것을 모두 접목시킬 수 있게 된다.

예를 들어 살을 빼고 싶어 하는 한 남자를 상상해보자. 그는 자신이 한 가지 나쁜 습관, 즉 과식을 중단해야 한다는 것을 알고 있다. 또한 좀더 몸을 많이 움직이는 습관을 들여야 한다는 것도 알고 있다. 계획에 따라 운동을 시작하면서 여전히 잘못된 음식을 지나치게 탐닉한다는 것은 말이 안 된다. 그는 어쩌면 담배도 피울 것이다. 그와 같은 경우, 건강에 나쁜 두 가지 습관을 확실히 끊는 동시에 운동 프로그램에 따라 점차적으로 몸을 만들어 나가야 한다. 마찬가지로 미래의 재정을 건실하게 하려는 계획을 마련한 여성은, 저축과 투자 프로그램의 세부사항들을 실행하기 전에 먼저 불필요한 소비를 없애야 한다.

우리의 마음 안에 깊이 새겨진 파괴적인 행동을 멈추기 위해서는 어떻게 결심하고 훈련해야 할까? 그 해답은 앞서 언급했던 것처럼, 통제권을 놓고 다투는 인성의 두 부분을 언제나 인식하는 데 있다. 자기 속의 파괴적인 면이 제시하는 유혹에 대항하는 일은 그냥 "안 돼."라고 하는 것처럼 간단하거나 쉬운 일이 결코 아니지만, 자신이 누구와 이야기하고 있는지 알면 좀 더 쉬워진다. 우리가 저지르기 쉬운 파괴적인 행동 가운데 다음 두 가지는 행동목록에서 비교적 쉽게 제거할 수 있는 것들이다.

1단계 : 자신의 약점을 인정하라.

첫 번째 단계는 자신이 멍청한 일을 한다는 사실을 인정하는 것이다. 내가 억지로라도 나 자신에게 정기적으로 던지는 질문은 이것이다. 내가 현재 하고 있거나 하려고 생각하는 행동 가운데, 지난 해와 지난 달, 그리고 지난 주의 행동만큼 철저히 어리석게 보일 행동은 어느 것일까? 지나고 나서 생각해 보면 대개 지난 해나 지난 달 혹은 지난 주에, 어떤 어리석은 실수를 저질렀는지 아주 잘 알게 된다. 또한 그 당시에는 내 행동이 내가 보기에 신중하고 이성적으로 보였다는 것도 안다. 솔직히 말하자면 철저히 어리석었다는 사실이 드러나기 전까지 얼마 동안은 내가 저지른 실수들이 현명한 행동으로까지 비쳤다. 그러므로 그 같은 질문을 곱씹으면 미래의 불행을 피하게 된다.

2단계 : 화를 내거나 통제력을 잃지 마라.

자신이 화내는 것을 그냥 내버려 두는 것보다 더 어리석은 일은 별로 없다. 화가 나면 통제력을 잃는다. 잡지 「코스모폴리탄」을 30년 이상 발간했던 헬렌 걸리 브라운은 그것을 잘 표현했다.

"특히 상사라면 사무실에서 화를 내서는 안 된다. 통제가 안 된다는 것은 다른 사람들의 통제가 시작된다는 뜻이다. 화 때문에 통제권을 잃은 것이다."

몇몇 사람들이 자제력의 한계를 너무나 쉽게 벗어나, 근처에 있는 재수 없는 모든 이들에게 맹렬히 화를 퍼붓는 이유는 무엇일까? 그들은 자신들이 내는 화가 본인의 이력에 어떤 부담을 지우는지 모르는 걸까? 화는 인간의 모든 행동 가운데 가장 자기파괴적인 행동의 하나이다. 그것은 연인 관계, 사회적 관계, 그리고 비즈니스 관계를 산산조각낸다고 하는데 정확히 그렇다. 자기 성질을 못 이겨, 툭하면 내던지는 욕설을 참을 사람이 누가 있을까? 12세기의 학자 모세 마이모니데스Moses Maimonides가 도움을 준다. 그는 인간의 행동에는 대부분 그 목적이 있지만, 화만은 예외라고 지적했다.

모든 인간적 특성들이 발현될 때는 긍정적인 것이든 부정적인 것이든 나름의 이유가 있음을 알 수 있다. 그런데 화를 요구하는 상황은 어디에도 없다. 내가 "절대로 화를 표출하지 마라."라고 하지 않은 점에 주의해 주기 바란다. 그 대신 "절대로 화가 난 상태로 있지 마라."라고 말한다. 바꾸어 말하자면 가정에서나 직장에서나 정말로 불쾌하거나 화난 표정을 지어야 하는 많은 임기응변적 상황들이 있을 수 있다. 하지만 그것은 정말이지 화가 나 있는 것과는 전혀 다르다. 화가 나 있다는 것은 통제가 되지 않는다는 뜻이다.

무엇이 화를 불러일으킬까? 교만한 마음이다. 화란 적절한 존경을 받지 못하고 있을 때 느끼는 감정이다. 교통 혼잡에 붙들려 약속에 늦을 것 같은 아슬아슬함을 느낄 때, 내가 지독한 짜증을 터뜨리며 하는 말은 실제로 다음과 같다.

"어떻게 감히! 어떻게 감히 나를 약속에 늦게 만드는 거야! 내가 얼마나 중요한 사람인지 몰라?"

겸손한 마음이라면 스스로를 화나게 하는 것은 거의 아무것도 없을 것이다. 휘두른 망치가 못이 아닌 손가락을 내리칠 때 나는 화는, 순간적으로 밀려오는 고통뿐 아니라 나의 위엄과 액자를 걸려는 목표가 사소한 이유 때문에 제대로 이루어지지 못하고 있다는 실망까지도 반영한다.

마지막으로 지적해야 할 사실은, 화에 대해 그릇된 인식이 퍼져 있다는 점이다. 나는 너무나 많은 사람들이 서로 이렇게 이야기하는 것을 들었다.

"그렇게 화가 나면 말해. 화를 참으면 건강에 안 좋아."

틀렸다! 화를 참으면 건강에 매우 좋다. 사실 화를 억누를수록 화에 압도당하는 횟수가 점점 더 줄어들게 된다. 교류하는 모든 사람들의 스트레스뿐 아니라 자신의 스트레스를 크게 줄이는 최선의 방법은, 단순히 누구에게든 화를 내면서 반응하지 않는 것이다. 심호흡을 하거나 산책을 하거나 아스피린을 먹어라. 속에서 화가 솟구칠 때마다 그것이 입 밖으로 나오지 못하게 하라. 이상하게 들리는 줄은 알지만 효과를 보장한다. 이 조언은 여러 세대에 걸쳐 비즈니스를 해온 유대인들을 이끌어온 것이며, 내가 화를 통제하는 기법을 상담해 주었던 회사들에서 반복적으로 효과를 거두었던 것이다.

화난 모습을 그쳐라. 그러면 곧 화난 느낌도 그칠 것이다. 우리가 자주 화를 낸다면 그것은 우리의 교만을 보여주는 유용한 바로미터가 될 것이다. 자신에 대해 생각하면 할수록 다른 사람들은 상대적으로 덜 중요해 보인다. 그리고 '어떻게 감히 그런 중요하지도 않은 존재들이 나를 괴롭히나!' 하는 생각이 들 것이다.

자기 자신을 알아 가는 일은 인생이라는 모험에서 지속적으로 이루어지는 부분이다. 성장해 가면서 발전하는 것 중 하나가 자기 자신을 좀 더 잘 알게 되는 것이다. 다른 사람들의 시선으로 자기 자신을 본다는 것은 건전하다는 표시이다. 내게로 흘러 들어오는 돈의 양을 늘리려는 여정에서 자신을 아는 것은 중요한 일이다. 하지만 거기에는 약간의 위험이 따른다. 알게 된 자신을 그다지 좋아하지 않을 수도 있다.

자신을 알게 되고 그 과정에서 성품을 고치려고 할 때, 끔찍한 완벽주의 함정을 피하는 것이 중요하다. 완벽하지 않은 것을 받아들이기를 꺼리면 흔히 스스로 마비되어 전혀 움직일 수 없는 지경에 빠질 수 있다.

다음 장에서는 이것에 대해, 그리고 완벽주의가 지닌 다른 위험들에 대해 살펴볼 것이다.

Thou Shall Prosper
성공으로 가는 길

1 매일 짧은 시간을 내어, 자신에게 가장 철저한 비판자가 되어라.

그 싸움에서 승리했는지 실패했는지 매일같이 엄격하게 기록하라. 디지털 비서인 노트북 컴퓨터나 종이 기록부를 잠들기 전에 빠짐없이 점검하라. 용기나 위엄 있는 대응을 필요로 했던 그날의 결정에 대해 간략하게 기록하라. 그리고 그 문제에 대해 어떤 조치를 취했는지 세부적으로 밝혀라. 조치를 취하지 않은 사건에 대해서는 자신이 경험한 갈등상황을 솔직하게 살펴보고, 무엇이 더 나은 결정이었을지 설명하는 문장을 몇 줄 적어라. 마지막으로, 머지않은 장래에 취해야 할 수정 조치가 무엇인지 분석하라. 이것을 평일 저녁에 매일같이 하라. 시간은 최대한 5분밖에 걸리지 않지만 이 조그만 훈련의 효과는 아무리 평가해도 지나치지 않을 정도이다. 한 주가 못 되어 차이를 느끼기 시작할 것이다.

2 근무 중에 힘겨운 결정을 내려야 할 때는 겪고 있는 감정적인 갈등을 동료들에게 털어놓아라.

자신에게 초인적인 힘이 없다는 것과 현명하지 못한 일에 유혹을 느낀다는 것을 동료들에게 알리고 이해하도록 만들어라. 대안을 모색한 뒤에 더 힘든 길을 단호하게 택하라. 그런 과정을 통해 우리는 자신을 더 강하게 만들뿐 아니라, 직원들을 자극하여 우리를 능력 있는 리더로 생각하게 만들 수 있다.

3 사적인 생활에서 승리하기 위해 작은 싸움들을 추구하라.

식이요법이나 운동계획에 전념하고 있다면, 체중감량은 그다지 중요하지 않다며 우리를 끊임없이 안심시키는 저 파괴적인 목소리의 강력한 유혹에 대해 너무나 잘 알고 있을 것이다. 그 싸움에서 이기면 아무것도 나를 꺾을 수 없다는 자신감을 얻게 되고, 그에 덧붙여 다음 싸움에서 이기기 위한 정신적인 자원까지 얻게 될 것이다.

4 나만의 기술창고 도면을 그려라.

아무리 무관해 보이는 기술이라도 내가 갖고 있는 것이라 생각되면 적어라. 그런 다음 그 기술이나 소질로 혜택을 볼 수 있는 사람들을 적어라. 그러고 나서는 다른 이들이 그 특정한 기술을 접하거나 찾게 되는 모든 가능한 상황들을 일일이 생각해 내라. 현재 상태로는 내가 가진 가장 상품성 높은 기술들이 최대한의 혹은 독점적인 효과를 내지 못할 수 있다는 가능성에 대해 마음을 열어라.

5 내가 실제로 시간을 어떻게 쓰는지 파악하라.

"시간이 돈이다."라는 옛말을 명심하라. 이것은 복리 이자가 붙는 비결에 속한다. 시간은 그야말로 진정으로 공급이 부족한 유일한 재화이다. 이제부터 자기 시간을 책임져야 하고 그렇게 하려면 자신이 시간을 어떻게 사용하는지 파악해야 한다.

먼저 한 주나 두 주, 혹은 한 달 동안 자신이 시간을 어떻게 사용하는지 도표를 그려라. 잡는 기간은 얼마 동안이 가장 효과적이냐에 달렸다. 이 훈련의 핵심은 자신이 시간을 어떻게 쓰는지 아는 것이다. 개인 장소의 벽에 큰 종이를 붙이든지 아니면 손에 들고 다니는 전자 디지털 수첩을 사용해서 매시간이 어떻게 지나갔는지 충분한 공간에 꼼꼼히 기록하고 그 기간 동안 매일의 쓰임새를 작성하라. 기간이 끝나면 잠, 식사, 운동 등에 사용된 시간은 원칙적으로 무시하라. 그런 다음엔 경제적 생산을 위해 매일 이용할 수 있는 8시간에서 10시간가량의 시간을 주의 깊게 일람표로 만들어라. 자신이 계획과 일정에 따라 수고하는지 아니면 임의적인 자극에 대해 아무렇게나 반응하고 있는지 파악하라. 긴급하지 않은 중요한 일과 중요하지 않은 긴급한 일이 어떻게 다른지 판단하라.

예를 들어 새로운 기술을 익히거나 더 나은 일자리를 찾는 것은 중요한 일은 될 수 있지만 긴급한 일은 아니다. 현재의 일자리에서 봉급이 나오고 있는 한, 일자리 구하기는 간단히 계속 미룰 수 있는 일이다. 조간신문을 읽고, 인터넷에서 11개의 새로운 사이트들을 검색하고, 우편물을 뜯어보는 일은 모두 긴급한 일인데, 그 까닭은 그 일들을 통해 그때그때의 자료를 얻기 때문이다. 하지만 그 일들은 미래의 부를 창출하는 데 있어서는 그다지 중요한 의미를 갖지 않는다. 자신의 시간이 어떻게 쓰이는지 알면 깜짝 놀랄지도 모른다. 심지어 걱정할 수도 있다. 이제 자기 자신을 사장의 시선으로 바라보는 일에 익숙해져라. 사장인나는 직원(바로 나)이 하루 종일 열심히 일하기를 바라는가? 분명 그렇다. 그러므로 매일 부의 창출을 위해 떼어둔 시간들이 바로 거기에 쓰일 수 있게 하라. 그렇게 되면 중요한 일에 쓰기 위해 시간을 생산적으로 관리하는 법을 더욱 분명하게 알게 될 것이다. 초점을 맞출 가치 있는 활동과 흘려버릴 수 있는 활동이 어떤 것인지 배우게 될 것이다.

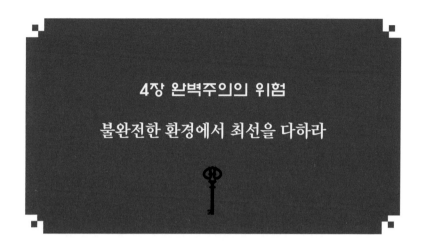

4장 완벽주의의 위험

불완전한 환경에서 최선을 다하라

'비즈니스'를 욕하지는 마라
비즈니스의 문명화 효과

완벽함을 위해 스스로를 소진하지 말고
불완전한 환경을 최대한 이용하라

불완전한 환경에서 최선을 다하라

우리는 삶이 완벽하지 않음을 안다. 이러한 인식은 우리 마음에 뿌리박혀 있다. 하지만 그렇기 때문에 우리는 더욱 완결된 삶의 모습을 가슴 한편에 그리게 되고, 우리 중 일부는 그 궁극적인 완벽함을 현실 속에서 끊임없이 갈구한다. 그렇지만 그 때문에 인생과 비즈니스라는 경기에서 밀려나 관중석에 앉아 있으면 안 된다.

인생을 요약하자면, 이상적이지 않은 환경 속에서도 제 역할을 해내는 것일 거다. 우리가 살고 있는 이 경제체제와 정치제도는 결코 이상적이지 않다. 이 체제는 누구에게나 완벽하게 기능하지 않는다. 어느 시기에도 모든 사람을 만족시켰던 체제는 없었다.

유대교가 사람들에게 불완전함 속에서도 최선을 다하라고 가르쳐 온 까닭은, 인간은 이상적인 완벽함에 결코 도달할 수 없다는 것을 잘 알고 있기 때문이다. 인간은 본디 결점투성이기 때문에 결코 완벽한 체제를 만들 수 없다는 것을 깨닫고 나면, 지금 내가 일하고 있는 이 체제가 그나마 최선이라는 것도 깨달을 수 있게 된다.

대부분의 사람들에게 삶은 언제나 똑같은 모습을 하고 있다. 요약하자면, 거친 땅과 맞붙어 가능한 한 가장 안락한 삶을 얻어내려는 시도이다. 이에 대해 유대인들은 3천 년 동안 구전되어 온 관점을 그대로 유지하고 있다. 그것은 성경 전체를 꿰고 있는 주제이며, 하나님과 사람 사이에 이루어진 협정이기도 하다.

"너희 각자가 혼자 힘으로 살아가려고 하면 너희 인생은 힘들고 짧을 것이다. 하지만 너희가 다른 사람들과 협력하는 방법을 배우고 일정한 기본원칙을 따르는 평화를 사랑하는 사회를 건설한다면, 너희는 얼마든지 편안해질 수 있다. 이제 선택하라."

'비즈니스'를 욕하지는 마라

머리부터 발끝까지 악하거나 선한 사람은 없다. 우리 각자는 감정과 열망, 그리고 도덕적 좌표의 복합적인 혼합물이다. 때로 사람들은 놀라울 만큼 고귀한 일을 하기도 하고, 때로는 자기 자신마저 혐오하는 행동을 하기도 한다. 하지만 사람들의 행동은 복합적일 때가 훨씬 더 많다. 보편적이고 도덕적인 합의를 이루기가 매우 어려운 한 가지 이유는 대부분의 행동에 선과 악이 결합되어 있기 때문이다.

19세기 미국에는 세상을 주름잡는 비즈니스 위인들이 있었다. 그들은 모두 성인들도 아니었고 그렇다고 모두 죄인들도 아니었다. 그 거물들 가운데 끔찍하게 불쾌한 사람들이 있었을까? 물론이다. 회사가 독점적으로 운영하는 상점의 폭리와 수준 이하의 회사 숙소에 관한 이야기들은 종종 사실이었다. 예를 들어 풀먼 컴퍼니는 노동자들에게 숙소를 강제로 임대하고 회사를 통해 시장보다 높은 가격으로 음식과 연료 그리고 물을 사게 하여 엄청난 이득을 챙겼다는 사실이 밝혀졌다. 노동자들의 빚이 월급보다 많은 경우가 드물지 않았다. 부자 실업가들 중에는 천박하고 비열한 악당들이 있었다. 하지만 그들이 전부도 아니었고 개척자 세대 전체를 위태롭게 하지도 않았다. 그중에는 존경할 만한 사람들도 많았다.

다음은 앤드루 카네기가 12살의 나이에 받은 첫 주급에 대한 감흥을 직접 적은 글이다.

첫 주급을 받았을 때 나 자신이 얼마나 자랑스러웠는지 말로 다 표현할 수 없다. 세상에 도움을 준 대가로 나 혼자의 힘으로 번 1달러 20센트! 더 이상 부모님에게 전적으로 의존하지 않아도 되고 마침내 가족에게 기여하는 구성원으로서 협력 관계를 인정받고 도울 수 있게 되다니! 나는 이보다 빨리 소년을 남자로 만들 수 있는 길은 거의 없다고 생각한다. 소년에게 진정한 남자다움이라는 보석이 있다면 이것은 그를 진짜 남자로 만들 것이다. 자신이 쓸모 있다는 느낌은 이루 말할 수 없이 중요하다.

이것은 성인의 말씀은 아닐지 모르지만 강도의 말도 아니다. 수십 군데가 넘는 미국 도시의 시민들은 카네기의 자선 덕택에 지금껏 지역 도서관에 가는 혜택을 누리고 있다. 이런 인정 많은 기업인들이 국민들에게 혜택을 베푸는 또 다른 장소로 공원과 대학 그리고 병원이 있다. 그러나 카네기와 그의 거물 친구들에게는 나중에 '귀족 강도'라는 호칭이 붙었다. 그들은 살아 있을 동안에는 대부분 현실적인 평가-다른 사람들처럼 흠이 있긴 하지만 보통 사람들보다 훨씬 많은 선행을 베풀었다는-를 받았다.

잘 알려지지 않은 다른 예를 살펴보자. 제임스 제롬 힐은 1838년 캐나다 온타리오의 통나무집에서 태어났다. 어렸을 때 아버지가 돌아가신 까닭에 그는 한 달에 4달러를 받고 식료품 가게에서 일하며 어머니를 모셨다. 대단한 열정을 품고 부지런히 일한 힐은 북서부 지역에 철도를 건설하게 되었다. 그는 선로를 천천히 깔면서, 선로가 계속 뻗어나가기 전에 먼저 그 지역의 경제를 발전시켜야겠다고 생각했다. 힐은 이민자들을 불러 모으기 위해 그들이 철로 부근에서 농사를 짓겠다고 하면 한 사람당 10달러만 받고 북서부 지역으로 데려오겠다고 제안했다. 그는 농업 기술반을 운영하여 새로 온 농부들에게 그 지역 조건에 맞는 영농 방법들을 가르쳤다. 나중에는 영국에서 7천 마리의 소를 수입하여 철도 부근에 정착한 사람들에게 무상으로 나누어 주었다.

힐은 철도 부근에서 일하는 이민자들에게 자신과 그들이 모두 한배를 탔다고 말했다. 모두 함께 부자가 되거나 모두 함께 가난해질 거라는 게 그의 설명이었다. 그는 그들을 확실히 부자로 만들기 위해 실험 농장을 세워서 새로운 종자와 가축 그리고 장비를 실험하기도 했고,

경연대회를 주최하여 고기와 밀을 가장 성공적으로 생산한 농부들에게는 풍성한 상을 수여하기도 했다.

그가 이 모든 일을 욕심 없는 이타주의 정신으로 했을까? 물론 그렇지 않다. 그가 이런 일들을 한 것은 미래의 철도 고객들을 키우기 위해서였다. 그는 이 초기 정착자들의 번영을 도움으로써, 철도가 이들의 농산물을 내다 파는 유일한 시설이 되어 자신의 궁극적인 번영에 도움이 되길 기대하고 있었다. 그가 보조금을 지급하고, 도움을 주고, 기반 시설을 지은 까닭은 부자가 되기 위해서였다. 한 가지 사실은 확실했다. 복잡한 공동주택에서 약속의 땅으로 오는 10달러짜리 승차권을 얻은 개척자들과 7천 마리의 영국산 젖소와 황소를 선물로 받은 농부들, 그리고 힐의 철로를 따라 새 삶을 건설한 모든 사람들은 이 남자에게 감사할 따름이었다는 것이다.

이런 관점이 변한 것은 매튜 조셉슨이 쓴 『귀족 강도들』이라는 책이 출간된 1934년으로, 당시는 대공황 때였다. 그때까지만 해도 19세기는 유례없는 경제적 호황기라는 시각이 지배적이었다. 당연히 모든 사람들이 부자가 된 것은 아니지만, 대부분의 사람들은 부모들이 꿈도 못 꾸었던 생활 수준을 누리기 시작했다. 조셉슨이 강도라고 생각했던 이들의 경제적 수완은 분명 실제로 모든 사람들을 노역에서 해방시켰다. 기름이든 기차 운송이든, 셀 수 없이 다양한 새로운 제품이든, 그것을 이용할 수 있게 된 거의 모든 사람들은 불과 몇 년 전보다 더 나은 삶을 살았다. 그러나 조셉슨의 작은 책이 워싱턴의 뉴딜 정책 지지자들 사이에 필독서라는 소문이 돌면서, 조셉슨이 거론한 탐욕의 거물들은 이제 대공황을 가져온 부패한 경제체제의 상징으로 전락했다. 월터 돈웨이는 다음과 같이 말했다.

그리하여 은행의 도산이 산사태를 이루고 공황의 비참한 양상이 시작되자 악당 무리와 그들의 부에 대한 조셉슨의 조롱 섞인 환기는, 연방준비 제도가 경제 붕괴에서 했던 역할과 스무트 홀리 법안의 보호주의적 어리석음으로부터 주의를 딴 곳으로 돌리는 편리한 방편이 되었다. 『귀족 강도들』은 저주 섞인 묘사와 마르크스주의적 분석을 통해 일시적으로 하나의 고전이 되었고, 제목에 사용된 별명은 그 책의 가치와는 별개로 널리 통용되었다. 조셉슨과 마찬가지로 오늘날의 도덕주의자들은 커다란 수익을 부정 이득과 동일시한다. 마치 그러한 수익이 그 자체로 부정의 증거인 양.

완벽을 추구하다 보면 눈이 멀어 장점을 보지 못할 수도 있고 가까운 곳에 있는 훌륭한 기회를 덮어버릴 수도 있다. 비록 다른 사람이 보기에는 가진 게 적고 심지어 그들이 생각하는 수준에도 미치지 못할 수 있지만, 자기 삶에는 부족함이 없고 더할 나위 없이 만족한다고 여기는 사람도 있다. 인간사에서 완벽이란 가난처럼 상대적이다.

시장의 도덕성

화폐와 하나님의 선물인 경제적 생산성 사이의 관계는 성경과 히브리어 자체에서 비롯된다. 히브리어에서는 '하나님의 선물인 경제적

생산성'이라는 단어가 '힌Cheyn'이다. 이 단어는 영어단어 '동전coin'
과 '얻다gain' 뿐 아니라 동전을 뜻하는 중국말 '치엔Ch'ien', 그리고 다
른 많은 언어들에 나오는 비슷한 단어들의 어원학적 기원이다.

　하나님의 선물인 경제적 생산성을 뜻하는 이 단어는 가게나 상점뿐
아니라, 시장에 기반을 둔 경제에 해당하는 히브리어 단어의 어근으
로 사용되기도 한다. 가게나 시장은 사람들이 자발적인 교류를 통해
양쪽이 예전보다 더 행복해지는 몇 안 되는 장소 가운데 하나이다. 소
설가 아인 랜드도 사람들에게서 특정한 행위를 이끌어낼 때 총을 대
신할 수 있는 유일한 대안은 돈이라고 갈파했다. 그러므로 하나님이
시장에 대해 미소를 지으시는 것도 놀랄 일은 아니다.

　비즈니스맨에 해당하는 히브리어 단어 중 하나는 '오메인Ohmein'으
로, 뜻은 '믿음의 사람'이고 예배에서 쓰는 '아멘Amen'과 똑같은 어근
을 갖고 있다. 상인은 자신의 물건을 파는 데 성공하리라는, 입증할 만
한 정보가 없음에도 불구하고 재고를 구입한다. 그런 다음 그는 음식
이나 의복 같은 생필품에 이르기까지 재고를 작고 동그란 금속과 모
두 바꾸어 팔고는 기뻐한다. 그는 이제 자식들을 어떻게 먹이고 입힐
까 걱정하는 대신 자기가 원할 때면 언제든지 바로 그 동그란 금속들
을 받고 음식이나 필요한 물건들을 기쁘게 팔 사람이 있을 거라는 확
고한 믿음을 갖는다.

　동그란 금속과 인쇄된 종이로 바꾼 것은 그러한 믿음 때문이다. 그
가 쥐고 있는 동그란 금속과 종이 조각인 돈은 실질적인 가치가 거의
없다. 음식이나 약이나 의복, 혹은 집으로 쓸 수도 없다. 그것은 정말

이지 약속과 청구라는 마술적인 조합의 정신적인 표현이다. 그리고 약속의 가치에 대한 믿음 없이는 약속 그 자체가 무의미하다. 의심과 의혹에 바탕을 두고 거래한다면 아무런 비즈니스 계약도 할 수 없을 것이다. 이윤을 가능하게 하는 것은 바로 믿음이다. 믿음이야말로 상업과 종교 모두를 움직이는 연료라는 사실을 유대교는 언제나 받아들였다.

시장은 매우 인간적이다

여기에서 나는 '윤리적 자본주의'라는 오래된 세계관을 애초부터 갖고 있었던 유대인들의 커다란 이점을 보게 된다. 신앙이 주는 커다란 선물 가운데 하나는, 우리 인간이 불완전하다는 것을 훨씬 더 쉽게 인정하며 살아가게 해준다는 것이다. 신앙심 깊은 유대인들은 하나님만이 완벽하시고, 세상에 완벽함을 가져다줄 수 있는 능력이 궁극적으로 그분에게만 있다는 것을 언제나 인정했다. 하지만 그분이 세상을 완벽하게 하실 때까지는 설령 완벽하지 않다고 하더라도 최선의 선택을 하는 것이 인간에게 주어진 의무이다. 그에 따라 유대인들은 윤리적 자본주의야말로 이용 가능한 최선의 선택이라고 생각함으로써 어느 시대나 어느 체제 하에서도 번영을 이루었다. 윤리적 자본주의가 인류의 모든 문제를 해결했을까? 그리고 인간의 모든 고통을 덜어주었을까? 물론 그렇지 않다. 그렇다면 더 나은 대안은 없을까? 그에 관해서 사고 실험을 해보자.

이 질문을 위한 적합한 소재를 찾아보자. 워싱턴 주 머서 아일랜드는 무척 아름다운 섬으로, 이 작은 섬의 가장자리에는 수백 채의 부둣가 주택들이 있다. 가볼 때마다 마음에 들어 그곳에 살고 싶은 충동을 느끼곤 한다. 그런데 나 혼자만 이런 바람을 갖고 있는 것이 아니었다. 나는 말 그대로 수천 명의 사람들이 머서 아일랜드의 부둣가 주택에서 살고 싶어 한다는 것을 알게 되었다. 논의를 위해 10만 명이 머서 아일랜드의 부둣가 주택을 원하는데 집은 5백 채밖에 안 된다고 가정해 보자. 산술적으로는 부둣가 주택에 살고 싶어 하는 9만9천5백 명의 사람들이 실망 속에서 살고 있다는 계산이 나온다. 실망하는 사람과 5백 명의 행운아에 속하는 사람은 어떻게 결정될까? 5백 채의 부둣가 주택을 어떻게 배분해야 우리 사회가 내리는 최선의 결정이 될까?

내가 볼 때 10만 명 가운데 누구에게 그 아름다운 5백 채의 부둣가 주택을 나누어줄지 결정하는 방법은 딱 다섯 가지가 있다. 다음은 주택 배분이 가능한 다섯 가지 방법들이다.

1. 제비뽑기를 한다. 10만 장의 번호표를 발행하여 관심을 가진 모든 당사자들에게 나눠준다. 그런 다음 공개 추첨을 통해 머서 아일랜드의 향우회 여왕으로 하여금 행운의 숫자 5백 개를 뽑게 한다. 이 방법을 비웃지 마라. 오늘날 많은 주州들이 온갖 것들에 대해 제비뽑기를 한다. 부둣가 주택이라고 왜 안 되겠는가. 사람들이 바라는 다른 모든 물건들도 그 같은 문제가 있다면 이 방법을 선택할 수 있다.

2. 무력 사용을 규정한 난투극으로 해결한다. 마음에 드는 집이 보이면, 현재 살고 있는 사람을 내쫓기 위해 무기를 들고 돌진한다. 다만 공격을 시작하기 전에 그쪽 화력이 나보다 강한지 확인할 필요가 있다. 주택 인수 전쟁에서 성공하게 되면, 다음엔 집을 호시탐탐 노리는 사람으로부터 나와 집을 보호할 용병을 고용한다. 마지막으로 용병들에게 보수를 제때 주어야 한다. 그러지 않으면 그들은 우리를 과거의 거주자로 만드는 데 한몫할지도 모른다. 이 방법에 대해서도 비웃어서는 안 된다. 오늘날 세계의 여러 불행한 지역에서 꽤 흔하게 사용되는 재산 획득 수단이다.

3. 중재 위원회를 만들어 부둣가 주택을 배분한다. 위원회는 정치인, 학자, 그리고 거기에 어울리는 시민들로 구성될 수 있으며, 매우 제한된 숫자의 부둣가 주택을 누구에게 줄지 결정하게 된다. 부정이 개입될 소지가 다소 있지만 이 방법에 대해서도 비웃으면 안 된다. 지난 세기 동안 상당수의 사회가 이와 같은 접근법의 변형된 방법을 사용했다.

4. 부둣가 주택을 모든 사람들에게 준다. '모든 사람'의 이익에 따라 움직일 것을 요구하는 대부분의 해결책과 마찬가지로, 이 방법은 실제로 모든 사람에게 주는 것이 아니라 아무에게도 주지 않는 것이다. 이 방법은 부둣가 주택을 전부 머서 아일랜드를 끼고 도는 하나의 멋지고 커다란 아름다운 공원으로 바꾸어서, 모든 사람들이 이

매력적인 장소를 즐길 수 있게 하자는 것이다. 이것은 전혀 해결책이 아니기 때문에, 이 방법에 대해 마음껏 비웃고 싶을지도 모른다. 이 방식은 바다뿐 아니라 아름다운 공원 지대까지 내려다보이는 위층의 집들을 누가 소유하게 될 것인가 하는 더욱 가시 돋친 질문을 미루고 있을 뿐이다.

5. 돈이라고 부르는 것을 만든다. 이 추상적인 숫자 체계는 어떤 사람이 동료 인간들에 대해 얼마나 쓸모가 있는지 그 핵심을 뽑아내는 수단이다. 돈의 소유 정도에 그 사람의 창조성, 지식, 경험, 부지런함, 그리고 만족을 유보하는 능력이 전부 포함된다. 심지어 그 사람이 형성해 놓은 인맥도 볼 수 있고, 부모가 축적해 놓은 비슷한 숫자로부터 이익을 볼 수 있는 기회가 어느 정도인지도 알 수 있다. 그리고 부둣가 주택을 소유하기 위해 기꺼이 내놓을 수 있는 개인적 자원이 어느 정도인지 정확한 금액을 알 수 있게 해준다. 이 방법을 비웃지 마라. 완벽하지 않을지 모른다. 하지만 앞에 나온 네 가지 방법 중에 이보다 더 마음에 드는 것이 있는가?

부둣가 주택을 누구에게 줄지 정할 수 있는 여섯 번째 방법을 알고 있는가? 모른다면 이게 그것이다. 다섯 번째 방법이 흠잡을 데 없이 완벽하고 궁극적으로 만족스러운 것인가? 물론 아니다. 하지만 그것은 분명 나머지 네 개의 선택보다 우위에 있다. 비록 멋진 부둣가 주택을 얻기 바라는 9만 9천 5백 명을 실망시키긴 했어도 말이다. 하지만 그들 대부분이 이 해결책을 받아들이는 부분적인 이유는 그들이 현재의 상황을 영구적인 것으로 보지 않기 때문이다. 그들은 부둣가 주택을 소유할 수 있는 권리를 영원히 박탈당했다고 생각하지 않는다. 그들은 자기 비즈니스로 돌아가 다음 경매에 돈을 더 많이 가져오기 위해 노력한다. 그렇게 함으로써 그들은 필연적으로 다른 사람들의 몫까지 늘어나도록 도와준다. 앞에서 보았듯이 다른 사람들에게 더 큰 가치있는 일을 하지 않고서는 이윤을 얻기가 실질적으로 불가능하기 때문이다.

비즈니스의 문명화 효과

많은 사람들이 비즈니스에서는 감정적인 행동을 할 여지가 별로 없다고 생각하여 비즈니스 종사자들을 아무 감정 없이 꼭 필요한 행동만 하는 자동기계로 생각한다. 그들은 관용과 이타주의를 보려면 작은 부족을 이루어 사냥과 고기잡이로 먹고사는, 아프리카와 아시아 그리고 남아메리카의 오지로 가는 편이 훨씬 낫다고 생각한다. 인류학자들은 실험을 통해 이런 믿음들을 검증했는데, 이런 생각이 사실과는 아주 다르다는 것을 알아냈다. 결과는 이와 같은 추론과는 판이했다. 비즈니스 활동-노동을 하여 임금을 번다든지 다른 사람들과 물건을 사고판다든지 하는 일-이 많은 사회일수록 사람들이 더 관대했다.

"가장 이타적이고 신뢰를 주는 사회는 가장 시장지향적인 사회이다."

패서디나에 있는 캘리포니아 기술연구소의 인류학자 진 엔스밍거의 말이다.

사회체제 또는 경제체제라고 부르는 인간협력의 광범위한 질서 속에서, 완벽을 추구하는 것은 상당한 위험이 뒤따른다. 완벽함을 추구하다 보면 자기 자신과 주위에 있는 모든 사람들의 이익을 위해 온 마음을 다해 체제에 동참하는 대신, 체제를 원망하는 데 기력을 쏟을 위험이 있다.

나의 번영은 이웃, 친구, 공동체, 그리고 사회에 이익이 된다. 경기 규칙을 원망하는 사람들은 경기에서 좀처럼 두각을 나타내지 못한다. 그토록 많은 사람들이 진정으로 갈구하는 완벽한 인간사회를 만들기란 불가능하다. 완벽을 추구하는 것이 정당하게 받아들여지고 어느 정도 성취가 가능한 영역은 한 군데밖에 없다. 그것은 바로 나 자신으로, 도덕적인 완벽함을 어느 상황에서도 추구할 수 있다. 비즈니스에 종사하면 그와 같은 놀라운 기회가 생길 뿐 아니라 성공했을 때는 부와 명예가 부수적으로 따라온다.

Thou Shall Prosper
성공으로 가는 길

1 비즈니스에 대해 비판적인 태도를 취하는 모든 의견에 대해 질문을 던지는 습관을 길러라.

정직한 호기심과 열린 마음으로, 공손하지만 단호하게 질문하는 법을 배우자. 정부의 특별한 감독이 없으면 비즈니스는 난폭해지기 마련이라는 주장을 들으면, 그와 상반되는 견해는 어떻게 생각하는지 물어보자. 마찬가지로, 비즈니스가 환경문제, 건강문제, 그리고 기타 사회적 병폐들의 원인이라고 비난받을 때는 진짜 악당들이 무시되고 있을 가능성을 고려해 보고, 그들이 누구인지 알아내려고 노력하자.

2 우리보다 훨씬 더 많이 가진 사람들을 향한 시기의 감정을 모두 없애라.

적게 가진 사람들을 향한 공감과 동정의 감정을 시기심으로 대신하자. 나의 현재 상태를 동적인 것으로 바라보자. 경제적인 면에서 우리는 끊임없이 성장하고 있다. 잔을 보고 반이 찼다거나 반이 비었다거나 하는 이야기가 진부하게 들릴지 모른다. 하지만 한 가지는 분명하다. 잔이 예전에 비해 상당히 커졌다. 좋은 것, 놀라운 것, 그리고 기적적인 것에 초점을 맞추자. 얼마나 많이 갖고 있어야 감사할지 생각해 보자. 생각과 행동과 말이 긍정적이고 행복하고 활기가 넘친다면 우리는 더욱 좋은 벗이 된다. 그리고 새로운 친구 관계와 인간관계는 우리의 여정에 결정적인 역할을 한다.

3 비즈니스에서든 사생활에서든 최선의 해결책을 얻을 수 없을 때는 차선의 해
결책을 받아들이려고 노력하라.

다른 사람들에게 조언할 때는, 그들이 우리의 조언을 따를 수 있는지를 먼저 판
단해야 한다. 만일 우리가 내놓는 최선의 조언이 그들로서는 절대 따를 수 없는
것이라면, 차선의 조언이 최선의 조언이 된다.

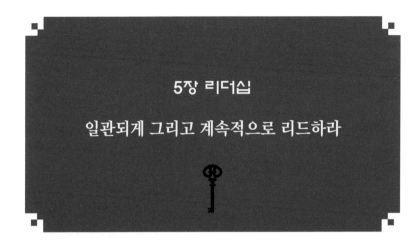

5장 리더십

일관되게 그리고 계속적으로 리드하라

리더십은 훈련이 아니다
리더십을 보여줄 기회를 놓치지 마라
리더는 '사람들이 따르는 사람'이다
리더가 되는 법
리드하는 법을 배우고 싶다면 따르는 법을 배우라
목표에 대한 명확한 비전을 가져라
대립과 충돌을 두려워하지 마라
리더십의 승패는 '신념'과 '사실의 조화'에 있다
'신념의 근육'을 강화하는 법
균형 유지하기
리더로 보이기 위한 몸짓 언어를 이용하라
사자처럼 행동하라
쪽지 없는 프레젠테이션에 익숙해져라
'명령의 가면'을 써라

리더의 자리를 간절히 원한다면,
용기를 갖고 설득력 있는 비전을 제시해야 한다

일관되게 그리고 계속적으로 리드하라

토라는 모든 존재를 전체적으로 다루는 종합적인 이론인 까닭에, 그 원칙과 지침은 단지 비즈니스만이 아니라 삶의 여러 측면들을 포괄한다. 토라는 틀에 박힌 비즈니스 서적을 본떠서 편집한 것이 아니다. 예를 들면 '리더십'을 논하는 장은 찾아볼 수 없다. 따라서 나는 토라의 많은 부분을 더듬어서 리더십의 정수를 요약해야 했다.

현대인에게 있어 비즈니스에서 크게 성공하고 돈을 더 번다는 것은 그만큼의 '리더십'이 필요하다는 말과 같다. 토라로 대변되는 유대의 전승에서, 성경뿐만 아니라 평소 구전되는 이야기는 사실상 리더십과 연관되어 있다.

리더십은 훈련이 아니다

테니스 치는 법이나 체스 두는 법, 보트 타는 법, 혹은 선반기계

다루는 법을 가르쳐줄 선생님은 쉽게 찾을 수 있다. 용기를 갖는 법, 낙천적인 태도를 갖는 법, 그리고 영감을 주는 법을 가르쳐줄 선생님을 찾기란 훨씬 더 어려울 것이다. 하지만 이런 것들은 리더가 갖춰야 할 필수적 자질의 일부에 불과하다. 사람은 훈련을 통해 리더가 될 수 있을까? 간단히 대답하자면, 역설적이게도 사람은 리드하는 법을 배울 수는 있어도 정말로 리더가 되는 법은 배울 수 없다. 하지만 회사들은 계속 노력 중이다. 예를 들어 다음 통계를 생각해 보라.

직원이 100명 이상인 미국의 회사들 중에 약 70퍼센트가 관리자들에게 일정한 형태의 리더십 교육을 받게 한다.

펜실베이니아 주립 대학은 매년 약 150억 달러의 돈이 중역들의 교육에 사용된다고 추산했다.

북 캐롤라이나에 있는 창의적 리더십 센터CCL 같은 많은 단체들은 관리자들에게 초록빛 버터 우유를 마시고, 동료들이 잡고 있는 줄에 매달린 높은 단에서 뛰어내리고, 페인트 공 게임에 참여하는 프로그램을 이수하게 하여 그들을 리더로 키우고자 애쓴다.

미국 경영자 협회는 "CEO의 리더십 개발" 과정을 개설하여, "한 사람 한 사람을 리드하는 법", "부담감 속에서 의사소통하는 법", 그리고 "까다로운 사람 다루는 법"과 같은 분야의 교육을 받게 한다.

이것들은 분명 유용한 기술들이지만 따로 과정을 개설할 만한 일일까? 이 프로그램이나 단체들을 얕잡아본다는 뜻은 아니다. 예를 들어 CCL의 수입은 약 4천만 달러에 이르며, 거기에서 운영하는 프로그램들 가운데 두 개는 1993년에 「월 스트리트 저널」에서 조사한 최고의 리더십 과정 1위 자리에 올랐다.

그러나 이와 상당한 차이가 나는 접근방식들은 이런 문제를 제기한다. 왜 일류 의사나 자동차 수리공, 물리학자를 키워내는 방법에 대해서는 의견의 일치를 보이면서 일류 리더를 키워내는 방법에 대해서는 의견이 제각기 다른 것처럼 보일까? 봄베이의 의학 교육은 보스턴의 의학 교육과 근본적으로 다르지 않다. 하지만 모든 리더십 훈련 프로그램은 제각기 독특한 시스템을 요구한다.

리더십의 의미에 대한 의견일치조차 이루어지지 않는다는 것도 문제이다. 이 주제를 연구하는 두 교수의 말을 들어 보자. 하버드 비즈니스 스쿨의 저명한 교수인 모스 캔터는 리더십이 "변화를 자유자재로 다루는 기술"이라고 한 반면, 펜실베이니아 대학 와튼 스쿨의 토마스 P. 게리티 학장은 리더십이 "사람들을 격려하고 계발하는 능력"이라고 했다. 두 주요 기업 대표이사CEO들이 본 리더십은 이렇다. 델 컴퓨터의 회장이자 CEO인 마이클 델은 리더십이 "시장의 역동성을 재빨리 이해하는 능력"이라고 했다. 이스트만 코닥의 CEO인 조지 피셔는 "한 무리의 사람들을 새로운 방향으로 이끌거나, 내가 있을 때 더 높은 수준의 성과를 내도록 이끄는 것"이라고 한 적이 있다. 리더십에서 으뜸가는 요소가 무엇이라고 생각하는지 열거해 보라고 부탁하자 모스 캔터는 "지능"이라고 대답했다. 델은 산업적인 "지식"이라고 했고 케리티와 피셔는 각각 "성격"과 "격려하는 능력"이라고 했다.

20세기 초에 남극 탐험이 실패로 돌아갔을 때 마지막 남은 한 사람의 생명까지 구했던 어니스트 섀클턴은 리더라고 할 수 있을까? 나는 그가 위대한 리더였지만 자신의 탐험에서만 리더였다고 말하고 싶다. 그가 이후에 기업에서 경력을 쌓기 시작했더라도 위대한 리더로 성공했을지는 의심스럽다. 마찬가지로 마이클 델도 산을 오르는 모험에서는 반드시 위대한 리더가 될 것이라고 추측할 만한 이유가 하나도 없다.

미국 대통령들에 대한 거의 모든 여론조사에 따르면 대중들이 위대한 지도자로 생각하는 대통령들은 전쟁 기간 중에 재직한 이들이었다. 이런 이례적인 사실에 대해 현재로서는 두 가지 설명만이 가능하다. 첫 번째는 믿을 수 없을 만큼의 우연의 일치이다. 즉 미국은 대단히 운이 좋아서 꼭 필요할 때마다 나라를 이끌 위대한 사람들이 나왔다는 것이다. 좀 더 설득력 있는 두 번째 설명은, 전시 상황이 사람들을 리더의 자리에 올리고 능력을 펼치게 하지만 역사가 선호하지 않았던 리더들도 똑같은 능력이 있었다는 것이다.

리더십을 보여줄 기회를 놓치지 마라

나는 긴장감 높은 환경이 리더십 훈련 프로그램을 모두 합친 것보다도 오히려 더 많은 리더들을 배출해 냈다고 확신한다. 리더십이 가장 필요한 때는 정확히 말해 혼돈과 두려움, 스트레스가 팽배한 순간이다. 두려움과 불확실성에 빠진 사람들이 고마워하는 이들은, 두려움이 없고 무슨 일이 벌어지는지 사람들이나 사건들이 어느 방향으로 가는지 아는 것처럼 보이는 사람이다.

예를 들어 뉴욕시의 루돌프 W. 줄리아니 시장은 2001년 9월 11일 테러 공격이 있고 난 뒤 처음 몇 시간 동안 곧바로 뛰어난 리더십을 보였다. 하지만 그보다 앞선 2, 3년 동안에는 많은 사람들이 줄리아니 시장의 리더십 능력에 대해 깊은 의구심을 품었다. 컬럼비아대 역사학자인 케네스 T. 잭슨 교수는 줄리아니 시장이 1934년부터 1945년까지 뉴욕의 시장을 지냈던 피오렐로 H. 라 구아르디아 시장에게 못 미친다고 평가했지만 나중에는 그 견해를 뒤집었다.

"9·11이 없었더라면 라 구아르디아와 다를 바 없었을 그(줄리아니)가 그 후로는 자신의 가장 뛰어난 면-리더십-을 보여주었다."

사건이 있고 몇 주, 아니 몇 개월이 지나는 동안 그는 미국의 위대한 리더로 평가받았다. 만일 테러 공격이 없었더라면 그는 2001년 말에 관직을 떠나면서 뉴욕시장으로서 호의적인 평가는 받았겠지만 결코 위대한 리더의 반열에 오르지는 못했을 것이다. 리더가 되는 한 가지 열쇠는 리더십을 펼칠 기회가 생기면 그 기회를 보고 달려드는 데 있다.

역사에 등장하는 또 하나의 예를 살펴보자. 저널리스트이자 저자인 햄프턴 사이드스는 제2차 세계대전 당시 저 악명 높은 바탄의 죽음의 행진에서 굶주림과 고문에도 불구하고 살아남은 자들이 포로수용소에서 죽기 일보 직전까지 갔던 다급한 순간을 묘사한 적이 있다. 붙잡힌 몸으로 수용소 바깥으로 빼돌려진 일부 포로들은 지옥선이라 부르

는 배 안에서 견딜 수 없이 뜨겁고 비좁은 감방에 내동댕이쳐졌고 공
포에 질려 비명을 지르며 질식하기 시작했다. 그들이 목숨을 건질 수
있었던 유일한 이유는 그중 한 명이 그 상황을 통제했기 때문이다.

아수라장 같은 소음 속에서 한 사람의 목소리가 뚜렷하게 울려 퍼졌
다. 프랭크 브리지트라는 남자가 계단 위로 높이 올라가 그곳을 가
득 채운 사람들에게 소리쳤다.
"여러분!"
그가 말했다.
"우리는 한배를 탔습니다. 그러므로 우리 중 누구라도 살고 싶다면
하나가 되어 움직이지 않으면 안 됩니다."
브리지트가 너무나 적절한 시점에 올바르게 진정을 호소하자 곧 폭
발할 듯한 분위기가 잦아들기 시작했다.
"정신을 똑바로 차리십시오."
그가 힘주어 말했다.
"우리가 공포에 질리면 귀중한 산소만 더 써버릴 뿐입니다. 자, 제
말을 듣고 모두 침착하십시오. 한 사람도 **빠짐없이** 말입니다."

브리지트는 고급 장교도 아니고 특별히 사람들이 따르거나 존경을
받지도 않았다. 이날 전까지 그는 예민하고 감정적이고 의욕이 넘치
는 사내로서 승마용 바지를 걸치고 다니면서 종종 사람들을 짜증나게
하곤 했다.

하지만 이날 그는 분연히 일어서서 놀랄 만큼 침착하고 결단력 있는 행동을 보여주었다. 예전에는 브리지트를 끔찍이도 미워했던 매니 로턴도 그의 타고난 리더십 행위를 떠올리며 경외심 어린 감사를 표했다.

"때때로 사람들은 위대해지는 순간이 있습니다."

로턴이 어느 구전 역사가에게 한 말이다.

"누가 그렇게 될지는 전혀 예측할 수 없지요. 브리지트는 마치 기다리고 있었다는 듯이 책임을 떠맡았습니다. 그의 목소리가 우리를 구했어요."

이렇게 리더십은 부분적으로 환경에 지배당한다는 사실을 알 수 있다. 윈스턴 처칠을 생각해 보면, 전시에는 영국 국민들의 뛰어난 리더였지만 제2차 세계대전 이후의 첫 번째 선거에서는 패배를 맛보았다. 미국에서 개설된 모든 리더십 훈련과정을 꼬박꼬박 다닌다 해도 리더가 될 수는 없을 것이다. 나는 이것을 유대 전승에서 배웠는데, 하다못해 히브리어에는 '리더'에 해당하는 단어조차 없다. 다음 문단에서는 유대인들이 리더십을 어떻게 바라보는지 설명한다.

리더는 '사람들이 따르는 사람'이다

유대교는 언제나 히브리어가 하나님의 언어이고 거기에는 세상의 모든 현실에 대응하는 단어가 들어 있다고 확신했다. 거꾸로 말해 히브리어 단어에 없는 개념을 만났다면 그 개념의 현실성에 대해 의문을 품게 된다. 물론 이것은 자연과학에는 해당되지 않는다. '핵 원자로'에 해당하는 히브리어 단어가 토라에 없다는 사실이 원자력의 실재를 훼손하지는 않는다. 하지만 기나긴 역사 속에서 거의 변화를 겪지 않은 인간생활이라는 기본 영역의 경우, 단어의 부재는 개념의 현실성에 의혹을 품을 만한 근거가 된다.

'얼굴'이라는 히브리어 단어는 단수가 아니다. 히브리어에는 복수형태인 얼굴들을 가리키는 단어, 즉 '파님panim'만 있다. 오랜 유대의 지혜에 따르면 이것은 누구든 얼굴이 하나밖에 없다고 생각해서는 절대 안 된다는 경고이다. 모든 사람들은 '얼굴이 두 개'일 뿐만 아니라 심지어는 '세 개'나 '네 개'라는 뜻이다. 이것은 경멸적인 비난이 아니라 사실의 진술이다. 우리는 나이가 들고 성숙해짐에 따라 얼굴이 변하며, 마침내는 얼굴이 우리의 성격적인 측면들을 반영하기 시작한다. 여러 해 동안 우리의 친척과 친구들은 그처럼 다른 얼굴들을 보아왔다. 그뿐만 아니라 우리 인생에 등장하는 사람들은 제각기 우리가 쓰는 다른 얼굴을 본다. 집에서 저녁 식사를 할 때 가족들이 보는 우리 얼굴과 다음 날 원수 같은 비즈니스 동료가 보는 우리 얼굴은 많이 다를 것이다.

바로 이런 뜻에서 왜 히브리어에는 '리더십'에 해당하는 단어가 없는지 물어야 한다. 히브리어에는 분명 '왕', '통치자', '감독'에 해당하는 단어까지는 있지만 '리더'를 뜻하는 단어는 없다. 리더십을 생각할 때 가장 쉽게 떠오르는 구약 성경의 인물인 모세조차도 리더로 묘사된 적은 한 번도 없었다. 우리는 존재하지 않는 이 단어로부터 교훈을 추출하고, 그것이 역사에 등장한 유대인 리더들의 능력에 무의식적으로 어떤 영향을 끼쳤는지 살펴야 한다.

히브리어에서는 철자 순서상 '엄마'에 해당하는 단어-엠aim-가 '아이'에 해당하는 단어-벤ben-보다 앞선다. 만일 이와 같은 히브리어의 특수성이 영어에도 똑같이 적용되려면 '아이child'라는 단어의 철자가 c, h, i, l, d가 아니라 n, p, n이고, 그래서 철자 순서상 '엄마mom'라는 단어보다 나중이 되어야 할 것이다. 이것은 물론 영어가 아닌 히브리어의 경우이다. 엠의 '에이a'가 벤의 '비b'보다 앞서고, 그와 마찬가지로 철자 구성상 엠의 '엠m'이 벤의 '엔n'보다 앞선다. 신비주의적 전통이라고 할 수 있는 이런 기묘함은 엄마가 무엇인지 알아내는 데 깊은 분석이 필요치 않다는 결론에 이르게 한다. 여자가 아이보다 '앞선다'면 그것은 그녀가 아이를 낳거나 입양한다는 말이고, 그렇게 되면 그녀는 엄마의 정의가 된다. 아이가 없으면 엄마가 될 수 없다.

마찬가지로 리더가 무엇인지 분석하지 않아도 된다. 리더는 '사람들이 따르는 사람'이다. 따르는 사람이 없으면 리더가 될 방도가 없다.

리더가 되는 법

어떻게 하면 리더가 될까? 정답은 '따르는 사람들을 얻어라'이다. 어떻게 하면 따르는 사람을 얻을까? 먼저 일정한 인격적 자질을 키우고, 그런 다음에는 주변 환경으로 인해 활동범위 안에서 기회가 생기면 그 역할에 발을 내디딤으로써 리더십에 대한 책임을 기꺼이 떠안으면 된다. 모세는 바로의 궁전에 살 때 리더십의 자질을 키웠다. 그 후 하나님이 불타는 떨기나무에서 그를 지도자의 자리로 부르셨다. 처음에 그는 하나님이 자신을 잘못 선택하셨다고 변명하며 거절하려 했다. 그러나 그는 하나님에게 "할 수 없어요."라고 말할 수 없음을 깨닫고 고대 이집트에서 이스라엘 사람들을 인도해냈다. 그에게는 인격적 자질이 있었고 미래에 대한 매력적인 비전이 있었으므로, 따르는 사람들이 생겨났다.

보장된 건 아무것도 없다. 많은 사람들은 리더가 아니면서도 이런 인격적 자질을 키우고 있거나 이미 갖고 있다. 어떤 사람들은 이런 자질을 키우지도 못한 채, 떠밀리거나 임명을 통해 리더의 자리에 오름으로써 비참한 실패를 경험한다. 리더가 되기 위한 인격적 자질은 어떤 것일까?

다음과 같다.

리드하는 법을 배우고 싶다면 따르는 법을 배우라

'따르는 법을 배우라'라고 하면 직관과 배치되는 것은 당연하다. 나 같으면 유능한 리더가 되기 위해서는 힘 있고 강력한 모습을 보여야 한다고 생각할 것이다. 그렇게 하는 이유는 말할 것도 없이 리더에게 이래라저래라 할 수 없다는 생각을 아랫사람들에게 인식시키려는 데 있다. 하지만 정말 희한하게도 효과가 있는 방법은 정반대의 것이다. 나의 행동이 그저 순간적인 충동에 의한 것이 아니라 외부의 문제를 책임지려는 의도임을 주위 사람들에게 환기시킬 수 있는 기회를 놓치지 않는다면 리더의 자리에 오를 가능성은 더욱 커진다.

리더십이 발휘되려면 따르는 사람들이 위계의식을 받아들여야 한다. 위계질서가 정당하다는 생각이 없으면 리더십 전체가 위험에 빠진다.

이것이 아돌프 히틀러가 몰락한 이유 중 하나이기도 했다. 나치는 제3제국 시절 내내 '퓌러 원칙'을 주입했다. 퓌러는 '리더'를 뜻하는 말로, 모든 충직한 독일인에게는 직속 리더가 있어야 한다는 생각이 거기에 담겨 있었다. 어린 십 대들에게 있어 퓌러 원칙은 히틀러 청년단 지부의 리더가 내리는 명령에 복종한다는 뜻이었다. 독일 공군 장교에게는 루프트바페Luftwaffe : 독일 공군을 가리키는 말-옮긴이의 대장 헤르만 괴링의 말을 따른다는 뜻이었다. 이렇게 리더십 조직을 따라 위로 올라가면 궁극적 리더인 히틀러에게 금방 이르렀다.

퓌러 원칙의 실패는 최종 리더인 아돌프 히틀러 자신에게 리더가 없다는 점이었다. 그의 초반 리더십은 넋을 잃을 정도의 군사적 성공 덕이었다. 그 후, 형세가 독일에게 불리해지면서 히틀러의 리더십이 흔들린 까닭은 그의 결정들이 그를 제어하는 궁극적 권위의 명령에 따른 것이 아니라 변덕에 따른 것으로 비쳤기 때문이다.

반대로 모세는 고대 이스라엘의 위대한 리더들 가운데 한 명이었고 형편이 좋든 나쁘든 사람들은 그를 리더로 받아들였다. 리더는 따르는 사람이기도 해야 한다는 이 원칙은 이론적인 리더십 기술보다 훨씬 중요하다. 예를 들어 리더는 권한을 위임할 수 있어야 한다는 것은 누구나 알고 있다. 하지만 분명 모세는 권한위임에 미숙한 편이었다. 성경은 모든 재판을 혼자 감당하는 모세를 보고 장인 이드로가 얼마나 의아해했는지 기록하고 있다.

"모세의 장인이 모세에게 말했다. 자네가 하는 일은 적절하지 않네. 자네는 이 일이 너무 버거워서 분명 지치게 될 거야. 자네 혼자서 그 일을 감당할 수는 없어."

모세는 이드로의 충고를 받아들여 재판장들로 하여금 그에게 보고를 올리게 하는 관리제도를 만들었다.

모세가 리더십에 속한 이 영역-권한위임-에 대해 잘 알지 못했던 것은 분명한 사실이지만, 그럼에도 불구하고 그가 성공한 이유는 자기보다 높은 권위에 잘 따를 줄 아는 훨씬 더 중요한 자질을 갖췄기 때문이었다. 그의 리더십에 대항하는 사소한 반란들도 몇 차례 있었지만, 그때마다 하나님의 개입으로 그것들이 잠재워짐으로써 모세의 권위는 훨씬 더 굳건해졌다. 수많은 유대인 노예들이 그를 리더로 인정한 까닭은 그에게 리더로서의 모습만큼이나 따르는 사람으로서의 모습이 있었기 때문이다. 그는 하나님의 말씀을 실천하는 모습을 백성들에게 끊임없이 보여주었다. 백성들은 모세가 하나님의 명령을 벗어날 때마다 벌을 받는 것을 두 눈으로 직접 보았다.

아마도 미국에서 가장 훌륭한 리더십 훈련 제도를 갖춘 기관은 군대일 것이다. 여기에서도 '리더 역시 따르는 사람이 되어야 한다'는 원칙이 통한다. 최하급 병사라 할지라도 자신의 지휘관에게 지휘관이 있으며 그렇게 계속 위로 올라가면 미국의 대통령이 나오고, 대통령은 미국 헌법에 충성을 바친다는 것을 알고 있다. 각 하사관들의 리더십 이면에 있는 한 가지 비밀은, 그가 단지 자기 밑에 있는 병사들의 삶을 괴롭히는 독립 된 전제 군주가 아니라 더 높은 권위를 대표하며 그 권위 앞에서 자신의 행동을 책임지는 사람이라는 사실이다.

널리 사랑 받는 구전 토라의 책 『선조들의 말씀』 제1장에 나오는 유명한 명령은 유대인들에게 권위에 잘 따르는 사람이 되어야 할 필요성을 일깨워 주었다. 아직도 안식일 오후가 되면 회당에서는 미슈나의 이 구절이 종종 읽히곤 한다.

"여호수아 벤 페라키야Yehoshua ben Perachya가 말하기를, 랍비를 당신의 랍비적 권위로 여기라."

이 원칙은 어떤 유대인도 독립적인 권위를 가질 수 없으며 그 대신 과거의 전통과 원칙을 따라야 하고, 그렇게 할 때만 다른 사람들을 다스릴 수 있는 힘을 얻게 된다는 생각을 확립하는 데 도움을 주었다. 오늘날에도 눈에 띄게 성공한 유대인 비즈니스 리더들이 원래 그 비즈니스를 시작했던 나이 많은 부모에게 중요한 결정들을 자주 양보하는 모습을 어렵지 않게 볼 수 있다.

'리더도 권위에 따라야 한다'는 이 원칙을 자신의 직업에 어떻게 적용해야 할지는, 유대인들이 생각하는 유대인 가정의 작동 원리가 무엇인지 보면 가장 잘 알 수 있다. 전통적인 유대인 가정의 자식들은 부모에게 순종하고 부모의 가치를 지키려는 경향이 크다. 나 아닌 다른 사람에게 순종할 줄 아는 근본적인 원칙이 먼저 확립되어야만 부모에 대한 순종이 가능하다. 1970년대에 유행했던 것과 같은 범퍼 스티커 '권위에 도전하라'로 차를 치장하고 다니는 가정에서는 부모가 자식들에게 순종을 요구하기 어려우며 웃음거리로 전락할 것이다.

그와는 반대로 전통적인 유대인 가정에서 자라난 아이들은 부모들이 광범위한 율법에 순종하며 권위 있는 원칙을 지지하는 모습을 볼 기회가 충분하다. 그 아이들은 아버지 어머니가 옷을 입고, 식사를 하고, 심지어는 성적인 관계를 유지하는 일에까지 규칙의 통제를 받는 모습을 보게 된다.

이처럼 부모가 더 높은 권위를 따르고 있다는 증거는 자식들에게 부모의 권위를 세우는 데 도움이 된다. 유대 전통은 부모들에게 "왜 그 일을 하세요?"라는 질문에 대해 "내가 하고 싶으니까."라든지 "원래 그런 거야."라고만 대답해서는 절대로 안 된다고 가르친다. 대신 아무리 어린 자식에게라도 "하나님의 말씀이기 때문에 해야 한단다."라고 말하는 것이 일반적이다. 그렇게 하면 부모의 권위는 약화되지 않고 오히려 강해진다.

직업에서도 이 원칙을 쉽게 이용할 수 있다. 경영 책임자라면 이사회의 권위에 따를 수 있는 환경이 안 될지도 모른다. 이사회가 없는 회사의 직원일 수도 있고 조그만 사기업의 소유주일 수도 있다. 어떤 경우가 됐든 따르는 사람임을 보여주기가 쉽지 않은 것은, 어느 모로 보나 소유주로서 무엇이든 하고 싶은 일을 하기 때문이다. 다행히 이 원칙은 스스로가 일련의 원칙을 따르는 사람임을 선언할 때도 효과를 발휘하며, 누구나 할 수 있는 일이다. 어떤 조직에서는 명예 규범이나 사명선언문을 통해 이런 목적을 달성하려 한다. 이런 것들은 진부하거나 진부하게 들려서는 효과가 없다. 우리는 리더십 원칙을 고수한다는 점을 보여줌으로써 사람들이 우리의 지도를 쉽게 따르도록 만들려 하고 있음을 잊어서는 안 된다.

자신이 변덕을 부리며 움직이는 사람이 아님을 보여주기 위해서는 방법을 강구해야 한다. 그러므로 리드하려는 사람들 앞에서 "내가 마음대로 할 수 있으면 그렇게 하겠지만, 나는 (혹은 회사는) 이러저러한 것을 지켜야 하므로 불가능합니다."와 같은 말을 할 기회를 얻어야 한다. 바꾸어 말하자면, 우두머리처럼 보이지 않기 위해 할 수 있는 모든 일을 하라.

예를 들어 대사들은 정부에 복종함으로써 상당한 신망과 권한을 이끌어낸다. 대사들이 가장 즐겨 하는 말은 "정부에 확인해 봐야 합니다."이다. 이렇게 하면 표면적으로는 그 외교관의 권한이 축소되는 것 같다. 대체 그의 독립적인 권위는 어디에 있다는 말인가? 하지만 이상하게도 정반대되는 일이 일어난다. 대사에게 추가적인 권위가 부여되는 것이다. 따라서 자신이 사장이나 이사회 같은 다른 사람이나 다른 집단의 권위 아래에 있음을 뚜렷이 주장하거나, 엄격하게 지켜지는 일련의 원칙이나 규칙의 권위 아래에 있음을 주장하면, 리더십 발휘에 도움이 된다.

목표에 대한 명확한 비전을 가져라

　리더라면 목표에 대한 비전이 있어야 하는 것은 당연하다. 하지만 더 중요한 것은 목표에 초점을 맞추어야 하는 시기와 중간 단계에 초점을 맞추어야 하는 시기를 아는 일이다. 건물을 건축할 계획을 세웠다고 가정해 보자. 전반적인 설계와 주변 풍경과의 조화를 어떻게 이룰 것인지에 초점을 맞추어야 할까, 아니면 벽돌 공급업자를 찾는 일에 초점을 맞추어야 할까? 바꾸어 말하면, 비전인가 세부사항인가? 리더의 자리를 열망하는 사람은 어떻게 할까?

　매주 금요일 밤 유대인들이 안식일을 환영하기 위해 부르는 노래는 그날로 조금씩 가까이 다가오는 신부로 묘사된다. 한 소절은 안식일의 창조에 대해 다음과 같은 말로 결론을 맺는다.

　"행동은 마지막, 생각은 처음."

　하나님은 천지창조의 처음 6일 동안 그분의 일을 마무리하고 난 후 안식일을 만드셨지만, 마음속에서는 그날이 처음부터 있었다는 뜻이다. 그래서 유대인들은 평일에 이름을 붙이지 않고 첫째 날, 둘째 날 등으로 부르기를 더 좋아한다. 이름을 붙이면 각각의 날이 서로 연관이 없는 독립적인 실체로 존재하는 것처럼 여겨질 수 있다는 주장이다. 하지만 숫자를 매기면 각각의 날이 숫자 7-안식일-로 끝나는 일련의 숫자들과 연계되어 존재할 뿐이다. 바꾸어 말하자면 일요일, 월요일 등등의 목적은 일차적으로 토요일, 즉 유대교 안식일에 이르는 데 있다. 하나님은 여섯 번째 날에 지친 것이 아니라 더 이상 창조할 것이 없었기 때문에 그 다음 날을 안식일이라 선언하기로 결정하셨다. 하지만 안식일은 천지창조의 마지막 과업이었음에도 불구하고 전체적인 창조 계획 속에서는 처음부터 존재했던 것으로 보인다. 이러한 전통이 안식일을 환영하는 노래에서 "행동은 마지막, 생각은 처음"이라는 구절 속에 살아 있는 것이다.

더욱 중요한 것은 그 구절이 궁극적인 비전을 세우고 목표지향적인 사고를 해야 하는 적절한 시기에 대한 지침 역할도 한다는 사실이다. 행동에서는 마지막, 생각에서는 처음이 되어야 한다. 집을 설계할 때는 그 집의 궁극적인 용도를 생각하라. 저 언덕 위에 세워질 집이 어떤 모습일지 생각해 보라. 지금 있는 나무들을 완성된 풍경 속에 넣어야 할까? 지금은 그것을 생각해야 할 때이다. 하지만 곧 설계 단계가 끝나고 청사진을 그리게 된다. 이제 부지를 분류하고 땅을 파서 기초를 놓기 시작해야 할 때이다. 이 같은 과업 실행단계에서는 완성된 그림을 고려하는 일이 헛된 꿈에 불과하다. 지금은 작업을 해야 하고, 작업이 가장 손쉽게 이루어지려면 눈앞에 놓인 각 단계에 초점을 맞추어야 한다.

따라서 원래의 질문에 대답하자면, 목적과 중간단계 양쪽 모두에 초점을 맞출 수 있어야 한다. 소프트웨어 설계 프로젝트나 비즈니스 계획을 시작하려면 궁극적인 목적에 초점을 두어야 한다. 그 다음엔 그 목적을 중간 단계들로 세분화하여 각 단계가 그 주변 단계들과 어긋나지 않고 잘 연결되도록 해야 한다. 그리고 나면 각 단계를 특정 업무들로 세분화해야 하는데, 이렇게 하면 각각의 업무를 수행하더라도 큰 그림에서 벗어나지 않을 수 있다. 정해진 휴식 기간에는 여전히 올바른 방향으로 가고 있는지 확인하기 위해 큰 그림을 잠깐씩 봐야 한다. 사람들은 과정 속에 있는 장애물을 피하거나 극복할 수 있는 방법 말고도 자신들이 가야 할 방향을 알려주고 보여주는 사람에게 더 쉽게 이끌린다. 이 원칙을 삶과 직업에 어떻게 적용할 수 있는지 꼭 집어서 말해줄 수는 없지만, 직업이 무엇이든 그렇게 할 기회가 있다는 것은 보장할 수 있다.

대립과 충돌을 두려워하지 마라

리더의 자리를 간절히 원하는 이라면, 용기를 갖고 설득력 있게 비전을 제시해야 한다. 그렇게 되면 설령 성공하지 못한다 할지라도 리더십의 관점에서 볼 때 여전히 남보다 앞서 있다. 제시된 비전은 새로운 마케팅 활동일 수도 있고 공평하고 진실한 비전일 수도 있다. 이 과정에서 생산적으로 대립하는 법을 알아야 하는데, 리더는 대립을 두려워하지 않는다.

소리소문없이 유대인의 비즈니스 문화에 들어온 이 중요한 교훈은 유다의 삶에 발생한 하나의 사건을 다룬, 유명한 성경 이야기에서 비롯된 것으로 여겨지고 있다. 야곱의 열두 아들 가운데 하나인 유다는 후손들에게 왕의 리더십을 전해준 사람이었다. 그의 이름은 나중에 유대 민족의 국호가 되었다. 유대인을 가리키는 독일어 주드Jude나 영어의 주Jew가 그 예이다.

유다의 형제들 가운데 열 명이, 꿈꾸는 자인 요셉을 죽일 계략을 짰다. 맏아들 르우벤은 실제로 자신들이 직접 피를 보기보다는 요셉을 구덩이에 던져 넣어 결국 거기서 죽게 내버려두는 편이 낫다고 제안했다. 이후 형제들이 일을 실행하고 나자, 유다는 그들에게 다가가 요셉을 구덩이에서 건져내어 지나가는 장사치들에게 팔아넘기는 계획을 설명한다. 이것은 동생의 생명을 구하려는 유다의 노력이었던 것으로 생각된다. 몇 구절 뒤에 다음과 같은 말을 볼 수 있다.

"그 무렵 유다는 형제들에게서 내려가……."

그는 어디로 내려갔을까, 그리고 왜 내려간다는 말이 쓰였을까? 유대 전승에 그 답이 기록되어 있다. 유다는 전통적인 리더 자리에서 내려갔다.

형제들은 마음속 깊은 곳에서 그가 리더십에 실패했다고 생각했다. 형제들은 요셉을 팔았던 돌이킬 수 없는 일을 후회하면서 유다의 리더십 실패를 비난했다.

"유다가 요셉을 죽이거나 팔지 말고 아버지에게 돌려보내자고 했으면 우리는 유다의 말을 들었을 거야!"

유다는 그들의 타당한 비난에 자신의 권위가 위축되는 느낌을 받았을 것이다. 이렇게 볼 때 내려갔다는 말은 그에게 일어난 일을 정확하게 묘사하는 것으로 볼 수 있다.

분명 유다는 형제들에 맞서 자신이 정말 하고 싶은 말을 하기에 용기가 부족했던 것 같다.

"자 봐, 형제를 죽여서는 안 돼. 그 아이가 아무리 싫어도 이렇게 무자비하게 아버지의 마음에 상처를 입힐 수는 없어. 나도 이런 일을 하지 않을 거고 다른 사람들도 마찬가지야. 이제 그 아이를 구덩이에서 빼내어 집으로 돌려보내자."

하지만 그는 어중간한 조치를 취했고 형제들의 존경을 잃었다. 글자 그대로 그들에게서 내려왔다. 그 후 유다가 리더십을 회복하게 된 것은 이집트의 총리가 된 요셉이 베냐민을 가둬 놓겠다고 위협할 때였다. 이야기를 보면 그 당시 분노에 찬 이집트 통치자 앞에 나서서 베냐민을 놔두고는 절대로 집에 돌아가지 못한다고 설명했던 이가 유다이다. 이와 같은 용기의 표출, 리더십의 표출이 요셉으로 하여금 마음을 움직여 오랫동안 잃었던 본 모습을 형제들에게 드러내게 했다. 유다는 대립적인 상황을 정면으로 다룸으로써 리더십을 회복했던 것이다.

리더십의 승패는 '신념'과 '사실의 조화'에 있다

어떤 사람들은 사실에 능통하다. 중합체重合體의 탄성이나 반도체의 전기저항 특성에 관한 사실에 능통한 사람들은 엔지니어가 제격이다. 판례에 능통한 사람들은 법률 회사나 로스쿨에서 성공적으로 일한다. 신앙의 영역에 능통한 사람들은 신학자로 자리를 잡는다.

주변 여건이 무르익었을 때 리더로 성공할 운명을 타고난 이들은 신념과 사실에 두루 능통한 이들이다. 사실은 모르고 지내기가 쉽다. 만일 리더가 중요하고 밀접한 관계에 있는 사실들을 모른다는 것을 알게 되면, 그에 대한 신뢰는 분명 심하게 흔들릴 것이다. 이것은 선임하사나 대통령이 반드시 백과사전처럼 모든 사실을 알아야 한다는 뜻이 아니다. 리더라면 필요한 사실을 보유한 사람들을 활용해야 한다는 뜻이다. 리더가 작전과 관련된 사실에 대해 무관심한 모습을 드러내는 것은 위험한 일이다. 예를 들어 공격을 계획하고 있다면, 사람들은 정보 수집에 초점을 맞추는 리더의 모습을 보고 마음을 놓을 수 있다. 사람들이 보고 싶어하는 리더의 모습은, 그들이 보유한 방어력이 어느 정도인지 정확하게 알아오라고 누군가에게 임무를 맡기는 모습이다. 마찬가지로 새로운 마케팅을 시작하려 한다면, 직원들은 리더가 경쟁상대를 잘 알고 있다는 사실을 알 때 그 임무에 더욱 노력을 기울일 것이다. 관련 사실들을 능통하게 다룰 수 없다면 리더가 되려는 노력은 좌절될 것이 분명하다. 사실의 지배는 리더십에 필수적으로 따라붙지만 그것은 이야기의 절반에 불과하다. 만일 능통한 것이 사실뿐이라면 항상 리더들의 보물은 될지언정 리더가 될 운명은 아니다.

필요한 나머지 요소는 신념이다. 이것은 종교적인 사람들만이 리더가 될 수 있다는 뜻일까? 물론 아니다. 대문자 '에프F'를 넣어 신앙 Faith이라는 단어를 쓸 때는 특정한 종류의 믿음, 즉 전능하신 하나님에 대한 믿음을 의미한다. 하지만 신념Faith이라는 단어는 아직 눈에 보이지 않는 어떤 것을 이미 현실에 존재하는 것처럼 능숙하게 다룰

줄 아는 능력을 뜻한다.

유대교의 아버지 아브라함은 사실상 이런 핵심 요점에 따라 살았고 또 그것을 가르쳤다. 첫 번째 유대인이자 첫 번째 유대인 아버지이기도 한 그는 아버지 리더십의 귀감이 되었다. 이후 탈무드가 그것을 명문화하면서 "아버지는 자녀들을 위해 다섯 가지를 해야 한다."고 기록했다.

1. 아버지는 먼저 자녀들이 문화적으로 소외감을 느끼지 않도록 그들을 사회 종교적 모임에 데려가야 한다.
2. 아버지는 자녀들에게 기대하는 바를 그들에게 가르쳐야 한다.
3. 아버지는 자녀들의 결혼을 도와야 한다.
4. 아버지는 자녀들이 세상에 도움이 되고 그에 따라 생활비를 벌 수 있도록 일을 가르쳐야 한다.
5. 마지막으로 아버지는 자녀들에게 수영을 가르쳐야 한다.

이런 다섯 가지 의무사항은 비즈니스 리더들에게도 해당된다. 당신이 리더라면 다음과 같이 해야 한다.

1. 직원들이 회사의 문화를 익히도록 안내해야 한다. 새로운 문화를 익히지 못한 직원은 결코 팀의 구성원으로서 온전히 참여하지 못할 것이다. 또한 구체적인 지시가 없더라도 독창성을 발휘할 수 있는 내면적인 기준을 만드는 데도 실패할 것이다.

2. 리더십을 기대하는 사람들에게 자신이 기대하는 바가 정확히 무엇인지 투명하게 밝혀야 한다.

3. 외로움 때문에 괴로워하는 직원들이 생기지 않도록 그것을 자기의 의무로 간주해야 한다.

4. 직원들이 제각기 사회에 최소한의 공헌을 할 수 있도록 기술교육을 제공해야 한다.

5. 마지막으로 모든 직원들이 사나운 물결 속에서도 떠 있을 수 있게 능력을 갖추도록 만들어야 한다.

다시 아브라함의 이야기로 돌아와서, 아브라함은 때가 되자 아들 이삭에게 아내를 구해 주어야겠다고 생각했다. 그는 다음과 같은 말로써 자기가 신뢰하는 종 엘리에셀에게 임무를 맡겼다.

"너는 나와 함께 사는 가나안 족속의 딸 중에서 내 아들의 아내를 선택하지 않겠다고 내게 맹세하라."

엘리에셀은 아브라함 고향 마을의 나홀에게로 가서 마침내 리브가를 만났다. 그리고 리브가의 가족들에게 다음과 같이 약간 고친 말로써 자초지종을 설명했다.

"주인님은 내가 사는 땅 가나안 족속의 딸 중에서는 그 아들의 아내를 고르지 않겠다고 나로 하여금 맹세하게 했습니다."

전승 기록에 따르면 엘리에셀은 "나와 함께 사는 이들"에서 "내가 사는 땅에서"로 무의식 중에 말을 바꾸었다. 이것이 리더와 따르는 사람 사이의 주된 차이이다. 아브라함은 하나님으로부터 그 땅을 주시겠다는 약속을 받았다. 그가 수많은, 적대적인 가나안 족속들 틈에서 따로 떨어져 살았다는 것은 전혀 말이 되지 않는다. 아브라함에게 있어 그들은 이제 자신의 땅에 침입한 자들이었다. 그래서 그는 자신이 가나안 족속들과 함께 살고 있지만, 자신의 땅에서 그렇게 살고 있다고 했던 것이다.

엘리에셀은 비록 충성스러운 종이었지만 그 땅이 이미 아브라함의 땅이 되었다고는 상상할 수 없었다. 그는 눈에 보이지 않는 것을 이미 존재하는 실재로 여길 줄 아는 신념이 부족했다. 하나님이 비록 자신의 주인에게 그 땅을 주겠다고 약속했지만 실제로 양도가 성사되어야만 현실이 된다는 게 그의 생각이었다. 아브라함에게 있어서는 하나님이 자신에게 그 땅을 주겠다고 약속하셨다는 사실이 곧 현재의 현실이었다. 그는 가나안 족속들과 함께 살고 있지만 자신의 땅에서 살고 있었다. 하지만 엘리에셀은 리브가의 가족에게 자초지종을 설명하면서 아브라함이 말한 "나와 함께 사는 이들"과 같은 어리석은 말을 함으로써 그 땅이 이미 자신의 주인에게 속한 것처럼 암시할 수는 없었다.

유대인들은 원하는 결과를 얻으려면 그것이 이미 현실로 나타난 것처럼 행동해야 한다는 생각을 진지하게 받아들였다. 세일즈를 위해 전화를 걸기 전에, 항상 마음의 눈으로 고객이 점선 위에 서명하는 모습을 분명하게 바라보라. 그러면 희망을 갖고 있지만 불안해하는 애원자의 모습에서 이미 현실이 된 어떤 것을 그저 정식으로 받아들일 뿐인 사람의 모습으로 마술처럼 변모한다.

그게 바로 내가 신념이 사실보다 중요하다고 말하는 의미이다. 물론 우리는 자기 제품과 그것이 고객의 필요를 어떻게 채우는지에 대해 모든 것을 알고 있어야 한다. 그러나 그것이 필요한 일이긴 하지만 충분하다고는 할 수 없다. 우리는 아직 이루어지지 않은 거래를 마치 이미 확정된 거래처럼 분명히 보아야 한다.

사람들이 우리를 가장 잘 이해하고 평가할 때는, 우리가 아는 것들이 아닌 그들 스스로 믿는 것들에 근거를 둘 때이다. 유대인들은 20세기에 들어와 이 원칙의 중요성을 다시 한번 배웠다. 유대인들은, 제3제국 독일인들의 행동에서 훨씬 더 중요한 지침은 그들이 아는 것들이 아니라 그들이 믿는 것들임을 배웠다. 누가 뭐라 해도 독일은 대학에서 막스 플랑크 같은 세계에서 가장 뛰어난 과학자들과 게오르크 헤겔 같은 세계에서 가장 훌륭한 철학자들을 배출해낸 사회였다. 독일은 하인리히 하이네 같은 작가들과 루트비히 판 베토벤 같은 음악가들을 배출해낸 사회였다. 그럼에도 불구하고 우수 민족과 유대인에 대한 유전적 열등감에 대한 그들의 믿음-사실과 전혀 관계 없는 믿음-은 그 당시를 지배하던 역사의 방향을 바꿔 놓았다.

우리가 살아나가면서 행하는 중요한 모험들은 대부분 믿음과 신념에 의지한다. 예컨대 결혼은 명백한 사실에 근거하여 이루어지는 경우가 거의 없다. 결혼식 입장을 위해 복도를 걸어 들어가는 동안에도 앞으로 영원히 결혼의 기쁨 속에서 행복하게 살게 될 거라고 확신하지 못한다. 그리고 결혼생활을 시작할 때도 배우자에 대해 마땅히 알아야 할 것을 전부 알지는 못한다. 결혼은 믿음과 신념에 근거하여 이루어진다.

역설적으로 들리겠지만 어떤 상황에 대해 확실성을 부여하려고 애를 쓰면 쓸수록 결과는 성공과 멀어진다. 예를 들어 결혼 서약을 하기 전에 시험 삼아 동거를 해보면 유리할 것 같지만 그렇지가 않다. 어찌 됐건 차를 사려면 먼저 시운전을 해보라는 옛말이 있다. 틀렸다! 자동차 구입은 사실을 완전히 파악한 상태에서 할 수 있고 또 해야 하는 행위이다. 특정 상표의 효과적인 광고와 유혹적인 전단을 보고 사랑에 빠져 자동차를 구입한다는 것은 바보 같은 짓이다. 반짝거리는 새 차를 전시장에서 몰고 나오기 전에 그 차와 거래에 대해 마땅히 알아야 할 것을 전부 알아야 한다. 하지만 결혼은 다르다. 결혼의 지속성에 관한 통계에 따르면 결혼식 이전에 동거했던 부부의 이혼율이 그렇지 않은 부부의 이혼율보다 훨씬 더 높게 나온다. 결혼이 신념에 기초한 행위라는 사실을 이해한다면 이것은 직관과 그다지 배치되지 않는다. 기업가의 입장에서 보면 비즈니스의 시작은 자동차 구입보다는 결혼과 훨씬 더 가깝다. 신념이 열쇠인 것이다.

'신념의 근육'을 강화하는 법

신념이라는 근육을 가장 효과적으로 발달시키기 위해서는 어떻게 해야 할까? 리더로서의 능력은 원하는 결과에 대해 얼마만큼 신념을 보이느냐와 밀접한 관계가 있다. 신념을 느끼고 표출하는 능력은 스스로 배양해야 한다.

신념의 힘을 기르는 방법에 대한 한 가지 통찰을 종교와 의학에서 동시에 얻을 수 있다. 하버드 의과대학 하버트 벤슨 박사는 그의 책 『긴장 완화 반응The Relaxation Response』에서, 치유를 가로막고 면역성을 떨어뜨리는 심리적 스트레스를 간단한 처방으로 줄일 수 있음을 발견했다. 그는 실험에 참여한 환자들에게 기도나 명언, 마음에 드는 긍정적인 문장을 반복적으로 소리 내어 읊게 했는데, 조사 결과 실험에 참여한 환자들의 건강 회복 속도가 다른 환자보다 훨씬 빠르다는 것을 확인했던 것이다. 이것이야말로 기도에 대한 완벽한 설명이지 않은가? 기도할 때는 미래를 보는 긍정적인 시각을 담은 말과 구절을 반복적으로 되풀이하면서 부정적인 생각을 차단한다.

이미 규칙적으로 기도를 드리고 있다면 신념을 굳건히 하는 기법은 이미 익힌 셈이다. 기도하는 습관이 없는 이는 자의식의 방해를 극복하는 데 좀더 오랜 시간이 걸린다. 벤슨 박사는 단순히 긍정적인 생각을 품는 것만으로는 충분하지 않다고 말한다. 실제로 그 생각을 입 밖으로 내야 훨씬 효과가 크다고 한다. 아무도 없을 때 큰 소리로 말하기란 쉽지 않은 일이다. 처음에 하려면 신경이 쓰여서 문 쪽을 힐끗힐끗 쳐다보게 되고, 하얗게 차려입은 안전요원들이 갑자기 들이닥쳐 가장 가까운 정신병원으로 데려가지 않을까 하는 생각도 들게 된다.

사람들이 거리를 돌아다니면서 혼자 중얼거리는 이들을 신뢰하지 않을 것은 당연하다. 그러므로 이 기법을 연습할 때는 혼자 있을 때 하는 것이 좋다. 기도의 능력은 강력한 결과를 낳게 되는데, 특히 자기

귀로 직접 들을 수 있을 만큼 큰 소리로 소리 내어 할 때 그렇다.

소리 내어 하는 기도의 교훈을 평생 동안 써먹는 방법이 또 하나 있다.

매우 간단하다. 매일 아침 일찍 조용한 시간을 마련하여 자신의 비즈니스 문제와 관련된 신념에 찬 말을 큰 소리로 내뱉어라. 말이 길 필요는 없지만 또박또박 이야기해야 하고, 얻고자 하는 것에 대한 확신이 담겨 있어야 한다. 예를 들어 목표가 다음 달 수입을 늘리는 것이라면 "이번 달에는 고객들로부터 더 많은 동의를 받아낼 것이다. 내가 하려는 것이 바로 이것이다."라고 단순히 큰 소리로 말하는 정도로는 안 된다. 그보다 좀 더 구체화해야 한다. 지금까지 큰 수입을 얻지 못하게 나를 방해한 것이 무엇이었는지, 예상 고객들과의 충분한 만남을 확보하는 데 실패하지는 않았는지, 예상 고객들을 만났지만 내가 제안한 서비스를 시험 삼아 이용해 보도록 설득하는 데 실패하지는 않았는지, 개선하려는 바로 그 영역을 가능한 한 정확하게 파악해야 한다. 그리고 그것을 보완할 방안을 찾아, 단호하게 말로 표현해야 한다. 기술적으로 부족하거나 지식이 충분하지 않아서 목표를 성취하는 데 불리하면 안 된다.

일단 성공할 요건을 갖췄고 자신의 에너지를 어디에 쏟아야 하는지 확신하게 되면 이제 성취할 구체적인 목표들을 적어라. 이것은 중요하다. 목표를 적으면 다음에 무슨 말을 해야 할지 걱정하느라 정신이 흐트러지지 않는다. 그리고 똑같은 단어를 되풀이하여 사용하는 편이 유익하다. 많은 기도가 형식과 규격을 갖추고 있는 이유가 거기에 있다.

하루에 약 2, 3분이 소요될 이 시간을 급하게 서두를 필요는 없다. 다른 사람이 들을까 봐 걱정하지 않아도 되는 곳을 찾아, 자신의 귀에 들릴 정도로 또박또박 소리 내어 말해 보라. 적어도 2주간은 규칙적으로 하는 게 중요하다. 이대로 해보면 기분이 상당히 좋아질 뿐 아니라, 놀라운 결과를 얻게 될 것이다. 이 방법은 기도의 무한한 힘으로부터 극히 작은 일부분을 빌어 커다란 효과를 내도록 만든 것이다.

균형 유지하기

'리더'의 딜레마 가운데 하나는, 종종 양립할 수 없는 두 가지 요구 사이에서 균형을 찾아야 하는 데 있다. 한 지휘관이 부상병들을 무시하고 목표 지점을 접수하라는 명령을 받았다고 가정해 보라. 이 지휘관은, 자신을 리더로 만드는 요소에는 자신의 지휘를 받는 병사 개개인에 대한 깊은 관심이 포함된다는 사실을 알고 있다. 예를 들어 윈스턴 처칠은 2차 대전 중에 연합군의 사상 소식을 접할 때마다 속에서 솟구치는 슬픔을 주위 사람들에게 숨길 수가 없었다. 공습 기간 동안 폭격으로 산산조각이 난 런던의 집들을 돌아볼 때면 자신들의 집이 있었던 폐허 위에 용감하게 서 있는 집주인들을 보는 것처럼 눈물을 흘렸다. 마찬가지로 군대가 되었든 기업이 되었든 리더는 자신의 지휘를 받는 사람들을, 전체적인 그림 맞추기의 낱개 조각들인 동시에 유일하고도 가장 소중한 인간들로 보아야 한다.

유대 전승은 하나님이 아브라함의 자손들에 대해 품고 계신 표면적인 모호함에 당황하지 않는다. 그분은 족장 아브라함에게 어떤 때는 자손들이 '해변의 모래알처럼' 많을 것이라고 보증하시고, 어떤 때는 자손들이 '하늘의 별처럼' 많이 불어날 것이라고 예언하신다. 하나님은 왜 한 가지 은유를 고수하시지 않는 걸까? 전승의 대답은 리더십에 있어 귀중한 비즈니스 교훈을 가르쳐 준다. '모래알'과 '별' 사이에는 한 가지 결정적인 차이가 있다. 전자는 다른 모래알들과 연합할 때만 의미를 갖는다. 모여 있어야 제방이 되어 바닷물을 막을 수 있지, 따로 있으면 각각의 모래알은 쓸려가 버린다. 한편, 별은 혼자서도 밝게 빛나며 나름대로 의미를 갖는다. 하나님은 아브라함이 자기 가족들을 바라볼 때, 이처럼 상충되는 두 가지 면을 동시에 고려하는 법을 배우기 원하신다. 우리도 상충되는 두 가지 방식을 한꺼번에 다루어야 할까? 그렇다. 리더가 되고 싶다면 반드시 그렇게 해야 한다.

리더가 현실을 바꾸기 위해서는 거의 언제나 상충되는 생각과 요구를 다루어야 한다. 이것을 아무나 할 수는 없다. 아무나 그렇게 하는 법을 배우려고 애쓰지는 않는다. 리더만이 그렇게 한다.

직원의 개성을 지켜라

양립할 수 없는 요구들이 인간관계에서만큼 거세게 이는 분야는 없다. 직원들이나 주주, 가족이나 자기 자신을 대할 때, 우리는 종종 양립할 수 없는 두 가지 욕망 사이를 걸어야 한다. 한쪽을 대안으로 선택해야 할 때도 있고, 다른 한쪽을 택해야 할 때도 있다. 어떤 경우, 말로는 양쪽 모두를 긍정하지만 행동으로는 오직 한 가지 방식만을 용납해야 할 때도 있다. 우리가 깨달아야 할 것은 외견상 양립할 수 없는 두 가지 방식이 더욱 높은 정신적인 단계에서는 하나로 결합되어 빛나는 조화를 이룰 수 있다는 사실이다. 입자와 파동이라는 모순된 두 성질이 빛을 구성하듯이, 어떤 사람을 커다란 임무의 일부이자 동시에 다른 사람들이 할 수 없는 일을 하는, 꼭 필요한 사람으로 바라보는 것이 가장 높은 형태의 리더십을 만든다.

고대 이스라엘의 유대 왕들은 이스라엘 백성들의 수를 세면 안 되었다. 인구 조사가 필요할 때는 그때마다 방책을 짜내어 인구를 실제로 헤아리는 일이 없도록 했다. 수를 세는 일에 대한 이런 생각 뒤에는 뭐가 있었을까? 많은 대상들을 세다 보면 부지불식간에 그들을 모두 똑같은 사람으로 여긴다는 것이 그 요지이다. 달러, 페소, 리라, 그리고 파운드로 된 돈을 세게 되면 굳이 한 가지 화폐로 환산한 금액으로 합계를 내지 않아도 대체로 짐작할 수 있다. 왕이 틀에 박힌 인구조사로 백성들의 수를 헤아린다는 것은, 그들을 얼굴 없는 익명의 군중이자 왕을 섬기는 것이 유일한 목적인 동일한 존재들로 바라보는 데 익숙해졌다는 말이다. 리더가 백성이나 신하들을 이런 식으로 생각한다고 소문이 나면 오랫동안 살아남을 수 없다.

어떤 면에서 한 사업체의 직원들이 거기에 있는 이유는 그 사업체의 목적을 달성하기 위해서이다. 이상적으로는 직원들 가운데 누가 그만두거나 심지어 모든 직원들이 그만두고, 그 다음 날 새로운 사람들로 채워지더라도 한 치의 빈틈도 생기지 않게 사업체를 조직한다면 더 바랄 게 없을 것이다. 물론 현실에서는 절대로 그렇게 될 수 없다. 최고의 운영지침과 조직구성과 경영 구조를 갖고 있어도, 여전히 그 조직 구성원들 속에 축적된 지식과 문화 그리고 기술이라고 하는 미묘한 인적 관계에 의존한다. 조직이 하룻밤 머무르는 무관한 손님들로 가득한 호텔이 아니라 내부적으로 연결된 하나의 유기체처럼 움직이는 이유는 그 때문이다.

이것은 기계와 공장설비가 회사 자산의 대부분인 제조기업에도 해당된다. 여전히 회사는 직원들이 서로 간에 쌓아온 관계와 그들 사이의 신뢰에 의존한다. 그들 모두를 하룻밤 사이에 교체하는 것은 대단히 위험한 일이 될 것이다.

현명한 리더는 '어떤 사람도 꼭 필요하지는 않다'와 '모두가 꼭 필요한 사람이다'의 이분법을 이해한다. 물론 회사의 사업구성은 사람 위주가 아니라 기능 위주이다. 컴퓨터 조립라인을 따라 워크스테이션을 설정하든, 아니면 고객 서비스를 위한 전화 상담대를 설치하든, 회사는 그 지점에서 정확히 어떤 기능이 수행되어야 하는지 알고 있다. 그러나 현명한 리더들은 그 기능을 수행하는 담당자를 아는 일뿐 아니라, 그가 리더에게 있어 단순히 한 가지 기능을 수행하지 않는다는 사실을 깨닫게 하기 위해 최선을 다한다.

경영자는 상대방이 자신의 상업 유기체에 필수 불가결한 부분으로 인식되고 있다는 것을 상대방에게 보여줄 기회를 반드시 잡아야 한다. 충성을 얻는 리더들은 직원들의 몸이 아픈 배우자를 걱정해 주는 이들이다. 직원들의 아이들에 대해서 아는 게 있는가? 직원들이 추구하는 취미나 운동이 무엇인지 알고 있는가? 뻔한 이야기처럼 들릴지 모르지만, 내 경험으로 볼 때 많은 이들이 리더십에 실패하는 이유는 직원들을 살피고 있다는 믿음을 주지 못하는 데 있다. 돌보는 일과 성과를 추구하는 일 사이에서 균형을 찾기란 매우 어려운 일이지만, 그것이 바로 해결해야 할 과제이다.

단기목적과 장기목적 사이에서 균형을 유지하라

리더가 되려는 이가 반드시 균형을 잡아야 하는 또 하나의 영역은 단기적 사고와 장기적 사고의 충돌 부분이다. 주식회사의 CEO라면 누구나, 아침에는 다음 3년간의 전략을 짜고 오후에는 다음 분기 결과에만 신경 쓰는 증권 분석가들과 함께 시간을 보내는 일 사이의 고충을 알고 있다. 그것은 몹시 힘든 일이기 때문에, 그래서 리더는 아무나 될 수 없다.

부모는 자식들이 제대로 숙제를 하는지 염려하면서도 아이들이 장기적으로 어떤 직업을 선택할지에 대해서도 걱정한다. 데이트에 나갔다가 제시간에 돌아오는지 염려하면서도 결혼을 통해 장기적인 결합 관계를 이룰 수 있는 능력이 있는지에 대해서도 걱정한다. 마찬가지로 돈 버는 영역에도 단기적인 문제들과 장기적인 계획들이 있다. 리더들은 재정적으로 긴급한 단기적인 일에 신경 쓰느라 때때로 장기적인 계획을 무시한다. 회사 중역이 되었든 부모가 되었든 아니면 돈 버는 능력을 배가하려는 세일즈맨이 되었든, 누구나 장기적인 계획을 모색하기 위해 정기적인 시간을 정해 두어야 한다. 이것이 현명한 시간관리의 방법이며 반드시 그렇게 되어야 한다.

수입증대와 비용절감 사이에서 균형을 유지하라

마지막으로 수입증대와 비용절감 사이의 긴장에서 균형을 유지해야 한다. 깨어있는 시간과 정력을, 많은 부분 비용절감에 쏟는다면 반드시 수익이 체감되는 지점에 이르게 된다. 비용절감은 분명 필요한 일이긴 하지만 그 일 자체에도 비용이 든다는 사실을 명심해야 한다. 일상적인 결정을 통해 비용을 통제할 필요는 있지만, 그렇게 한 뒤에는 수입증대에 초점을 맞출 수 있도록 그 같은 걱정거리에서 벗어나야 한다. 리더라면 이 같은 균형을 유지해야 할 뿐만 아니라, 리더십을 기대하는 사람들에게 자신이 두 영역 사이의 긴장관계를 인식하고 있으며, 효과적인 균형을 유지하고 있음을 보여주어야 한다.

리더로 보이기 위한 몸짓 언어를 이용하라

이제 흔히 '몸짓 언어'로 불리는 범주에 대해 검토해 보기로 하자. 참으로 알아차리기 어려운 리더의 특징이지만 매우 중요한 특징이다. 어떤 이들은 리더십의 잠재력을 이것으로 판단하지만, 이것이 무엇인지 말로 설명할 수 없는 경우가 많다. 흔히 사람들은 리더를 대하고 있다는 느낌을 받지만 정확하게 무엇이 그런 인상을 주느냐고 물으면 대부분 어깨를 으쓱거리며 대답하지 못할 것이다.

지금부터 설명하는 내용을 회의할 때와 대중 앞에서 프레젠테이션할 때 적용해 보라. 그러면 사람들이 훨씬 더 리더답고 중요한 사람으로 볼 것이고, 스스로도 훨씬 더 리더처럼 느끼게 될 것이다. 이같은 행동을 배우는 데는 몇 주가 걸린다. 그동안 엄격한 훈련으로 자신을 갈고 닦아야 한다. 그렇게 하면 때가 되어 이 귀중한 행동이 제2의 천성이 될 것이다. 리더로서의 몸짓언어를 체득하는 것이 인생을 더 나은 방향으로 변화시키는 데 큰 몫을 담당할 것이라는 사실을 나는 보장할 수 있다.

우선 리더십에 있어서 겉으로 드러나는 모습이 왜 그렇게 중요한지 설명해 보자. 지금까지 서구문화에서 사자가 왜 동물의 왕으로 그려지는지 궁금하지 않은가? 사자는 가장 힘이 센 동물도 아니고 가장 덩치가 큰 동물도 아니다. 다른 동물들과 비교해 보더라도 사자는 가장 오래 살지도 않고 두뇌가 가장 크지도 않다. 나는 그 답을 얻기 위해 유대교 전래의 자료들을 모조리 뒤져야 했다. 2천 년도 더 된 옛날에 탈무드는 사자를 '야수의 왕'이라고 했다. 요셉이란 이름의 유대인 노예 이솝요셉에 해당하는 그리스어은 탈무드에서 가져온 우화를 통해 사자를 왕으로 생각하는 이런 인식을 그리스 문화에 전달했을 것으로 생각된다.

탈무드 식 논의의 맥락에서 보면 유대교가 전통적으로 사자에게 왕관을 씌워준 이유가 분명해진다. 사자는 다른 어떤 동물보다 움직임이 경제적이다. 나는 탈무드의 이런 견해를 확인해 볼 기회가 몇 번 있었는데, 사냥감을 쫓고 죽이는 폭발적인 움직임 속에서도 사자의 몸은 불필요한 동작 하나 없이 부드럽게 흐르는 듯하다. 사자는 평소 경계심을 품고 누워 있지만 움직임은 거의 없고, 다만 눈을 뜨고 머리만 가끔 좌우로 천천히 움직여서 자신이 깨어 있음을 알린다. 그와는 반대로 코끼리는 항상 무언가를 먹는 모습이고 거기다가 쉴 새 없이 귀를 펄럭거리거나 코를 흔든다. 대부분의 다른 동물들도 마찬가지이다. 사자의 몸가짐이 왕 같은 이유는 자기 몸을 완전히 통제하는 것처럼 보이기 때문이다. 매우 인상적인 모습이다.

비슷한 이야기인데, 나는 10살짜리 꼬마일 때 런던의 버킹엄 궁 바깥에서 처음으로 여왕의 근위병들을 보았다. 아버지가 내게 미동도 하지 않고 서 있는 그들의 모습을 보라고 했던 것이 아직도 생각이 나고, 한동안 그 자리에 선 채 그들을 바라보며 놀라던 기억이 생생하다. 8월의 대낮 오후에 파리 한 마리가 한 근위병 이마 위를 기어다니는 모습이 보였는데 그는 조금도 움직이지 않았다. 그 커다란 곰가죽 모자 아래로 땀이 흘러내렸지만 근위병은 조금도 몸을 움직이지 않았다. 관광객들이 그에게 집적거려도 여전히 속눈썹 하나 움직이지 않았다. 그것은 잊혀지지 않는 권력에 대한 수업이었다.

셰익스피어는 햄릿의 입을 빌려 다음과 같이 말했다.

진정 위대하다는 것은
훌륭한 명분이 없으면 움직이지 않아도
명예가 걸려 있을 때는

지푸라기 하나를 놓고도 분연히 싸우는 것이다.

사자와 여왕의 근위대가 내게 보여준 원칙과 정확히 일치하는 발언을 하고 있다. 리더의 위대함이 부분적으로 드러나는 것은 내면의 통제력을 내비치는 주의 깊고도 의도적인 움직임을 통해서이다. 반대의 경우를 생각해 보자. 새들이 별 볼 일 없다고 생각하게 만드는 것은 무엇일까? 새는 크기가 작을뿐더러 땅 위에 있을 때는 움직임이 변덕스럽다. 하늘을 날 때는 훨씬 더 우아하지만, 걸어다닐 때는 머리와 눈을 이리저리 돌리면서 경중경중 마음 내키는 대로 뛰며 이동한다.

사자처럼 행동하라

그러므로 회의 중이라면 연필로 장난치면 안 된다. 5분마다 다리를 꼬았다 풀었다 하지 마라. 발을 바닥에 붙여 놓아라. 편안한 자리에 손을 놓아 두라. 꼭 필요할 때 말을 하고 가능한 한 움직이지 말고 앉아서 이야기를 들어라. 사자처럼 행동해라. 끊임없이 눈알을 굴려 방 안 구석구석을 살피는 일이 없도록 하라. 누가 이야기를 하든지 새로운 방향으로 가능한 한 몸을 많이 틀어서 그를 쳐다보아라. 눈만 쫓아가지 말고 윗몸 전체를 틀어라. 눈알만 돌려 사람을 바라보는 행동은 교활해 보인다. 회전의자에 앉아 있다면 말하는 사람이 정면으로 보이도록 의자를 부드럽게 돌리는 편이 나을 것이다. 무엇보다도 끊임없이 꼼지락거리지 않도록 하고, 움직일 때는 셰익스피어의 말처럼 정당한 이유가 있어야 한다. 꼭 움직여야 할 때는 부드럽고 경제적으로 행동하여 필요한 만큼만 움직이고 1밀리미터도 더 가지 마라.

의견을 발표하는 중인가? 손과 팔을 사용하여 요점을 표현하라. 하지만 팔꿈치를 옆에 붙이고 팔뚝만 휘젓지 않도록 주의하라. 팔 전체로 크게 움직여라. 어깨에서부터 움직여야지 팔꿈치에서부터 움직여서는 안 된다. 청중에게 강연할 때는 꼿꼿하게 정면만 바라보는 자세로 몸을 고정시키지 마라. 상체가 허리에서부터 부드럽게 돌아가도록 하라. 경험이 부족한 강사를 관찰해 보면 몸은 한결같은 자세로 고정되어 있고 눈은 어쩔 줄 모르고 강연장 구석구석을 훑는다. 이런 강사는 긴장하고 힘이 없으며 변덕스러워 보인다. 눈은 제자리에 두어야 한다. 강연장을 휘둘러볼 때는 상체를 전부 움직여라. 그리고 한 가지 더 이야기하자면 연단을 붙잡지 마라. 연단은 도와주지 않아도 서 있을 수 있다. 연단을 꼭 쥐고 있으면 마치 그것의 도움 없이는 넘어질 위험에 처한 것 같은 인상만 줄 뿐이다.

이 모든 수고의 목적은 나를 왕처럼 보이게 하고 궁극적으로는 내가 왕처럼 느끼는 데 있다. 물론 왕처럼 보이고 느끼는 것은 기교의 일부일 뿐이다. 리더십을 간절히 원한다면 왕처럼 행동해야 한다. 다시 한 번 사자의 은유가 힘을 발휘한다. 사자는 결코 시시해 보이지 않으며 나도 그래야 한다. 시시한 모습만큼 리더십을 치명적으로 갉아먹는 것은 없다.

탈무드는 여우의 머리가 되기보다는 사자의 꼬리가 되라고 충고한다. 사자는 보통 하늘을 향해 꼬리를 똑바로 세우고 걷는 데 비해, 여우는 냄새를 쫓아가느라 주둥이를 거의 땅에 처박고 잰걸음을 걷는다는 것이 한 가지 이유이다. 다시 말해 그 뜻은 교활하고 좀스러운 소인배들과는 어울리지 말라는 것이다. 비록 그들이 나를 우두머리로 삼는다 하더라도 얼마 안 가 나를 아래로 끄집어내리는 데 성공할 것이다. 하지만 내가 신망 있고 진정으로 탁월한 사람들과 좋은 관계를 맺는다면 꼬리로 시작한다 하더라도 그들로부터 격려와 힘, 그리고 성장을 위한 온갖 기회를 얻을 것이다.

여기에서 얻을 수 있는 실질적인 교훈은 명백하다. 크게 봐서 사자 같은 특징을 가진 쪽과 여우 같은 특징을 가진 쪽으로 구분되는, 각기 다른 형태의 사람들과 관련된 두 가지 기회에 직면했을 때는 사자 쪽을 선택하라. 사자가 된다는 것은 다른 사람들에게 힘을 북돋워 주기 위해 할 수 있는 모든 일을 한다는 뜻이다. 역설처럼 들리겠지만 그것은 나를 크게 만들지, 작게 만들지는 않는다.

쪽지 없는 프레젠테이션에 익숙해져라

내가 처음으로 연설을 한 것은 14살 때였다. 아버지가 랍비로 시무하는 회당의 연회에 시찰단이 참석할 예정이었다. 회당에서는 어린이 대표에게 7분짜리 연설을 시키기로 결정했고, 연설하고 싶어하는 아이가 아무도 없어서 그 임무는 내 몫이 되었다. 나 또한 원하지 않았지만, 연설의 달인이었던 아버지는 나를 대중연설의 길에 입문하게 하려고 조바심을 냈고 연설을 준비하도록 밀어붙였다.

며칠 뒤, 행사를 앞두고 아버지는 내게 해야 할 말을 열심히 준비했냐고 물었다. 아버지가 수백 번의 연설을 준비하는 것을 여러 해 동안 보아왔던 나는 그렇게 했다고 대답해서 아버지를 안심시켰다. 그러자 아버지는 연설 내용을 한 마디도 빠짐없이 적었느냐고 물었다. 나는 또다시 그렇게 했다고 대답했다. 아버지는 내게 쪽지를 가져왔느냐고 물었다. 나는 아버지가 나 때문에 당황하는 일 없이 안심하고 싶어 하신다고 생각하고는, 윗옷 주머니에 손을 넣어 정성스럽게 써 놓은 연설문을 꺼냈다. 아버지는 손을 내밀어 종이를 받아 들더니, 갈기갈기 찢어 차창 밖으로 던져버리는 것이었다. 지금도 나는 그 순간에 느꼈던 아찔함을 정확히 기억한다. 고백하건대, 연설문을 찢어 버리는 아버지에게 항의한다는 것은, 이제 연설문안도 없이 어떻게 연설을 해낼까 하는 고민에 정신이 마비된 나로서는 생각조차 할 수 없는 일이었다.

아버지는 천천히 말을 꺼냈다. 아버지는 내게, 몇 년 동안은 당신의 행동을 이해할 수 없을 거라고 했다. 하지만 당신의 행동이 나를 위해서는 최선이었음을 믿어주기 바란다고 했다. 그리고 나서 아버지는 차를 세우더니 내게 연설해 보라고 했다. 처음에는 화가 나서 거절했다. 어차피 연설할 마음이 달아났으니 아무 소용이 없다고 말하면서, 하지만 결국에는 마음을 가라앉히고 연설문을 한 마디도 빠짐없이 떠올려 보려고 노력했다. 그것은 고통스러운 일이었다.

그러자 아버지는 고전적인 세 부분, 즉 서론, 본론 그리고 결론의 관점에서 연설문을 되살릴 수 있도록 열심히 돕기 시작했다. 아버지는 각 부분을 세 개의 하위 단락으로 나눈 뒤, 내가 아홉 개의 하위 단락 내용을 기억할 수 있도록 핵심단어 하나씩을 정하게 했다. 마침내 나는 아버지의 도움으로 세 개의 핵심구절을 떠올려서 암기했고, 그 구절들을 혀끝에서 유창하게 흘러나올 수 있게 할 수 있었다. 바로 그때 나는 회당의 연회에 참석하기에는 시간이 아직도 많이 남았음을 눈치 챘다. 우리가 집에서 그렇게 일찍 출발한 까닭은 아버지가 지금 막 펼쳐 놓은 시나리오를 빠짐없이 진행해야 했기 때문이라는 생각이 들었다.

아버지는 회당에 모인 사람들에게 연설할 때 쪽지를 손에 들거나 연단 위에 올려놓지 않고 하면, 원래 전달하려고 했던, 아니 좀더 정직하게 말해서 읽으려고 했던 것보다 훨씬 더 성공적인 연설이 될 거라고 했다. 기조 연설자의 연설문 낭독을 듣기 위해 행사에 오는 사람은 없다. 그냥 후원단체가 연설문을 복사해서 참석자들에게 우편으로 배부하면 그게 훨씬 더 경제적임을 누구나 무의식적으로 알고 있다. 그러나 훌륭한 연설을 들으면 아무리 짧더라도 연설자의 영혼을 잠시 들여다본 것 같은 느낌이 든다. 뿐만 아니라 그런 연설은 연설문을 단순히 읽을 때보다 더욱 깊이 직접적으로 듣는 사람의 영혼에 전달된다.

쪽지를 버리고 주제를 외워서 다음에 설명할 내용에 익숙해지자 청중들과 눈을 맞추는 사치가 가능해졌다. 또 제스처와 억양에도 중점을 둘 수 있었다. 아버지가 옳았다. 나의 짧은 처녀 연설은, 오직 아버지의 간섭 덕분에 14세의 초보에게는 과분한 열광적인 갈채를 받았다. 차를 타고 집으로 돌아올 때는 서운한 마음 때문에 쪽지를 찢어버린 아버지에게 감사를 드리지 못했지만, 그 후로는 수도 없이 감사를 드렸다. 그리고 그 날 이후 쪽지를 보면서 연설을 한 적이 거의 한 번도 없었다.

이런 이야기를 소상하게 하는 이유는 오직 다음과 같은 말을 하고 싶었기 때문이다. 목발을 벽난로 속에 집어 던지고 맨손으로 연설을 하는 일이 얼마나 힘든지 안다. 연설에서 쪽지의 역할은 목발에 불과하다. 사실 목발은 필요 없다. 일단 쪽지 없이 첫 연설을 온전히 마치고 나면 두 번 다시 쪽지를 사용하지 않을 것이다. 쪽지를 쳐다보면서 연설할 때보다 더 즐거운 경험을 하게 되고 효과도 훨씬 더 크기 때문에, 연설이 더 오래 기억에 남을 것이다. 만일 제대로 기억할 수 없을 만큼 많은 구체적인 세부 사항들과 숫자들을 이야기해야 할 때는, 구할 수만 있다면 대사 입력기를 사용해도 좋다. 이 장치는 넓은 강연장에서는 실질적으로 눈에 띄지 않을 뿐 아니라 쪽지 때문에 몸을 숙이기보다는 청중들을 올려다볼 수 있게 해준다. 그렇지만 대사 입력기에 의존할 생각은 하지 마라. 쪽지 없는 대중연설에 익숙해지는 것 이상으로 강력하고 유용한 충고는 없다. 실제로 그것은 생각보다 쉽다. 하지만 어휘력이 풍부해야 하고 청중들과 매끄러운 의사소통을 해야 한다. 정치인이든 군인이든 비즈니스맨이든, 연사로서의 능력이 없으면서 리더로서 능력을 발휘하는 사람을 생각하기는 어렵다.

어떻게 어휘력을 키우고 청중들과 매끄럽게 의사소통을 할 것인가.

그에 관한 나의 충고는 믿을 수 없을 정도로 간단하다. 너무 간단해서 할 만한 가치가 없어 보일지 모르지만, 그런 실수를 범하지 않기를 바란다. 읽고 생각하는 것과 실제로 해보는 것은 같지 않다. 이 처방을 6주에서 8주 동안 실천한다면 자신뿐 아니라 다른 사람들도 모두 깜짝 놀라게 될 것이다.

큰 소리로 읽어라. 그렇다. 큰소리로 읽기만 하면 된다. 들어주는 이가 있으면 훨씬 더 효과적으로 할 수 있다. 큰 소리로 읽는 것은 친구나 배우자 또는 아이가 들어준다면 훨씬 더 좋다. 우선 좋은 책을 고르는 게 중요하다. 흉내 내고 싶은 문체로 쓰인 책을 선택하라. 조지 워싱턴과 에이브러햄 링컨은 성경을 이용했다. 나는 윈스턴 처칠의 저작들을 이용한다. 다시 한번 강조하지만 귀는 입에서 나오는 말을 들어야 하므로 제대로 된 억양과 가락으로 그리고 큰 소리로 읽어야 한다. 이것을 하루에 20분 또는 30분 동안 하라. 매우 힘든 훈련을 권하고 있다는 것을 나도 안다. 하지만 곧 그 결과에 저절로 자극받기 시작할 것이다. 이 처방이 의사소통 능력에 얼마나 강력한 영향력을 미치는지 믿을 수 없을 것이다. 탁월한 의사소통 능력 없이 누군가를 리드하겠다는 생각을 잊어라.

'명령의 가면'을 써라

리더는 리더십의 원칙에 따라 행동해야 할 뿐 아니라, 언제나 그런 모습을 보여야 한다. 그리고 그런 모습을 보이는 것이 실제 그렇게 느끼는 것보다 훨씬 더 중요할 때가 많다. 예를 들어 사람들을 리드하는 데 필요한 자질은 낙관적인 태도와 용기이다. 전쟁터에 놓인 지휘관은 자기의 정직한 느낌을 표출하기보다는 낙관적인 태도와 용기를 보여주는 것이 훨씬 더 중요하다. 그 상황에서 지휘관이 선택해야할 길은 두 가지뿐이다. 두려움에 빠져 사기가 꺾인 병사들에게 자신도 느끼지 못하는 낙관적인 태도와 용기를 불어넣든지, 아니면 공개적으로 솔직하게 자신의 회의와 두려움을 드러내든지 둘 중의 하나이다. 후자의 길을 선택한다면 그는 리더가 아니다. 전자를 선택한다면 글쎄, 사기꾼이 된 듯한 기분이 들지 않을까?

사람들을 리드한다는 것은 자기 내면에 있는 '회의의 감정'을 드러내지 않는다는 뜻이다. 정직은 분수에 넘치는 주목을 받는다. 예를 들어 속으로는 그다지 마음 쓰지 않으면서도 관대하고 친절하게 대해주는 이웃이 좋을까, 아니면 자기감정을 정직하게 표현한답시고 우리 차를 긁고 고양이를 발로 차는 이웃이 좋을까? 당연히 사람들은 동료와 이웃이 순간적인 감정 상태가 아닌 상식적인 예의에 따라 행동하기를 바란다.

마찬가지로 사람들을 리드할 때, 리더가 자신 없는 태도와 회의를 드러내는 것은 상당히 부적절하고 비생산적이다. 그로 인해 사기를 꺾는 불신감의 여파가 조직 전체에 미칠 것이 틀림없기 때문이다. 그렇다면 어떻게 해야 '낙관적인 태도'와 '용기'라는 필수적인 자질을 키울 수 있을까?

여기에 적용되는 핵심 원리는 오래된 유대교의 지혜에 있다. 유대교에서는 감정과 행동 사이의 관계를 문제 삼는다. 사람들은 흔히 감정에 따라 행동한다고 생각하지만, 유대의 옛 현자들은 달리 가르치고 있다. 행동에 따라 감정이 달라지는 경우도 그만큼 많다는 것이다. 원리는 분명하다. 어떤 사물이나 사람이 마음에 들지 않아도, 마음에 드는 것처럼 행동하기 시작하면 곧 그렇게 감정적으로도 느끼게 된다는 것이다. 예를 들어 우리 삶에 중요한 사람과 아침에 말다툼을 했다고 가정해 보자. 아침에 그가 보여주었던 태도나 말에 대해 하루 종일 화를 삼키게 된다. 그렇게 되면 저녁에 다시 만났을 때 아마 그쳤던 다툼이 다시 일어나거나 아니면 얼음 같은 싸늘한 분위기에 직면하게 되는 게 고작이다. 여기 더 나은 길이 있다. 만일 그를 정말 좋아한다면 그 감정을 내보이면 어떨까? 자, 이제 그처럼 해보자. 적어도 나만큼 화가 나 있을 그에게 선물을 가져가 보는 것이다. 그러면 그는 선물 때문에 말다툼도 잊고 우리를 사랑하거나 적어도 좋아하게 될수 있지 않을까? 아마 어리둥절해 하기는 해도 그렇게 될 수 있을 것이다. 그보다 훨씬 더 중요한 것은, 선물을 줌으로 해서 서로의 적대감을 누그러뜨리고 새로운 감정을 갖게 된다는 점이다. 행동이 감정을 바꾼다. 우리의 행동이 다른 이의 감정을 바꿀 수 있다는 말과는 다르다. 물론 그럴 수도 있지만 그 가능성은 훨씬 더 적다. 우리의 행동으로 틀림없이 바꿀 수 있는 것은 우리의 감정인 것이다.

이와 똑같이, 정말 낙관적인 태도와 용기로 가득 차 있는 것처럼 행동한다면 **빠른** 시간 안에 실제로 더 많은 용기와 낙천성을 갖게 될 것이다. 이것은 마치 함께 일하고 살아가는 사람들 틈에서 가면을 쓴 것처럼 보일 수도 있다. 그렇다. 그것은 사실이다. 만일 경제적 생산성의 영역뿐 아니라 인생의 모든 영역에서 좀더 능력 있는 사람이 되기를 강렬히 원한다면, 리드하는 나 자신과 나의 리드를 따르는 다른 이들을 위로해줄 필요가 있다. 그렇게 하려면 때로는 정말로 가면을 써야 한다. 이 문제에 관해서는 군사학자 존 키건의 말을 들어보는 것이 더 낫다.

영웅적 리더십-어떤 리더십이라도-은 성격이나 정치적 능력, 심지어 천재성과 마찬가지로 내면의 문제이면서 외면적인 문제이기도 하다. 수많은 사람들에게 보여지기도 하고 숨겨지기도 하는 특별한 리더십은 기교에 의해 드러나고 연기에 의해 제시된다. 연극적 충동은 성공한 정치인, 교사, 기업가, 운동선수, 성직자에게 강하며 그들의 연기를 보고 싶어 하는 관객들의 기대로 더욱 강화되는 경향이 있다.

비즈니스에서 가장 흥미로운 점 가운데 하나는 그 전날과 똑같은 날이 없다는 것이다. 끊임없는 변화는 자극이자 도전이다. 변화에 대응하는 법을 배우는 것은 성공적인 리더와 성공적인 비즈니스 종사자들의 명백한 특징이다.

다음 장에서는 '변화'에 대해 검토할 것이다.

Thou Shall Prosper
성공으로 가는 길

1 리드하는 법을 배우고 싶다면 따르는 법을 배워라.

리더십이 발휘되려면 따르는 사람들이 위계의식을 받아들여야 한다. 나의 행동이 그저 순간적인 충동에서 비롯된 것이 아니라 책임지려는 결과임을 주위 사람들에게 알릴 수 있는 기회를 놓치지 않는다면 리더의 자리에 오를 가능성은 더욱 커진다.

2 직원들에게 회사의 문화를 안내하라.

새로운 문화를 익히지 못한 직원들은 결코 팀의 구성원으로서 온전히 참여하지 못할 것이며, 구체적인 지시가 없더라도 독창성을 발휘할 수 있는 내면적인 기준을 만드는 데도 실패할 것이다. 리더십을 기대하는 이들에게 리더로서 기대하는 바가 정확히 무엇인지 투명하게 밝혀라. 외로움 때문에 괴로워하는 직원들이 생기지 않도록 하라. 직원들이 제각기 최소한의 사회적 공헌을 할 수 있도록 기술교육을 제공하라. 마지막으로 모든 직원들이 사나운 물결 속에서도 떠 있을 수 있는 능력을 갖추게 하라.

3 비즈니스 목표에 기도의 힘을 적용하라.

매일 아침 일찍 조용한 시간을 마련하여, 비즈니스 문제와 관련된 신념에 찬 말을 큰 소리로 내뱉어라. 말이 길 필요는 없지만 또박또박 말해야 하고 자신이 얻고자 하는 것에 대한 확신을 담아야 한다. 자신이 개선하려는 바로 그 영역들을 가능한 한 정확하게 파악하라. 그런 다음 구체적인 목표들을 적어라. 자신의 귀에 들릴 정도로 크게 말하고, 효과가 없다고 내던지기 전에 적어도 2주간은 규칙적으로 하라. 이 지시사항을 성실히 따른다면 기분 좋은 놀라움을 경험하게 될 것이다.

4 단기적인 비즈니스 목표와 장기적인 비즈니스 목표 사이에서 균형을 유지하라. 돈을 버는 영역에도 단기적인 문제들과 장기적인 계획들이 있다. 일반적으로 사람들은 재정적으로 긴급한 단기적인 일들에 신경을 쓰느라 때때로 장기적인 계획을 무시한다. 회사 중역이 되었든 부모가 되었든 아니면 돈 버는 능력을 배가하려는 비즈니스맨이 되었든, 누구나 장기적인 계획을 모색하기 위해 정기적인 시간을 정해 두어야 한다. 이것이 현명한 시간 관리 방법이며 반드시 그렇게 되어야 한다.

5 리더다운 몸가짐을 가져라.
회의 중에 안절부절하지 마라. 사람들에게 말을 할 때는 눈을 똑바로 쳐다보라. 말할 때는 당당하게 하고, 쪽지 없이 프레젠테이션할 수 있는 능력을 길러라. 리더의 말처럼 들릴 수 있게 목소리의 질을 높여라. 자신의 회의를 사람들에게 알리지 마라. 오히려 자신감과 낙관주의 그리고 용기를 보여라.

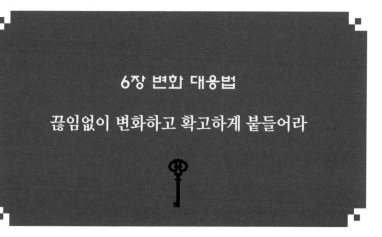

6장 변화 대응법

끝임없이 변화하고 확고하게 붙들어라

혁신과 변화는 반드시 필요한 진화이다

점진적인 변화가 더 쉽게 받아 들여진다

가능하면 항상 점진적인 변화를 취하라

급격한 변화에는 '자신의 시간표'로 대응하라

변화와 익숙함 사이를 오가라

유대 문화는 변화에 항상 능동적이다

변하는 것과 변할 수 없는 것을 삶에 통합시켜라

핵심가치는 절대로 놓치지 마라

변화가 필요한 시기를 판단하는 법

변화를 의미 있게 만드는 기억의 중요성

변화에 대한 묘사는 사진보다 동영상이 더 정확하다

최고의 대응은 대응하지 않는 것이다

끊임없이 변화하고
확고하게 붙들어라

문화적 관습과 대중의 습관은 흔들리는 추처럼 한쪽 극단에서 다른 쪽 극단으로 움직이는 듯하다. 때때로 사람들은 여가생활에서 모험을 추구하고 일에서 위험이 큰 문제에 도전한다.

숨 가쁜 변화를 한껏 즐기면서 유행을 하나하나 즐겁게 섭렵해 나간다. 그러다가 어떤 때는 사회의 모든 사람들이 안정적이고 예측 가능한 쪽으로 돌아선다. 밖을 돌아다니는 대신 집에 틀어박히고, 이국적인 여행지 대신 가까운 곳에서 휴가를 보내며, 위험을 무릅쓰는 대신 보수적인 투자를 한다. "더 이상 변화는 싫어"라고 외치는 소리가 들릴 지경이다.

그러다가 시대가 또 바뀐다. 추가 돌아서고 어지러운 흥분이 되돌아온다. 사람들은 새로 창업하는 회사에 들어가는 기쁨을 누리기 위해 안정적인 일자리를 내던지고, 최신 유행의 흥분을 갈구하면서 휴가를 이용해 세계여행을 떠난다.

인간은 익숙함이 주는 위안을 좋아할까, 아니면 다양함이 주는 삶의 흥취를 추구할까? 인간이 얼마나 복잡한 종인지 생각해 보면 둘 다 정답이라고 해도 놀라운 일이 아니다. 인생에서 일관되고 변하지 말아야 할 것들과 환영하고 맞아들여야 하는 변화를 구분하는 일은 우리가 배워야 하는 것들 중에서 가장 중요한 축에 속한다. 때때로 우리는 자신이 겪는 변화를 통제할 수 있다.

또 때로는 카누를 타다 급류에 휘말린 사람처럼 가장 큰 바위들을 피하고 카누가 뒤집히지 않도록 노를 휘저어서 변화의 거친 파도에 대처하듯이 반응할 수밖에 없을 때도 있다. 그것도 아니면 파도가 잠잠해지고 자신의 진로에 의미 있는 변화를 일으킬 수 있는 능력이 생길 때까지 버티려고 애쓴다.

사람은 그 생김새가 평생에 걸쳐 변화할 뿐 아니라 경험과 성격 그리고 솜씨 또한 그러하다. 20년 전의 모습으로 평가받고 싶은 사람은 거의 없다. 사람들은 변하며 대개는 더 나은 방향으로 변한다고 생각하고 싶어 한다.

만약 힘든 시간을 보내고 있더라도 몇 달 뒤에는 상황이 달라지리라는 걸 알면 안심할 수 있다. 1, 2년 전에 사건의 전개 방향을 예상해 보라고 부탁했다면 지금 현재의 삶을 정확하게 설명한 사람은 거의 없었을 것이다. 삶은 끊임없이 변하고 있다. 그것이 인간존재의 한 부분이다. 인간존재의 나머지 부분은 예측 가능성을 뒤흔드는 변화가 전혀 없는, 완전한 안정을 향한 열망이다. 존재의 상위에 있는 인간적인 요소는 변화를 즐긴다. 즉 우리는 변화 속에서 성장과 번영을 위한 온갖 예상치 못한 기회들을 끊임없이 발견한다.

혁신과 변화는 반드시 필요한 진화이다

우선 두 가지 시나리오를 살펴보자. 처음 것은 기술진보에 관한 이야기이다. 출처가 불분명한 이 이야기는 20세기 초에 디트로이트에서 마차의 채찍을 만들어 팔던 사람에 관한 것이다. 그는 헨리 포드라는 친구가 저 아래 동네에서 최신 유행의 말 없는 마차를 만들고 있다는 소문을 들었지만, 자신의 비즈니스는 이윤을 내고 있었으므로 아무런 변화를 도모하지 않았다. 말할 것도 없이 그는 곧 망했다.

마찬가지로, 19세기에 드디어 강철이 발견되어 주철을 대체해 나가기 시작하자 강철을 만드는 초기 형태의 고로가 시대에 뒤진 주철 사업장들을 폐기하고 대체하면서, 수많은 구식 주조장과 주철 사업장에 투입되었던 미국과 영국의 막대한 부가 날아가 버렸다. 그 후 영국인 헨리 베서머는 베서머 전로轉爐를 발명하여 강철을 경제적으로 제조할 수 있게 만들었고, 강철은 다리와 기타 건축물들의 건축자재로 선택되어 주철을 빠르게 대체했다. 이전의 모든 고로들은 더 빠르고 효율적인 시스템에 의해 폐기 및 대체되었다.

그 후, 베서머 전로는 지멘스 평로平爐에 의해 대체되었고, 지멘스 평로는 20세기 중엽 호형 전기로에 의해 대체되었다. 철강산업의 성숙에도 불구하고 혁신은 멈추지 않았다. 소규모 철강공장들이 덩치

크고 융통성 없는 사업장들을 잠식하고 있는 것이다. 이런 현상은 철강산업에만 국한되지 않는다. 1990년대의 수많은 기술 기업들도 **빠르게** 발전하는 새로운 기술에 의해 그들의 특화된 제품과 복잡한 특허권이 추월당하면서 그와 비슷한 소멸을 경험했다.

어떤 산업에서건 각각의 혁신 사안에서 수백만 달러 가치의 시설이 폐기된다. 놀랍게도, 겉으로 보기에는 파괴적이고 낭비적인 행동이 바로 더 큰 부를 가져오고 수백만 명에 이르는 사람들이 생활의 질을 높이는 행위라는 것이다. 부정적인 측면은 투자금을 날리는 사람들이 나온다는 것이고, 더 고통스러운 것은 그와 같은 격변을 겪는 동안 노동자들이 일자리를 잃는다는 사실이다. 해고된 노동자들 가운데 일부는 재빨리 새로운 일자리를 찾고 어떤 때는 더 나은 직장을 구하기도 한다. 하지만 많은 사람들은 그렇지 못하다. 이것이 괴롭고 비극적인 현실이다. 일부의 고통을 용인하고 혁신을 받아들이든지 아니면 혁신을 거부하고 거의 모든 사람이 항상 빈곤과 고통을 겪든지 선택은 둘 중의 하나이다. 그런데 현실적으로 이와 같은 진보를 막을 방법이 없다.

마차용 채찍을 만드는 회사가 됐든 복잡한 인터넷 스위치를 조립하는 시스코 같은 회사가 됐든, 세월이 흘러도 회사가 살아남는 방법은 대규모의 창조적 파괴를 통해 변화에 적응하는 길뿐이다. 코닝사는 이를 위해 제조품목을 조리기구와 소비용 유리제품에서 광섬유로 바꿨다. 유대교는 나를 도와주지 않는 신을 향해 주먹을 흔들며 항의해 봤자 시간 낭비일 뿐이라고 가르쳤다. 때로는 원치 않는 두 가지 대안

중에서 하나를 선택해야 할 때가 있다. 예컨대 코닝사는 일부 공장은 문을 닫고 일부 공장은 설비를 새롭게 하여 유리그릇 대신 유리섬유를 제조하거나, 아니면 변하지 않는 거대기업으로서 조금씩 불가피한 죽음을 향해 나아가는 고통스러운 대안들 가운데 하나를 선택해야 했다. 둘 다 끔찍한 대안이지만 한쪽이 다른 쪽보다 더 고통스럽다는 사실을 인식할 수 있는 것은 성숙하다는 표시이다.

비즈니스에서 창조적인 파괴를 동반하는 끊임없는 혁신은 여러 가지 대안들 가운데 '가장 나쁘지 않은 안'일 때가 많다. 직원을 해고하는 일이든 프로젝트에서 손을 떼는 일이든, 그것도 아니면 새로운 분야에 도전하기 위해 안전망을 버리는 일이든, 긍정적인 변화라 할지라도 대부분 부정적인 요소가 가미된다는 생각을 편안하게 받아들이는 것이 필요하다.

시장이 변화에 적응하지 못하는 오래된 회사들을 퇴출시키는 이런 경향은 갈수록 가속도가 붙고 있다. 예를 들어 다음에 나오는 통계들을 살펴보자.

1957년에 스탠더드 앤 푸어스S&P 선정 500대 기업 명단에 올랐던 500개 회사들 가운데 1997년까지 그 명단에 남은 회사는 74개뿐이다.

1926년에 S&P 선정 500대 기업들의 퇴진율은 약 1.5퍼센트였다. 그것은 한 회사가 평균적으로 67년 동안 그 명단에 올라 있었다는 뜻이다. 당시에는 집안의 3대가 한 회사에서 일하다가 은퇴할 수 있었다.

2000년도에는 S&P 선정 500대 기업들의 퇴진율이 약 10퍼센트였는데, 그것은 S&P 지수에 포함되는 회사들의 평균수명이 12년 남짓하다는 뜻이다. 우리의 부모와 자녀는 한 회사에서 일하다가 은퇴할 수 없을 뿐 아니라 우리도 그럴 수 없는 것이다.

하버드의 존경받는 교수인 독일 경제학자 조셉 슘페터는 1942년 자신이 '창조적 파괴'라고 부른 이 과정에 대해 설명했다. 그의 말에 따르면 더욱 더 새로운 작업방식을 향한 쉼 없는 행진은 비즈니스의 슬픈 부작용이 아니라 부의 창출에 필요한 필수요소였다. 부를 창출하는 일은 전적으로 변화에 달려있다.

성공한 기업들은 유명해지지만 흔히 이전의 실패가 있던 잔해 위에 세워진다. 결국 기업들은 인터넷을 통해 많은 돈을 벌 것이다. 이베이나 아마존뿐만 아니라 다른 수많은 회사들도 그러할 것이다. 이런 일이 있을 때, 우리는 만일 초기의 시도가 없었고 실패가 용인되지 않았더라면 결코 성공이 찾아오지 않았을 것임을 기억해야 한다. 하지만 분명 투자가들이라고 해서 새로운 것에서 더욱 새로운 것으로 언제나 비틀거리며 옮겨 다닐 필요는 없다.

성공을 거두려면 자신이 노력을 쏟는 특정 분야가 무엇이건 세상 전반에 걸쳐 계속적인 관찰을 해야 한다. 특히 요즘같이 전 세계적으로 통신이 발달한 시대에는 "나는 의사니까 컴퓨터 산업에서 일어나는 일은 나와 상관없어."라거나 "나는 옷가게 주인이야. 내가 왜 최신 의학 발전에 대해 알아야 하지?"라고 말할 수 있는 사람은 없다. 마차용 채찍 장수가 세상의 모든 시민들과 마찬가지로 자동차의 등장에 영향을 받았듯이 우리도 오늘날에는 상상조차 할 수 없는 계획의 실행에 의해 영향을 받게 될 것이다. 이와 같은 경우에는 낡은 것을 버리고 새로운 것을 받아들이는 능력이 필요하다. 허를 찔리지 않는다는 것은 커다란 이득이다. 우리는 견고한 말뚝 같이 변하지 않는 가치들에 집중해 중심토대를 휘감는 소용돌이에 휩쓸리지 않도록 버텨야 한다. 변화는 두렵고 고통스러운 것이기도 하다.

점진적인 변화가 더 쉽게 받아들여진다

유대의 신랑 신부는 전통에 따라 7일 동안 결혼식을 올린다. 이렇게 하는 이유는 인생이 바뀌는 사건을 경험한 젊은 부부가 아무 일도 없었던 것처럼 바로 다음 날부터 정상 상태로 돌아가기를 기대하기란 분명 무리이기 때문이다. 서구 문화는 부부에게 신혼여행을 선사하지만 유대 체제는 바하마에서 단둘이 보내는 휴가를 즐기는 해도 잘못된 결혼생활의 모습으로 바라본다. 오히려 유대의 새 부부는 결혼식 다음 주 내내 친구와 친척이 베푸는 작은 잔치들을 즐기면서 자신들의 새 아파트에 들어가 함께 지내는 모습을 사람들 앞에 내보이는 데 익숙해지게 된다. 인간이라는 유기체가 정상으로 돌아오는 데는 7일이 걸리며, 7일 동안의 결혼식은 신랑 신부가 새로운 변화를 쉽게 받아들이도록 도와준다.

인생을 변화시키는 또 하나의 사건은 가까운 친척을 잃는 일이다. 가족 구성원의 죽음은 분명 심오하고 영속적이다. 그 때문에 그로 인한 스트레스가 많이 생긴다. 예컨대 인간이, 아버지의 장례식에서 쇼핑몰이나 임직원 회의로 아무렇지 않게 직행할 수 있도록 만들어지지 않았다는 것이 유대 전통의 믿음이다. 그 과정 역시 7일이 걸린다고 본다. 그래서 슬픔을 당한 유대인들은 장례식 이후 일주일 내내 집에 머무르며 마음을 추스르면서 고인의 친구들과 자기 친구들의 방문을 받는다. 이렇게 해야 변화와 감정적인 소동으로부터 정상적인 상태로 점진적인 경사를 탈 수 있다.

1986년, 「사이언스 매거진」은 심장발작이 오전 9시를 전후하여 집중적으로 발생하는 경향이 있다고 보고했다. 이 발견은 우연히 이루어졌다. 1984년 봄, 하버드 의과 대학의 제임스 뮬러는 심장질환에 관한 임상 실험에서 얻은 자료를 발표하는 중이었다. 청중 가운데 한 사람이 뮬러의 자료에 따르면 심장발작은 여름보다는 겨울에 발생할 확률이 더 큰 것 같다고 평했다. 뮬러는 그것이 그럴듯한 지적이라고 생각했다. 확실히 그것은 삽으로 눈을 치우다가 심장발작을 일으키는 중년의 이미지에 딱 들어맞았다. 뮬러는 그 관찰이 옳은 것인지 알아보기 위해 자료를 검토해 보기로 마음먹었다. 그 관찰은 옳지 않았다. 심장발작이 일어날 확률은 1년 내내 똑같았다.

그러나 심장발작이 일어나는 시간에 있어서는 무언가 특별한 것이 있었다. 그는 심장발작이 오전 9시를 전후하여 일어나는 경향이 있음을 발견했다. 왜 오전 9시일까? 왜냐하면 그 시간은 대부분의 사람들이 출근길 교통 정체와 씨름하고 있거나 직장에서 일 문제로 씨름하기 시작하는 때이기 때문이다. 하지만 사람들은 저녁에도 교통 혼잡과 씨름하고 집안일을 처리해야 한다. 그러므로 크게 아침과 저녁의 혼잡 시간에 해당되는 두 개의 집중 분포 시간대가 있어야 마땅한 게 아닐까? 그렇지 않은 이유는 그 두 시간대 사이에 한 가지 주요한 차이가 있기 때문이다. 대부분의 사람들에게 있어서 자다가 일어나서 오전 9시가 되기까지 걸리는 시간은 몇 시간이 아니라 불과 몇 분에 지나지 않는다는 것이다. 인간은 본래 순간적으로 변할 수 있도록 설계되지 않았다. 많은 사람들이 아침에 침실에 누워 있다가 출근 버스를 타기 위해 달려가기까지는 삼십 분이 안 걸린다. 그것은 분명 건강에 좋지 않다.

잠을 자며 꿈의 날개를 펼치다가 서둘러서 현실의 일로 돌아가는 변화는 너무나 격심한 것이어서 점차적으로 이루어져야 한다. 유대인들은 잠자며 쉬는 일과 출근길 교통체증에 시달리는 일이라는 두 가지 대조적인 상황 사이에 완충지대-매일 아침 약 45분간의 짧은 기도예배-를 두고 있다. 아침 기도에 관심이 없더라도 기상과 일 사이에 완충 시간을 두는 효과적인 방법들은 그것 말고도 여러 가지가 있다. 매일 아침 20분씩 시간을 내어 다른 일은 하지 않고 오직 자기 삶에 소중한 것과 자신이 감사하는 것을 묵상하면 어떨까? 이것은 운동이나 아침 식사 전에 해야 한다.

가능하다면 항상 점진적인 변화를 취하라

피고용인이자 고용주이기도 한 나는 이 개념을 이해함으로써 직장의 변화를 보다 효과적으로 다룰 수 있게 되었다. 변화가 사람들을 가장 불안하게-심지어는 건강이 나빠지게-만든다는 것은 확실하다. 하지만 변화를 다루는 방법에는 더 나은 방법과 그렇지 않은 방법이 있다는 것 또한 확실하다. 그러므로 자신이 다른 사람들에게 스트레스를 유발하는 급격한 변화를 강요하고 있는 것은 아닌지 정신을 똑바로 차려야 한다. 그저 아무 악의 없는 공고를 하거나 일상적인 지시를 했는데 전혀 예상치 못한 반응이 돌아올 때가 종종 있을 것이다. 이는, 우리의 공고나 지시로 인해 상대의 생활에 일어날 커다란 변화를 과소평가했거나 완전히 무시했기 때문에 생기는 일이다. 예를 들어 우리는 근무시간을 약간 바꾸거나 새로운 컴퓨터 시스템을 도입하는 일을 대수롭지 않게 생각할지 모르지만, 직원 입장에서는 아주 큰 문제일 수 있다. 만일 우리가 갑작스러운 공고를 하는 대신 시간을 두고 정보를 제시할 수 있다면 긍정적인 협력을 이끌어낼 가능성이 훨씬 더 커진다.

말할 필요도 없겠지만, 일을 가능한 한 점진적으로 하라는 것은 수술이 벌어지고 있을 때 적용되는 충고는 아니다. 신체에 가해지는 충격을 최소화하기 위해 수족 절단에 필요한 수술을 몇 개월 동안 끌지 않는 것과 마찬가지로, 한 사람 혹은 여러 사람을 해고하는 문제도 과감하게 처리하는 것이 가장 좋다. 사람들은 흔히 위협이 다가오는 것을 감지하므로, 그와 같은 환경에서는 불확실한 기간이 길면 잔인하기도 하거니와 조직으로 봐서도 위험할 수 있다.

급격한 변화에는 '자신의 시간표'로 대응하라

　　우리가 갑작스러운 변화를 수용해야 하는 쪽이라면 우리의 마음이 초기의 스트레스를 극복하고 변화에 적응하려고 애쓰는 동안에는 반응을 보여야 할 아무런 의무가 없다고 할 수 있다. 예컨대 사장이 당신을 해고한다거나 회사가 곧 망할 거라고 금방 알려주었다고 가정해 보라. 혹은 당신의 딸이 과장되었다 싶을 정도로 침착하고 자연스럽게, 대학 공부를 포기하고 남자 친구와 함께 떠나겠다고 말했다고 상상해 보라. 어쩌면 당신은 최근에 자신의 회사를 상대로 이루어진 법률 소송 때문에 회사가 갖고 있던 5백만 달러의 신용한도를 없애야겠다는 은행장의 말을 막 들었을 수도 있다. 이와 같은 상황에 빠지면 스트레스를 느끼지 못한다고 할지라도 자신이 스트레스를 받고 있음을 인식하라. 최고의 대응은 대응하지 않는 것이다. 대신 당신은 이렇게 말할 수 있을 것이다.

　　"자, 당신은 분명 나한테 이것을 어떻게 말해야 할지 생각하느라 며칠(혹은 몇 시간)이 걸렸을 겁니다. 나도 이제 당신이 금방 한 말에 대해 어떻게 반응해야 할지 생각하는 데 똑같은 시간을 들여야겠습니다."

　이런 종류의 상황에 대해 충동적으로 반응한 뒤 나에게 상담을 해
온 사람이 한두 명이 아니다. 가족 관계가 회복될 수 없을 정도로 파괴
되기도 한다. 좀더 현명한 반응을 보였더라면 더 많은 것을 얻을 수 있
었겠지만, 그보다 훨씬 못한 것을 얻고서 해고를 당하기도 한다. 만일
할 수만 있다면 우리에게 강요되는 갑작스러운 변화에 대응하지 마
라.

　지속적인 경계 역시 변화가 우리를 갑작스레 놀라게 하지 않도록 막
을 수 있다. K마트 직원들은 월마트와 같은 초대형 소매업자들에 맞
서 몰락해 가는 자기 회사의 운명을 수년 동안 지켜보았다. 2002년 초
에 일자리를 잃은 사람들이 받은 충격은 거대한 에너지 기업인 엔론
사가 내부적으로 붕괴되기 3, 4개월 전에 일자리를 잃은 그 회사 직원
들의 충격에는 미치지 못했다.

　엔론사의 경우, 고공비행하며 돈을 물 쓰듯 쓰는 자신만만한 텍사스
의 보물에서 불운하고 수치스러운 해골로의 변모는 고작 하룻밤 사이
에 이루어졌다.

　대격변이 다가올 때 단서가 없는 경우는 극히 드물다. 많은 사람들
은 어떤 일이 곧 사라지기를 바라면서 그에 맞서기보다는 모래 속에
자기 머리를 처박고 있기를 더 선호한다. 하지만 그보다 훨씬 더 효과
적인 전략은 다른 누군가의 선택이 아닌 자신의 시간표에 따라 이런
큰 변동에 대처하는 것이다.

변화와 익숙함 사이를 오가라

사람들이 익숙한 것을 좋아하는 까닭은 익숙한 것을 보면 아무 것도 변하지 않는다고 다시 한번 안심할 수 있기 때문이다. 만화 미키 마우스는 오랜 세월 동안 극진한 사랑을 받아왔다. 미키는 변하지 않는다. 미키는 세월의 풍상에 쓰러지지 않고 그대로 있다. 하버드 대학 생물학과 교수 스티븐 제이 굴드의 지적에 따르면, 미키의 외모는 1928년 『증기선 윌리』에서 처음 데뷔할 때와는 달라진 것이 사실이지만 좀 더 익숙한 모습으로 변했다. 디즈니는 분명 대부분의 사람들이 아이들을 보면 감정이 풍부해지고 그들을 좋아한다는 사실을 깨달았을 것이다. 그래서 그는 미키를 좀 더 어린아이처럼 보이게 만들 방법들을 찾았다. 유아들의 해부학적 특수성은 몸에 비해 큰 머리와 큰 눈에 있다. 이런 특징들은 대부분의 성인들로 하여금 경계심을 풀고 부드럽게 반응하도록 만드는 경향이 있다. 그래서 디즈니의 화가들은 미키 마우스의 모습에서 날카롭게 모난 부분들은 모조리 지워버리고 큰 눈과 더불어 비율에 어울리지 않게 큰 머리를 그려 넣었다. 귀는 더욱 둥글어지고 머리 뒤쪽으로 좀 더 이동했다. 미키는 변하지 않았을 뿐만 아니라 어린아이의 모습을 더욱 닮아감으로써 점점 더 익숙한 모습이 되어갔다. 불안감을 주는 변화가 사라지자 사람들은 만화영화로 몰려갔다.

가끔은 어린 시절에 끔찍한 변화를 겪은 사람들이 얼마나 열렬히 안정과 예측 가능성을 바라는지 배울 때가 있다. 예를 들어 프랭크 로이는 제2차 세계 대전이 끝났을 무렵 체코슬로바키아 대학살에서 살아남은 15세 소년이었다. 전쟁은 그에게서 어린 시절과 천진난만함을 강탈해 갔다. 그는 산산조각 난 자신의 과거와 떠도는 공포의 기억들을 등지고 유대인 비밀조직에 들어가 곧 이스라엘이 될 땅에서 독립을 위해 싸웠다. 변하지 않는 것은 없으며 결국 싸움도 끝난다는 사실을 깨달은 그는 무엇이 됐든 다가올 미래를 준비했다. 그는 밤에 회계를 공부했다. 그리고 1951년에 호주로 이민을 간 뒤에는 시드니의 한 식당에서 샌드위치를 팔면서 돈을 모으고 교외의 부지를 사서 구획을 나누기 시작했다. 1955년 그는 캘리포니아에서 처음으로 쇼핑몰을 보았는데 이 새로운 쇼핑방식을 제2의 조국인 호주에 들여오겠다고 결심하고 돌아왔다.

　1974년, 그는 호주 쇼핑몰 업계의 지배적 소유주가 되었다. 오늘날 그는 호주 최고의 부자 가운데 한 명이며, 전 국무총리 밥 호크를 비롯하여 정치인들의 절친한 친구이다. 또 호주 중앙은행 이사회 임원이기도 하다. 호주를 정복한 프랭크는 미국으로 눈길을 돌렸다. 그는 쇼핑센터를 사기도 하고 짓기도 하여 샌디에이고에 여덟 개, 로스앤젤레스에 여덟 개, 북부 캘리포니아에 네 개, 그리고 미주리 주 세인트루이스에 다섯 개를 소유하게 되었다. 특히 세인트루이스에서는 가장 큰 건물의 주인이 되었다. 1998년이 되자 그는 모든 쇼핑몰에 웨스트필드 쇼핑타운이라는 새로운 이름을 붙이면서 브랜드화를 시작했다. 쇼핑몰마다 똑같은 디자인의 간판이 붙었고, 안전 요원과 안내 직원 그리고 그 외 직원들에게 일률적으로 각각 빨간색, 흰색, 그리고 파란색 유니폼을 입혔다. 왜 브랜드화일까? 프랭크 로이는 이렇게 말한다.

"맥도날드가 햄버거에 브랜드를 붙이는 것과 똑같은 이유이죠. 샌디에이고 고객이라도 워싱턴 D.C.의 제품과 똑같은 제품을 기대할 수 있으니까요."

그는 자신의 쇼핑몰이 어디에서나 똑같이 높은 품질의 서비스를 제공한다고 전 세계에 알리기를 원한다. 그는 사람들이 늘 이사를 다니며 끊임없이 일자리와 집을 바꾸는 나라에서는 이 같은 체험의 일관성이 잘 통할 거라고 생각했다.

이 개념은 분명 비즈니스 생활이나 개인적인 생활에 모두 적용될 수 있다. 특히, 한쪽 영역에서 커다란 변화가 일어나고 있다면 다른 쪽 영역에서 익숙함과 일관성에 초점을 맞추기 위해 최선을 다해야 한다.

유대 문화는 변화에 항상 능동적이다

물론, 변화의 문제점은 삶이 우리에게 임박한 변화에 대해 적절한 예보를 할 수 있는 융통성이 없다는 데 있다. 변화에 따른 진통이 갑작스레 나타나면 우리는 자신의 준비 부족을 알게 되고, 기력을 해치는 스트레스를 경험하며, 실수를 연발한다. 따라서 유대교처럼 변화의 이익을 인식하는 세계관은 커다란 가치가 있다. 유대인들은 변화를 받아들이지 말아야 하는 영역들에 대해서는 사정을 봐주지 않고 매달리는 한편, 변화의 개념에 대해서는 근본적으로 건강하게 바라보는 경향이 있다.

예루살렘과 아테네는 유대 철학과 주전主前 2세기를 지배한 또 하나의 문화인 헬레니즘 사이의 문화적 차이를 상징했다. 영원한 젊음을 찬미하며 변화를 거부했던 아테네와는 대조적으로, 예루살렘은 나이와 그에 따르는 지혜를 존경했다. 아테네의 그리스 철학은 항상 여기에 존재하는 변함없는 세계를 묘사했다. 그와는 대조적으로 유대교는 성경을 통해 원시의 격변하는 대폭발-다른 모든 것을 가능하게 한 최초의 거대한 변화-에 의해 순간적으로 존재하게 된 세계를 그렸다. 그리스는 일에 대해 귀족의 경멸감을 표현한 반면, 유대교는 일을 창조의 지속적인 과정에서 인간이 하나님과 협력하는 것이라고 생각했다.

초월적인 신념이 하나의 문화나 한 사람의 개인에게 미치는 영향은 매우 크다. 과거 1천 년 동안에 이루어진 과학 및 의학 발전의 약 80퍼센트가 기독교 사회에서 일어났다는 것은 결코 우연이 아니다. 정통파 랍비가 인간의 삶을 크게 향상시킨 기술 발전의 근원이 대부분 기독교라고 밝히는 것을 들으면 이상하게 보일지도 모르겠다. 하지만 현실적으로 그 근원은 기독교 자체가 아니라 유대교와 기독교가 모두 갖고 있는 초월적인 신념이다. 세상의 기원을 신비하고 다채롭게 설명하는 여러 가지 믿음들이나 인간이 어떻게 우주 안에서 이 지점을 차지하게 되었는가 하는 물음을 전적으로 무시하는 철학들과는 달리, 유대교와 기독교는 그에 대한 답으로 성경 전체를 여는 여덟 개의 단어에 의지한다. "태초에 하나님이 천지를 창조하시니라."

어째서 현대 물리학의 기초를 놓은 사람이 다른 문화의 사상가도 아닌 독실한 기독교도 아이작 뉴턴이었을까? 그것은 단지, 1687년에 『자연철학의 수학적 원리』를 출간하기 훨씬 전부터 방대한 종교 논문을 썼던 뉴턴에게 중대한 초월적 신념-정말이지 전능하고 자비로운 하나님이 우주를 창조하셨다면 인지할 수 있는 질서와 변함없는 규칙들에 따라 하셨다는 것이 자연스럽다는-이 있었기 때문이다. 그 규칙들은 하나님의 책에서 드러난 정신적인 규칙들에 대응하는 물질적인 규칙에 불과하다. 따라서 그와 같은 질서와 규칙을 찾는 일에는 반드시 성과가 있다는 뜻이다. 천지창조가 임의적이고 변덕스럽게 이루어졌다고 여기는 문화의 구성원과는 달리 뉴턴은 자기가 찾는 것이 반드시 존재한다는 신념에 따라 연구를 시작하게 되었다. 마찬가지로, 돈의 본질과 돈과 변화의 관계에 대한 초월적 신념 역시 그 신념을 가진 사람들에게는 월등한 성공 가능성을 부여할 것이다.

시인 존 키츠는 〈그리스 항아리에 붙이는 노래〉라는 시에서 항아리에 그려진 연인들에 대한 동경을 표현했는데, 그 이유는 현실의 연인들과 달리 이 연인들은 나이를 먹지 않기 때문이었다. 나는 아테네와 예루살렘이 제각기 상징하는 세계관들의 일관된 대조를 생각할 때면 두드러진 한 가지 예로 인해 언제나 즐거워한다. 유대인들은 흰머리를 경험과 인격 그리고 지혜의 상징으로 인식하는 반면, 그리스인들은 흰머리를 숨기고 그것을 원래의 특징 없는 색깔로 되돌려 불로不老의 철학을 드러내는 그리스적 기원을 암시하는 상품명으로 판매한다. 우리 아버지는 언제나 자신의 흰 머리카락 한 올 한 올에 대한 사랑을 이야기했다. 아버지의 말에 의하면, 매일 아침 거울 속에 보이는 흰 머리카락 한 올 한 올은 최선을 다해 현재를 사는 것이 얼마나 중요한지 그에게 웅변적으로 상기시켜 주었다.

변하는 것과 변할 수 없는 것을 삶에 통합시켜라

우리는 변할 수 있고 변해야 하는 것들에 대해 열린 마음을 지 님과 동시에, 결코 변해서는 안 되는 것들을 삶에 통합시킴으로써 번영할 수 있다. 변화를 동맹군으로 만들면 회사가 기술 진보에 적응하는 데 도움이 되고, 거기에 실패하면 회사에 해가 된다. 마찬가지로, 변화를 올바르게 이용하면 도움이 될 수 있고, 거기에 실패하면 해가 될 수 있다. 변화는 비즈니스 종사자들에게 기회를 제공한다.

이를테면 패션 산업을 생각해 보라. 우리들 생각으로는 남성과 여성이 더 이상 유행하지 않는다는 이유만으로 흠잡을 데 없는 성한 옷을 버린다는 게 말이 안 될 수도 있다. 그럼에도 불구하고 그와 같은 그들의 행동이 섬유 제조업, 사진가, 디자이너, 패션 잡지 출판사, 그리고 보조 업계에 종사하는 다른 많은 노동자들을 자극한다. 그리고 새로운 옷에 대한 욕망은 고객들을 자극하여 그들이 더 큰 노력으로 생산성을 높이게 만들고 그것이 다른 모든 사람들에게 이익으로 돌아간다. 그렇게 해서 그들은 새로운 옷을 구입할 수 있다. 나중에 알게 되겠지만 어떤 행사가 되었든지 인간에게 있어 옷은 언제나 단순한 실용적인 목적을 훨씬 넘어서는 것이었다.

경제적 생산성이 어떻게 변화에 좌우되는지 가르쳐 주는 옛 유대의 자료는 모세가 스불론에게 했던 축복의 말이다.

"스불론이여, 너는 나감을 기뻐하라. 잇사갈이여, 너는 장막에 있음을 즐거워하라."

전통적으로 스불론은 야곱의 열두 아들 가운데 상업과 비즈니스를 대표하는 기업가였던 것으로 이해된다. '나감'의 의미는 관습적인 사고방식과 상식적인 행동방식으로부터의 탈피이다. 모세는 스불론을 축복하기를, 그가 비즈니스와 상업의 영역에서 이스라엘 자손들을 이끌어야 할 운명이고, 그로 말미암아 현재의 안락한 상태를 벗어나는 방법을 알아야 할 것이라고 했다.

그 교훈은 언제나 변화에 대비하라는 것이다. 예상치 못한 것을 예상하고, 그것에 대해 계획을 세우고, 그것으로부터 이익을 취하라. 부의 창출과 관계된 영역에서는 절대로, 절대로 현 상태가 유지되리라고 기대하지 마라. 우리가 내년에 하는 일은 올해 하는 일과 같지 않을 것이다. 만약 같다면 우리의 고용주에게 발전이 없든지 회사 내에서 우리의 위치가 불안하든지 둘 중의 하나이다. 어느 쪽이 되었든 우리의 날은 얼마 남지 않았다. 상황이 잘 풀린다면 다른 일을 하거나 더 많은 일을 하게 될 것이다. 어쩌면 여태까지 없었던 도구와 기계를 사용하게 될 것이다. 우리는 스스로 거기에 대비해야 할 것이다.

흥미롭게도 고령의 지도자가 죽기 전에 스불론이 받은 축복의 마지막 구절은 "……바다의 풍부한 것, 모래 속에 감추인 보배로 번성하리라"이다. 나는 1960년대에 손위의 랍비 친척에게서 '바다'가 여행과 교역에 대한 은유라고 배웠던 기억이 난다. 그는 '모래 속에 감추인 보배'라는 신비한 말이 사람들이 모래로 만든 매우 복잡한 제품에서 엄청난 부를 얻게 되는 미래의 때를 암시한다고 덧붙였다. 하나님은 인간이 물질에 적게 의존하고 마음에 더 의존하도록 이끄셨다고 그는 설명했다. 요컨대 하나님은 인간에게 부가 희귀하고 값비싼 황금에만 있는 것이 아니라 지천에 널린 값싼 모래에도 있다는 것을 보여주고자 하셨다. 인간의 창의성이 모래의 가능성을 활용한다면 말이다. 만일 우리가 1962년에 20세기가 끝나기 전 인텔이라는 우수한 회사가 세워져서 거의 전적으로 모래로 만든, 반도체 칩이라고 하는 제품을 통해 계산이 불가능할 정도의 부를 생산할 것이라는 이야기를 들었다면 어떻게 생각했을까? 혹은 지구상에서 가장 부자 동네 중의 하나가 실리콘 밸리라는 별명을 갖게 되고, 그곳에서는 모래가 실리콘이라는 요소의 대부분을 구성하게 된다는 이야기를 들었다면 어떻게 생각했을까?

핵심가치는 절대로 놓치지 마라

스불론이 부의 창출과 인연이 있다면 동생 잇사갈을 연관 지어 제시한 축복의 말에서 잇사갈과의 협력은 어떤 의미일까? 그 청사진은 금방 나왔던 성경구절 속에 있다.

"스불론이여, 너는 나감을 기뻐하라. 잇사갈이여, 너는 장막에 있음을 즐거워하라."

유대 전승은 스불론과 잇사갈, 두 형제 사이의 특별한 관계를 그리고 있다. 그들의 관계는 상호의존적인 관계가 되어야 했다. 언제나 그렇듯이 하나님이 하시는 모든 일은 인간이 평화적이고 생산적으로 교류할 수 있도록 그 능력을 향상시키는 방향으로 나아간다. 그분의 뜻을 이룰 수 있는 한 가지 방편은 물론 돈이다. 두 형제 사이의 상호 의존적인 관계는 스불론이 동생 잇사갈을 부양하기 위해 경제적 수단을 제공하면서 시작되었다. 이로 인해 잇사갈은 돈에 대한 걱정에서 벗어나 자신의 중대한 목적에 전념할 수 있었다. 잇사갈의 역할은 지식의 창고가 되어서 스불론의 노력이 궁극적으로 실패하지 않도록 도덕적이고 철학적인 기준을 제공하는 것이었다.

바꾸어 말하자면 비즈니스의 성공은 변화와 변화를 끌어안으려는 준비 자세에 달려 있다. 하지만 강조하고 또 강조하건대, 결코 변하지 않는, 데카르트에 필적할 좌표에 굳건히 닻을 내리고 있을 때에만 정말로 마음껏 변화를 끌어안을 수 있고 변화에 대처하는 데 성공할 것이라는 점이다.

『성공하는 기업들의 8가지 습관』의 저자 짐 콜린스는 가장 성공적인 기업들 가운데 많은 수가 대규모 변화와 적응을 실천하면서도 핵심가치는 결코 저버리지 않았다고 지적했다. 예를 들어 디즈니사는 건전한 오락이라는 핵심가치를 거의 종교적이다 싶을 정도로 지켰다. 회사의 방향에 맞지 않는 작품을 제작하기로 결정했을 때는 미라맥스

같은 다른 제작사를 만들거나 사서 그 제작사를 통해 디즈니라는 이름을 더럽히지 않고도 논란이 되는 오락물을 시장에 내다 팔았다. 나는 이 전략이 얼마나 완전한 성공을 거두었는지 아직 잘 알지 못한다. 하지만 디즈니사는 분명 이 원칙을 무시했을 때 빠질 수 있는 위험을 알고 있었다.

또 다른 예로 보잉사가 있다. 보잉사는 최근에 본사를 워싱턴 주에서 시카고로 옮겼지만, 첨단 항공 기술과 제품의 일관성이라는 변할 수 없는 가치는 수정하지 않았다. 보잉사의 핵심 가치 체제는 1950년대의 더 급격한 변화까지도 떠받쳤다. 당시 보잉사는 사업의 80퍼센트를 군의 무기 도입에 의지했고 전투기와 폭격기에 거의 한결같이 초점을 맞추었다. 핵심 가치에 닻을 내리고 있던 보잉사는 상업용 제트기에 회사의 운명을 걸 수 있었다. 우리는 유명한 보잉 '707기'의 등장과 함께 상업용 제트 비행이 처음으로 시작되었음을 기억한다. 보잉사는 2001년에 527대의 제트기를 전 세계 항공사에 공급했는데, 이 숫자는 그해에 전 세계에서 팔린 모든 비행기의 62퍼센트에 해당되었다. 보잉사는 회사가 처한 곤경의 테두리를 매우 극적으로 박차고 나왔지만 변할 수 없는 가치들에 대해 신의를 지켰다.

변화가 필요한 시기를 판단하는 법

변하는 것들이 있고 변하지 않는 것들이 있다. 2001년 9월 11

일 그 끔찍한 화요일 저녁, 대부분의 미국인들은 고개를 가로저으며 아무것도 예전과 같지 않을 거라고 말하고 있었다. 물론 그들의 생각은 잘못되었지만 이해할 만하다. 그러나 그 테러 공격으로 인해 삶의 모든 것이 바뀌었다고 생각하는 것은 크게 잘못된 일이다. 그것은 많은 것을 바꿔놓았지만 모든 것을 바꿔놓지는 않았다. 엄청나기 짝이 없는 그 무시무시하고 잔인한 행동은 확실히 그 결과를 분석하려는 미국인들의 즉각적인 능력을 압도했다. 평소와 같은 상태로 돌아가는 데는 많은 시간이 걸리고, 비행기 여행과 같은 것들은 기약 없이 변하는 반면, 식료품 판매와 같은 것들은 예전과 똑같을 것이었다. 사람들은 항상 먹을 것을 사야 하고, 그 사실은 변하지 않는다. 9월 12일, 항공사 중역들은 비행시간표의 재조정과 회사의 구조조정에 전념했는데, 그것은 매우 올바른 대응이었다. 슈퍼마켓 체인점들, 잔디관리 회사들, 그리고 해충퇴치 회사들이 업계에 큰 변화가 있으리라 예상했다면 이는 틀린 것이다. 비즈니스를 하려면 변화에 대해 심사숙고하는 법을 배워야 한다.

무엇이 필수적이고 무엇이 필수적이지 않은지 이해하면 예상치 못한 변화의 공격에 훨씬 효과적으로 대처할 수 있다.

앤더슨 컨설팅사는 2000년 8월에 아서 앤더슨과 결별한 직후 이름을 '액센추어'로 바꿨다. 당시 이것은 외형적인 변화에 불과했지만, 다행스럽게도 이 국제적 컨설팅 회사로 하여금 엔론사 비리 사건 때 죽음과 같은 고통을 겪은 아서 앤더슨과 같은 이름으로 연관 지어지는 것을 피할 수 있게 해주었다.

변할 수 없는 진실을 무시하려는 회사와 개인은 결국 실패로 끝난다. 2001년의 엔론사 사태가 예증하듯이 비즈니스의 정직성이 이 범주에 속하는 것은 확실하다.

어떤 사람들은 한쪽이 다른 한쪽에게 정보를 주지 않을 때만 거래가 발생할 수 있다고 잘못 생각한다. 그들은 거래의 한쪽 당사자가 다른 한쪽 당사자보다 똑똑해야 한다고 생각한다. 이것은 양쪽 당사자가 진정한 거래를 할 때는 한쪽이 다른 한쪽에게서 무언가를 뺏는 것이 아니라, 양쪽 당사자가 협력을 통해 예전과 전혀 같지 않은 새로운 부를 창출하는 것임을 이해 못한 결과이다.

거래가 발생할 가능성이 더 커지려면 양쪽 당사자가 아무것도 숨길 필요가 없음을 이해해야 한다. 그뿐만 아니라 성공적인 거래의 가능성이 더 커지도록 하려면, 한쪽이 다른 한쪽을 신뢰하고 숨기는 사실이 없음을 확인하는 것은 중대한 사안이라 할 수 있다. 이것이 소매점 월마트가 성공을 누리는 한 가지 이유일 것이다. 서비스 인더스트리 리서치 시스템즈사의 대표 크리스 오링거는 이렇게 말한다.

"신뢰에 관한 한 월마트는 언제나 승자입니다. 아마도 신뢰는 그들이 가진 최대의 판촉 무기일 겁니다."

변하지 않는 또 하나의 진실은, 사람들이 비록 제한된 시간 동안 종종 가정생활을 제쳐두고 일주일에 7일, 하루에 18시간씩 일을 하곤 하지만 가장 헌신적인 직원일수록 조만간 자기 삶을 원할 거라는 사실이다. 초기의 회사 창립단계에서는 무한대의 약속이 주는, 손에 만져질 듯한 흥분과 분위기로 직원들을 도취시킬 수 있다. 직원들은 흔히 약속보다 다소 적게 받더라도 장시간 일할 것이다. 하지만 결국에는 (그리고 모든 현명한 회사 경영진은 결국을 고려한다) 직원들로 하여금 개인적인 생활과 직장생활의 균형을 온전히 맞추도록 격려하는 것이 낮은 이직률을 보장하는 데 도움이 될 것이다.

때때로 이런 변하지 않는 진실들은 시대의 통념에 들어맞지 않는다. 우리 모두는 남자 직원과 여자 직원을 모두 성性 중립적으로 대우해야 한다는 판결을 위해 과거 수십 년 동안 큰 괴로움을 겪었지만, 유대의 지혜는 이 관념을 극단적으로 실천했을 때는 위험해질 수 있다고 주장할 것이다. 탈무드의 지혜에 따르면 인간의 성욕이 지닌 힘은 실수가 없으므로 남자와 여자는 절대로 이성 동료와 둘이서만 있어서는 안 된다. 겉보기에 별스러워 보이는 이 세계관은 동료와 함께 있을 때는 사무실의 문을 조금 열어놓고, 출장 중이라면 호텔 방보다는 찻집에서의 만남을 제안할 것이다.

이 경고의 목적은 두 가지이다. 첫째는 실제적인 악행의 기회를 주지 않고 또 근거 없는 성희롱 고발을 막는 것이다. 둘째는 직원들 간의 연애를 막는 회사 방침에 마땅히 한계가 있음을 일깨워 주는 것이다. 현실 세계는 너무나 복잡하므로 나는 나 자신에 대한 유혹, 그리고 내가 사장일 경우 내 직원들에 대한 유혹에 대해 전부 알아야 할 필요가 있다. 직장에서 사적인 관계를 완전히 없앨 수 있는 것처럼 꾸민다면 위기에 봉착할지도 모른다.

평상복이 1990년대 미국 산업계를 어떻게 휩쓸었는지 기억하는가?
"세상 참 많이 변했죠."

무명 바지에 샌들을 신고 느릿느릿 일하러 가는 인턴사원들이 낄낄거리며 했던 말이다. 그런데 기업의 이미지를 깎아 먹고, 긴장을 놓게 만들고, 성희롱을 부추기는 환경을 조장했던 복장으로 10년간 외도했던 회사들이 이제는 직원들에게 옷을 편하게 입지 말고 제대로 차려입도록 요구하고 있다. 2000년에는 10년 만에 처음으로 평상복 차림을 허용하는 회사의 수가 줄었다. 1998년에는 인적 자원 관리 협회에서 조사한 기업들 가운데 97퍼센트가 직원들에게 일주일에 한 번씩 평상복을 입을 수 있도록 허용했었다. 2000년이 되자 그 수치는 87퍼센트로 줄었다.

잭슨 루이스는 1천 개 기업을 대상으로 실시한 설문조사에서 고용주들에게 평상복 정책을 시행한 후에 결근과 지각이 늘었는지 물었다. 절반 가까이가 그렇다고 대답했고, 30퍼센트는 치근덕거리는 행동이 늘었다고 보고했다. 피츠버그에 있는 페더레이티드 인베스터즈 사의 전통적인 복장 규정은 여성들에게 스커트와 스타킹 그리고 예복에 맞춰 신는 구두를 요구한다. 남자들은 양복을 입고 넥타이를 매야 한다. 시카고 상업회의소는 회의소 안에 있는 남자들에게 깃이 달린 셔츠와 넥타이를 요구한다. 경영자 알선 회사인 콘페리 인터내셔널은 1999년의 평상복 실험 이후 양복과 넥타이를 원칙으로 하는 복장 규정으로 돌아간다고 자세하게 밝힌 메모와 함께 비즈니스 차림새로 되돌아갔다.

옷 입는 방식은 변화를 거듭한다. 엘리자베스 여왕 시대 신사들의 모습은 오늘날 현대의 신사들과는 전혀 달랐다. 평상복 차림이 받아들여지고 심지어 유행하기까지 한다. 하지만 몇 년이 지나고 상황은 또다시 기본으로 돌아간다. 그것은 어쩌면 주말에도 양복저고리에 넥타이를 매게 하고 청바지를 못 입게 하는 조지 W. 부시 대통령의 백악관 복장 규정과 관련이 있었는지도 모른다. 이것은 클린턴 행정부 때의 느긋한 태도와 완연한 대조를 이루었다. 그러나 어떤 원칙들은 변하지 않는다. 그리고 이런 원칙들을 알고 있으면, 이런 원칙들에 매여 있더라도 어느 정도 자유를 누릴 수 있다.

왜 남자는 입사 면접을 할 때 반바지와 티셔츠를 입지 않고 양복에 넥타이를 매야 할까? 장래의 고용주가 보고 싶어 하는 모습은 지원자가 얼마나 적극적으로 자신의 안위를 버리고 그 일에 따른 규율과 요구를 수용하려하는가 하는 것이다. 양복 입은 모습은 분명 평상복 차림보다 덜 편안해 보이고 위아래가 붙은 정비공의 한 벌짜리 작업복보다 입는 데 더 많은 노력이 필요한 것이 사실이지만, 명확하고도 무의식적인 메시지-"나는 참을 수 있다"-를 전달한다. 그에 덧붙여 유대 전통은 사회가 안전하게 돌아가기 위해서는 남자들이 사춘기 시절의 개인주의를 어느 정도 버려야 한다고 설명한다. 다른 남자들이 입은 옷과 비슷한 옷을 입고 출근길 버스에 타고 있으면 어딘지 모르게 모두 똑같은 제복을 입은 육군 병사들 같다. 체제가 잘 돌아가려면 남자들이 팀을 우선시하는 선수가 되어야지, 특이한 소리를 지르며 가슴을 두드리는 독특한 인물이 되어서는 안 된다.

변화가 두려움을 줄 수 있을까? 물론 두려움을 주기도 하지만 즐거움을 주기도 한다. 변화로 인해 비즈니스가 부를 창출하는 것은 변화하는 상황이 새로운 기회를 만들어 내기 때문이다. 무엇보다도 변하지 않는 근본 가치들을 견고하게 붙든다면 자유를 누리며 무제한적인 혁신을 이룰 수 있다.

변화를 의미 있게 만드는 기억의 중요성

유대교는 기억을 무척 중요시한다. 명절 때의 축복은 언제나 기억을 언급하고, 유대의 새해 첫날인 로쉬 하샤나는 '기억의 날'로도 불린다. 기억이 왜 그렇게 중요할까? 기억이 없으면 시간의 흘러감은 의미를 잃는다. 기억이 없으면 더 이상 음악도 들을 수 없다. 실제로 한 번에 들을 수 있는 음표는 하나밖에 없음을 잊지 마라. 정확히 말해 우리는 지금 연주되고 있는 것만 들을 수 있다. 읽고 있는 소설의 의미를 파악하기 위해 기억이 필요한 것과 마찬가지로 머릿속으로 곡조를 들으려고 해도 기억을 사용해야 한다.

변화를 의미 있게 만드는 것은 기억이다. 한번 생각해 보라. 만일 기억이 없으면 음악이 없는 것과 마찬가지로 우리의 삶에 변화가 없을 것이다. 매 시간은 앞에 지나갔던 순간이나 뒤에 이어질 사건과는 무관하게 독립적으로 서게 될 것이다. 과거가 현재의 행동을 안내하고 그래서 우리가 찾는 미래를 가져오게 하기 위해서는 흔적 없는 시간의 상호 연관성을 이해해야 한다. 그 안에 변화와 더불어 사는 비결이 있다.

변화가 얼마나 작은지 기억한다는 것은 때때로 어려운 일이다. 그 혼란의 부분적인 이유는 기술이다. 제2차 세계 대전 이후로 이루어진 기술진보가 그에 앞선 천 년 동안의 기술진보보다 훨씬 더 크다. 우리는 기술이 모든 것을 처음부터 끝까지 바꾸고 있다고 가정하기 쉽다. 물론 현대를 살아가는 인간들은 거친 자연의 변덕에 좌우되는 정도가 훨씬 덜하다. 마취약 노보카인의 효력이 지속되는 동안 치과의사로 하여금 내 이를 고통 없이 뚫게 할 수 있다는 것은 대단한 일이다. 세계의 반대편에 있는 사람들과 이야기를 나누고 미국을 다섯 시간 만에 가로지를 수 있다는 것도 멋진 일이다. 나는 냉방장치를 좋아하며, 열쇠를 꽂을 때마다 시동이 걸리고 다음 정비 때까지 약 3만 킬로미터를 달리 수 있는 내 차를 좋아한다. 하지만 나의 생활이 정말로 증조부모의 생활과 그렇게 다른 것일까?

어떤 면에서 보면 기술은 세상을 바꾸는 게 아니라 변한 게 별로 없다는 사실을 위장한다. 한 번 생각해 보라. 나는 증조할아버지가 그랬던 것처럼 출장을 다닌다. 사실 할아버지는 마차를 타고 다녔지만, 나는 안락한 가죽 의자의 제트여객기를 타고 다닌다. 할아버지는 근방의 마을을 돌아다니다 녹초가 되었지만, 나는 상대적으로 빨리 그리고 비교적 편안하게 엄청난 거리를 여행하는 것도 사실이다. 하지만 내가 매달 집과 가족으로부터 멀리 떨어져서 지내는 날짜는 할아버지와 대략 같다. 할아버지는 여행을 다닐 때면 나처럼 사랑하는 이들과 집의 작은 안락함을 그리워했다. 나는 증조할아버지가 그랬던 것처럼 여행이 우리 가족의 수입으로 이어지기를 간절히 바란다. 그리고 분명 멀리 있는 쉐라톤 호텔의 낯선 침대 위에서 자는 게 독일의 시골 여인숙의 다락 한구석에서 볏짚에 기대어 자는 것보다는 기분이 낫겠지만, 출장 때의 내 생활은 증조할아버지의 경험과 그렇게 다르지 않다.

오늘날 대부분의 사람들은 하루 24시간의 약 3분의 1을 일로 보낸다. 잠자는 시간도 대략 하루의 3분의 1이고 나머지 3분의 1은 삶의 보조적인 측면들을 돌보면서 지나간다. 그것은 한 세기 전의 사람들이 하루를 나누었던 방식과 거의 똑같다. 컴퓨터 화면 앞에 앉아 있는 일이 그들이 당시에 했던 일과 그렇게 많이 다를까? 글쎄, 그렇기도 하고 아니기도 하다. 그것은 밀실 공포증을 불러일으키는, 건강에 해로운 공장에서 일하는 것보다는 훨씬 즐겁겠지만 일은 일이다. 무슨 말인고 하니, 하고 싶은 일보다는 해야 하는 일을 한다는 뜻이다. 만일 우리의 증조부모가 다시 와서 우리의 생활을 목격한다면 얼마나 변한 게 없는지 보고서 깜짝 놀랄 가능성이 크다. 우리는 실제보다 더 많은 변화가 있었다고 오해하기 쉽다. 변화는 현실이지만 어떤 현실일까?

변화에 대한 묘사는 사진보다 동영상이 더 정확하다

옛 그리스의 철학자 제논은 다음과 같은 수수께끼를 내어 동시대 사람들을 당황케 했다. 한번은 어느 간 큰 거북이가, 달리기를 잘하기로 유명한 아킬레스에게 경주를 하자고 도전했다. 그 거북이는 자신이 100미터 앞에서 출발하게 해달라고 요구했다. 거북이가 아킬레스보다 100미터 앞에 있는 장면을 사진기로 찍어라.

출발신호가 떨어지자 거북이보다 10배나 뜀박질이 빠른 아킬레스는 출발과 동시에 단숨에 100미터를 달려서 거북이가 출발하는 지점에 다다른다. 그 무렵, 아킬레스의 10분의 1에 해당하는 거북이는 10미터를 달렸다. 이번에는 비록 10미터이긴 하지만 여전히 거북이가 앞서 있는 그 장면을 사진기로 찍어라.

아킬레스가 그 10미터를 달려 110미터 지점에 이르렀을 때 거북이는 여전히 아킬레스의 10분의 1의 속도로 달리므로 이제 아킬레스보다 1미터 앞서 있다. 거북이가 여전히 앞서 있다는 사실을 기억하면서 그 장면을 다시 사진기로 찍어라.

아킬레스가 그 1미터를 달려왔을 때 거북이는 이제 그보다 10분의 1미터 앞서 있다. 다시 한번 스냅 사진을 찍을 시간이다.

아무리 '사진'을 많이 찍더라도 그 사진들에서는 언제나 아킬레스가 거북이에게 뒤처져 있을 것이다. 연속되는 사진 속에서 거북이가 앞서 있는 거리가 점점 줄어들고 있지만, 거북이는 계속 앞서서 결국에는 승자가 될 것처럼 보인다.

물론 제논과 그의 지혜로운 친구들은 아킬레스가 결국 거북이를 이길 줄 알았다. 이 역설이 사람들을 괴롭혔던 이유는 함정을 찾을 수 없다는 데 있었다. 함정은 일련의 사진으로는 현실이 정확히 반영되지 않는다는 것이다. 현실을 올바르게 그리기 위해서는 중단 없이 계속적으로 촬영하는 동영상이 필요하다. 아킬레스와 거북이의 경주를 동영상으로 보면 아킬레스가 출발 지점으로부터 111미터 남짓한 곳에서 거북이를 앞지르는 모습을 곧 보게 될 것이다. 현실을 연속된 사진 들로써 해석하려 할 때는 혼란에 빠지거나 잘못된 방향으로 가기 쉽다.

이와 똑같이, 최저 임금으로 겨우 살아가는 10명의 노동자들을 사진으로 살펴볼 수 있을 것이다. 그것은 보기에 좋은 사진은 아니다. 하지만 6개월 뒤에 이 노동자들을 다시 찾아가 본다면, 그들이 직장을 떠나지 않고 기술 향상에 노력했을 경우, 대부분 일에 대한 보수를 약간 더 받게 되었음을 알게 될 것이다. 정부 통계원들은 최저임금으로 사는 10명의 미국인들을 찍으려면 10명의 노동자들을 다시 찾아야 할 것이다. 최저 임금으로 사는 10명의 노동자들이 여전히 존재한다는 것은 사실이지만, 그들이 또 다른 10명이라는 것과 처음 10명이 현재 경제의 에스컬레이터를 타고 위로 올라가고 있다는 것은 분명 다른 것이다.

초보적인 수준의 일자리를 구하고 그것을 유지하는 데 필요한 기술은 세 가지뿐이다. 첫째, 빠지지 말고 정시에 출근하라. 둘째, 지시사항을 따르라. 셋째, 말과 행동을 조심하라. 이것들은 진짜 일에 필요한 기술이라기보다는 성품에 관련된 속성들이고, '직업 훈련 프로그램' 보다는 부모나 배려 깊은 고용주에게서 배울 수 있다. 미국에서 이 세 가지 규칙을 따르는 사람이라면 거의 누구든지 초보적인 수준의 일자리를 구하고 그것을 유지할 수 있다. 그 자리를 계속해서 지키면 빨리 숙련될 뿐 아니라 고용주가 바라보는 가치도 올라간다.

일에 대해 요령이 생기고 관련 기술이 몸에 밴 직원의 자리를 초보

수준의 새 직원이 대신할 수는 없다. 고용주가 볼 때 경험이 쌓인 직원은 어느 신입사원보다도 더 가치가 있다. 그리고 이 명백한 사실을 아는 가장 현명한 고용주들은 그를 데리고 있기 위해 더 많은 보수를 줄 것이다. 고용주는 그 직원에게 투자한 것이 있으므로 분명 그가 똑같은 최저임금을 받고 아래 동네의 경쟁 회사로 가는 것을 원치 않는다. 이렇게 해서 인력 시장에 나온 그 운 좋은 신참은 경제 에스컬레이터에 오른다. 이제 그를 담은 6개월 전의 사진은 의미가 없다.

마찬가지로, 법과 대학원을 졸업하기 일 년 전에 찍은 성공한 변호사의 사진은 명백히 정부의 도움을 필요로 하는 이의 모습을 담고 있을 것이다. 그 사진은 한 푼도 받지 않고 하루 종일 일하는 젊은 여성의 모습을 보여줄 것이다. 그녀는 다른 학생과 함께 한 칸짜리 작은 방에서 사는지도 모른다. 그녀는 치즈를 뿌린 마카로니 국수로 끼니를 연명하는지도 모른다. 그 사진은 그것을 보는 이들에게 동정적인 반응을 불러일으키지만, 이 여성이 불과 몇 달 뒤에는 남들이 부러워할 만한 수입을 벌어들이고 다른 사람의 도움을 전혀 필요로 하지 않게 된다는 사실을 보여주지는 못한다. 무엇보다도 그녀에게 도움을 주지 말아야 할 가정들은, 수입을 전부 더해 봤자 그녀가 유명 법률 회사에서 첫해에 벌어들일 돈에도 미치지 못할 중산층들이다.

사람들은 그릇된 인상을 주는 이와 같은 사진들을 보고 세금을 더 올려서 가난한 사람들을 도와야 한다고 다짐하기 일쑤다. 지금의 아이들이 10년 전의 아이들과 같은 사람들이 아니듯이, 가난한 사람들이 있긴 해도 그들은 변화의 여지가 있는 사람들이다. 1998년 5월 4

일자 「포브스」지에 기사화되었던 것처럼, 가난한 사람들을 위한 구호 시설이 예산의 정당성을 확보하기 위해 노숙자들을 놓고 경쟁한다는 사실도 놀랄 일이 아니다. 심지어 뉴욕시의 '그랜드 센트럴 지역을 위한 사회 봉사단'은 1997년 11월 새로운 고객들을 끌어모으기 위해 무료 아침 식사와 현금 5달러를 제공하는 특별한 마케팅을 펼쳤다. 선량한 사람들이 세금을 더 올리는 일에 찬성하도록 만드는 방법 가운데 가난한 사람들을 향한 그들의 본성과 성경으로 길러진 동정심을 이용하는 것보다 더 좋은 방법이 있을까? 선량하고 잘 속아 넘어가는, 그래서 고귀한 마음으로 자신들의 지갑을 여는 사람들 앞에서 '가난한 사람들'이라는 딱지를 붙이고 행진할 수 있는 무능한 노동자들만 많으면 이 사기가 통한다.

다른 많은 사람들에 비해 가진 것이 훨씬 적은 사람들이 있을까? 물론이다. 그렇다면 이것은 미국 사회경제 체제 전체의 치명적인 결함일까? 그렇지 않다고 말할 수 있는 까닭은 그들 중에는 현실을 담은 동영상이 아닌 사진으로 볼 때만 가난한 사람들이 많기 때문이다. 사진은 현실을 숨기고 드러내지 않는다.

유대인들은 전통적으로, 세상을 사진으로 파악하는 관점과 그 관점을 따르는 대중 조작을 직관적으로 거부함으로써 경제적인 이익을 얻었다. 신앙심 깊은 유대인들에게는 눈을 속이는 연속 사진보다는 동영상을 통해 인생을 바라보려는 의지가 항상 더 컸다. 그들은 사건을 자세하게 설명하는 성경의 접근방식을 잘 알고 있어서, 움직이는 역사의 시간 계획과 인과 관계에 관한 영원한 성경적 율법에 익숙했다.

유대교 신앙은 표면적인 모습을 신뢰하지 않도록 신도들에게 가르쳤다. 매력적인 남녀가 손을 잡고 걷는 모습이 담긴 사진을 보여주면 그들은 본능적으로 자문한다. 그들은 이들이 서로를 사랑하며 수많은 행복한 날들을 기대하는 헌신적인 부부인지, 아니면 한순간에 불과한 불륜의 기쁨에 사로잡혀 외도중인 남녀인지 궁금해 한다. 그들은 사진을 통해서만 알려고 하지 않으며, 동영상을 볼 때까지는 겉으로 드러난 이 남녀의 기쁨을 축하해줄 마음의 준비가 되어 있지 않다. 유대인들은 지금까지 어떤 일이 있었고 지금부터 어떤 일이 벌어질지 알고 싶어한다. 그들은 결코 사진의 표면가치를 받아들이지 않는다.

이렇게 언제나 사진이 아닌 동영상 식으로 사고를 해온 덕에, 정말로 동정심 많고 자비로우며 신앙심 깊은 유대인들은 가난의 정치학에 속아 넘어갈 가능성이 훨씬 작다. 그들은 필요하거나 원하는 것을 전부 다 가진 사람은 단 한 사람도 없으므로 가난은 호주머니의 상태라기보다는 마음의 상태라고 생각한다. 또 유대인들은 자제심과 윤리적 자본주의라는 성경의 원칙들이 한 가정의 경제적 성장을 위한 디딤돌이라고 생각한다.

과거와 미래의 역할을 어떻게 바라보는지, 그리고 과거와 미래는 현재의 경험에 어떠한 영향을 미치는지에 관한 또 하나의 열쇠는, 히브리어에 '있다'라는 현재 동사가 전혀 없다는 사실이다. 문법에 맞게 그리고 성경적으로 올바르게 히브리어를 구사하는 사람이면 "내일 여기에 있을 것이다"라고 말할 수 있다. 그 사람은 또 "어제 여기에 있었다"라고도 말할 수 있다. 그러나 "지금 여기에 있다"는 뜻으로 받아들여지는 표현들이 있긴 하지만 실제로 '있다' 동사는 사용 가능한 형태로 존재하지 않는다. 이스라엘 사람들은 일상적인 언어 관습을 그대로 유지하면 이 딜레마를 피해가지만, 유대인들 그리고 히브리어를 하나님의 언어로 간주하는 다른 많은 사람들은 하나님이 그분의 지혜 속에서 사실상 현재와 같은 것은 없다고 정하신 것으로 생각한다.

현재라는 순간은 바로 지금 진정한 현실의 순간이라기보다는 아이작 뉴턴과 고트프리트 라이프니츠의 수학적 창조물이다. 그들이 제각기 미적분이라는 빛나는 진리를 이해했을 때 주관적으로 현재라고 느끼는 지금을 수량화하고 설명할 수 있는 길이 열리고 있었다. 현실 속의 현재는 경험적 작용일 뿐이며 인간은 그것을 통해 미래를 과거로 전환할 수 있다. 그렇다. 현재는 시간이라기보다는 작용이다. 현재란 무한한 융통성을 가진 미래를 더 나은 과거로 바꾸려는 목적에서 내가 매 순간마다 참가하는 활동이다.

현재의 순간이 과거나 미래에 비해 실제적이지 못하다는 것을 올바르게 이해하면 두려움에 대처하는 데 도움이 된다. 미래에 초점을 맞추는 것이 중요한 만큼 두려움은 미래에만 존재한다는 사실을 기억하는 것 역시 중요하다. 현재의 순간 속에서만 살고 현재의 순간만을 위해 사는 것은 건강하지도 실질적이지도 않지만, 진짜로 이렇게 사는 사람들은 두려움을 별로 경험하지 않는다는 것을 쉽게 알 수 있다. 현재의 순간만이 중요하다면 미래의 그 어떤 것도 우리를 해치지 못한다. 이것은 인간이 극단적인 물리적 위험에 빠진 순간에 일어나는 심리적 방어기제이다. 작전 중인 병사들은 종종 모든 두려움이 사라지는, 환희의 활동 단계에 도달한다고 이야기한다. 그들이 처한 현재의 위기는 미래에 대한 모든 생각을 막아버린다. 그리고 그와 함께 두려움도 막아버린다.

물론 우리는 미래에 대한 생각을 전부 없앨 수도 없고 그런 시도를 해서도 안 된다. 반대로 우리의 성공은 미래를 정확히 읽을 줄 아는 능력에 어느 정도 달려있다. 하지만 두려움에 대처할 때는 미래에서 현재로 초점을 약간 옮기면 우리를 마비시키는 두려움의 영향력을 피하는 데 도움이 된다.

현재에 대한 이 진실을 깨달으면 변화에 대처하여 그것이 나에게 이익이 되도록 조작하기가 더욱 쉬워진다. "모든 것은 끊임없이 움직이며 변화는 언제나 계속된다."는 주문을 기억하라. 어떤 변화가 다가올 때는 야구에서 빠르게 날아오는 까다로운 공을 칠 때처럼 뒤로 물러나서 좀 더 공간을 만들어야 한다. 또 어떤 변화는 익숙하고 느린 타구와 마찬가지로, 가능하면 그것을 빨리 포용하여 이용하기 위해 한 발짝 앞으로 나가야 한다. 묘책은 물론 그 둘의 차이를 인식하는 것이다. 그 같은 묘책에는 두 개의 버팀목이 존재한다. 첫째로, 절대로 변하지 않는 것들을 인식하고 거기에 닻을 내리는 것과 둘째로, 현재를 수정하는 최선의 방식에 미래의 추세가 어떤 영향을 미치는지 그것을 읽을 줄 아는 능력을 향상시키는 것이다.

다음 장은 어떻게 하면 보다 정확히 미래를 예측할 수 있는지 보여준다.

Thou Shall Prosper
성 공 으 로 가 는 길

1 혁신을 받아들이고 변화를 포용하라.

일부의 고통을 용인하고 혁신을 받아들이든지, 아니면 혁신을 거부하고 거의 모든 사람이 항상 빈곤과 고통을 겪게 하든지, 선택은 둘 중 하나이다. 견고한 말뚝과 같은 변하지 않는 가치들에 집중해 중심 토대를 휘감는 소용돌이에 휩쓸리지 않도록 버텨야 한다. 변화는 두렵고 고통스러울 수 있지만 이같은 진보를 막을 도리는 없다. 낡은 것을 보내고 새로운 것을 포용할 수 있는 능력이 필요하다. 허를 찔리지 않는다는 것은 큰 이득이다.

2 변화를 점진적으로 흡수하고 또 시도하려고 노력하라.

아침마다 일정하게, 예컨대 20분 정도 시간을 내어 "스트레스 안정화" 시간을 가져라. 일과 직접적인 관계가 없는 무언가를 읽거나 장기적인 목표들을 묵상하거나 아니면 그냥 영적인 명상을 하라. 그렇게 한 후에 체육관에서 운동을 하거나 아침을 먹거나 아니면 그 날의 일을 준비하기 위해 무엇이든 하라. 이것은 하루를 갑작스럽게 시작하지 않고 느긋하게 시작하도록 도와줄 것이다.

3 삶에 스트레스를 유발하는 변화가 동시에 두 가지 이상 발생하지 않도록 최선을 다하라.

예컨대, 다른 도시로의 큰 이사를 계획하고 있다면 같은 주에 결혼식을 잡지 마라. 예상치 못하고 일자리를 잃었을 때는 직업상의 변화를 흡수하고 거기에 적응할 기회가 올 때까지 같은 기간에 잡혀 있던 수술을 연기하라.

4 컴퓨터나 전자수첩의 전용 페이지에 파일을 만들고 자신에게 있어서 결코 변하지 않는 것들의 목록을 작성하고 수정해서 유지하라.

그것은 돌풍이 아무리 심하게 불고 높은 파도가 아무리 덮치려 하더라도 배를 흔들리지 않게 붙잡아줄 닻이다.

5 개인 생활과 비즈니스에서 자신의 핵심 가치들을 잊지 마라.

우리 주변에서 기술발전이나 시장변화가 일어나도 핵심 가치들은 절대로 변해서는 안 된다.

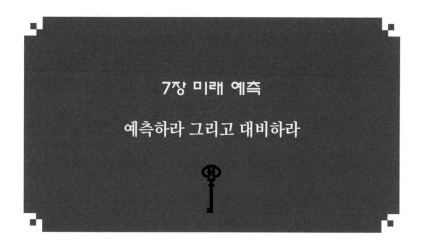

7장 미래 예측

예측하라 그리고 대비하라

내 삶에 영향을 끼칠 외부 사건들을 파악하라

사건을 해석할 때는 감정을 배제하라

현재 속에 미래를 예측하는 단서가 있다

앞을 보기 전에 먼저 뒤를 보라

시간의 규칙성을 명심하라

주기를 이용하여 경향을 가늠하는 방법

미래예측을 위해 시간을 따로 할애하라

미래를 내다보는 데 불필요한 자극을 모두 없애라

목표설정이 곧 미래예측이다

미래를 내다보는 일에 달인이 되는 실마리 가운데 하나는
감정을 배제하는 법을 배우는 것이다

예측하라 그리고 대비하라

　　최악의 사업 실패를 겪기 바로 한 해 전에 나에게는 앞으로 펼쳐질 좋은 시절만이 보였다. 많은 투자가들이 빠른 속도로 성장하고 있는 내 사업에 앞 다투어 올라탔다. 잠재적인 동업자들도 합세하겠다고 나섰다. 미래는 더없이 창창하게 보였다. 회사의 성장률이 너무 높았기 때문이었을까. 나는 조금도 주저하지 않고 '계란을 모두 한 바구니'에 담음으로써 사실상 분산 투자의 원칙을 저버렸다. 나는 내 사업을 나만큼 성실하게 돌볼 사람은 없다는 가정 하에 모든 자산을 투자했다.

　그리고 나서 흥미로운 합병 기회가 찾아왔고, 나는 명목상 동업자이자 캘리포니아에서 가장 현명한 비즈니스맨이라고 생각하는 사람에게 조언을 구했다. 그는 내 프레젠테이션을 들은 후 5분쯤 스프레드시트를 훑어보았다. 그러더니 책상 너머로 자료를 전부 내게 건네주고는 의자에 몸을 젖히고 앉아 말을 꺼냈다. 그의 판단을 무척이나 신뢰했던 나는 그의 말을 듣자마자 특급열차에 치인 것 같은 느낌이 들었다.

"선생님 회사는 곧 문을 닫을 겁니다."

다음과 같이 말한 것으로 봐서는 틀림없이 내 얼굴에 나타난 충격의 표정을 보았을 것이다.

"저는 선생님이 제안한 전략을 도와드릴 수가 없습니다. 그것은 쓸데없는 일이 될 겁니다. 하지만 모든 것을 깨끗이 정리할 때 제 도움이 필요하다면 언제라도 불러주십시오."

나는 약간 서먹한 표정으로 고맙다는 인사를 하고, 계획했던 합병을 성공적으로 완수하겠다고 전에 없이 단호한 결심을 하면서 그의 사무실을 나섰다. 몇 달 후, 캘리포니아는 역사상 최악의 부동산 경기 침체를 겪기 시작했다. 경제는 시들었고, 우리 회사를 포함한 수많은 회사들이 규모와 상관없이 쓰러졌다. 나로서는 우울한 미래를 조금도 눈치채지 못했다는 사실이 참담하기 그지없었다. 더욱 견디기 힘들었던 이유는 내가 존경했던 그 사람은 임박한 나의 운명을 오래전부터 너무나 명확하게 알고 있었다는 점에 있었다. 나는 희망의 잔해에서 벗어나려고 애쓰면서 왜 내가 미래를 내다보지 못하고 결정적인 실패를 했는지 철저히 살펴보기로 마음먹었다.

어떤 사람들은 다른 사람들에 비해 더 분명하게 미래를 내다볼 수 있다. 덧붙여 말하자면, 이 현명하고 멀리 내다볼 줄 아는 비즈니스 종사자는 오직 비즈니스의 미래를 내다보는 일에만 달인이다. 예를 들어 그는 자기 아들의 끔찍한 결혼생활에 대해서는 전혀 예상하지 못한다. 애초에 그가 열렬히 권유했던 결혼이었는데 말이다. 감정이 개입되면 어느 누구도 미래를 분명하게 내다볼 수 없다. 그러므로 미래를 내다보는 일에 달인이 되는 실마리 가운데 하나는 감정을 배제하는 법을 배우는 것이다. 이것은 무척 힘든 일이다. 대부분의 의료 종사자들이 가까운 친척들을 진료하지 않는 까닭이 여기에 있다. 현명한 의사들은 배우자나 자식들에 대해 감정을 배제하는 것이 얼마나 어려운 일인지 알고 있다. 결과적으로 그들은 문제의 진행 방향에 대한 자신의 시야와 처방된 치료법에 대해 상당한 의문을 품는다. 그들은 오히려 그 친척을 단순히 환자로만 볼 수 있는 신뢰할 만한 동료의 진단과 치료를 바란다.

사람마다 피아노를 치거나 오믈렛을 만드는 일에 능력이 다르듯이 미래를 내다보는 일에도 정말이지 제각기 능력이 다르다. 하지만 요리나 음악과 마찬가지로 어떤 분야든 훈련과 연습을 거치면 비교적 수월하게 자신의 능력을 향상시킬 수 있다. 음악회를 여는 피아니스트나 뛰어난 요리사는 결코 못 된다 하더라도 훈련을 하기 전보다는 훨씬 더 많은 능력을 갖추게 되는 것이다.

내 삶에 영향을 끼칠 외부 사건들을 파악하라

좀 더 깊이 들어가면 나는 이장에서 당신에게 현재의 사건이 미래에 끼치는 영향에 대한 예측능력을 어떻게 향상시킬 수 있는지 보여줄 것이다. 지금은 우리가 두 가지 사실을 이해하는 것만으로도 충분하다. 첫째, 앞으로 일어날 어떤 사건들은 우리의 비즈니스에 영향을 미치는 진정한 변화를 몰고 오지만 다른 종류의 비즈니스에는 무해한 반면, 어떤 사건들은 우리의 활동에는 영향을 미치지 않지만 다른 사람의 활동은 혼란에 빠뜨릴 수 있다. 둘째, 전자와 같은 상황에 처했을 때는 절대로 꾸물거리지 말아야 하며 후자와 같은 상황에서는 달아나지 말아야 한다.

예컨대 뉴트 깅리치는 이 차이를 알지 못했다. 깅리치는 조지아에서 교수로 일하다가 정치에 입문하여 1994년에 하원 의장이 되었다. 그리고 그는 미국의 교육문제에 정열적으로 관심을 기울였다. 1996년, 인터넷이 국가적 관심사로 떠오르자 깅리치는 인터넷이 미국 교육의 위기를 완전히 끝장낼 것이라고 했다. 물론 그의 생각은 틀렸다. 인터넷은 미국 고등학생들의 학습성과에 아무런 보탬이 되지 않았고 앞으로도 그럴 것 같지 않다. 만약 인터넷이, 모든 공모주의 3분의 2가 철도 주식이었던 1850년대의 철도에 버금가는 변화를 경제에 몰고 올 것이라고 했다면 그의 말은 옳았을 것이다. 인터넷은 미국 경제에 커다란 영향을 미쳤고 앞으로도 그렇겠지만, 십 대들의 읽기와 쓰기 능력에는 거의 아무런 영향도 미치지 않았다.

바꾸어 말해, 우리가 하이테크 회사에서 일하든 그런 회사를 소유하고 있든, 투자 상품을 팔거나 그에 대한 조언을 하든, 인터넷이 몰고 오는 변화는 우리와 상관이 있다. 그러나 우리가 만일 택시 운전사라면 그것과 상관없을 것이다. 우리가 기계세탁이나 자동차 수리를 한다면 곧 시행될 환경 관련 규정을 매우 주의 깊게 살펴야 한다. 하지만 우리가 소프트웨어를 파는 사람이라면 환경 관련 규정을 예의 주시하는 일에는 신경을 훨씬 덜 써도 된다.

사건을 해석할 때는 감정을 배제하라

미래를 내다보는 일은 타고난 재능이나 지능과는 그다지 상관이 없다. 고등교육을 받았어도 미래예측에 두드러진 성공을 거두지 못하는 사람들이 많다. 어떤 사람들은 교육의 혜택을 누리지 못했지만, 미래를 내다보는 능력만큼은 거의 초자연적인 수준이다. 선견지명에 있어 훌륭한 대조를 이룬 두 정치인은 윈스턴 처칠과 네빌 체임벌린이었다. 처칠은 체임벌린에 대해 이렇게 썼다.

그는 당시 국내외 모든 정치인들에 대해 단호한 평가를 내렸고 스스로 그들을 다룰 만한 능력이 있다고 생각했다. 곳곳에 묻어나는 그의 바람은 '위대한 중재자'로서 역사에 남는 것이었고, 이것을 위해 그는 사실에 대항하여 끊임없이 싸우고 자신과 자신의 조국에 닥쳐온 커다란 위험들에 맞설 준비가 되어 있었다. 불행하게도 그는 그 힘을 측량할 수 없는 바다에 뛰어들었고, 도망칠 수도 그렇다고 맞설 수도 없는 태풍을 만났다.

1938년 9월 네빌 체임벌린은 존경하는 히틀러 씨라고 비위를 맞추면서 뮌헨의 독재자를 찾아갔다. 영국에 돌아온 체임벌린은 비행기에서 내리자마자 히틀러의 서명이 적힌 공동선언문을 치켜들었다. 그는 다우닝가街에 있는 자신의 사무실 창가에서도 전쟁의 공포에 빠진 사람들에게 다시 한번 그 종이를 흔들면서 이렇게 말했다.

"독일에서 다우닝가로 명예로운 강화조약이 돌아온 것이 이번이 두 번째입니다. 저는 우리 시대의 평화를 확신합니다."

영국은 그로부터 1년이 못 되어 생존을 위한 사투에 들어갔다.

체임벌린의 예측능력은 매우 빈약한 것으로 판명된 반면, 처칠이 경고했던 일들은 모두 섬뜩할 정도로 정확히 일어났다. 처칠이 가진 미래예측능력의 비결 가운데 하나는 감정을 개입시키지 않는다는 것이었다. 자의식 위에 정치적 가면을 덮어쓴 것으로 악명이 높았던 체임벌린과 잦은 대중연설을 통해 자신의 감정주의를 증명했던 히틀러와는 달리, 처칠은 애교스럽게도 자신의 대중적 이미지에 대해 무관심했다. 많은 고위 관리들의 기억에 따르면, 윈스턴 처칠의 침실에서 이루어졌던 오전 회의에서 정작 그 위인은 노란 잠옷을 걸치고 베개에 몸을 기대고 있었다. 체임벌린이나 히틀러의 잠옷을 본 사람은 거의 없다.

자아는 효과적인 미래예측을 막는 적이다. 자아를 극복하는 법을 배워라. 그러면 미래를 훨씬 더 선명하게 내다보게 된다.

분명히 말하지만 나는 다방면으로 예측하고 모든 사물의 미래를 내다보는 일은 사람의 능력을 벗어난다고 생각한다. 하지만 훈련을 받으면 한두 가지 영역에서는 확실히 미래예측에 익숙해진다. 이 책은 부의 창출에 관해 이야기하고 있으므로 우리는 비즈니스 분야의 선견지명에 초점을 맞추는 것이 좋겠다. 개인적이고 감정적인 개입이 미래를 들여다보려는 노력에 장애가 되기도 한다는 것은 틀림없지만 일을 어렵게 만드는 것은 그것이 다가 아니다. 흔히 그런 것처럼 미래의 모습이 어렴풋하여 어둡고 희미할 때는 주변의 밝은 불빛마저 내가 보려고 애쓰는 선명한 그림을 흐려놓을 수 있다. 밤에 운전하게 되면 앞에서 다가오는 자동차 전조등의 눈부신 불빛을 차단하려고 애쓴다. 미래를 곁눈질할 때도 그와 똑같이 해야 한다.

예를 들어 조지 샤힌은 경륜이 풍부한 비즈니스 전문가였다. 그는 32년 동안 전문적인 '점쟁이' 역할을 해오면서 수많은 회사들에게 앞으로 일어날 일과 그에 따른 대처방법을 충고해 주었다. 그는 1990년대에 연간 백억 달러에 가까운 수입을 벌어들였던 전설적인 회사 앤더슨 컨설팅을 지휘했다. 누군가 미래를 내다볼 줄 아는 사람이 있다면 그 사람이 바로 샤힌이었다.

하지만 풍족한 은퇴계획이 실현되기에 1년도 채 남지 않은 시점에서 샤힌은 앤더슨 컨설팅사를 떠나 1999년 9월 인터넷에서 식료품을 파는 신생기업 웹반사에 합류했다. 그는 웹반사가 처음으로 상장하기 전에 주식 1천만 장 이상을 매입할 수 있는 권리를 얻었고 그와 더불어 후한 보수 및 지분을 약속받았다. 그러나 불행하게도 웹반사는 1999년 상반기에만 3천5백만 달러를 잃었고 머지않은 미래에 영업손실이 날 것으로 예상되었는데, 이는 많은 다른 웹 기업들도 마찬가지였다.

충격적이었던 것은 웹반사의 붕괴속도였다. 2001년 봄, 샤힌은 대표이사CEO 자리에서 물러나면서 실업자가 되었고, 스톡옵션은 손실 상태에 빠져 휴지 조각이 되었으며, 웹반사에 머무르는 것과는 상관 없이 약속받았던 평생의 연금도 날아갔다. 그해 여름 웹반사는 법정 관리를 신청했다.

"내가 할 수 있는 말은 우리가 할 수 있는 최선을 다했다는 것입니다."

샤힌이 인터넷 잡지 CNET의 그레그 산도발에게 한 말이다.

"주위를 돌아보세요. 온 세상에 성한 곳이 없습니다. 무슨 일이 일어날지 미리 알았던 사람은 아무도 없었습니다."

그렇지 않다! 분명 대부분의 사람들은 무슨 일이 일어날지 미리 알지 못했지만 무슨 일이 일어날지 정확히 알았던 사람들이 실제로 있었다. 바로 웹반사 주식을 공매公賣했던 사람들이다. 그들은 웹반사에 감정적으로 얽매여 있지 않았다. 그들에게 웹반사 주식은 여러 가지 주식 가운데 하나일 뿐이었다. 그들은 인터넷과 사랑에 빠진 것이 아니라 정확한 투자 분석과 사랑에 빠졌다. 그들은 또 아낌없는 투자라는 밝은 빛이 '야간 시력'을 망치지 않도록 막았다. 미래를 내다본다는 것은 대개 불이 환한 방안에서 밤의 어둠을 내다보는 일과 매우 흡사하다. 그것은 힘든 일이지만 불가능한 일은 아니다. 당연히, 과거를 되돌아본다는 것은 어두운 밤에 바깥에 서서 창을 통해 불이 환한 방을 들여다보는 일과 매우 흡사하다. 그것은 쉬운 일이며 누구나 할 수 있다.

아리스토텔레스 이래로 사람들은 정오에 우물 바닥에서 별을 볼 수 있다고 생각했다. 현실적으로는 우물 통로를 타고 내려간다고 해도 낮 시간에 별을 볼 수는 없겠지만 이론적으로는 일리가 있었다. 외부의 밝은 불빛을 전부 차단하면 희미한 점 같은 별빛이 보인다는 것이었다. 다행히 미래를 가리키는 희미한 점들을 보려고 시도할 때는 외부의 밝은 불빛을 차단하라는 원칙이 큰 효과가 있다.

그렇게 많은 사람들이 미래를 잠깐이라도 내다보겠다고 찾아갔던 예언자의 수정 구슬이, 어떻게 그렇게 어두워질 수 있었을까? 인터넷에서 터져 나오는 번쩍이는 불빛에 눈이 멀었던 똑똑하고 경험 많은 비즈니스 종사자는 결코 조지 샤힌 만이 아니었다. 지나치게 밝은 조명은 방의 어두운 구석에 있는 세부장식을 아예 볼 수 없게 만들지는 않는다 하더라도, 최소한 보기 어렵게 만들기는 한다.

현재 속에 미래를 예측하는 단서가 있다

시간은 매혹적이다. 현재의 순간을 붙잡아 그것을 살아 있게 하려는 본능적인 욕망은, 추억을 소중하게 생각하는 사람들이 수많은 사진 이미지와 비디오테이프들 그리고 저 공상과학 소설의 단골 재료인 시간여행에 관한 환상의 도움을 받아 추억을 간직하려는 것과 닮았다. 주가의 등락을 예측하는 데 성공하든, 다가올 사건을 예측하는 데 성공하든, 사람들은 미래를 정확히 예측하는 사람에게 끌린다. 불행하게도 사람들은 축제 때 나타나는 예언가를 사기꾼으로 치부하는 데 익숙하기 때문에 미래예측의 모든 측면들을 역시 내던져 버리는 경향이 있다. 그들은 미래주의를 완전히 거부하지 않으면 자신들의 합리성을 의심하는 셈이라고 생각한다. 하지만 실제로는 인생에서 시간과 시간의 역할을 온전히 이해하려면 온전한 합리성 없이는 불가능하다.

직관은 물리적 환경을 정의하는 데 사용되는, 길이와 무게 같은 수량이 있을 때 작용한다. 나는 내가 하는 활동이나 나이와는 상관없이 탁자나 심지어 교각의 길이를 근사치에 가깝게 추정할 수 있다. 거의 대부분의 사람들과 마찬가지로 나는 상자의 용적도 꽤 훌륭하게 어림잡을 수 있고, 그것을 집어 들어본 뒤에는 그 무게가 여러 가지 목적으로 사용되기에 충분하리라는 것을 알 수 있다. 하지만 특정한 사건이나 특정한 순간 이후에 얼마나 많은 시간이 흘렀는지 추정하려면 훨씬 더 힘이 든다.

아이에게는 일 년이 거의 영원과 같지만, 중년의 부모가 느끼는 일년은 무서운 속도로 지나간다. 이것을 통해 시간은 상대적이라고 설명할 수 있을 것이다. 삶의 경험이 10년밖에 되지 않는 아이에게는 흘러가는 1년이 자기 경험의 10퍼센트에 해당한다. 하지만 성인에게는 똑같은 시간이라 하더라도 자기 삶의 경험 가운데 작은 조각에 해당하므로 아이보다 훨씬 짧게 느껴진다. 이것은 사실에 부합하는 설득력 있는 설명일 수 있지만 무게와 부피 같은 수량에는 이와 같은 설명이 필요하지 않다. 화를 돋우는 비즈니스 문제나 재정 문제와 씨름할 때는 시간이 더디게 간다. 하지만 같은 시간이라도 손꼽아 기다렸던 휴가를 즐기며 보내는 기간은 당황스러울 정도로 빨리 지나간다. 시간의 이상한 점은 이것만이 아니다. 예를 들어 탁자나 다리, 혹은 상자는 한꺼번에 전체적으로 경험할 수 있지만, 사건은 사라져 가는 하나의 순간밖에 경험하지 못한다. 사건의 나머지 부분에 대해서는 기억과 일치 능력에 의지하여 미래를 감지해야 한다.

나는 항상 의식조차 하지 않고 이렇게 한다. 나는 미래를 예측하기 위해 현재의 단서들을 해석하는 법을 배웠다. 어느 맑은 날, 골프장을 가로지르는 지름길을 가다가 클럽이 공을 '딱'하고 치는 소리를 들었다고 가정해 보자. 그다음에는 누군가 "그 앞에 조심해요."라고 소리치는 것을 듣는다. 나는 뇌진탕을 피하기 위해 즉시 땅에 엎드린다. 귀가 먹은 내 친구는 작고 하얀 발사체가 조금 전까지만 해도 내 머리가 있던 공간을 휙 하고 통과하는 모습에 깜짝 놀란다. 나는 수화를 사용하여, 비록 그가 아주 많은 분야를 온전히 감당하긴 하지만 골프장에서 공이 빠른 속도로 곧 날아올 것임을 보여주는 단서들을 포착할 수는 없다고 설명한다. 그에게 있어 장애는 정상적인 현실이고 그가 아는 전부이므로 그는 나를 일종의 예언자로 바라본다.

이제 안개가 매우 짙게 낀 어느 날, 한 가족이 커다란 연못 근처에서 소풍을 즐기고 있다고 상상해 보라. 사람들에게서 빠져나온 한 꼬마가 몇 미터를 걸어 물가로 간다. 갑자기 아이가 가족들에게 소리친다.

"빨리요! 보세요! 조금 있으면 물 위에 물결이 생길 거예요."

정말 몇 초 뒤에 안개 속에서 물결이 나타나 가족들이 앉은 곳까지 밀려오자 다들 놀라워한다.

"도대체 어떻게 알았니?"

가족들이 묻는다. 우연히 물가로 나온 그 아이는 즐거운 소풍에 흥겨워진 사람들의 왁자지껄한 소리에서 멀어진 덕분에 희미하게 첨벙거리는 소리를 들었다. 아이는 그것이 안개에 가려진 연못 저쪽 편에서 누군가가 연못에 조약돌을 던지는 소리라는 것을 알아차렸다. 아이는 자신의 생각이 맞는다면 조약돌 때문에 물결이 곧 나타날 것이라고 미루어 짐작했다. 아이가 자신의 분명한 선견지명에 대해 그 간단한 설명을 하지 않았다면 예언자같이 보일 것이다.

키케로가 말했다.

"사건이 일어나기 전에 징조가 먼저 생기는 것은 이 세상이 시작될 때부터 정해진 일이다."

다가오는 사건의 희미한 발소리가 들릴 때 그것을 징조로 여기느냐, 아니면 곧 벌어질 사건 앞에 드리워진 그림자를 징조로 마음에 두느냐 하는 것은 전혀 중요하지 않다. 중요한 것은 우리가 깨달아야 하는 두 가지 사실이다. 첫째로, 명백한 한계가 있지만 미래를 내다보는 일은 실제로 가능하고 둘째로, 우리는 그 능력을 향상시킬 수 있다.

앞을 보기 전에 먼저 뒤를 보라

아이작 뉴턴의 운동 제1법칙은 미래를 내다보기 위한 제1법칙으로도 아주 훌륭한 역할을 한다. 1686년 뉴턴은 어떤 물체든지 외부에서 힘이 가해지지 않으면 하던 일을 계속하는 경향이 있다고 자세히 설명했다. 연석에 주차되어 있는 정지된 차는 운전자가 시동을 걸고 기어를 넣거나 누군가가 강하게 밀지 않는 이상 계속 정지된 채로 있기를 '원할' 것이다. 마찬가지로 시간당 약 100킬로미터의 속도로 순조롭게 고속도로를 달리는 차는 공기 저항과 기타 마찰로 인해 속도가 떨어지거나 운전자가 브레이크나 가속기를 밟지 않는 한 계속 달리기를 '원할' 것이다. 현실 세계에서는 절대로 그럴 리가 없지만, 만일 이런 외부의 힘이 없다면 그 차는 실제로 시간당 약 100킬로미터의 속도로 무한히 달릴 것이다.

그런데 운전자가 브레이크를 밟게 되면 브레이크에 가해진 외부적인 힘 때문에 자동차는 운동 상태에서 정지 상태로 바뀌게 된다. 하지만 갑자기 세워진 차 안의 승객들은 빠르게 직진하는 그들의 상태를 제어하는 것이 아무것도 없기 때문에, 앞 유리나 계기판에 부딪혀 직진이 막히기 전까지는 계속해서 앞으로 나아가려는 경향이 있다. 마찰과 중력이 없는 우주 공간에서는 물체들이 정확히 뉴턴의 운동 제1법칙에 따라 움직이는 것을 볼 수 있다.

이 법칙을 적용하면 저 앞에 놓인 것이 무엇인지 볼 수 있는 능력을 개발할 수 있다. 동요가 없는 안정된 사물은 아무런 힘이 가해지지 않는 한 동요가 없는 안정된 상태를 계속 유지한다. 힘은 어떻게 발현될까? 급속도로 변하고 있는 사물에는 이미 어떤 힘이 작용하고 있다. 그 힘을 찾고 인식하여 그것이 어떻게 움직여 나갈지 판단하라. 힘이 그대로 유지될까? 아니면 강화되거나 약화될까? 달리 말하면 앞을 보기 전에 먼저 뒤를 보라. 나와 관련된 문제의 추세를 살펴라. 그 문제는 지금까지 어떻게 진행되어 왔는가? 일단 추세를 인식했으면 그것이 지금과 같이 움직여온 이유가, 다른 움직임을 만들 만한 것이 아무것도 없었기 때문인지 아니면 다르게 움직이지 못하도록 막고 있는 무언가가 있기 때문인지 자문해 보아야 한다.

예를 들면 최근에 금값이 두드러지게 안정되었던 시기가 있었다. 대개 사람들이 인플레이션이나 사회적 불안 같은 문제를 인식할 때는 금값이 오르는 경향이 있다. 금값이 안정되었던 이유는 실제로 인플레이션이 별로 없거나 사회적 불안이 거의 없었기 때문인지도 모른다. 아니면 인플레이션과 사회적 불안에도 불구하고 금값이 안정되었던 것은 예상되는 금값 상승을 다른 활동이 막고 있었기 때문인지도 모른다. 간단한 조사에 의해 러시아가 자신들이 보유한 막대한 금의 일부를 팔아서 분주하게 외화를 벌어들인 것으로 밝혀졌다. 이렇게 해서 시장에 새로 들어온 금이 인플레이션에 의해 올라갔을 가격을 억지로 내리고 있었던 것이다.

외부적 힘이 안정에 대한 환상을 유지하고 있음을 깨달은 현명한 투자가들은 러시아인들이 결국 자기들의 필요를 충족시킬 만큼 금을 팔아치울 것을 알았다. 미래를 내다보았던 투자가들은 금과 관련된 투자 대상을 사들여 돈을 벌었다. 실제로 인플레이션은 꺾이지 않았고, 러시아인들은 더 이상 금을 팔지 않았다. 그러자 금값이 상승하기 시작했다.

이번에는 유명한 역사적 사례를 생각해 보자. 1775년 3월 23일 버지니아 집회에서 "자유가 아니면 죽음을 달라"는 유명한 연설을 했던 패트릭 헨리는 그 연설에서 이렇게 말했다.

"내 발을 인도하는 등불은 하나밖에 없으니 그것은 경험의 등불입니다. 나는 과거에 비추어 보는 것 외에 미래를 판단할 방법이 없습니다. 그리고 과거에 비추어 볼 때, 영국 정부가 자신들과 의회를 위로하려는 의원들의 희망을 정당화하려고 지난 10년간 어떤 행동을 저질렀는지 나는 알고 싶습니다."

그의 말은 어떤 힘이 작용하여 영국의 태도를 바꾸지 않는 한, 영국은 그때까지 해오던 짓을 계속할 거라는 뜻이었다. 헨리는 그 힘이 무엇인지 알려줄 수 있는 사람이 없는 한 나중이 아닌 지금 당장 싸울 것을 주장했다.

영향력의 범위가 전 세계에 이르는 캐나다 출신의 사업가 폴 리히만은 과거를 기억하는 것이 미래예측에서 얼마나 중요한지 아는 사람이다. 예언자를 방불케 한 그의 미래전망이 토론토나 멕시코시티 혹은 런던의 스카이라인을 바꾼다 할지라도 그 바탕은 과거를 기억하는 능력이다.

그는 옛날 사람들이라면 어떻게 했을지 알아보기 위해 과거를 돌아보고, 자신의 행동이 리히만 집안의 후손들에게 어떤 영향을 미칠지 알아보기 위해 미래를 살핀다. 그는 2천 년이 넘은, 유대인들의 생각을 모은 탈무드를 연구함으로써 젊은 시절부터 미래예측이라는 자질을 키웠고 지금도 발전시키고 있다.

"아직도 공부를 하고 있지만 내가 학자라고는 생각하지 않습니다." 그가 말한다.

"과거의 문화 속에는 우리가 얻을 수 있는 지혜들이 많습니다. 내가 알기로 중국의 비즈니스맨들은 수천 년 묵은 철학을 오늘날의 사건에 여전히 적용합니다. 서구인들은 현대 과학기술에 사로잡혀 눈이 먼 까닭에 그런 경우가 적습니다. 특히 정신을 계발하기 원한다면 다른 가르침들 속에서는 지식을 얻을 수 없습니다. 내일을 알고 싶다면 어제를 알아야 합니다."

마지막으로, 내가 직접 경험한 사례가 있다. 나는 가족들을 데리고 배를 탈 때 '추측항법'이라 부르는 임시 항해술에 의존할 수밖에 없었던 적이 여러 번 있었다. 안개에 둘러싸여 기준으로 삼을 만한 지형물이 보이지 않는다고 상상해 보라. 이때는 자신이 알고 있는 마지막 위치를 해도海圖상에서 재빨리 확인한다. 그 다음엔 현재의 속도를 꾸준히 유지하면서 나침반이 가리키는 방향에 맞추어 나아가려고 애쓴다. 그러면 마지막 위치에서 진행 방향 쪽으로 해도 위에 선을 긋기가 쉬워진다. 해류를 감안하고 진로 위에서의 속도를 미루어 살피면 미래의 어느 시점에라도 자신의 정확한 위치를 예상할 수 있다. 이것은 미래를 내다볼 수 있는 방법을 보여주는 또 하나의 예이다.

과거를 살피는 일이 어떻게 미래를 내다보는 등불이 될 수 있는지 설명하는 이 원칙은 유대교에서 가장 유명한 격언의 뿌리를 이룬다.

"이미 있던 것이 후에 다시 있겠고 이미 한 일을 후에 다시 할지라.

해아래 새것이 없다."

　19세기에 있었던 랍비들의 놀라운 예언은 1948년에 이스라엘 국가가 세워질 것을 묘사한다. 성경은 10명의 반유대주의자들이 1946년 어느 날 교수형을 당할 것이라고 예언했다. 뉘른베르크 법정이 1946년 10월 16일 한 날에 10명의 나치 피고인들을 교수형에 처했을 때, 이에 놀란 랍비 학자는 거의 없었다. 변화는 원인이 있을 때만 일어나고 우연의 일치는 대부분 무시될 수 있음을 분명히 이해한다면, 미래에 일어날 사건들이 어느 방향으로 진행될지 훨씬 더 쉽게 감지할 수 있다.

시간의 규칙성을 명심하라

　달력이 어떻게 생겨났는지 가르쳐 주는 믿을 만한 설명은 없지만 몇 가지 추정은 가능하다. 내가 추정하기론 옛날 사람들 몇 명이 지구가 궤도를 따라 태양 주위를 돌 때 그림자가 매일같이 조금씩 달라지는 것을 보았다. 그들은 곧 우주에 어떤 규칙성-약 365일 동안 지속되는 규칙성-이 존재한다고 결론지었다. 그들은 또 달의 주기가 30일임을 발견했고 그리하여 달력이라 부르는, 시간의 수학적 모형을 만들 수 있었다. 그것은 12개의 짧은 기간이 하나의 긴 기간에 속하는 형태로 시간의 흐름을 정리했고, 그러자 그 이전보다 시간을 파악하기가 훨씬 더 쉬워졌다.

또한 그 운 좋은 발견자들은 달력을 사용함으로써 농사와 건축 그리고 항해에서 엄청난 이점을 누리게 되었다. 계절을 365일 주기의 일부로 생각함으로써 비가 언제 내리기 시작하고 폭풍이 언제 온순한 바람으로 잦아드는지 대략 예상할 수 있었다. 시간에 대한 통찰이 부족한 다른 사람들이 보면 달력 사용자들은 마술사처럼 보였을 것이다. 하지만 그들이 한 일이라고는 규칙성을 발견한 것이 전부였다. 규칙성의 발견은 일반적으로 지능과 상당한 연관이 있다. 대부분의 지능검사는 대체로 개인의 규칙성 발견능력을 측정한다. 검사를 받는 사람에게 다른 모양들과 어울리지 않는 모양을 찾으라거나 주어진 일련번호들 뒤에 이어질 번호가 무엇인지 알아내라고 요구하는 것이다.

어떤 사람들은 하나의 주식 또는 여러 개의 주식이 오르내린 이력 속에서 규칙성이라고 여겨지는 것을 찾아 그것을 바탕으로 투자를 한다. 이것은 그다지 좋은 생각이 못 되는데, 그 이유는 지능의 일부가 투입되는 주가株價라는 게 결국 얼마나 많은 사람들이 그 주식을 선호하는지 측정하는 방식에 불과하기 때문이다. 주가의 규칙성에서 의미 있는 결론을 이끌어내는 것은 무모한 일로 판명될 가능성이 있지만, 그보다 큰 사회적 추세에서 의미 있는 결론을 이끌어내는 것은 현명한 일이다. 이렇게 더욱 큰 추세의 규칙성들이 주가를 좌우하는 것은 극히 당연하지만, 뭐니 뭐니 해도 항상 저변에 있는 원인들을 이해하는 편이 낫다.

옷차림의 유행은 시계추처럼 극과 극을 왔다 갔다 하는 것처럼 보이지만, 패션산업에 익숙해질 대로 익숙해진 사람들은 상당히 정확하게 내년에 유행할 스타일을 미리 알 수 있다. 그들은 유행을 연구해 보면 일정한 경향과 규칙성이 반복해서 나타난다는 것을 알고 있다. 통계적으로 요즘 남녀들은 부모세대보다 결혼이 훨씬 늦다. 이 추세가 계속될까? 아마 아닐 것이다. 그러나 어느 시점에 이르면 평균 결혼연령은 다시 조금씩 낮아지기 시작할 것이다. 그 전환점을 이미 발견한 사람들은 거기에 어떻게 대처해야 하는지 알 것이고 그로 인해 이익을 얻을 것이다.

성경은 아담에서 노아까지의 10세대를 기록하고 있다. 많은 사람들은 왜 각 세대를 대표하는 한 사람의 이름만이 실렸는지 궁금해 했다. 그 대답은 시대마다 예상 가능한 흐름이 나타난다는 데 있다. 예를 들어 게난, 마할랄렐, 야렛은 연속적으로 언급된 세 세대이다. 그들의 이름은 토라에 나오는 모든 이름과 마찬가지로 특별한 의미로 해석된다. '게난'은 물질적 욕심을 암시하고, '마할랄렐'은 정신적 모색을 떠올리게 하며, '야렛'은 분명 문화적 쇠퇴를 뜻한다. 보다 긴 시간적 관점을 가진 사람에게는 이 세 가지 문화적 경향으로 20세기의 후반부를 살피는 일이 그렇게 터무니 없지 않다.

물질적 욕심의 시기

제2차 세계대전 때 전쟁 속에서 살았던 세대는 희생의 세월을 만회하겠다는 희망에 들뜨며 정상적인 생활로 돌아왔다. 많은 사람들은 여전히 전쟁 이전의 불황에 대해 고통스러운 기억을 품고 있었다. 이유야 무엇이든 제2차 세계대전 직후의 세월은 분명 미국인들이 물질적인 성장과 사랑에 빠지기 시작하던 시기였다. 집의 규모가 갑자기 커졌고 욕실에 할당된 평수가 한층 더 빠르게 늘어났다. 자동차 두 대는 많은 미국 가정들에 있어 일상이 되기 시작했다. 가전제품들이 부엌을 가득 채웠고 은행저축이 불어나기 시작했다. 물질적 성장이 그 자체로, 그리고 저절로 하나의 가치가 되기 시작했다. 정말이지 그 시대는 물질적 성장의 시대라고 부를 수 있을 것이다. 흔히 그렇듯이 이 시대는 다음 시대를 위해 씨앗을 뿌리는 시기였다.

정신적 모색의 시기

1960년대 무렵 소위 히피운동이 탄생했다. 그 기본적인 규칙성을 보기 위해 전면적인 사회학적 조사를 할 필요는 없다. 부모들 같으면 자선단체에나 기증했을 옷을 입는다든지 직업과 경력을 위한 틀에 박힌 공부 방향을 거부하는 등 히피들은 부모들의 물질주의를 일종의 정신적 모색으로 대체하려는 분명한 의도가 있었다. 그들의 음악은 1960년대 초에 나온 비틀즈의 "그대의 손을 잡고 싶어요"에서 시작하여 정신적 열반을 약속하는 이국적 동양 종파에 대한 집착을 반영한 음악으로 서서히 변모했다.

나는 물질적 성장 세대의 아이들 사이에서 늘었던 마약 사용도 똑같은 정신적 모색의 일부였다고 생각한다. 먼저 술을 예로 들어서 환각을 유발하는 화합물에 대해 타당해 보이는 결론을 이끌어 내라. 대개 알코올음료를 즐기는 방식과 맛 좋은 음식을 즐기는 방식은 같지 않다. 음식은 매우 육체적인 필요를 만족시키는 것이라고 할 수 있지만,

술은 중독이 시작되지 않는 한 음식처럼 몸이 그것을 육체적으로 요구하지 않는다. 그렇다. 술을 마실 때는 정신적인 필요가 충족된다. 내가 포도주를 마시기를 신성시하는 관점을 갖게 된 것은 나 자신과 다른 사람들의 믿음 때문이었다. 술과 인간의 정신 사이에는 분명 끈끈한 연관이 있다. 사람들은 정신적인 필요 때문에 술을 찾는다. 몇몇 불행한 사람들에게 있어 술은 자기 존재의 감정적 고통을 무디게 하는 정신적 마취제이다. 많은 사람들이 매우 안락하고 육체적으로 충족된 삶을 살면서도 이런 상태를 겪는다.

1961년 1월, 위대한 정신의학자 칼 융은 자신이 사는 스위스에서 '알코올중독자협회'의 창립자 빌 윌슨에게 편지를 썼다. 융은 이 편지에서 로랜드 H. 라는 이름의 환자에 대해 언급했다.

"술에 대한 그의 갈구는, 중세 언어로는 신과의 합일이라고 표현되는 온전함을 얻으려는 우리 존재의 낮은 수준의 정신적 목마름과 같았습니다."

융은 과학과 치료를 이야기하는 문맥에서 신을 언급한 것이 염려스러웠는지 다음과 같이 덧붙였다.

"우리 시대가 오해하지 않을 언어로 그러한 통찰을 명확히 이야기하려면 어떻게 해야 할까요?"

그런 다음 그는 왜 술을 말하기 위해서는 정신적인 조화를 바라는 인간의 무의식적 욕망과 술 사이의 관계를 인식하지 않으면 안 되는지를 설명하면서 결론을 내렸다.

"술은 라틴어로 스피리투스라고 하는데, 최상의 종교적 체험뿐 아니라 우리를 가장 타락시키는 독을 가리킬 때도 역시 같은 단어를 씁니다…… 당신의 영원한 벗, C.G 융."

물론 그 오래된 라틴어 용법은 오늘날까지도 남아 강한 술을 스피리츠라 부른다.

중독으로 인해 어쩔 수 없이 끌려가지 않는 이상, 다른 것도 아니고 인생을 갉아먹는 정신적 불만을 달래기 위해 환각을 일으키는 약을 의도적으로 몸에 주입하는 사람은 없다는 것이 내 생각이다. 모자랄 게 거의 없는 물질적 풍요 속에서 자라난 첫 번째 미국 세대가 그때 당시 보통 하층민들이 가는 더러운 부둣가의 싸구려 술집에서 볼 수 있는 재료에 의지하여 안도하였다는 사실은 분명 기묘하게 보였을 것이다. 성경은 저 유명한 세대 명명법을 통해 공통적이고 반복적인 시대 경향을 드러낸다. 물질적인 성장이 이루어지는 가운데, 별로 가진 것 없이 자랐던 세대들은 흔히 자식들에게 그들이 갖지 못했던 것을 주는 데만 전심을 다해 초점을 맞추기 때문에 그들이 정말로 갖고 있었던 것을 주는 데는 소홀하다. 이런 보이지 않는 과정을 통해 물질적 욕심의 세대는 종종 정신적 모색의 세대에 의해 대체된다. 불행하게도 이 정신적 모색은 그 자체로는 가치가 없으며, 성경이 그 다음 세대에게 붙여준 이름, 야렛에 반영되어 있는 광범위한 문화적 쇠퇴로 이어질 때가 많다.

문화적 쇠퇴의 시기

아무래도 이것은 종합적인 사회학적 분석으로 간주될 수는 없고, 나

또한 하나의 복잡한 연구 분야를 두세 문장으로 때울 생각이 없지만, 히피의 시대와 20세기 말 사이에 일정한 형태의 문화적 쇠퇴가 발견되었던 것은 분명한 사실이다. 범죄 건수가 늘어나는 것이든 미혼모에게서 태어나는 아이의 숫자가 급격히 증가하는 것이든 무언가 불안한 일이 일어나고 있었고, 그것을 문화적 쇠퇴가 아닌 다른 것으로 설명하기란 어려웠을 것이다. 이 시기의 특징은 주유소의 긴 줄과 두 자리 이자율이었고, 또한 점점 더 커지는 대중적 천박성이었다. 경제는 많은 분야에서 번창하고 있었지만, 문명의 핵심이라고 할 문화는 그렇지 못했다.

일반적으로 물질주의와 정신적 모색 그리고 문화적 쇠퇴의 시대는 항상 반복된다고 볼 수 있다. 그 외에도 우리가 살피고 이해해야 할 규칙성과 경향들은 항상 존재한다. 우리는 비즈니스 종사자이므로 이 경향들을 항상 주의 깊게 살펴야 하고 그 경향들을 이끄는 근본적인 원인이 무엇인지 이해하기 위해 노력해야 한다.

주기를 이용하여 경향을 가늠하는 방법

1920년대 니콜라스 콘드라티예프라는 러시아 경제학자는 19세기의 경제와 문화 그리고 사회에 대한 연구를 통해 성경에 나오는 희년 원칙이 실제로 지속되고 있다는 결론을 내렸다. 성경에 나오는 이 주기는 어느 정도 자유로운 사회에서는 자연스럽게 발생하며 요벨

yobel이라 부른다. 히브리 이름을 영어로 옮길 때 'Y'를 'J'로 음역音譯한다는 것은 잘 알려져 있는데, 그 예로 고래가 삼켰던 선지자이자 배타기를 싫어했던 뱃사람 요나가 있다. 요나Yonah를 조나Jonah로 만든 음역법으로 인해 요벨은 중요한 사건의 50주년 기념을 의미하는 영어 단어 주빌리jubilee가 되었다.

콘드라티예프는 모든 일에, 심지어는 전쟁에서도 50년 단위의 규칙성을 발견했는데, 이는 오늘날 훨씬 더 분명해졌다. 대략적인 주기성은 분명 수학적으로 봤을 땐 정확하지 않지만 그럼에도 불구하고 콘드라티예프와 후세 추종자들의 눈길을 끌었다. 전쟁이 대략 25년마다 발생한다는 명백한 경향과 더불어 더 길게는 50년 주기로 인기 있는 전쟁과 인기 없는 전쟁이 되풀이된다는 사실에 많은 아마추어 역사가들이 넋을 잃었다. 내가 '인기 있는 전쟁'과 '인기 없는 전쟁'이라는 용어를 쓰는 까닭은 해당 전쟁에 대해 대중들이 품는 감정을 설명하기 위해서이다. 이런 감정들은 보통 회고적이어서 '인기 있는 전쟁'은 긍정적인 결과를 가져온 전쟁으로 여겨지며 사람들은 그 전쟁을 돌아볼 때 어느 정도 향수에 젖는다. 예를 들어 지난 150년 동안 있었던 다음 전쟁들을 살펴보라.

1990년 (인기 있는) 걸프전
1965년 (인기 없는) 베트남전
1940년 (인기 있는) 제2차 세계 대전
1915년 (인기 없는) 제1차 세계 대전

1890년 (인기 있는) 미국-스페인 전쟁(실제는 1898년. 하지만 중남미를 겨냥한 미국의 상업적 이익이 쿠바에서 스페인에 의해 위협을 받은 것은 1889년에 열린 제1회 미주회의美洲會議 이후이다.)

1865년 (인기 없는) 남북전쟁

세계의 정치·경제를 공부하는 학생들은 수많은 전쟁과 콘드라티예프 파동 사이의 관계를 주목한다. 비록 조셉 슘페터가 1930년대에 그 개념을 뒷받침하긴 했지만, 거기에는 인류의 냉혹함이 어쩔 수 없이 전쟁을 일으킨다는 뜻이 함축되어 있어서 많은 학자들이 깊은 혼란을 느낀다. 말할 것도 없이 콘드라티예프 파동 이론은 다른 많은 파동 이론과 마찬가지로 매우 논쟁적인 성격을 띠고 있다. 경제 순환 주기의 명백한 불가피성은 전쟁에 비해 혼란은 훨씬 덜하지만 흥미로움은 그에 못지않다.

역시 연도가 수학적으로 정확하게 들어맞지는 않지만 1800년도에서 2000년도까지의 미국 도매 물가와 50년을 완벽한 주기로 하는 이상적인 콘드라티예프 파동 사이에는 신뢰할 만한 상호연관성이 있는 것으로 보인다. 커다란 경제적 성장이 이루어지는 시대 역시 우리가 분석하는 것과 같이 25년이나 50년 간격으로 나타나는 듯하다. 예컨대 다음에 나오는 대략적인 연도들은 여러 가지 과학적, 산업적 발전 내용들이 사람들의 일상 속에 자리를 잡아 부의 창출에 기여하기 시작한 때이다.

2000년 인터넷

1975년 컴퓨터

1950년 플라스틱

1925년 방송

1900년 자동차 산업

1875년 전화

1850년 전신

　　규칙적인 주기가 인간사를 '지배한다'는 관념을 무시무시하게 생각하고 심지어 불길하게 여기는 사람들도 많다. 불행하게도 니콜라스 콘드라티예프의 대장 조셉 스탈린은 3천 년이나 된 성경에 계몽된 러시아인들의 경제적 발전을 도울 통찰이 들어 있다는 생각을 높이 평가하지 않았다. 그는 1938년에 콘드라티예프를 처형했지만 콘드라티예프의 파동은 후세의 비평가들을 계속해서 매료시키고 있다.

　　콘드라티예프 파동이나 그와 비슷한 다른 파동 이론은 흥미를 불러일으킨다. 혹은 불쾌감을 주기도 한다. 비즈니스를 하는 사람은 어느 쪽으로도 극단적으로 가면 안 된다. 파동 이론은 우리가 알아야 할 모든 것의 과거와 미래를 비추는 밝은 광선이 아니다. 하지만 인간사의 주기와 시기를 다루는 그 개념을 전적으로 불신해서도 안 된다. 주기와 시기는 실제로 존재하며 일정한 역할을 하고 있다. 예를 들어 다음에 나오는 규칙성들을 살펴보자.

지구는 대략 24시간에 한 번씩 그 축을 따라 회전함으로써 태양이 매일 아침 동쪽 지평선 위에 매우 예측 가능한 방식으로 떠오르게 만든다.

달은 대략 29일에 한 번씩 지구 주위를 돌고, 지구는 약 365일에 한 번씩 태양 주위를 돈다.

태양과 달은 28년에 한 번씩 서로에게 견주어 똑같은 지점으로 되돌아간다.

태양계 전체는 93,408년에 한 번씩 순환을 마치고 모든 행성들이 똑같은 위치에 정렬된다.

바다의 조수는 12시간에 한 번씩 오르내린다.

날씨 주기는 더 장기적인 태양과 달의 주기에 영향을 받는다.

태양의 온도는 11년마다 한 번씩 오르내리는데 이것은 흑점이 보여주는 전자기 활동도 마찬가지이다.

달의 중력은 18.6년을 주기로 변화하는 것으로 보이고, 지구의 평균온도와 압력은 20년을 주기로 변하는 듯하다.

마지막으로 다음에 나오는 자연 속의 규칙성들을 살펴보라.

노르웨이의 나그네쥐들은 3.86년에 한 번씩 절벽 아래에 있는 바다로 뛰어내린다.

제비갈매기들은 9.7달에 한 번씩 남대서양 어센천 아일랜드에 알을 까기 위해 몰려든다.

캐나다의 스라소니 수는 적어도 기록이 보존되기 시작한 1735년 이후로는 9.6년에 한 번씩 정기적으로 오르내린다.

이것 중 일부가 알려지게 된 것은 1920년대와 30년대에 미국 상무부의 경제학자였던 에드워드 듀이의 작업 덕택이다. 비즈니스, 금융, 노동, 그리고 제품 생산의 명백한 주기에 매혹된 그는 3,000건 이상의 방대한 주기 기록과 그와 관련된 자료들을 수집했다. 주기는 미국에 있는 호수들의 수위, 미국인들의 결혼 건수, 메뚜기의 창궐(알고 싶어 할 경우에 대비해서 밝히자면 9.2년), 그리고 주거용 주택 건축 비율에도 존재한다. 산업채권 수익률과 자동차 판매량 그리고 치즈 소비량의 주기는 확고하다. 알루미늄 생산과 항공기 교통량 그리고 정신건강의 주기성도 현실적이다. 이 주기들이 서로 연관이 있는지는 실제로 아무도 모른다. 메뚜기의 생식능력과 「포춘」지 선정 500대 기업 매출 사이의 연결고리를 생각한다는 것은 이상하게 보인다. 하지만 통계학자의 관점에서는 이것을 전부 우연의 일치로 보기란 불가능하다. 서로 일치하는 비슷한 주기들이 어찌나 많은지 단순히 우연이라고 하기에는 설명이 안 된다.

그러므로 주기와 경향의 가능성에 대해서는 마음을 열되 절대로 거기에 눈이 멀어서는 안 된다. 미래의 일을 평가할 때 그것들이 하나의 요소가 되겠지만, 그야말로 하나의 요소가 되어야 하며 너무 낮지도 높지도 않게 적절한 비중을 두어야 한다. 우리는 어쩌면 임대용 부동산의 구입이나 일하는 어머니들을 위한 보육 프로그램에 대한 투자를 염두에 두고 있거나, 그도 아니면 투자할 만한 우량 주식을 고르고 있을지도 모른다. 이 중의 어떠한 경우라도 현명한 행동방향은 미래를 내다보고자 노력하는 일일 것이다.

세상이 실제로 어떻게 돌아가는지 효과적으로 이해하기 위해서는 원인과 결과를 분석하는 일에 익숙해지는 것도 필요하다. 약간만 집중하면 그것은 어느새 유용한 습관이 된다. 완전히 동떨어진 사건은 거의 없다. 따라서 사건을 볼 때는 사슬의 연결 고리로 보려고 애써야 한다. 심지어 현대 기상학도 먼 곳에서 일어난 태풍이 우리 지방의 날씨에 어떤 영향을 미칠지 궁금해하는 분석가들에게 달려 있다. "왜 이런 일이 일어났지?"하고 습관적으로 묻고 그 다음엔 "이 일로 인해 또 어떤 일이 일어날까?"하고 묻는 사람은 현명한 사람이 되기 위한 길을 제대로 가고 있다.

똑똑한 투자가들은 조간신문을 펼치거나 텔레비전 뉴스를 볼 때마다 이렇게 한다. 저게 뭐지? 멀리 떨어진 어떤 곳에서 가스관 폭발? 그러면 가스관을 통해 들어오는 무언가가 부족해지지 않을까? 확대 기능이 장착된 새로운 형태의 소형 액정 모니터가 발명되었다고? 그렇다면 컴퓨터를 다루면서 한편으로는 다른 기계들을 작동시켜야 하는 노동자들에게 이상적인 제품으로 이익을 볼 수 있는 사람은 누굴까? 새 대통령은 떠나가는 전임자보다 군에 대해 우호적이니까 국방비를 늘리는 데 관심이 있을 테고, 그로 인해 현대적인 군이 필요로 하는 그런 종류의 무기를 만드는 회사들이 이익을 볼 거야. 우리 마을은 발전하는 중일까? 무엇이 발전을 가져오고 어느 방향으로 발전할까? 마을 사람들이 옮겨 가는 것으로 보이는 곳에 부동산을 사야 할까?

어느 경우에나 정보는 이미 입수되었다. 유대 문화는 이것을 '낳아 둔 알'이라고 부른다. 그 알이 언제 어떻게 부화하고 거기서 어떤 종류의 생물이 기어나올 것인가는 우리가 결정한다. 그래서 미래를 이해한다는 관점으로 생각하기를 배우는 것이 그렇게 중요한 것이다.

미래예측을 위해 시간을 따로 할애하라

늦은 밤에 잠을 자지 않고 누워서 집에서 나는 소리들을 들어 본 적이 있는가? 들보나 지붕, 혹은 창틀이 온도변화에 따라 팽창하거나 수축하면서 내는 삐걱이는 소리들이 들릴 것이다. 저 멀리 있는 기차나 예인선의 기적 소리가 들릴지도 모른다. 조심스럽게 귀를 기울이면 부엌에 있는 냉장고가 켜졌다 꺼졌다 하는 소리가 들릴 것이다. 그렇다면 낮 시간에 냉장고가 순환하는 소리를 마지막으로 들은 것이 언제인가? 분명 냉장고는 밤에도 순환하고 낮에도 순환한다. 낮에 집에서 삐걱거리는 소리를 들어본 적이 있는가? 못 들어봤겠지만 낮에도 역시 그런 소리들이 난다.

요점을 말하자면, 우리의 감각 흡수 장치, 예를 들어 눈과 귀가 수많은 강력한 자극들로부터 폭격을 당하고 있다면 부드럽고 미묘한 소리와 광경에 대해서는 감각이 무뎌지게 된다. 우리는 함께 저녁 식사를 하고 있는 여성의 은근한 향기나 그 식당 테이블 위에 놓인 꽃의 향기에 놀라워한다. 하지만 이제 그 꽃을 들고 우리의 손님과 함께 냄새가 진동하는 그 식당의 부엌으로 들어가 보라. 장담하건대 요리사가 한쪽에서 쥐고 있는 커다란 프라이팬에서 나는 냄새밖에 맡지 못할 것이다.

앞으로 일어날 사건들 역시 부드럽고 희미하게 신호를 보낸다. 하지만 거의 모든 사람들이 그 신호를 흘려버리는 까닭은 그것을 포착하는 데 필요한 조용한 시간을 마련하지 않기 때문이다. 냉장고가 켜졌다 꺼졌다 하며 순환하는 소리를 듣는 일이 우리에게 정말로 중요하다면 파티에 취한 사람들을 집으로 돌려보내고 라디오와 텔레비전을 꺼야 한다. 그렇게 모든 소음들을 차단하고 나면 소리가 거의 없는 압축기 모터가 켜졌다 꺼졌다 하는 소리가 분명하게 들릴 것이다. 다가올 경향들의 부드러운 발소리를 듣는 일이 우리에게 정말로 중요하다면 그와 똑같이 해야 한다. 신경을 많이 쓰게 만드는 다른 자극들이 없는 시간을 따로 할애해야 한다. 그제서야 이 미미한 신호들에 접근할 수 있을 것이다.

시대의 흐름에 대한 관찰을 활용한 사람 중에는 모리스 쉐퍼드라는 기업가가 있었다. 그는 오하이오주 농촌지역 출신으로 고등학교를 중퇴하고 공군에 입대하였고 거기서 암호해독법에 대한 재미와 소질을 발견했다. 마침내 그는 학사 학위를 취득했고 여러 대학에서 잇달아 강사직을 맡게 되었다. 그가 가르쳤던 곳은 펜 스테이트, 노스이스턴,

브릿지워터 등 여러 학교들이었다. 모리스는 강의실을 사랑했지만 승진과 재집권을 둘러싸고 벌어지는 교수 사회의 정치 놀이에는 영 재주가 없었다. 그는 상자에 가득 수집한 뉴스 소식과 기사와 이야기들로 강의를 풍성하게 만들어서 학생들로부터 사랑을 받았다. 일터가 바뀌더라도 학생들에게 주어진 교과서가 너무 부적합하다고 생각되면 매번 서류철과 교재 상자를 끌고 다니면서 강의를 보완하곤 했다. 1995년 58살의 나이로 쉬고 있을 무렵, 그는 시간강사 일을 하며 이리저리 옮겨 다니는 자신의 미래가 서글프게 느껴졌다.

어느 여름날 아침, 그는 나무 그늘 밑에 앉아 조용히 생각에 몰두하며 시간을 보냈다. 주의를 빼앗는 온갖 것들로부터 멀어진 그는 「뉴욕 타임즈」지를 천천히 훑어 내려갔다. 그는 경제면에 이르러 작업 시간이 짧은 책들을 대량으로 찍어낼 수 있는 새로 나온 제록스 복사기에 관한 기사를 보았다. 소음과 훼방거리가 사라지자 미래가 분명해졌다. 그는 교과서가 점점 더 비싸지고 있음을 알았다. 대학 서점들은 학생들로 하여금 강의가 시작되기 전에 책을 사게 만드는 일에 점점 더 힘겨워하고 있었다. 그는 새로 등장한 기술로 인해 특정 강의에 맞는 주문형 책들을 만들 수 있게 되었음을 알았다. 그는 자신의 경력이 실제 강의보다는 이와 같이 특화된 강의 교재를 만드는 일에 더 적합하다는 것을 알았다. 그래서 쉐퍼드는 집을 저당 잡히고 신용카드를 몽땅 털어 필요한 복사 장비를 구입했다. 여러 단과대학 및 종합대학의 교수들과 친분을 쌓아둔 모리스 쉐퍼드는 사업에 뛰어들었다. 그는 부문별 요소에 대해 저작권 사용 허가를 얻었고 교수 개개인이 자기 강의에 필요로 하는 모든 부교재를 담아 장정본을 찍었다. 3년이 못 되어 그는 2,500가지 교재집(그가 부르는 이름이다)을 만들었고 사업 성장으로 인해 직원 수가 38명에 이르렀다. 그는 더 이상 자기가 싫어 하는 숨막히는 대학 환경을 참지 않아도 되고 더 이상 강사직의 고용 불안에 떨 필요도 없다. 미래를 들여다보려 했던 쉐퍼드는 자신에게 저 희미한 신호가 와 닿을 수 있는 상황 속에서 그렇게 한 덕택에 미래 를 분명히 내다보고 행동에 옮겨 부자가 되었다.

유대 전통에 뿌리를 둔 미래예측 모델은 거의 누구나 이용할 수 있 다. 이 모델은 안식일 준수를 말하는, 십계명의 네 번째 계명에 근거한 다. 많은 사람들이 앞뒤가 맞지 않는 원시적인 규칙들이 안식일을 지 배한다고 여기지만 안식일에는 미래를 효과적으로 응시할 수 있도록 시간적으로나 공간적으로 고요한 오아시스를 만들어내는 효과가 있 다. 유대인이라면 매주 25시간은 일과 관련된 모든 물건과 활동을 제 쳐두어야 한다. 자동차, 텔레비전, 컴퓨터, 그리고 전화기처럼 과학기 술이 만든 기계라면 어떤 형태의 것이라도 작동을 삼가야 한다. 사실 은 외부 세계와 접촉하고 거기에 영향을 미치도록 돕는 모든 장치들 이 사용금지대상이다.

유대인들은 일상적인 창조활동 및 세계에 영향을 미치는 행동을 스 스로 제한함으로써, 행동을 하는 창조의 주체가 되는 것을 피한다. 대 신 세계의 마술에 걸리는 객체가 된다. 주위환경에 창조적인 힘을 가 하지 못하도록 막는 이유는 그렇게 할 때 환경이 제시하는 바를 더 잘 흡수할 수 있는 위치가 되기 때문이다. 일주일의 7분의 1에 해당하는 이 쪼개진 시간은 대단한 호사이기도 하지만 그 주의 나머지 시간 동안 창조적인 사고를 하는 데 필수적이다. 일주일에 한 번씩 정기적으로, 그들의 존재는 '송신 상태'가 아닌 '수신 상태'가 된다.

창조성에 불을 붙이고 미래에 대한 전망을 강화하기 위해 얼마만큼의 시간을 마련하기로 결심했든지 간에 세 가지 원칙의 지배를 받아야 한다.

1. 시간은 긴 것보다는 규칙적인 것이 훨씬 더 중요하다. 바꾸어 말하자면 길지만 일정치 않게 시간을 내기보다는 짧더라도 규칙적으로 시간을 내라. 월요일과 목요일마다 한 시간씩 내든지 2주에 한 번씩 아침 시간을 내라. 마치 의사나 변호사와 약속이 있는 것처럼 달력에 표시를 해두고 건드리지 못하게 하라.

2. 다른 일을 같이해서는 안 된다. 운동을 하거나 음악을 들어서도 안 되고 과자를 먹어서도 안 된다. 이렇게 해야 '수신 상태'로 들어간다.

3. 아주 또렷하게 정신을 가다듬든지 아니면 미리 준비한 특정 의제에 대해 생각을 집중해야 한다. 이렇게 하면 훈련부족으로 인해 정신이 흐트러지는 것을 막는 데 도움이 된다.

예를 들어 수중에 금방 들어온 새로운 사실이나 일련의 숫자들이 갖는 미래적 의미를 판단하려고 애쓰고 있다고 가정해 보라. 긴장을 풀고 수신 상태로 들어가려고 노력하라. 팔에 내리쬐는 따뜻한 햇살을 느껴보라. 주변에서 벌이 윙윙거리는 소리나 머리 위의 나뭇잎들이 스르르 흔들리는 소리가 들린다. 생각하지 마라. 그냥 보고 맡고 느껴라. 그런 다음엔 생각속으로 깊이 들어가 나를 위한 보석 같은 아이디어가 담겨 있다고 여겨지는 사실이나 숫자를 숙고해 보라. 마음을 맴돌고 있는 사실과 숫자의 낌새를 알아차려라. 자료에 대한 의식을 차단하고 그것을 모든 방향에서 위와 아래, 심지어 자료 내부에서도 바라보며 시각화하려고 노력하라.

뇌가 잠시 쉬어야겠다고 소리를 지르면 생각이 없는 수신 상태로 다시 들어가 그냥 느끼고 흡수하라. 이런 순환을 여러 번 반복하라. 이런 '안식기'를 벗어날 때 비약적인 발견이 없더라도 실망하지 마라. 그것은 몇 시간 뒤에 나타나든지 심지어 하루나 이틀 뒤에 나타나기도 한다.

사람들 중에는 목욕을 하면서 영감을 얻는 이들이 많다. 그 이유는 대부분의 사람들에게 목욕은 거의 생각할 일이 없는 자동적인 행위여서 아무것도 하지 않는 것과 같기 때문이다. 사람들은 항상 같은 부위를 같은 순서에 따라 같은 방법으로 씻는다. 한편, 흐르는 물이 내는 순수한 소리는 다른 잡다한 소리들을 효과적으로 전부 차단한다. 사람들이 의식 속으로 천천히 들어오는 작고 소리 없는 생각들에 대해 가장 예민해지는 때가 목욕할 때인 것은 당연한 일이다. 정기적인 '안식기'를 통해 '가상의 목욕'을 하는 것은 재정적 이익을 위해 미래를 내다보는 능력을 기르는 하나의 방법이다.

미래를 내다보는 데 불필요한 자극을 모두 없애라

주의를 하나 더 덧붙이는 게 좋겠다. 받아들이기 어려울지 모르 겠지만, 정기적으로 '미래의 소리를 흡수하는' 시간을 갖기 전에 적어 도 24시간 동안, 더 나아가서는 그 두 배의 시간 동안 영화나 텔레비 전 프로그램 형태의 오락을 삼갈 것을 권한다. 텔레비전은 어디에서 나 이용하기 때문에 시간이 얼마가 됐든 텔레비전 없이 지낸다는 것 은 상상하기 어렵다는 것을 안다. 하지만 텔레비전을 보면 사람이 무 기력해지고, 말수가 적어지고, 수동적으로 변하고, 멍해지는 경향이 있다. 또한 어떤 활동이든 그 효과는 오래 남는 법이다. 비위에 거슬리 는 음식을 먹거나 독성이 있는 재료를 섭취했을 때는 몸이 그 유해효 과에서 완전히 벗어나려면 상당한 시간이 걸릴 수 있다.

문제는 화면 속 이미지들이 너무나 유혹적인 나머지 거기에 노출되 면 상당 기간 빠져나오기가 거의 불가능하다는 데 있다. 그 강력한 그 림들이 내보내는 감정적인 충격파는 뇌 주위를 돌며 튀어 다닌다. 큰 화면이든 작은 화면이든 그 앞에 한두 시간 앉아 있으면 결과적으로 미묘한 것들에 대해서는 둔감해진다.

뿐만 아니라 이런 형태의 오락이 갖는 속성상 사람이 더욱 소극적 으로 변한다. 로이드 빌링슬리는 재미를 주다amuse라는 말이 단서 가 된다고 지적했다. 'muse'라는 단어는 '생각하다 또는 숙고하다' 라는 뜻이다. 앞에 오는 'a'는 유신론자theist의 반대가 무신론자atheist

인 것처럼 어근에 반대되는 의미를 함축한다. 바꾸어 말하자면 오락 amusement은 사고나 숙고를 막는 어떤 것이다.

텔레비전이나 영화를 매개로 하는 오락을 즐기면 미래예측 능력이 손상된다고 말하는 것은 주로 세 가지 이유 때문이다.

이유 1 : 눈에 비치는 빛은 사람에게 최면을 거는 특징이 있다. 사람들이 기억하는 문구 중에는 "그녀는 자동차 전조등 불빛에 갇힌 사슴처럼 꼼짝하지 못하고 서 있었다"는 문장이 있다. 실제 생활에서는 어떤 장면을 보면 눈이 그 장면에서 반사되는 빛을 받아 그것을 신경 자극으로 전환시킨다. 우리는 빛의 근원인 태양을 보는 것이 아니라 태양빛이 사물을 비추어 밝히면 거기에서 반사된 빛이 우리 눈에 들어온다.

하지만 텔레비전을 볼 때는 약 25,000볼트의 전기로 가동되는 음극선 총이 얼굴을 정면으로 겨냥한다. 그 총은 눈을 향해 곧장 전자를 쏜다. 이 전자는 음극선 총과 눈 사이에 있는, 인광 물질을 입힌 유리 스크린을 때리고 그러면 스크린은 빛을 발산하여 그 빛이 눈을 때린다. 이렇게 이미지에서 나오는 빛이 사람의 눈으로 직접 나아가는 것은 자연에서는 찾아볼 수 없는 방식이다. 실제로 사람들은 어렸을 때 절대로 빛을 똑바로 쳐다보지 말라는 말을 듣는데 이것은 현명한 주의다. 이런 식으로 보이는 이미지는 기억 속에 강하게 뿌리박히고 반사된 빛을 통해 받아들여질 때보다 사고에 더 많은 영향을 미치는 경향이 있다.

이와는 대조적으로 생각이나 사물에 대한 글을 읽을 때는 받아들이거나 거부할 수 있는 자유가 최대한 주어진다. 화면은 일시적인 감정 불균형을 초래할 수 있는 방식으로 감정에 영향을 미친다. 이런 이유 때문에 쇼핑 방송들은 텔레비전을 이용하고 절대로 라디오를 이용하지 않는다. 판매원이 시청자의 눈앞에서 반짝이는 목걸이를 늘어뜨리면 라디오에서 설명만 할 때보다 전화기 주문을 유도할 수 있는 가능성이 더 커진다. 우편판매 카탈로그는 제품을 설명하는 글보다는 밝은 색깔의 사진들에 많이 의존하는 경향이 있다. 그러므로 통찰력을 최대한 효과적으로 발휘해야 할 때는 강력한 이미지들이 뇌 속에 주입되어 미묘한 사고과정을 압도하지 못하도록 막아야 할 필요가 있다.

이유 2 : 텔레비전 이미지들은 매우 **빠르게** 움직인다. 텔레비전 장면의 평균 지속 시간은 25초 미만이다. 이런 연이은 이미지들의 전달은 사람의 마음을 즉각적인 만족에 길들게 한다.

현실에서는 건설적인 사고과정일수록 그렇게 **빨리** 움직이지 않으며, 미래를 내다보기 위해서는 좀 더 실제에 가까운 속도로 끈기 있게 정보를 흡수해야 한다. 어떤 의미에서 보면 텔레비전은 미래의 경향을 수집하고 분석하는 것과는 전혀 다른 조급함을 선사한다고 볼 수 있다. 여기에서는 글을 읽어서 자료를 천천히 흡수하는 느린 과정이 훨씬 더 유리하다.

이유 3 : 텔레비전은 상상력을 둔화시키는 반면 글을 읽거나 말을 듣는 일에는 중요한 능력을 길러 준다. 상상력은 미래를 예측하려고 노력하는 과정에서 결정적인 역할을 하는 능력이다. 그 방법론은 매우 간단하다. 출발은 과거에 대한 면밀한 관찰과 나를 현재에 이르게 한 외부 요인과 내부 요인들에 대한 온전한 이해이다. 그 다음엔 내가 동원할 수 있는 자원들과 더불어 현재의 조건들을 고려한다. 마지막으로 상상력의 자유로운 통제가 미래에 대한 다양한 시나리오들을 내놓게 한다. 이 시나리오들 가운데 일부는 내가 그 자리에서 현명하게 거부할 것이다. 남아 있는 시나리오 중에 어떤 것은 나를 놀라게 하고 어떤 것은 나에게 겁을 줄 것이다. 어떤 것은 나를 끌어당기는 반면 어떤 것은 나를 내던질 것이다.

열쇠는 고려할 만한 일정 범위의 가능성들을 불러내기 위해 건강한 상상력을 보장하는 것이다. 어떤 사건을 설명하는 글을 읽거나 이야기를 들으면 상상력 훈련이 된다. 읽었던 책이 영화로 나왔을 때 그것을 보고 실망하는 이유가 바로 여기에 있다. 하다못해 책을 읽으며 상상했던 것과 영화가 사뭇 다르다는 느낌을 받는 것이다. 책을 읽을 때는 자극을 통해서 비워진 부분을 메웠다. 주인공들의 생김새와 배경에 대한 생각을 키워나간다. 나중에 영화를 보면 그것이 얼마나 다른지 알게 된다. 스크린 위에 펼쳐지는 그림은 마음대로 상상할 수 있는 자유를 빼앗는다.

목표설정이 곧 미래예측이다

모터사이클에 열광적인 나는 언젠가 '캘리포니아 고속도로 순찰대'의 모터사이클 경관들을 훈련시키는 한 전문가에게서 며칠 동안 훈련을 받는 특권을 누린 적이 있다. 모터사이클을 탄 세월이 오래되었고 실제로 수년 전에는 오래된 모터사이클을 끌고 아프리카 곳곳을 돌아다니기도 했지만 타는 법은 혼자서 터득한 것이었다. 진짜 훈련을 받은 첫날, 나는 내가 알고 있는 것이 얼마나 보잘것없는지 통감했다. 기본적인 주행 기법을 그렇게 무시했으면서도 예전의 모터사이클 모험에서 살아남은 것은 기적에 가깝다는 생각이 들었다. 또한 모터사이클 주행의 많은 측면들이 비즈니스 생활을 영위하는 것과 많이 닮았다는 생각도 들었다. 예를 들어 우리는 어떤 환경에서는 자신이 정말로 가고 싶은 방향으로부터 잠시 조종간을 틀어 반대 방향을 향한다. 비즈니스에서도 이와 마찬가지로 그야말로 가능한 한 가장 빠른 방법으로 목표에 이르기 위해 목표로부터 잠시 멀어지는 길을 가야 할 때가 종종 있다.

훨씬 더 유용한 교훈은 길고 넓은 곡선도로를 갈 때 모터사이클을 안전하게 타는 법이다. 예전에 나 혼자 익힌 습관과는 달리, 자신의 시야가 확보된 지역에서 회전을 끝까지 유지하기 위해 고개를 충분히 꺾는 것이 얼마나 큰 효과가 있는지 알게 되었다. 아직도 그 강사의 고함 소리가 들리는데 그가 내렸던 지시가 나중에 나의 안전을 지켜준

것이 한두 번이 아니었다.

"안 됩니다. 현재 가고 있는 곳을 보지 마세요. 가고 싶은 곳을 보세요!"

그는 더 나아가 우리의 몸은 무의식적으로 우리가 바라보는 곳을 향해 모터사이클을 끌고 가려는 습성이 있음을 풍부한 통찰력으로 설명해 주었다. 이것을 안다면 목표를 분명히 바라봄으로써 이익을 얻는 것이 좋겠다. 서커스에 나오는 줄타기꾼들을 보라. 그들도 똑같은 교훈을 알고 있다. 그들은 줄을 탈 때 아래를 내려다보지 않는다. 대신 그 위험한 횡단선의 끝에 나와 있는 작은 발판에 초점을 분명히 맞춘다.

비즈니스 활동에서도 똑같은 원칙이 적용되지만 대개는 목표가 보이지 않기 때문에 상황이 약간 더 복잡하다. 이 지점에서 미래를 내다볼 줄 아는 능력이 매우 중요해진다. 성경에서 끊임없이 반복되는 명령인 "주 너의 하나님을 두려워하라"는 보이지 않는 것을 '볼' 줄 아는 능력이 얼마나 중요한지 깨우쳐 주는데, 그 까닭은 "주 너의 하나님을 두려워하라"는 구절에 사용된 히브리어 동사가 실제로 '보다'라는 히브리어 단어이기 때문이다. 바꾸어 말하자면 성경은 만일 실제로 하나님을 '볼' 수 있으면 저절로 그분을 '두려워하게' 된다고 가르치고 있다.

대부분의 사람들은 눈에 보이지 않는 것을 절대로 두려워하지 않는다. 예컨대 20세기 초에는 사람들에게 방사능의 위험성을 납득시키기가 거의 불가능했다. 실제로 많은 사람들이 라듐 광산에서 장시간 지

내면서 결과를 믿을 수 없는 '치료'를 받았다. 수년 뒤 이 환자들에게는 방사능에 의한 화상이 가져다준 끔찍한 증상이 나타났지만, 당시에 그들은 눈에 보이지 않는 것에 해를 입을 수 있다는 사실을 좀체 믿으려 하지 않았다. 종교적인 맥락에서 쓰는 높은 수준의 'F'이든 비즈니스의 맥락에서 쓰는 낮은 수준의 'f'이든 '믿음 faith'을 지녔다는 말은 아직 눈에 보이지 않는 것을 마치 자기 눈앞에 물질적인 형태로 존재하는 양 분명히 볼 수 있는 능력을 지녔다는 뜻이다.

투자를 고려하고 있든 새로운 사업 계획을 세우고 있든 믿음은 대단히 중요하다. 만일 일이 순조롭게 풀렸을 때 어떤 상황이 될지를 분명하게 시각화할 수 없다면 볼 수 있을 때까지 행동을 유보하는 편이 나을 것이다. 판촉 전화를 걸거나 거래를 제안하려 할 때도 미래를 내다보는 능력이 필요하다. 먼저 예상 고객과의 대화가 절정에 이르러 성공하는 모습을 적극적으로 시각화하는 시간을 잠시나마 갖는다면 성공 가능성은 크게 높아진다.

뇌가 긍정적인 생각을 하도록 만들기 위해 그에 필요한 에너지를 쓰라고 요구하는 이유는 이렇다. 인간 게놈 프로젝트의 유전정보 해독 작업이 진행됨에 따라 부수적으로 발견된 사실들 가운데 나를 가장 흥분시켰던 사실은 다음과 같다. 캘리포니아 주 클레어몬트에 있는 피처 대학의 심리학자 데이비드 무어에 따르면 DNA에 붙어 유전자를 "켰다 껐다" 할 수 있는 호르몬의 방출이 생각에 의해 일어날 수 있다고 한다. 인간 뇌와 침팬지 뇌 사이의 차이점은 뇌가 어느 유전자를 가졌느냐가 아니라 어느 유전자가 켜지고 어느 유전자가 꺼지느냐에 있다.

이 사실은 비교적 고립되어 멀리 떨어져 있는 섬에서 한 번에 몇 주씩 지내야 했던 과학 연구원에게 발견되었다. 그는 예정에 따라 문명 세계와 가족에게로 돌아가기 이틀쯤 전에 수염이 눈에 띄게 자란 것을 눈치챘다. 과학자는 당황했다. 그는 동료들에게 그 사실을 알렸는데 그들은 모두 성적인 활동이 테스토스테론을 홍수처럼 쏟아낸다는 것을 알고 있었다. 이 호르몬이 수염에 영향을 미치는 방식은 비료 한 봉지가 앞마당의 잔디에 영향을 미치는 방식과 같다. 이 이야기의 놀라운 측면은, 성적인 활동이 수염을 자라게 하는 것은 당연하지만 단순히 여성과 함께 지낼 것을 기대하는 것만으로도 같은 효과가 있음을 연구원들이 깨달았다는 데 있다.

상상해 보라! 나의 생각이 나의 유전자 표현을 조정할 수 있다. 노력에 대한 성공적인 결과를 적극적으로 예상하면서 약간의 준비시간을 보내고, 그 결과를 깊이 생각하며, 그리고 얼굴에 미소를 띠고 그 성공을 음미함으로써 실제로 나의 몸과 마음에 영향을 미치게 된다. 내가 갈망하는 성공을 가져오기 위해 마음을 준비시키는 것이다.

예를 들어 곧 회의에 들어가야 하는데 무언가에 대해 참석자를 설득하고 싶다고 가정해 보자. 내용은 어떤 것이라도 될 수 있다. 먼저 잠시 상상력을 이용하여 이상적인 결론을 분명하게 시각화하라. 로터리 클럽이나 월 스트리트의 많은 분석가들 앞에서 곧 연설을 할 예정인가? 먼저 행사에 앞서 조용하고 개인적인 시간을 가지면서 성공적으로 발표하는 모습을 분명하게 시각화하라. 아주 작은 세부적인 사항들까지도 포함시켜라. 청중들이 박수를 치는 모습을 상상하라. 사람은 자기가 바라보는 방향으로 가게 마련이라는 모터사이클 강사의 경고를 기억하라. 바람직한 결과를 그리는 일은 미래예측능력을 개발하는 데 있어 가장 유용한 측면들 가운데 하나이다.

내일에 필요한 변화를 이루기 위해 어제의 역사에 비추어 오늘의 사건을 분석하는 데 익숙해져라. 신문을 읽거나 뉴스를 볼 때는 항상 "기본 원칙이 무엇일까"하고 자문하라. 2001년 말에 그랬던 것처럼, 뉴스가 도시계획을 완전히 혁신시킬 기발한 도시형 스쿠터의 발명을 둘러싼 팡파르를 싣고 있다면 그것이 충족시키고 있는 기본적인 인간의 욕구를 생각해 보라. 조용히 묵상하면 그것은 인간을 절망시키는 시간과 공간의 한계를 극복하려는 욕망임을 알게 될 것이다. "분리된 두 개의 공간에 동시에 있을 수 있는 사람은 없다"는 것이 과학의 설명이다. 인간과 동식물을 구분해온 것은 동시에 두 장소에 있을 수 없다는 절망적인 한계를, 가능한 한 극복하기 위해 빠르게 이동하려는 욕망이었다. 이 원칙을 알았다면 불편해도 속도가 빠른 제트 여객기가 갈수록 호화 여객선을 대체하리라는 걸 예상했을 것이다. 아무런 제한을 받지 않으려는 인간의 욕망은 정신적인 욕망이며 이것은 토라에서도 찾아볼 수 있다.

유대인들은 토라에 항상 도덕 영역의 현실에 대한 청사진이 담겨 있다고 보았는데 그와 마찬가지로 궁극적인 물리학, 그리고 당연히, 궁극적인 경제학 영역의 현실에 대한 청사진도 담겨 있다고 보았다. 내가 설명했듯이 인간의 역사에서는 변하는 것들과 변하지 않는 것들이 있다. 예를 들어 활과 화살로 전쟁을 하든 전술핵 장치들로 전쟁을 하든 변하지 않는 한 가지는 인간이 전쟁을 한다는 것이고, 토라는 전쟁을 하나의 궁극적인 현실로 이야기한다. 낙타, 카누, 캐딜락을 타고 여행을 하든 아니면 콩코드 초음속기를 타고 여행을 하든 변하지 않는 한 가지는 인간에게 여행을 하고자 하는 깊은 욕망이 있다는 것이고, 토라는 여행의 궁극적인 원칙들을 이야기한다.

고든 무어라는 페어차일드 반도체회사의 젊은 과학자가 1965년에 무어의 법칙을 이론화하자 사람들은 곧 그를 예언자로 생각했다. 그의 예상은 실리콘 칩의 성능과 복잡성이 18개월에 한 번씩 두 배로 성장한다는 것이었다. 30년 동안 1년 6개월마다 20배씩 늘어난다면 그 성장 비율은 백만 대 일이 넘는다. 1995년까지도 무어의 법칙은 여전히 강세였다. 1995년에 나온 4메가비트 칩은 예전에 나온 트랜지스터보다 4백만 배나 더 강력했다. 1968년 무어는 페어차일드에서 함께 일했던 로버트 노이스와 함께 인텔사를 세웠고, 인텔사는 35년이 못되어 2백억 달러가 넘는 회사가 되었다. 예언자? 무슨 소리! 고든 무어는 자기 분야에서 미래를 읽는 법을 배웠다.

가난한 러시아계 유대인 이민자 집안의 외아들이었던 알 러너는 뉴욕 주 퀸스 부모님의 사탕가게 뒤편에서 성장했다. 그는 해병대에서 군 복무를 마친 뒤 가구 판매원이 되었다. 하지만 알 러너는 돈이 무엇인지 알고 있었다. 그는 마침내 자기가 세운 투자 회사 MBNA를 통해 회원용 신용카드 분야에서 미국 최고의 전문가가 되었다. 1982년에 설립된 이후로 MBNA의 전략은 여러 단체들과의 계약을 통해 자기 회원들에게 알의 신용카드를 팔게 하고 그 대가로 건당 소액의 수수료를 지불하는 것이었다. 사탕가게 주인의 자식에서 가구 판매원으로, 가구 판매원에서 억만장자 신용카드 회사 사장으로의 변신이라니, 대단한 성공기이다. 돈이 정말로 무엇인지 거기에 관해 깊고도 거의 직관적인 감각을 가진 사람만이 그렇게 할 수 있을 것이다. 알 러너에게는 그 같은 통찰력이 있었다.

황금으로 교류를 하든 전자 자료가 오고가는 신용카드로 교류를 하든 변하지 않는 한 가지는 돈은 언제나 인간교류의 수단이었다는 사실이다. 돈이 정확히 무엇이고 어떻게 생겨나고 어떻게 사라지는지 알면 예언과 맞먹는 지혜를 알게 된다.

다음 장에서는 돈을 살펴보자.

Thou Shall Prosper
성공으로 가는 길

1 외부에서 일어나는 사건들 가운데 어떤 것이 내 비즈니스와 인생에 영향을 미치고 어떤 것이 영향을 미치지 않는지 파악하라.

앞으로 일어날 어떤 사건들은 우리의 비즈니스에 영향을 미치는 진정한 변화를 몰고 오지만 다른 종류의 비즈니스에는 무해한 반면, 어떤 사건들은 우리의 활동에는 영향을 미치지 않지만 다른 사람의 활동을 혼란에 빠뜨릴 수 있다. 전자와 같은 상황에 처했을 때는 절대로 꾸물거리지 말아야 하며 후자와 같은 상황에서는 달아나지 말아야 한다.

2 사건을 해석할 때는 감정을 배제하라.

미래를 내다보는 일은 타고난 재능이나 지능과는 그다지 상관이 없다. 고등 교육을 받아도 미래예측에서 두드러진 성공을 거두지 못하는 사람들이 많다. 자아는 효과적인 미래예측을 막는 적이다. 자아를 극복하는 법을 배워라. 그러면 미래를 훨씬 더 선명하게 보게 된다.

3 앞을 보기 전에 먼저 뒤를 보라.

동요가 없는 안정된 사물은 아무런 힘이 가해지지 않는 한 동요가 없는 안정된 상태를 계속 유지한다. 힘은 어떻게 발현될까? 급속도로 변하고 있는 사물은 이미 어떤 힘이 작용하고 있다. 그 힘을 찾고 인식하여 그것이 어떻게 움직여 나갈지 판단하라. 힘이 그대로 유지될까? 아니면 강화되거나 약화될까? 나와 관련된 문제의 추세를 살펴라. 그 문제는 지금까지 어떻게 진행되어 왔는가? 일단 추세를 발견했으면 그것이 지금과 같이 움직여 온 이유가, 다른 움직임을 만들 만한 것이 아무것도 없었기 때문인지 아니면 다르게 움직이지 못하도록 막고 있는 무언가가 있기 때문인지 자문해 보아야 한다.

4 규칙성을 살펴라.

우리가 살피고 이해해야 할 규칙성과 경향들은 항상 존재한다. 비즈니스를 하는 사람은 이 경향들을 항상 주의 깊게 살펴야 하고 그 경향들을 이끄는 근본적인 원인이 무엇인지 이해하기 위해 노력해야 한다.

5 주기와 경향에 대해 마음을 열되 절대로 거기에 눈이 멀어서는 안 된다.

미래의 일을 평가할 때 그것들이 하나의 요소가 되겠지만 그야말로 하나의 요소가 되어야 하며 너무 낮지도 높지도 않게 적절한 비중을 두어야 한다.

6 다가올 경향들의 부드러운 발소리를 들으려면 외부의 모든 '소음'을 차단하라.

신경을 많이 쓰게 만드는 다른 자극들이 없는 시간을 따로 할애할 때, 이 미미한 신호들에 접근할 수 있을 것이다. 짧은 시간이라 할지라도 반드시 정기적으로 시간을 내라. 이렇게 하면 '수신 상태'가 된다. 마지막으로 아주 또렷하게 정신을 가다듬든지 아니면 미리 준비한 특정 의제에 대해 생각을 집중하라. 이렇게 하면 훈련 부족으로 인해 정신이 흐트러지는 것을 막는 데 도움이 된다.

7 미래를 시각화하라.

투자를 고려하고 있든 새로운 사업 계획을 세우고 있든 믿음은 대단히 중요하다. 만일 일이 순조롭게 풀렸을 때 어떤 상황이 될지를 분명하게 시각화할 수 없다면 볼 수 있을 때까지 행동을 유보하는 편이 나을 것이다. 먼저 예상 고객과의 대화가 절정에 이르러 성공하는 모습을 적극적으로 시각화하는 시간을 잠시나마 갖는다면 성공 가능성은 크게 높아진다.

8 암기를 연습하라.

미래 예측이 과거에 대한 기억의 이면인 만큼 암기능력이 훨씬 더 중요해진다. 비록 초등학교 이후로 이것을 해본 적이 없다 하더라도 암기능력을 회복해야 한다. 최선의 방법은 좋아하는 시나 산문을 고르는 것이다. 그런 다음엔 계획을 세워 처음부터 끝까지 암기하라.

9 미래의 경향들을 파악하는 데 도움이 되는 읽을거리들을 고르라.

예컨대 우리가 볼 수 있는 『미국의 인구통계학』 같은 잡지나 미국 정부가 발간한 『미국에 대한 통계학적 개요』 같은 책들도 있다. 처음에는 이런 자료가 따분하고 낯설게 느껴진다. 이런 책과 잡지들을 처음부터 끝까지 읽어야 한다고 생각하지는 마라. 어떤 것이든 적어도 관심이 가는 게 있을 것이다. 시간이 흐르면서 경향을 분석하는 기술에 점점 익숙해질 뿐만 아니라 자기 분야에 대해서도 통달하게 되고 무기로 사용할 수 있는 각종 자료로 쌓일 것이다.

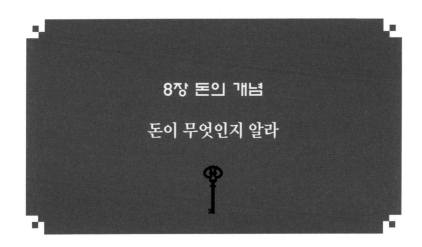

8장 돈의 개념

돈이 무엇인지 알라

돈이란 무엇인가

돈은 인간의 창조적인 에너지를 수량화한 것이다

돈은 신뢰의 징표이다

돈은 실체가 없다

광범위한 공통의 가치 체계가 부를 생산한다

가치 : 어떤 것이 얼마의 값어치가 있나

히브리어는 가치를 어떻게 정의할까

가치란 사람들이 내린 판단이다

모든 사람이 동의할 수 있는 재정 기록의 유지

유대 전통은 소유물의 가치를 어떻게 평가하는가

유대 전통은 돈의 이동을 지지한다

당신의 돈은 당신의 삶을 계량할 수 있는 척도이다.
즉, 당신의 시간과 기술, 경험과 끈기, 그리고 인간 관계의 총체이다.

돈이 무엇인지 알라

어느 여름, 나는 브리티시 콜럼비아 주 밴쿠버 아일랜드의 웅장한 사니치 후미에서 연어 낚시를 하는 중에 유용한 교훈 하나를 얻었다. 연어처럼 생긴 번쩍이는 커다란 물고기가 바늘에 걸려들자 나는 그 날 저녁 가족들과 연어 바비큐를 먹게 되었다는 기대감에 입맛을 다시기 시작했다. 그런데 나이 지긋한 안내인의 나지막한 말이 내 몽상을 깨뜨렸다.

"놓쳤구려."

낚싯줄을 감으려 하자 물고기가 요동을 쳤는데, 나는 그 선량한 멘토가 틀렸음을 서둘러 증명하고 싶었다. 그 안내인은 해안선을 따라 약 20, 30미터 떨어진 나무 위에 앉아 있는 커다란 독수리를 고갯짓으로 가리켰다. 그가 "놈이 선생의 물고기를 봤어요."라고 말하는 동안 독수리는 약 2.5미터에 이르는 날개를 천천히 펼치더니 공중으로 날아올랐다. 나는 1분도 채 안 되는 시간에 독수리를 앞서려고 미친 듯이 낚싯줄을 감았지만, 그 사나운 새는 내가 잡은 연어를 하나도 힘들이지 않고 세찬 발톱 공격으로 낚아채더니 저녁 식사를 즐기기 위해 다시 그 나뭇가지로 돌아갔다. 나는 놈의 조롱하는 표정을 두고두고 마음속에 그렸다.

내가 배운 것이 무엇일까? 나는 그때까지 이론상으로만 알고 있던 실제적인 교훈을 얻었다. 나는 목표물에 대해 가능한 한 많은 정보를 갖는 것이 얼마나 중요한지 늘 배워왔다. 하지만 이제야 그 의미를 이해하게 되었다. 나는 안내인으로부터 저 넓은 바다 어디에서 연어를 찾을 수 있을지, 그리고 어떤 종류의 미끼가 연어를 유혹하는지를 들어야 했을 뿐 아니라 그 연어를 놓고 경쟁할 상대가 누구인지도 정확히 들어야 했다. 바꾸어 말해, 연어를 잡으려면 연어에 관한 모든 것을 알아야 했다.

나는 20년 동안 회중을 인도하는 랍비로서 혼자 사는 많은 사람들과 상담했는데, 그들은 이론상으로는 결혼을 원하지만 실제적인 방법을 모르겠다고 주장했다. 연어 낚시에서 얻은 경험은 이런 내 친구들에게 조언을 해주는 데 도움이 되었다.

나는 남자들에게 설명하기를, 특정한 여자를 설득하여 결혼에 이르기 위해서는 단순히 그녀를 원하는 것만으로는 충분하지 않다고 했다. 반드시 그녀를 이해하기도 해야 하는 것이다. 아마도 그녀는 감정적, 성적, 사회적, 물리적인 면 혹은 경제적인 면 등 여러 가지 부분에서 당신이 그녀를 돌보고 보호해 줄 수 있다는 보증을 원할 것이다. 만일 그렇다면 당신은 현재와 과거의 모습뿐 아니라 그녀의 도움으로 이룰 미래의 모습까지도 그녀에게 보여주어야 한다. 그녀를 진심으로 이해하려고 애쓰는 것만이 그녀를 얻을 수 있는 유일한 방법이다.

나는 여성들에게도 비슷한 이야기를 했다.

"당신은 일반 남성에 대해, 그리고 관심이 있는 남자에 대해 가능한 한 많은 것을 이해해야 한다. 그가 당신에게 해야 하는 제안뿐 아니라 당신이 그에게 해야 하는 제안도 알아야 한다. 설령 그의 마음속에 있는 생각이 잘못되었다 할지라도 그것이 무엇인지 알아야 한다."

그것은 시작에 불과했다. 결혼을 원하는 미혼 남녀들에게 내가 해준 이야기는 훨씬 더 많지만 당신은 이미 요점을 파악했을 것이다. 만일 무엇인가를 끌어당기고 얻으려 한다면 먼저 그것에 대해 가능한 한 많은 것을 알아내야 한다.

돈의 진정한 속성을 이해하지 않고 단순히 부자들을 연구하여 수입을 늘리는 방법만을 배우려는 사람은, 연기의 기술을 제대로 공부하지 않고 짐 캐리를 연구하는 배우 지망생과 같다. 이 열렬한 배우 지망생은 짐 캐리가 아니며, 절대로 짐 캐리가 될 수 없다. 그가 무대 위에서 성공을 이룰 수 있는 유일한 희망은 자기 자신이 되는 것이다.

당신은 화장품 업계의 거물 레너드 로더가 어머니 에스띠에게서 비즈니스란 인간관계가 전부라고 배운 뒤 새로운 잠재적 거래 상대를 만나면 24시간 이내에 개인적이고 친밀한 글을 직접 써 보낸다는 것을 살펴볼 수 있다. 네이만 마커스의 창업자 스탠리 마커스에 대해 알아보는 것도 재미있는데, 그는 아버지로부터 물건을 팔 때는 비누나 모피 코트 혹은 향수를 파는 게 아니라 만족을 파는 것이라는 교훈을 배웠다. 하지만 우리는 에이스도 게리도 레너드도 그리고 스탠리도 아니다. 우리는 그냥 당신과 나이다. 그들이 배운 교훈은 흥미롭고 유익하지만, 우리는 돈을 끌어모으는 우리 자신의 독특한 능력을 개발시켜줄 근본적인 것들을 이해함으로써 더 나은 일을 하게 될 것이다.

더 많은 돈을 끌어 모으고 싶다면 돈을 깊이 이해하는 데서 출발해야 한다. 정확히 돈이란 무엇인가?

돈이란 무엇인가

지갑을 열어 그 속에 든 돈을 보라. 그것이 정말로 무엇인지 알려고 해보라. 손때 묻은 녹색 종이들과 다양한 크기의 동그란 금속들. 이것이 돈일까? 잠깐! 접혀 있는 저 종이는 뭘까? 아, 그렇다. 누군가가 준 40달러짜리 수표, 그것도 돈임에 틀림없다. 그게 전부가 아니다. 뒷면에 가느다란 갈색 선이 그어진 저 알록달록한 플라스틱 카드들은 뭘까? 그것들도 돈이 아니던가? 그렇다면 돈이란 자성을 띤 선에 들어있는 철 산화물 분자의 특정한 배치란 말인가?

매달 은행 명세서를 읽다 보면 돈이란 금융 기관의 컴퓨터 하드 드라이브에 찍힌 1과 0의 연속에 불과하다는 생각이 들지도 모르겠다.

화려한 모양의 주식을 갖고 있다고? 그것은 우리에게 어떤 회사에 대한 부분적인 소유권이 있음을 증명한다. 하지만 그 회사가 망하면 우리의 예쁜 주식은 몇 개의 중고 책상과 낡은 음료수 자판기에 대한 부분적인 소유권이 될 뿐이다. 보기 좋은 그림은 아니다.

자, 좋다. 색깔 있는 종이와 철 산화물 분자 그리고 주식은 실제 돈이 아니라 단지 돈을 상징한다. 그러므로 돈이 무엇인가 하는 질문에는 아직 답이 나오지 않았다.

지나치게 단순하게 들릴지 모르지만 내 돈은 정말로 나이고 당신의 돈은 정말로 당신이다. 당신은 돈보다는 인생에 더 비중을 둔다고 말할지 모르겠지만 정말이지 돈과 인생은 어느 한쪽으로 기울지 않는다. 당신의 은행 잔고는 당신의 남은 인생과 분리될 수 없으며 남은 인생의 한 함수이다. 선구적인 심리학자 윌리엄 제임스는 이렇게 말했다.

가능한 가장 넓은 의미에서 인간의 '자아'는 자기 것이라고 부를 수 있는 모든 것, 즉 자신의 몸과 영혼의 힘뿐 아니라 옷과 집, 아내와 아이들, 어른들과 친구들, 명성과 일, 땅과 밭, 그리고 요트와 은행 계좌까지 모두 더한 것이다. 이 모든 것들은 사람에게 똑같은 감정을 불러일으킨다. 늘어나고 번성하면 승리의 기분이 들고, 시들하고 없어지면 내버려진 느낌이 든다. 개별적으로는 그 정도가 반드시 같지 않지만 전체적으로는 거의 똑같다.

돈은 인간의 창조적인 에너지를 수량화한 것이다

내 돈이 곧 나라는 생각이 의미하는 바는 유대인들이 이미 오래 전부터 알고 있었던 것으로, 야곱 족장이 어느 신비한 존재와 필사적인 씨름 대결을 펼친 성경 이야기에 탈무드가 살을 덧붙임으로써 넌지시 언급되고 있다.

야곱은 소원하게 지냈던 형 에서와 화해를 하러 가는 길에 희한하게도 어떤 강을 건너 돌아왔다. 동이 틀 때까지 막강한 적과 싸우다가 치명적인 부상을 입은 장소가 바로 그곳이었다. 탈무드에 따르면 야곱이 그와 같은 충돌을 무릅쓴 까닭은 뒤에 남겨둔 재산의 일부를 되찾고 싶었기 때문이었다. 현명한 사람은 원칙적으로 자신의 몸보다 돈을 더 귀하게 여긴다고 옛 현인들은 말한다.

이 야릇한 말이 사실은 돈과 건강한 관계를 맺을 수 있는 토대이고 여러 세대에 걸쳐 유대인 사업가들에게 큰 도움을 주었던 말이다. 돈은 인간이 지금까지 발명한 방법 가운데 창조적인 에너지를 수량화하는 가장 효과적인 방법이다. 우리의 시간, 존엄성, 기술, 건강, 경험, 그리고 인내심을 측정하는 매우 편리한 방법이다.

탈무드가 말하려는 바는, 일하는 사람들은 단순한 몸뚱어리 이상이라는 것이다. 그들은 몸과 창조적인 에너지의 결합이며, 그 에너지의 일부가 돈으로 추출된다. 현명한 사람은 손과 발, 눈과 귀의 총 질량 이상으로 자신의 창조성을 소중히 여긴다. 사실 몸보다 더 중요한 것은 윌리엄 제임스가 말한 '자아'의 전체성이다. 돈보다 내가 더 중요하지만, 내 돈과 '자아'는 어느 한쪽으로 기울지 않는다.

돈은 신뢰의 징표이다

　돈은 정부만이 아니라 거의 누구나 만들 수 있다. 누군가가 우리의 집 지붕을 수리해 주었을 때 그 대가로 수표를 써준다면 우리는 방금 돈을 만든 것이다. 지붕 수리공은 수표를 받아 트럭을 타고 떠나기 전에 우리의 은행 계좌에 그 수표를 감당할 만큼 충분한 자금이 있는지, 혹은 그런 은행이 존재하는지 알고 있었을까? 아니다. 그는 아무것도 확실히 알지 못했다. 지붕 수리공이 수표를 받아들인 까닭은 우리가 불량 수표를 써주는 그런 부류의 사람이 아니라고 확신했기 때문이다. 그는 우리를 신뢰했다.

　마찬가지로 지붕 수리공이 자녀의 피아노 선생님에게 수업료로 그 수표를 배서해줄 수도 있다. 뒤이어 그녀가 제3자에게 그 수표를 지불하고 그가 마침내 은행에 청구하여 그 수표 금액에 해당하는 만큼의 돈이 우리 계좌에서 빠져나갈 수 있다. 그러는 동안 그 수표는 마치 평범한 돈처럼 돌고 있다. 하지만 각각의 당사자는 수표 뒤에 적힌 사람, 즉 '나는 당신에게 빚을 졌다'에서 '나'의 신용에 대해 확신을 가져야 했고, 그것이 수표와 돈의 진정한 본질이다.

　사람들이 부채 상환을 하지 않는 나라들의 통화를 무시하는 것도 당연하다. 2001년 말, 아르헨티나는 채권국들에게 1천3백억 달러가 넘는 부채를 지불하지 않겠다고 알렸다. 은행이나 기업 혹은 개인이 다시 아르헨티나 정부가 발행하는 통화를 받아들이려면 오랜 시간이 흘러야 할 것이다. 이웃 가게에 불량 수표를 써주는 사람에게도 똑같은 일이 일어난다. 얼마 지나지 않아 그 지역 가게의 출납원들이 현금 출납기 옆에 그 수표 발행인의 이름을 써놓고 그의 말은 더 이상 믿을 수 없으며, 그의 수표를 받아서는 안 된다고 기억하는 것이다.

미국 달러는 자국 통화에 대해 안심하지 못하는 나라들이 일일 거래를 위해 선택한 통화다. 아르헨티나에서는 한때 페소화가 휘청거려 실질적으로 모든 부동산 대출금과 기타 장기적인 상업 계약이 미국 달러로 이루어졌다. 이것은 아르헨티나인들이 자국의 통화를 찍어내고 통제하는 이들에 대해 안심하지 못했다는 뜻이다.

달러라는 말 자체가 통화의 윤리적 역할을 일깨워준다. 이 말은 '골짜기'를 뜻하는 독일어 '탈'에서 나왔다. 16세기, 높은 윤리적 기준을 가진 것으로 유명한 어떤 부자 백작은 자신이 사는 골짜기의 오래된 은광산 근처에서 은으로 된 동전을 찍어내기 시작했다. 동전들은 '골짜기 동전' 혹은 '탈러스'로 알려졌다. 그 독일 귀족이 동전 하나하나에 들어 있는 은의 무게와 순도에 대해 매우 엄격하게 오차를 유지한 덕택에 그가 만든 돈은 점점 더 명성을 키워갔고 믿음직한 교환의 매개채로 널리 받아들여졌다. 탈러스가 유럽 전역에 퍼짐에 따라 각 나라에서 그 발음이 조금씩 달라졌고, 네덜란드 사람들의 경우는 자기 동전을 찍어서 다알더스라고 부르다가 나중에는 달러스로 불렀다. 탈러스의 교훈은 아직도 유효하여 신뢰할 수 있는 평판을 가진 사람이면 누구나 돈을 만들 수 있다는 것이다. 돈의 속성은 사람들 사이에서 교환의 매개체 역할을 하는 것이므로 절대로 그 품질이 떨어져서는 안 된다.

　돈의 속성을 명확히 이해한 두 유대인 사업가 로버트 레비탄과 찰스 코헨은 각각 '플루즈닷컴'과 '빈즈닷컴'의 대표이사들이었다. 이 두 회사는 2001년 중반에 사업을 접을 때까지 각각 인터넷을 기반으로 한 통화를 만들고자 시도했었다. 사람들은 '플루즈'라 불리는 플루즈닷컴의 통화를 사서 플루즈를 받는 소매점 웹사이트에서 그것을 상품과 교환할 수 있었다. 역시 일정한 사이트에서 물건과 교환할 수 있는 빈즈는 MP3닷컴 같은 다른 사이트에서 돈이나 시간을 들이면 얻을 수 있었다(심지어 빈즈로 플루즈를 살 수도 있었다).

　이 두 회사는 결국 무너졌지만 일정한 형태를 가진 인터넷 통화에 대한 기대는 아직도 상당하며, 그것의 운반 역할은 노하우와 기반 시설을 갖추고 있고 무엇보다도 신뢰를 얻고 있는 전통적인 기관들이 맡게 될 것이다. 신뢰 체계가 존재하는 한 거의 누구나 돈을 만들 수 있다. 신뢰가 없다면 사람들은 플루즈나 빈즈 혹은 수표를 받지 않을 것이고, 궁극적으로는 달러도 받지 않을 것이다.

　플루즈가 됐든 빈즈가 됐든, 아니면 수표가 됐든 모든 개인 통화의 문제는 발행자의 신뢰도에 관한 정보를 얻는 데 있다. 예컨대 우리가 존스 씨라는, 막대한 재정 자원과 무한한 정직성을 가진 사람에게 자산을 팔려던 중이었다고 가정해보자. 그는 알바니아의 어느 구석진 곳에 있는 은행에서 발행한 수표를 써주거나 칵테일 냅킨 위에 차용증서를 휘갈겨 줄 수도 있고, 아니면 그냥 다음 날 아침에 심부름꾼을 통해 돈을 보내주겠다고 말할 수도 있다. 우리는 세 가지 경우를 모두 수용할 수 있고, 이것은 개인 통화의 한 예가 된다. 이 세 가지를 각각의 결제 형태로 이용할 수 있다. 즉 우리의 채권자가 존스 씨의 평판을 알고 있다면 어느 결제 형태라도 수용할 것이다. 문제는 신뢰와 평판이다.

약속을 내건 사람의 정직성을 사람들은 어떻게 알 수 있을까? 인터넷은 상인들의 정직성을 알아볼 수 있는 매력적인 수단으로 진화했다. 아마존닷컴에서 개인 판매자로부터 헌책을 사든 혹은 이베이닷컴에서 공급업자로부터 새로 나온 러닝머신을 사든, 사람들은 공급업자와 그 거래의 만족도에 대해 등급을 매겨달라는 요청을 받게 된다. 매겨진 등급은 인터넷상에서 그 상인에 대한 영구 기록의 일부가 되고 그가 계속해서 비즈니스를 수행할 수 있는지 알게 해주는 수단이 된다. 이것은 조그만 마을에서 정직한 사업으로 평판을 쌓는 모습을 전자적으로 옮긴 것에 불과하며 똑같은 효과를 발휘한다.

돈은 실체가 없다

돈은 실체가 없다. 그것이 다른 어떤 것에 대한 단순한 상징이라는 사실을 일깨워 주는 또 하나의 사례로, 예전에 포드 자동차 회사의 회장이었던 자크 내서가 도무지 실체가 없는 두 개의 이름 '재규어'와 '볼보'에 대해 지급한 90억 달러를 들 수 있다. 브랜드 네임 두 개가 90억 달러의 가치를 갖는다고? 맞다. 잉글랜드나 스웨덴에서 디트로이트로 옮겨진 공장은 없었다. 쌓여 있던 자동차 재고가 대서양을 건너오지도 않았다. 재규어와 볼보, 두 브랜드를 소유한 이들은 "브랜드는 이제 당신 것입니다. 제 사무실로 수표를 보내십시오."라는 주문을 읊었다. 만일 세계 인구의 4분의 3이 이 거래가 완료되기 바로 전날 기억 상실증에 걸린다면 거래가 제대로 이루어질까? 그렇지 않을 것이다. 브랜드 네임의 가치는 수년 동안 쌓아온 명성에 있기 때문이다. 대부분의 고객들이 재규어는 '성능'을, 볼보는 '안전'을 뜻한다는 것을 잊어버렸다면 그 이름들은 가치를 잃은 셈이다.

다른 예를 살펴보자. 가끔씩 코카콜라 같은 주식들이 40배 이상의 수익과 엄청난 프리미엄에 팔리면서 가치를 보장받는 것은 왜일까? 돈이란 만질 수 있는 것이 아니라 정신적인 것임을 사람들이 이해했기 때문이다. 코카콜라의 가치는 공장과 자동주입 설비에만 있지 않다. 그것은 훨씬 더 수량화가 어려운 회사 경영진의 정직성과 브랜드 인지도에도 있다. 사람들이 돈에 대해 자주 오해하는 이유가 바로 여기에 있다.

이런 예들은 보이지 않는 연계성의 틀 없이는 돈도 존재하지 않는다는 사실을 우리가 이해하도록 돕는 데 그 의도가 있다.

돈에 대한 간결한 정의는 그 어떤 것이라도 오도의 가능성이 있음을 경계해야 한다. 길고 맛있는 노란 과일을 가리키며 '바나나'라고 말할 수는 있지만, 추상적인 생각들에 대해 서로 다른 문화 사이의 정의를 제공하는 것은 불가능하다. 예를 들어 사랑이라는 단어의 정의를 학대받은 아이에게 가르쳐 보라. 최상의 환경이 주어지고 시간이 흐르면 그 슬픈 아이도 사랑의 의미를 배울 수 있을 것이다. 하지만 아이에게 그 의미를 처음부터 제대로 가르쳐 줄 수 있는 사람은 아무도 없다. 돈을 가리키며 '종이' 또는 '둥근 금속'이라고 말하면 요점을 놓치게 된다.

우리가 바로 지금, 이 책을 손에 쥐고 있는 부분적인 이유는 돈이라는 강력한 추상에 생각을 몰두하기 위해서이다. 돈은 우리가 인생을 어떻게 경영하고 다른 사람들을 위해 무슨 일을 해왔는지 숫자로 나타낸 것이다. 돈이란 인간관계의 힘을 가리키는 은유이다. 늪이나 숲과는 달리, 돈은 사람들이 없으면 존재하지 못한다. 돈이란 청구와 약속의 결합체이다. 돈은 만져지는 것이 아니다. 그것은 눈에 보이지 않는 신뢰의 그물망이 수많은 사람들을 느슨하지만 하나로 묶어낼 때 유효해진다. 그것은 우리가 필요로 하는 상품과 서비스를 다른 사람에게 청구하는 것이며, 그러한 상품과 서비스를 제공하는 쪽에서는 약속을 하는 것이다.

광범위한 공통의 가치 체계가 부를 생산한다

1991년 대형 채권회사 살로몬 브라더스의 전신, 살로몬 주식회사는 정부 채권 경매에서의 부정 입찰 혐의로 흔들렸다. 회사의 주요 활동영역인 재무부 채권경매에 참가할 수 있는 권리를 잃게 될 위험에 처했던 것이다. 폭로된 부정은 부끄러움을 주는 데서 그치지 않고 회사의 생존 자체를 위협했다. 핵심 사원들은 자기들의 미래가 다른 곳에 있다는 생각을 굳히고 있었고, 살로몬에 대한 소송도 늘어났다. 상어들이 주위를 맴돌고 있는 듯한 분위기였다.

그해 여름, 살로몬에 16퍼센트의 주식 지분을 갖고 있던 워런 버핏이 현장에 도착했다. 버핏은 임시회장으로 취임한다는 것과 경영진 고위인사들을 대부분 교체한다는 것에 합의함으로써 정부 채권경매에서 살로몬을 배제하지 않도록 설득할 수 있었다. 버핏은 또 살로몬에 많은 핵심 인물들을 설득하여 회사를 떠나지 않도록 하였고, 사람들이 회사의 생존에 대해 자신감을 되찾도록 도와주었다. 한 사람이 회사를 살리는 이런 시나리오는 부의 정신적인 뿌리를 보여줄 만큼 충분히 자주 쓰인다. 아무나 살로몬의 운명을 바꿀 수 있었던 것은 아니다. 그것은 워런 버핏이어야 했고, 아니면 워런 버핏이 직원과 정부 관료 그리고 채권자들의 가슴 속에 자신감과 희망을 불러일으켰듯이 그와 똑같은 감정을 불어넣어 줄 수 있는 특별한 사람이어야 했다. 살로몬을 구하기 위해서는 점검표를 따라 내려가며 회계장부를 뜯어고치는 것만으로는 부족했다. 거기에는 정신적인 에너지가 요구되었다. 정신적인 에너지는 부의 뿌리를 가리키는 가장 적절한 용어일 것이다. 가냘프고 약하게 들리면서도 동시에 힘과 잠재력을 암시하는 용어이다.

맡겨둔 돈을 청구한다고 하면 별로 와 닿지 않겠지만 거기에 속을 수 있다는 것에 주의해야 한다. 빵 한 조각을 사기 위해 베갯잇에 돈을 가득 채워 가게로 끌고 갈 수밖에 없었던, 1920년대 독일인들이 겪었던 것과 같은 예금 인출 사태나 끔찍한 인플레이션을 떠올려 보면, 청구와 약속은 매우 중요한 한 가지 특징, 즉 신뢰가 존재할 때만 가치가 있음을 알게 된다. 화폐 제도가 존재할 수 있는 유일한 이유는 신용카드든 현금이든 사람들이 원할 때마다 지갑 속에 넣어 다니는 돈의 상징이 정중히 받아들여질 것이라는 믿음이 있기 때문이다. 신뢰가 없으면 화폐 제도는 무너진다.

사회가 진화하여 신뢰가 그 집단의 발전에 영향력을 행사하는 모습을 볼 수 있다고 상상해 보라. 이상적으로는 3천 년 동안 실험을 해야 할 것이다. 하지만 이런 종류의 연구를 재정적으로 뒷받침하는 보조금을 얻기란 어려운 일이므로 알버트 아인슈타인이 베를린의 막스 플랑크 연구소에서 상대성에 관한 강연을 할 때 했던 것과 똑같은 실험을 하면 된다.

내가 아인슈타인의 습관에 대해 알게 된 것은 캘리포니아 주 패서디나 뒤쪽에 있는 언덕들을 따라 긴 도보 여행을 할 때, 지금은 고인이 된 막스 델브뤼크캘리포니아 기술 연구소 교수이자 노벨상 수상자이며 DNA 분야의 개척자가 나와 내 아내에게 전쟁 발발 이전 베를린에서 아인슈타인과 함께 보냈던 시절에 대해 들려준 이야기 덕분이었다. 그에 따르면 아인슈타인은 승강기의 추락이 승객들에게 미치는 영향을 측정하기 위해 연구소 승강기를 지탱하는 줄을 정말로 잘라보고 싶다고 말했다고 한다. 그 이야기에 깜짝 놀란 사람들에게 아이슈타인은 규정상 이 실험이 금지되어 있지만 자신의 생각 속에서 그와 똑같은 실험을 하는 것은 문제가 되지 않는다고 설명했다. 그 후 그는 그것을 사고

실험思考實驗이라 부르면서 계속 실험해나갔다. 사고실험을 하면 자금과 자원을 쓰지 않고도 신뢰가 어떤 일을 하는지 상상할 수 있다.

화폐 제도에서 신뢰가 얼마나 필수적인지 보여주는 사고실험을 해보자. 남자아이 한 명과 여자아이 한 명을 철저히 고립된 무인도에 두고서 그들이 단순히 생존에 그치지 않고 성장하고 번성할 수 있도록 적합한 환경을 조성한다. 그리고 그들이 여러 해에 걸쳐 그 낙원의 섬에서 어떻게 생활하는지 쉽게 점검할 수 있도록 정교하고 은밀한 감시 장비를 설치한다. 나는 그들이 서로를 발견하여 그 섬의 인구가 세 명으로 늘어나고 마침내 하나의 부족이 생겨나리라 추정해도 무방하다고 생각한다.

더 나아가 그 부족이 매우 평화적이고 생산적인 집단으로 진화한다고 상상해 보라. 아마도 그들은 여러 세기가 지나면서 농업 기술을 개발하고 온갖 종류의 곡물을 재배하며 불을 사용하기 시작할 것이고, 마침내는 철과 구리를 녹이고 서서히 증기 시대로 들어갈 것이다. 그때쯤이면 그들은 여러 부족과 집단으로 갈라졌을지도 모른다. 실제로 지구상의 모든 문화가 자연과학에 통달하여 기술과 산업이 발달된 미래를 건설하지는 않았지만 이 섬 사회는 그러하다고 추정해 보라.

때가 되면 그들은 스파르타식 자급자족을 하는 대신 특화와 교환이 유리하다는 것을 발견하게 된다. 어떤 농부는 양 치는 일에 도사가 된다. 그는 시행착오에 부지런함과 관심을 더하여 뛰어난 양모를 생산하는 데 성공한다. 또 다른 섬사람은 그와 비슷하게 젖소를 키워서 성공한다. 제3의 사람은 가장 질 좋은 밀을 생산한다. 이들 각자는 자신의 생산품을 원하는 것과 바꾸면 생활이 더욱 윤택해진다는 것을 알게 된다. 바꾸어 말해 물물교환 제도가 자연스럽게 생겨난다. 거기에는 각자가 독립적으로 필요한 모든 것을 자급하려고 할 때보다 물건의 질과 양이 크게 개선된다는 장점이 있다.

때가 되면 물물교환 제도 본래의 결함이 드러난다. 아마 양치기는 젖소 주인의 집을 찾아가 문을 두드리면서 양털을 줄 터이니 치즈와 우유를 달라고 제안할 것이다. 대화는 다음과 같이 이어질 것이다.

양치기 : 안녕하세요. 이 푹신푹신하고 따뜻한 양털을 아저씨의 치즈와 우유로 바꾸려고 왔어요. 이 양털은 아저씨가 이 지역에서 본 것 중에서 가장 좋을 거예요. 나도 질 좋고 시원한 우유와 치즈를 맛보고 말이죠.

젖소 주인 : 날이 너무 더워서 그런지 젖소들한테서 더운 우유가 나오는군. 지금은 양털이 필요 없네. 날씨가 추워지면 다시 오게.

양치기에게 좋은 수가 떠오르자 이 끊길 듯한 대화가 갑자기 술술 풀린다.

양치기 : 유레카! 내가 작고 둥근 쇠붙이를 줄 테니 버터와 치즈를 전부 주세요. 날씨가 바뀌어서 다시 내게 그 쇠붙이를 가져오면 그때 아저씨에게 필요한 양털을 드리겠어요.

돈을 발명한 이 사람은 자신의 제안을 열렬히 설명하느라 그의 말을 듣고 있는 사람의 마음속에 의구심이 자라고 있는 것을 전혀 감지하지 못했다.

젖소 주인 : 나보고 이 쇠붙이들을 받고 내 부드러운 우유와 맛있는 치즈를 내달란 말인가? 자네가 나중에 이 쇠붙이들을 받을지 안 받을지 내가 어떻게 알겠나? 그리고 내가 만일 이번 주에 당근이 필요하면 어떡하지? 내가 자네에게 우유를 주면 채소를 기르는 농부에게 줄 게 모자랄 거야. 그는 분명 나한테서 이 귀엽고 작은 쇠붙이들을 받지 않을테니 말이야. 그리고 만일 내가 이 쇠붙이를 주고 자네의 양털을 받기 전에 자네가 죽으면 어떡하지?

양치기 : 아니, 잠깐만요. 설명할게요. 버터와 치즈를 보관하는 것보다 둥근 쇠붙이를 보관하는 편이 훨씬 쉬워요. 내 방법대로 꼭 해보라니까요.

그러나 자신의 방법이 모든 문제를 해결할 것이라는 입심 좋은 양치기의 보장에도 불구하고 젖소 주인과 그의 가족은 반신반의했다. 아이들에게 금속 동전을 먹일 수는 없지 않은가? 물론 그 마을에 사는 사람들 모두가 동시에 그 방법을 받아들인다면 효과가 있을지도 모른다. 문제는 대부분의 사람들이 자기 손으로 거둔 수확에 대해 지나치게 조심스러운 까닭에 단순히 약속만으로는 물건을 문밖에 내놓지 못한다는 것이다.

양치기와 젖소 주인이 등장하는 사고실험에서 본 것처럼, 물물교환은 상업적 교환을 상당히 제한한다. 또 돈이 없으면 부의 축적에 한계가 생긴다. 나는 치즈를 무한정 보관할 수는 없지만 당신의 약속은 보관할 수 있다. 게다가 당신의 약속을 보관하는 데는 값비싼 창고 공간이 없어도 된다.

당신의 약속과 나의 청구를 상징하는 여러 장의 색깔 있는 종이로 보관할 수 있고, 아니면 철 산화물 분자의 특정한 배치를 통해 보관할 수도 있다. 우리의 신뢰 체계가 정말로 튼튼하다면 당신의 말만 가지고도 보관할 수 있을 것이다.

하지만 분명한 것은 공동체 내에 눈에 보이지 않는 신뢰 관계가 없다면 돈도 존재할 수 없다는 사실이다. 신뢰 체계가 돈보다 앞서야 한다. 제대로 된 신뢰 없이 돈이 먼저 퍼진다는 것은 상상하기 어려울 것이다. 공동체의 신뢰가 넓은 거미줄처럼 퍼지기 전에 돈이 발달한다는 것은 이 사고실험에서나 다른 어떤 사고실험에서도 상상하기 어렵다.

화폐 제도가 작동한다고 할 때 물건이나 서비스의 가치는 어떻게 결정될까? 치즈 한 파운드나 양모 한 짐을 얻으려면 얼마나 많은 쇠붙이를 줘야 할까? 신발 한 켤레가 4 또는 40달러, 혹은 400달러에 해당한다고 결정해야 하는 사람은 누구일까?

가치 : 어떤 것이 얼마의 값어치가 있나

현재 볼보 S80 세단의 가치는 얼마일까? 글쎄, 시카고 중개상의 전시장에 있는 볼보의 유리창 스티커에는 제조업체가 제시한 소매가격 42,150달러가 찍혀 있다는 것을 안다. 하지만 그게 그 자동차의 가치일까? 만일 중개상이 여러 번의 흥정 끝에, 한 고객으로 하여금 39,850달러에 자동차를 몰고 가게 한다면 그게 그 자동차의 진짜 가치일까? 그렇다면 흥정을 좋아하지 않는 사람에게 똑같은 자동차를 42,150달러를 다 받고 팔았다면 새로 나온 볼보 S80의 가치가 오른 것일까?

객관적 가치

무슨 물건이든 그것의 객관적인 가치를 말하기란 매우 어렵다. 그것은 장소와 사람에 따라 달라지는 경향이 있다. 우리가 구입하는 물건들의 가격은 거기에 부여한 가치의 총합보다 적은 것이 보통이다. 그렇지 않다면 굳이 수고스럽게 교환할 까닭이 있을까?

볼보의 가치는 정해지기 어려울지 몰라도 다행히 그 무게는 그렇지 않다. 볼보의 무게는 시카고에서 재든 정글에서 재든 항상 똑같다. 길이와 색깔도 마찬가지이지만, 가치는 그렇지 않다. 예를 들어 동일한 모델의 볼보를 싱가포르 동쪽으로 약 1,600킬로미터쯤 떨어진 보르네오의 산악 정글에 낙하산으로 떨어뜨린다면 그 가치는 얼마일까?

길도 없고 기름도 없는 땅에서 약 1,600킬로그램이 나가는 그 금속의 가치는 크지 않다. 하늘에서 내려온 이 선물과 마주친 원시 부족민이 그것을 가장 유용하게 활용할 수 있는 방법은 적의 화살로부터 보호해 주는 집이나 요새로 사용하는 것일 것이다. 그를 설득하여 자동차와 바꾸려면 무엇을 줘야 할까? 나는 그가 아니라서 정확히 모르겠다. 고구마 일곱 개면 될까?

마찬가지로, 북대서양에 있는 거대한 빙산은 그다지 가치가 없지만 그것을 페르시아만에 끌고 와 바레인의 건조한 부두에서 녹인다면 상당한 값어치를 갖게 될 것이다. 거기에서 나오는 수백만 갤런의 신선한 물은 그린랜드에서보다 훨씬 큰 값어치를 가지고 있다.

히브리어는 가치를 어떻게 정의할까

나는 연구를 통해 히브리어가 그 어휘와 문장의 구조 안에서 단어의 보다 깊은 의미를 거의 마술적으로 전달한다는 사실을 알게 되었다. 단어의 진정한 의미에 빛을 비추는 히브리어의 이런 능력은 도움이 된다. 가치에 대한 이런 통찰력은 '돈'을 뜻하는 고대 히브리어 단어들 가운데 하나인 '케세프'에서 볼 수 있다. 이 단어에는 '발바닥' 또는 '손바닥'을 뜻하는 카프라는 단어가 들어 있다. 전통적인 설명에 따르면 그것은 상품이나 산물에 가치를 더하는 두 가지 방법이라고 한다. 물건에 공을 들이는 것은 손이 상징하는 과정이고 물건을 다른 곳으로 운송하는 것은 발이 상징하는 움직임이다.

나는 옛날에 라인강둑 위에 서서 거의 똑같이 생긴 바지선 두 척이 석탄을 가득 싣고 서로 반대되는 방향으로 움직이는 것을 본 기억이 있다. 나는 존경받는 랍비였던 아버지에게 왜 각각의 바지선이 그냥 원래 있던 곳에 있으면 안 되는지 물었다. 아버지는 바지선이 움직이는 것은 석탄을 공급하고 구입하려는 두 사람이 계약을 맺은 결과라고 설명했다. 두 명의 상인들은 서로에 대해 몰랐다. 그들 가운데 어느 쪽도 자기 지역에서 바지선 한 척만큼의 석탄을 구할 수 있다는 사실을 몰랐다. 그것은 정보 부족에서 기인하는 예외적인 상황이었다.

단지 사람들 사이에 교류가 부족했다. 그것이 고쳐진다면 상인들은 모두 상의를 했을 것이고, 그 지역의 석탄 가격은 운송비 절감을 반영하여 떨어졌을 것이라고 아버지는 내게 말했다. 아버지의 설명에 따르면 소비자들은 적은 돈으로 연료를 구해서 좋고, 상인들은 석탄을 더 많이 팔아서 좋을 것이다. 바지선 주인들에게는 상황이 더 나빠진 것처럼 보일지 모르지만 사실은 그렇지 않다. 석탄뿐만 아니라 그들이 돈을 주고 구입하는 다른 모든 상품에 들어가는 비용도 줄어들 테니 상황이 나아질 것이다. 어떤 경우가 됐든 그들은 자기 지역에서 공급할 수 없는 산물들을 실어 나르느라 바쁠 것이다.

정보 교환이 늘면 사람들은 모두 돈을 절약하게 되고 그 돈이 그들의 부가 된다고 할 수 있다. 그날부터 나는 지식이 어떻게 가치를 더할 수 있는지 이해하기 시작했다. 게다가 온갖 물건의 가치를 찾아볼 수 있는, 오류 없는 백과사전은 없다는 사실을 알게 되었다. 가치를 나타내는 숫자는 언제나 적어도 두 명의 사람과 그 장소 그 시간에 무슨 일이 벌어지고 있는가에 달려 있다.

가치란 사람들이 내린 판단이다

정말로 원하는 것은 수입을 늘리는 일인데 왜 이런 정보를 모두 알아야 하는지 궁금해할지도 모르겠다. 잊지 마라. 단순히 아는 것만으로는 충분하지 않으며 자기 존재 속으로 흡수해야 한다.

가치는 여느 측정치와는 다르다. 나는 오래된 유리 항아리를 보면 그 무게를 쉽게 판단할 수 있다. 그렇게 하기 위해 내게 필요한 건 정확한 저울이다. 만일 자가 있으면 높이를 이야기할 수 있을 것이고, 부피를 재는 데에도 그리 복잡한 수학이 필요하지 않을 것이다. 내가 구한 값들은 그 항아리를 어디로 옮기더라도 유효하며, 그것을 지구 위 어디에 두더라도(혹은 무게가 아니고 질량에 대해 이야기한다면 심지어 우주에서도) 변하지 않는다.

하지만 그 유리 항아리의 가치를 따지는 것은 완전히 다르다. '시장'이라고 부르는 아주 특별한 인간 구조물 외에는 그 가치를 측정할 방도가 없다. 혹시 그 항아리를 만든 사람이 태평양 북서 지역의 혁신적 유리 예술가로 유명한 데일 치훌리라 할지라도 그것이 물을 담는 실용적인 가치만 이용하는 사람의 손에 있다면 예술적 가치가 꽤 작을 것이다. 더 크거나 더 단단한 항아리를 발견하면 그 항아리를 내던질

지도 모른다. 반면에 그것은 미술품 수집가에게는 상당한 가치가 있으며, 사랑하는 사람에게서 그것을 애정의 징표로 받은 미술품 수집가에게는 훨씬 더 큰 가치가 있을 것이다. 길이나 높이 혹은 부피와 같은 물체의 물리적 특성들과는 달리, 가치는 손으로 만질 수 없는 특성 혹은 정신적인 특성에 가까워서 다른 인간들과의 전후관계 속에서만 판단될 수 있다.

가끔 신기한 것은 물체의 가치가 올라가더라도 물리적 관찰이 가능한 측정치는 그에 상응하여 증가하지 않을 수도 있다는 점이다. 곡물 바지선의 가치가 오른 까닭이 바지선에 가득 차 있는 50톤의 밀을 더 실었기 때문이라면 바지선의 값어치가 더 나간다는 사실을 이해하게 된다. 거기에는 신기해할 것이 전혀 없다. 하지만 밀을 실은 그 바지선의 가치가 증가한 원인이 그것을 구입한 상인이 우연히 곡식을 절실히 필요로 하는 어떤 지역을 알게 된 데 있다면 그 거래에는 마술이나 속임수의 냄새가 풍긴다.

상인이 그렇게나 자주 질투와 증오 섞인 시선을 받는 까닭은 부분적으로 이 때문일 것이다. 예를 들어 잉글랜드에서는 제2차 세계대전 때까지 어떤 사람을 '장사꾼'이라고 하면 거기에는 무시하고 경멸하는 감정이 들어 있었다. 어떻든 이 졸부 계층이 감히 귀족들과 놀아났던 근거는 그들이 아무도 이해하지 못하는 신비한 방법으로 막대한 돈을 모은 데 있었다. 런던정경대학 교수였던 20세기의 오스트리아 경제학자 프리드리히 하이에크는 이렇게 말했다.

"가치는 사람과 무관한 사물 자체의 속성이나 물리적 특성이 아니라, 사람이 그러한 사물의 이용에 관한 결정을 내릴 때 다른 사람들이 그것을 이용하여 더 나은 기회를 얻게 해주는 사물과 사람이 맺는 관계의 한 측면이다."

알겠는가? 내가 소유한 물건의 가치는 다른 사람들이 나에게 무엇을 주고 그것과 바꾸려 하는지 알아낸 후에야 알 수 있다. 외진 시골을 돌아다니며 오래된 가구를 사다가 도시에 있는 내 골동품 가게에서 되팔면 이익이 나는 까닭이 그것이다. 농부는 물건을 전부 트럭에 싣고 직접 도시로 가더라도 무엇을 팔 수 있고 무엇을 도로 가지고 와야 하는지조차 알 수 없으므로 그럴 바에는 내게 물건을 팔려고 할 것이다.

하이에크보다 백 년 앞서 비엔나 대학의 경제학 교수였던 칼 멩거는 가치란 "낭비를 피하려는 사람들이 삶과 행복을 유지하기 위해 자신들이 처분할 수 있는 재화의 중요성에 대해 내리는 판단"이라고 말했다.

그렇다. 가치란 사람들이 내리는 판단이다. 하지만 어떤 것의 가치에 대해 모든 사람들의 생각이 항상 일치하는 것은 아니다. 만약 일치한다면 거래할 이유가 없으므로 거래가 이루어질 수 없을 것이다. 어떤 물건이나 상품의 값어치가 우리에게 모두 똑같다고 해보자. 우리 중에서 누가 거래를 하려고 할까? 전체의 요지는 다른 시간과 다른 장소에 있는 다른 사람들은 사물을 다르게 평가한다는 것이다.

경제적 창조성과 인간의 독특성 사이의 이러한 연관은 유대 문화에 깊이 뿌리를 내렸다. 존경받는 유대의 현인들은 FBI가 지문이 갖는 독특성의 원리를 이용하여 악당들을 식별하기 시작한 것보다 천 년이나 앞서 다음과 같은 질문을 던지고 있었다. 왜 하나님은 인간의 독특성을 지문에다 표시하기로 결정하셨을까? 각각의 그리고 모든 인간에게 독특한 표시가 있어야 한다는 것은 문제가 되지 않았다. 하나님은 자기의 형상을 따라 인간을 창조하겠다고 선언하셨다. "자기의 형상을 따라"가 무슨 뜻일까? 유대의 학자들이 볼 때 이것은 인간이 중요한 두 가지 면에서 하나님을 닮았다는 뜻이었다. 첫째, 인간은 세상의 피조물 가운데 신적인 존재처럼 사물을 창조할 수 있는 능력을 유일하게 지녔다. 둘째, 각각의 인간은 하나님만큼 독특하다.

인간에게 있는, 신과 똑같은 이런 유사성들을 이어주는 방법 가운데 인간의 창조 기관인 손가락에 지문이라는 독특한 표시를 하는 것보다 더 좋은 방법이 있을까?

1570년, 한 저명한 유대인 학자는 비록 모든 사물의 가치가 인간과의 관계에 달려있긴 하지만 장소와 시간에도 좌우된다고 설명했다. 바꾸어 말하자면 인간이 사물에 부여하는 가치는 그 사물이 시공時空 연속체의 어느 지점을 차지하고 있느냐에도 달려 있다는 것이다. 16세기 프라하의 위대한 랍비 에후다 뢰브는 이렇게 말했다.

"시간과 공간은 하나의 개념으로 묶였을 때 가장 잘 이해할 수 있다."

그가 이렇게 쓴 것은 아인슈타인이 특수 상대성 이론에 대한 논문을 제출하고, 헤르만 민코프스키가 아인슈타인의 우주에 대한 새로운 관점이 의미가 있으려면 시간과 공간을 하나의 결합된 현실로 봐야 한다고 지적하기 정확히 300년 전이었다.

"앞으로 공간은 저절로, 그리고 시간도 저절로 단순한 그림자로 사라져갈 운명이고, 이 둘의 결합만이 독립적인 현실을 유지할 것이다."

공간과 시간의 이런 연관은 유대의 문화 속에 깊이 자리 잡고 있기 때문에 이것을 늘 접하는 유대인들은 그들의 상업적 전략을 그 위에 세웠던 것이다. 유대인들은 인간의 독특성을 충족시키는 방법뿐 아니라 다른 형태의 창조적인 노력으로도 가치를 더할 수 있음을 알고 있었다.

물리적인 일로만 공간과 시간을 창조적으로 조작할 수 있는 것은 아니다. 모든 사람이 성형, 주조, 채굴, 재배, 혹은 건설에 종사할 필요는 없다. 모든 사람이 운송에 종사할 필요도 없고 모든 사람이 시간이 흘러갈 동안 물건을 보관할 필요도 없다. 또한 정보와 거래를 통해 공간과 시간을 효과적으로 조작할 수 있다. 그 다음엔 다른 사람들과의 거래를 통해 손쉽게 가치를 더할 수 있다.

모든 사람이 동의할 수 있는 재정 기록의 유지

할렘 글로브트로터즈 농구단과 고인이 된 코미디언 겸 피아니스트 빅터 볼지의 공통점은 무엇일까? 바로 비관습적인 영역을 개척하기 위해 먼저 관습적인 영역을 굳게 붙들었다는 점이다. 그 농구 묘기단은 최고수준의 전문 농구 선수들로 구성되어 있다. 스스로를 '위대한 덴마크인'이라 불렸던 그 연예인은 뛰어난 클래식 피아니스트였는데, 사람들을 웃기는 일이 더 나은 수입을 가져다준다는 것을 알게 되었다.

마찬가지로 일단 일반적으로 받아들여지는 관점에 잘 뿌리박고 있으면 돈을 색다르게 바라보는 일이 더욱 쉬워진다. 바꾸어 말하자면, 전통적인 부기를 이해하는 것은 매우 유용하다. 이미 재무제표를 읽고 이해할 수 있다면 승부에서 앞서 있는 것이다. 만일 자신이 마주치는 숫자 칸들을 두려움에 찬 눈으로 의례적으로 지나치는 사람이라면 내 충고를 받아들이기가 힘들겠지만, 그 충고는 꼭 필요할 것이다. 예컨대 승강기를 무서워하는 사람들에게 있어 최고의 해독제는 공포증이 사라질 때까지 그냥 계속해서 승강기를 타는 것이다. 다음에 나오는 충고는 숫자에 대한 두려움을 떨칠 수 있는 유일한 방법이다.

우리는 숫자를 편안하게 생각하고 능통하게 다루어야 한다. 그럴 때 세 가지 이점이 있다.

1. 정확하게 생각하고 말하는 데 익숙해진다. '먹고살 만한 임금', '감당할 만한 집' 그리고 '적당한 보수' 같은 용어들을 받아들이는 대신 정확한 숫자를 물어보는 편이 쉬워진다. 분명하고 확실하게 말하기 시작하고 '사실대로 말하자면'이나 '뭐, 솔직히' 같은 말들로 얼버무리지 않게 된다.

2. 특정 거래에 대해 '배짱'으로 밀고 나가면서 최선의 결과를 바라는 대신 자신의 판단에 대한 자신감이 커진다. 숫자를 읽을 줄 아는

눈이 생기면 거래와 투자를 유능하게 직접 비교할 수 있게 된다.

3. 주변 세계와 더 가까워진 느낌이 들어 생동감이 넘치게 된다. 사람들이 회계를 그다지 흥미롭게 생각하지 않는다는 걸 알지만 나는 당신이 회계사가 되라고 권하는 게 아니다. 나는 당신이 숫자를 그 자체로 사랑하는 게 아니라 사람들과 친해질 수 있는 의사 교환의 언어로서 사랑하기를 원한다.

흔히 회사의 재정상태가 나빠지고 있다는 최초의 경고 표시는 연례 보고서에서 나타난다. 나는 당신이 재무제표의 세계에 충분히 익숙해져서 모든 것을 보고 모든 자료를 흡수하기를 원한다. 자산과 부채를 표시하는 대차대조표만 봐서는 안 된다. 현금흐름보고서 같은 재정보고서의 모든 부분들을 공부해야 한다. 현명한 관찰자는 현금흐름보고서를 보면 판매에 비해 재고가 빠르게 증가하는 등의 위험한 상황들을 발견할 수 있다.

일반 회사들은 상품이 고객에게 전달되면 60일이 지나도록 돈을 지불하지 않는다 하더라도 수입을 기록하고 그 수입은 정기 이익에서 일정한 몫을 차지한다. 하지만 현금흐름보고서는 실제로 얼마만큼의 현금이 들어왔는지 보여준다. 회사의 수입이 증가하고 이익이 치솟더라도 입수된 현금이 그에 훨씬 못 미친다면 악성 부채 위기의 초기 단계가 시작될지도 모른다.

회계의 전문적인 내용에 대해 몰두하게 하고 싶은 생각은 없지만, 그것은 더 큰 번영을 이루는 데 중요한 도구가 되므로 추천하고 싶다.

그것은 앞에서 열거한 세 가지 이점이 있을 뿐 아니라 한 가지 이상의 일을 할 수 있도록 준비시켜 줄 것이다. 숫자를 볼 줄 아는 눈을 얻으면 자기만의 정확한 재정기록을 정리하고 유지할 준비가 갖춰진다. 물론 오늘날에는 숫자를 보는 눈이 없는 사람도 재정기록을 세울 수 있게 해주는 정교한 소프트웨어 도구가 존재하지만 우리가 원하는 것은 그 이상의 것이 아니던가? 그런 소프트웨어 프로그램을 이용하는 것도 좋긴 하지만 노트북 컴퓨터에서 어떤 단추를 눌러야 하는지 아는 것보다는 숫자들이 의미하는 바를 정말로 이해한다면 현장에서 직관적인 판단을 내릴 수 있는 능력이 향상될 것이다.

유대 전통은 소유물의 가치를 어떻게 평가하는가

랍비 이삭은 다음과 같은 훈계를 통해 2,000년 전보다 더 이전에 이미 개인 소유물과 거래 재고 구분의 중요성을 유대인들에게 강조했다.

"사람은 재산을 항상 세 부분으로 나눠 보관해야 한다. 3분의 1은 땅, 3분의 1은 물건, 그리고 3분의 1은 쉽게 이용할 수 있는 돈."

이것은 오늘날에도 좋은 충고가 된다.

첫째, 부동산의 소유는 현명한 경제적 조치일 뿐 아니라 개인의 성장에도 도움이 되는 것으로 여겨진다. 선한 신은, 사람을 더 만들지 땅을 더 만들지는 않으신다. 결과적으로 소유 부동산의 가치가 상승하면 그 주인에게 운명의 목적에 대한 의미를 전하는 데 도움이 된다.

둘째, 랍비 이삭의 충고는 가게를 소유하고 있거나 다른 사업을 하고 있어서 재고에 대한 투자가 필요한 사람들을 위한 것임이 분명하다. 하지만 예컨대 평범한 사무직에 종사하는 사람들도 이 지혜를 통해 이익을 얻을 수 있다. 예를 들어 팔거나 거래할 수 있는 동산에 자산의 일부를 투자하는 것은 건전한 행동이다. 오늘날 무수히 많은 사람들이 자기로 된 빅토리아 시대의 입상이나 오래된 총, 골동품 가구, 혹은 거의 무엇에 대해서든 전문적인 지식을 키워 수입을 늘린다. 그들은 이런 물건들을 중고품 판매처에서 사다가 일정한 이윤을 붙여 인터넷이나 시장 그리고 벼룩시장에서 판다. 이렇게 거래 가능한 물건을 자산으로 보유함으로써 얻는 수익의 가능성과 자신이 비즈니스 종사자임을 끊임없이 상기함으로써 얻는 이익은 꽤 동떨어져 있다. 취미로 시작하여 여가시간을 이용하는 이런 종류의 거래활동은 흔히 많은 사람들의 운명에 놀라운 변화를 가져온다.

셋째, 자산의 일부를 현금으로 보관하면 긴급상황에 대비할 수 있다. 또한 예상치 못한 기회들을 이용할 수도 있다.

위대한 인터넷 성공담 중에는 이베이 닷컴의 이야기가 있는데, 그 회사의 사업 계획은 단순히 전자 행상인이 되는 것이었다. 그 회사는 그렇게 하여 성공을 거두었다. 마을을 통과하는 옛 행상인의 역할을 생각해 보라. 그는 어느 가족으로부터 수 년 동안 지하실에 처박아 두고 쓰지 않았던 낡은 탁자 하나를 산다. 그 가족에게 그것은 쓰레기나 다름없으므로 그들은 행상인이 제안하는 10달러를 기쁘게 받아들인다. 행상인은 나중에 그 가구를, 딱 그만한 크기의 탁자를 필요로 하고 세월의 흔적인 긁힌 자국에는 신경 쓰지 않는 다른 가족에게 판다. 그들은 새 탁자를 사는 데 60달러를 들이지 않고 이것을 20달러에 얻게 되어 행운이라고 생각한다.

다시, 이 한 사람의 행상인이 지나가면서 마을에 가져다준 가치를 계산해 보라. 첫 번째 가족은 이제 예전보다 10달러 더 부유해졌다. 두 번째 가족은 은행 계좌에 있는 40달러를 더이상 새 탁자를 얻는 데 쓰지 않아도 된다. 행상인은 예전에 없었던 10달러가 생겼다. 그 행상인은 거래 하나를 성사시킨 것만으로 그 마을 전체에 합계 60달러의 부를 증가시켰다. 이제 이베이가 성사시키는 수많은 거래들에 이 효과를 곱하면 그 회사가 어떻게 가치를 창조하고 성공을 거두는지 쉽게 알 수 있다.

유대 전통은 돈의 이동을 지지한다

돈은 이 사람에게서 저 사람에게로 옮겨 다니며 부의 추가적인 창출을 돕는다. 사람들이 경제를 염려하여 돈을 매트리스 속에 넣어 보관한다면 경제는 서서히 무너지기 시작하면서 불황을 겪거나 악화된다. 히브리어에서 돈을 가리키는 용어 가운데 하나로 '주즈'가 있는데 이것은 '움직인다'는 뜻이다. 돈은 끊임없이 움직여야 한다. 내가 거래를 해야 한다는 것은 다른 누군가로 하여금 내가 효율적으로 할 수 없는 일들을 나를 위해 하게끔 허용한다는 의미이다. 이렇게 해서 나는 모두를 위해 가치를 늘릴 수 있다.

뉴욕 브루클린에 기반을 둔 루바비치 하바드 운동의 지도자였고 지금은 고인이 된 랍비 메나헴 멘델 슈니어슨은 돈의 비밀에 대해 잘 알고 있었다. 나는 운 좋게도 1974년에 그를 개인적으로 만나 이 문제들을 놓고 의견을 주고받았다. 그리고 그에게서 많은 지혜를 얻었다. 그는 사람들을 축복하는 행위의 일부로서 1달러짜리 지폐를 나눠주는 습관이 있었다. 눈부신 성공을 거둔 기업가 중에는 자신의 성공을 그 루바비치 랍비와 그의 1달러짜리 지폐 덕으로 돌리는 이들이 한두 명이 아니다.

그 랍비는 1983년에 유대인의 명절인 초막절 강연에서 다음과 같이 말했다.

"사람들은 제각기 다릅니다. 재능과 자원과 기회를 서로 다르게 타고 났습니다. 부를 축적하고 특권에 보답하며 가난한 사람들을 착취하는 데 쓰이는 돈은 이런 차이들을 더 크게 만들기도 합니다. 하지만 돈은 사람들을 하나로 묶고 평등하게 만듭니다. 그것은 정보와 재능과 수고를 상품으로 전환시켜 쉽게 거래하고 나누어 가질 수 있게 하는 궁극적인 추출 장치입니다. 그것은 사람들과 나라들 사이를 관용과 협력으로 이어주며, 자원을 공통의 목적에 집중하도록 이끌어 줍니다."

돈의 끊임없는 움직임이 중요하다는 사실을 보여주는 또 하나의 실제 사례가 있다. 1995년 12월, 야외용 의류에 사용되는 폴라텍 섬유를 생산하는 메사추세츠 공장에 불이 나서 모든 것을 집어삼켰을 때, 70세의 아론 퓨어스타인은 3억 달러의 보험금을 챙겨서 사업을 그만두는 일은 하지 않았다. 오히려 놀고 있는 직원들에게 임금을 그대로 주면서 공장을 새로 짓기 시작했다. 정통파 유대인인 퓨어스타인은 새 공장의 완공식에서 다음과 같은 히브리어 기도를 드렸다.

"몰덴 밀즈와 그 직원들에게 생명과 영혼을 다시 회복시켜 주신 위대한 우주의 하나님께 감사드립니다."

새로 지은 공장이 그들의 "생명과 영혼"이라고? 그렇다. 아론 퓨어스타인은 제대로 알고 있었다. 생활비를 버는 일은 인간의 생명과 영혼에 밀접하게 얽혀 있다. 돈이 핵심이다. 부를 창출하려는 이 고귀한 노력을 성공으로 이끌기 위해서는 돈에 대한 일반적인 사항들을 알고 있어야 하고 특히 자신의 돈에 대해서도 알아야 한다.

역설적으로 들리겠지만 사랑과 마찬가지로 돈도 전적으로 소유하겠다는 욕심을 버릴 때 가장 쉽게 얻을 수 있다. 돈과 사랑은 집착하면 할수록 더 많은 문제들이 생기는 것 같다. 하지만 적어도 돈에 있어서는 손쉬운 해결책이 존재한다. 정기적인 기부 행위를 통해서 돈에 대한 집착을 버리는 의식을 행하라. 만일 기부라는 개념이 존재하지 않았다면 부를 추구하는 사람들이 그 개념을 만들어내야 했을 것이다. 꽃을 가꾸는 데 햇빛이 필요한 것처럼 부를 창출하는 데는 인간에 대한 사랑이 필요하다.

다음 장에서는 이 놀라운 관계에 대해 살펴보고 그것을 우리의 여정에서는 어떻게 이용할 수 있는지 알아볼 것이다.

1 과거의 실적에 연연하지 말고 새 페이지를 열어 신뢰성을 높여라.

화폐 제도와 성공적인 부의 창출에는 신뢰가 필수적이다. 줄 수 있는 것보다 적게 약속하라는 『선조들의 말씀』에 나오는 랍비 힐렐의 말은 우리 모두에게 유용한 충고이다. 바꾸어 말하자면, 다른 사람들을 위해 항상 그들이 기대하는 것 이상으로 일하라. 그러면 그들을 놀라게 하고 기쁘게 만들 뿐 아니라 자신의 비즈니스 영향력을 강화하는 무대가 열린다.

예를 들면 언제나 24시간 안에 전화 회신을 준다는 원칙을 확고하게 세워라. 가족과 동료들의 질문과 요청에 대해 신중하고 구체적으로 대답하라. 간혹 어떤 요청에 대해 간단히 "안 돼"라고 말하지 못하고 모호하고 애매하게 대답함으로써 불편한 반목을 미루고 싶어하는 이들이 있다. 가족이나 동료들이 그처럼 망설이는 말을 들으면 그것이 자신들이 원하는 동의나 양보를 의미한다고 오해한다. 그러다가 나중에 명확한 설명을 하려고 시도하면 뜻밖에도 교활하고 못 미더운 사람이 되어버린다. 자기 눈에 자신이 믿음직해 보이는 것도 중요하지만 다른 사람들 눈에도 그렇게 보이는 것이 중요하다. 자신을 정직한 사람으로 생각하려면 정말로 믿음이 갈 때만 그렇게 할 수 있다.

2 구체적이고 매우 유용한 기술인 '재무제표 읽는 법'을 배워라.

적어도 재무제표에 대해 더욱 익숙해져라. 십계명 계획에서 이 중요한 요소를 빠뜨리지 마라. 이 중요한 기술을 터득하기 위해 시간 관리 계획에서 몇 개월간의 시간을 진지하게 배분하라.

당장 회계사가 되지는 않을 거라는 생각 때문에 이 단계를 무시하고 싶은 유혹이 생길지도 모른다. 그것은 실수가 될 것이다. 이 중요한 기술을 터득하면 자기 자신을 성공적인 비즈니스 종사자로 시각화하는 길이 열린다.

일단, 선택한 책의 내용을 공부하고 연습했다면 몇몇 주식회사들의 연례 보고서를 구하라. 관심이 가는 분야에서 활동하는 회사라면 더 흥미롭겠지만 어느 회사인지는 그다지 중요하지 않다. 주식회사들이 분기에 한 번씩 발표하게 되어 있는 현금흐름보고서를 확실히 챙겨서 이해하라. 보고서를 살필 때는 천천히 각 단계에서 전달하는 내용을 확실히 이해하라. 그것은 어려운 일이 아니다. 일단 개념만 잡으면 간단한 산수에 불과하다. 문제가 생기면 가까운 회계사를 찾아라. 혹은 필요하다면 지역 대학에 있는 야간 회계 강좌에 등록하라.

3 개인적인 재무제표를 준비하고 기록하라.

커다란 회계법인 보고서 수준일 필요는 없다. 우리는 이미 대차대조표 뿐만 아니라 연도별 월별 예산서와 현금흐름보고서를 준비했을 것이다. 그렇지 않다면 지금 당장 그렇게 해야 한다. 인튜이트사의 '퀴큰'이나 마이크로소프트사의 '머니' 같은 주요 개인 회계 프로그램을 이용하면 정확한 회계 상황을 파악하는 데 도움이 될 것이다. 우리는 자신의 돈에 대해 알아야 하며, 이것이 그 방법이다. 자신의 재정적 상황을 정확히 알아야 하는 이유는 그것이 바로 우리가 개선하려는 것이기 때문이다. 기록할 방법이 없다면 개선된 정도를 측정할 수 없다.

마지막으로 자신의 숫자들을 매달 살펴라.

4 재화와 서비스를 성공적으로 판매할 수 있는 나만의 '기술영역'을 찾아라.

내가 한때 알고 지냈던 한 치과의사는 서너 해 동안 배를 타고 세계를 돌아다니며 의술을 팔았다. 그는 그 와중에 자신의 재주를 이용하여 수입을 늘릴 수 있기를 바랐다. 불운하게도 그가 방문한 대부분의 외딴 섬들은 그의 첨단 기구와 장비들을 돌릴 만한 전기가 부족했다. 그뿐만 아니라 주민들은 그의 전문 분야인 미백 치료에 대해서는 별 관심이 없었다. 하지만 그는 곧바로 자신에게 또 다른 기술이 있음을 알았는데, 그 기술은 그가 자주 들렀던, 야자나무들에 둘러싸인 보트 정박지에서 훨씬 유용한 기술이었다. 그는 취미로 배웠던 스쿠버 다이빙을 통해 동료 뱃사람들에게 수중 수리를 해주고 잃어버린 닻을 도로 찾아주었다. 시애틀의 집에서는 스쿠버 다이빙이 아무런 수입을 가져다주지 못했을 것이었다. 남태평양의 섬들에서는 치과의사 면허증이 쓸모가 없었다. 나의 '상품'을 최고로 쳐 줄 사람들을 찾으면 내가 가진 기술과 적성 그리고 경험도 진정한 가치를 얻는다.

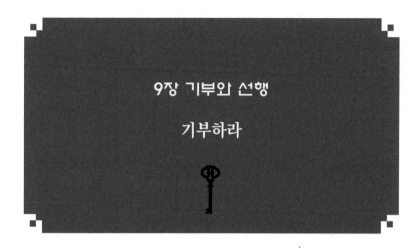

9장 기부와 선행

기부하라

돈에 대한 예측 불가능하고 불합리한 행동
자선을 베푸는 이는 더 큰 이익을 얻는다
돈을 내놓으면 더 많은 것들이 돌아온다
선행뿐만 아니라 잘살기 위해서 돈을 기부하라
자선을 베푼다는 것은 새로운 친구들을 사귄다는 뜻이다
기부는 투자와 같다
자선은 자신의 바깥에서 자신에게 초점을 맞추는 것
자선은 내가 성공할 만한 자격이 있음을 상기시켜준다
사람은 창조하는 자이며 주는 자이다

기부는 부의 창출을 이루게 하는 방법으로
연금술의 비법과도 같다

기부하라

　　종교적인 전통은 모두 자선 행위의 중요성을 강조한다. 하지만 자선에 대한 유대교의 독특한 접근방식이 신도들에게 미치는 영향은 더 크다. 예컨대 잠언집의 구절은 "어떤 사람이 기부하는 것을 보면 그 사람의 부가 늘어나리라는 것을 확신하라"고 주장한다. 이해가 거의 불가능할 정도의 유대 신비주의 교과서인, 비교秘敎의 『조하 Zohar』에서는 "자선을 많이 베푸는 사람이 더욱 부자가 되는 이유는 하나님의 축복이 그에게 임할 수 있는 통로를 열었기 때문이다."라고 말한다. 이처럼 오래된 믿음의 진술들이 현대의, 아마도 훨씬 세속화된 비즈니스 종사자에게 어떤 가치를 지닐까? 핵심은 그 진술들이 구전이라는 살아 있는 문화의 일부로 살아남았다는 것이다. 그것은 중요한 의미를 지닌다. 그것은 그 진술들이 신빙성 시험을 거쳤다는 뜻이다. 설명을 해보겠다.

　인접한 건물 2층에 사다리가 걸쳐져 있을 때 사람들이 인도를 어떻게 걸어가는지 지켜보라. 가장 손쉬운 길은 보도를 똑바로 따라가면서 사다리 밑을 통과하는 것이다. 하지만 대부분의 사람들은 그 길보다는 사다리 받침 바깥쪽의 좁고 혼잡한 통로를 더 선호한다. 이것은 모든 사람들이 미신을 믿어서 사다리 밑을 지나가면 재수가 없다고 생각하기 때문일까? 나는 이것이 일상적인 행동을 제대로 설명해 준다고 생각하지 않는다. 우리가 사다리 밑을 통과하지 않는 진짜 이유는 미신 때문이 아니라 상식 때문이다. 현실이 미신보다 우선이지 미신이 현실의 원인이 되지는 못한다. 오랜 세월 동안, 사다리 밑을 지나가다가 위에 있는 부주의한 인부가 도구를 떨어뜨려 거기에 맞은 사람이 한둘이 아니었다. 사다리 밑으로 지나가지 말라는 할머니의 훈계를 무시했다가 머리에 페인트를 뒤집어 쓴 사람들도 부지기수였다. 조금씩 조금씩, 어쩌면 수백 년에 걸쳐 그 교훈이 문화 속에 자리 잡았을 것이다. 사다리 밑을 지나가면 정말로 재수가 없다고.

이와 마찬가지로, 수백 년 동안 아니, 실제로는 수천 년 동안 자선 행위와 부의 증가 사이에는 연관 관계가 확인되어 왔다. 옛 유대의 지혜는 행위를 지시하기보다는 현실을 다룬다. 돈을 기부하면 기부하는 사람의 부가 증가한다. 구전 문화에 속한 사람들은 이것이 진실임을 알고 있다. 이것을 뒷받침하는 너무나 많은 일화들이 계속해서 쏟아지고 있다. 오늘날에도 자선 행위란 선한 일일 뿐만 아니라 야망을 가진 사람들이 해야 할 영리한 일이라고 배우면서 자라나는 유대인들이 많다. 인정 많은 친구들을 찾다 보면 원인과 결과를 신비롭게 이어주는 이야기들, 즉 자선 행위에 따른 부의 결과를 다룬 이야기들도 듣게 될 것이다.

돈에 대한 예측 불가능하고 불합리한 행동

합리성은 사람과 돈의 관계를 이해하려고 사용하기에는 빈약한 도구이다. 한 주방장이 철강 제조 공장에서 가져온 온도계로 오븐의 작동 여부를 판단하려 한다고 상상해 보라. 그 온도계는 1,000도에서 2,500도 사이의 온도만 측정하기 때문에 그 요리사의 400도짜리 오븐에 들어가면 조금도 변화가 없어 오븐에 이상이 있다는 그릇된 믿음을 줄 것이다. 물론 그의 오븐은 정상이다. 단지 그가 사용하는 도구가 잘못되었을 뿐이다.

혹은 전파 차단 장치가 된 방에 라디오 전파가 들어오는지 여부를 판단하려는 경우를 생각해 보라. 그는 평범한 휴대용 AM 라디오를 들고 그 방에 들어가 약 500kHz에서 1600kHz 사이의 주파수대에서는 라디오 신호가 잡히지 않는다고 판단할 수 있지만, 그 측정 도구는 다른 종류의 라디오 전파가 들어오는지 여부는 가르쳐 주지 못할 것이다.

합리성은 퍼즐과 역설들을 풀 때는 훌륭한 도구가 되지만 인간의 행동을 설명할 때는 그다지 효과적이지 못하다. 렌즈버그 교수조차도 언젠가 「포브스」지의 칼럼니스트 댄 샐리그만이 자선을 하느냐고 묻자 이렇게 말했다.

"네, 합니다. 그런데 왜 하는지는 알 수가 없군요."

대학에서 경제학 연구가 과학 학부가 아닌 종교 연구 학부에서 이루어진다는 것은 흥미롭다. 내가 이것을 적절하다고 보는 까닭은 과학보다는 종교가 인간 행동에 대해 더 많은 통찰을 제공할 것이기 때문이다. 인간은 로봇이 아니다. 인간은 예측이 불가능하다. 오늘날에는 경제학이 마치 과학인 것처럼 대접을 받지만 확실한 것은 그것이 우울한 과학이라 불린다는 사실이다. 경제학 연구가 과학자들을 우울하게 만드는 이유는 사람들이 돈을 운용하는 예측 불가능한 방식들이 이해되지 않기 때문이다.

　돈에 관한 인간의 불합리성을 조명하는 많은 연구들 가운데 하나만 살펴보자. 프랑스어로 발표된 「경제 역사와 통계」라는 한 연구 결과는 '사람들은 다른 사람들의 수입을 줄이기 위해 기꺼이 돈을 내려 할까?'라는 별칭으로 불린다. 그 실험에서는 피실험자들을 네 사람씩 묶어 하나의 그룹을 만들고 모두에게 똑같은 액수의 돈을 주었다. 네 사람은 자기 마음대로 도박을 하되 넷 중에 둘은 항상 이기고 나머지 둘은 매번 돈을 잃도록 컴퓨터를 통해 게임을 조정했다. 그런 다음 돈을 딴 사람이든 잃은 사람이든 각자에게 자신의 돈을 일부 사용하여 동료들의 몫을 축소시킬 수 있는 기회를 주었다. 그렇게 했을 경우 그 개인은 돈을 따지 못할 뿐 아니라 사실상 동료 경기자의 돈 1달러를 없애는 데 2센트에서 25센트까지의 비용이 들어가게 되어 있었다.

　이상적인 사람이라면 단지 다른 사람들을 가난하게 만들기 위해 돈을 쓰지는 않을 거라는 게 연구자들의 확신이었다. 하지만 62퍼센트의 참가자들이 1달러를 없애는 데 최고 25센트까지 쓰면서 동료들을 가난하게 만드는 특권을 사용했다. 이 연구는 부가 상대적이라는 명백한 결론을 내렸다. 그 게임의 폐쇄된 체제 안에서는 친구의 부를 없애면 자신이 부자-상대적인 부자-가 된다. 25센트만 있으면 친구의 1달러를 없앨 수 있다는 건 거의 횡재이다.

그보다 더 중요한 다른 결론은 돈에 대한 사람들의 행동이 예측 불가능하고 종종 불합리하게 보인다는 것이다. 사람들은 애정 문제에서도 똑같이 행동한다. 매력과 사랑은 매우 주관적이기 때문이다. 그것들은 인간의 독특한 특성에 좌우되고 돈도 마찬가지이다. 사람은 육체적인 존재보다는 정신적인 존재에 훨씬 더 가깝기 때문에 각자 자기만의 특별하고 독특한 방식으로 돈과 관계를 맺는다. 어떤 면에서는 사람들 사이의 관계도 이와 비슷하다. 글자 그대로 현금을 불에 던져 태워버리는 사람은 거의 없지만, 많은 사람들이 태우는 것보다 다를 게 없는 방식으로 돈을 쓴다.

자선을 베푸는 이는 더 큰 이익을 얻는다

유대 전통의 가르침에 의하면 전통을 따르는 사람들에게 요구되는 많은 행동들이 자기를 돌아보는 데 있다고 한다. 예를 들어 성경은 동물을 괴롭히지 말라고 강조한다. 동물에 대한 친절을 촉구하는 이유는 유대교가 동물이 괴롭힘을 당하거나 잔인한 대우를 받아서는 안 되는 권리를 가진 독립적 존재로 보기 때문이 아니다. 유대교는 동물을 잔인하게 다루면 인간의 심성이 거칠어진다고 경고한다. 동물에게 친절해야 하는 이유는 그러지 않았을 때보다 섬세하고 생기 있는 사람이 되기 때문이다.

유대인들은 심지어 무생물체에 대해서도 어떻게 행동해야 하는지 가르침을 받는다. 이것 역시 무생물체가 자신이 받는 대접에 대해 신경을 쓰기 때문이 아니다. 무생물체를 대할 때조차도 조심하는 사람은 사람들을 대할 때도 더욱 섬세해질 것이기 때문이다.

마지막으로 귀먹은 사람에게 욕하는 것을 금하는 성경의 사례가 있다. 장애를 가진 그 희생자는 자기를 향해 날아오는 욕설을 듣지 못하지만, 그런 행동을 여전히 금지하는 이유는 누군가를 욕하게 되면 욕을 듣는 사람보다 욕을 한 사람이 더 큰 피해를 보기 때문이다.

이와 비슷하게 정부가 문제 해결을 위해 얼마나 많은 일을 하건 상관없이 유대인들은 돈을 내놓는다. 실제로는 이윤을 추구하는 벤처 창업자금에 그 돈을 투자하면 더 많은 사회적 선을 행할 수 있다고 해도 그것과는 상관없이 돈을 내놓는다. 그들이 돈을 내는 이유를 깊이 따져보면 그렇게 함으로써 받는 사람보다 주는 사람에게 더 많은 것이 돌아온다는 사실을 인식하기 때문이다.

유대인들이 돈을 내는 것은 그것이 언제나 합리적이기 때문이 아니며, 종종 불합리하더라도 그렇게 한다. 유대인들이 돈을 내는 것은 그것이 합리적이기 때문이 아니라 옳기 때문이다. 그것은 미국인들의 전통적인 삶의 방식에 속한다.

사람들은 흔히 원인과 결과를 혼동한다. 미국인들이 다른 나라의 시민들보다 훨씬 더 많은 기부를 하는 이유가 기부에는 세금을 부과하지 않는 미국 세법 때문이라고 착각한다. 그와는 반대로 미국 세법이 그렇게 만들어진 것은, 이미 많은 시민들이 품고 있던 근본적인 믿음을 반영했다는 바로 그 이유 때문이다. 이 믿음은 종교적인 자선에는- 초기에는 모든 자선이 종교적이었다-세금이 붙어서는 안 된다는 것이다.

오늘날에도 역시 미국인들이 내는 기부금 중 약 절반이 종교적인 목적에 쓰인다. 미국을 세운 독실한 기독교 건국자들의 관점은, 7년의 풍년과 7년의 기근 동안 이집트의 경제 업무를 책임졌던 요셉에 관한 성경 구절들에 바탕을 두고 있다. 요셉은 경제 생산성을 높이기 위해 세율을 20퍼센트로 낮추었을 뿐 아니라 제사장들에게는 모든 세금을 면제했다.

원인과 결과를 혼동하는 또 다른 실수로는 부를 소유했기 때문에 자선을 할 수 있다는 잘못된 믿음이 있다. 많은 사람들은 미국이 가장 부자 나라이므로 가장 자선을 많이 베푼다고 굳게 믿고 있다. 그러나 실제로는 자선이 부의 창출에 기여한다. 미국이 역사적으로 가장 큰 부를 창출하는 나라가 될 가능성이 컸던 까닭은 그 문화 속에 나눠주는 습관이 깊이 자리 잡고 있기 때문이다. 이것은 국가적인 차원에서뿐 아니라 개인적인 차원에서도 적용이 가능하다. 부의 증대에 관심이 있는 사람이라면 반드시 가져야 하는 가장 중요한 습관 가운데 하나가 돈을 내놓는 일이다. 이것은 역설처럼 보인다. 이런 불합리한 충고를 따르기보다는 받은 돈을 한 푼이라도 움켜쥐면 돈 모으기가 훨씬 쉬울 것처럼 보인다. 하지만 그것은 좋은 충고이다. 불합리할 수도 있고 심지어 직관에 거슬릴 수도 있지만 그래도 좋은 충고이다. 실제로 그것이 어떻게 작용하는지 보자.

스스로를 비즈니스 종사자로 보기 시작했다고 해보자. 동료 시민들의 행복에 기여하고 싶은 분야를 찾았다고 해보자. 이 분야를 효과적으로 알려서 필요할 때 사람들이 우리를 찾을 수 있다고 해보자. 고용주가 느끼는 우리의 가치와 유용성을 두 배로 키우는 방법을 찾기 시작했다고 해보자. 비즈니스에 내재된 도덕성을 믿고, 리더가 되기를 갈망하며, 미래에 대해 예민하다고 해보자.

우리가 이 책의 교훈들을 받아들였다는 것을 부인하기는 힘들 것이다. 이제 모든 준비를 마쳤다고 생각했는데, 수입이 나이아가라 폭포처럼 계단형으로 상승하리라고 기대했는데, 새로 들어온 수입의 일부를 떼서 줘야 한다는 이야기를 듣는다. 이보다 더 비생산적으로 들리는 게 있을까?

돈을 내놓으면 더 많은 것들이 돌아온다

사람들은 절박한 상황의 사람들과는 비즈니스를 꺼린다. 우리는 분명 고통스럽게 속이 들여다보일 정도로 판매에 필사적인 세일즈맨에게 붙들려 본 적이 있다. 우리는 그 제품이나 서비스를 얻으려는 마음이 그 세일즈맨만큼 절박하지 않았다면 분명 사지 않았을 것이다. 절박한 사람들은 다른 사람들을 불편하게 만든다. 다른 것보다도 열심을 내는 그들의 애처로운 모습이 앞으로 구매할 것에 대한 가치를 의심하게 만든다. 집을 파는 전문 부동산 업자의 귀중한 서비스 가운데 하나는 집을 팔려는 사람이 눈에 보일 정도로 의욕을 부릴 때 그에게서 구매자를 떼어놓는 일이다. 구매자 입장에서는 판매에 감정적으로 몰입이 덜 된 사람과 함께 있는 것이 훨씬 더 편안하다. 매일 물건 파는 일 말고는 하는 일이 없는 판매 전문가들은 아주 가끔씩 집이나 차를 파는 평범한 사람보다는 거래를 성사시키려는 열망을 훨씬 능숙하게 숨긴다.

사람들은 또 친해지려고 과욕을 부리는 사람들을 불편해한다. 섣부르게 이름을 부르거나, 허락도 하지 않았는데 별칭을 쓰는 경우처럼 지나치게 자유분방한 인사 역시 마찬가지 효과를 낼 수 있다. 우리가 거래하게 될지도 모르는 어떤 사람이 있다고 하자. 어쩌면 그것은 그 사람을 위해 부업을 하고 그가 맞닥뜨린 문제에 우리의 솜씨를 선보일 수 있는 기회가 될지도 모른다. 어쩌면 우리는 그 거래를 통해 어떤 사업에서 동업자가 되어 그는 자본을 투자하고 우리는 지식과 수고를 투자하게 될지도 모른다. 어찌 됐건 우리의 필요가 절박해 보이지 않으면, "아마 이 사람하고 일하면 이익을 낼 수 있을 거야."라고 편안하게 말할 수 있는 관계가 맺어질 가능성이 커진다.

절박하게 열심을 내는 모습을 보이지 않는 가장 좋은 방법 가운데 하나는 스스로를 부자라고 생각하는 것이다. 그렇게 생각할 경우 거래가 또 성사되면 물론 좋겠지만 거기에 목을 매달지는 않을 것이다. 바로 그것이 상대가 우리에게 가져야 하는 인식이다. 그러면 상대는

"그가 나를 위해서 무엇을 해줄 수 있을까?"하고 혼잣말을 할 것이다. 하지만 우리가 궁핍해 보이고 절박해 보이면 상대는 이렇게 말한다. "나한테서 뭘 원하는 거지?"

그래서 가장 많이 쓰이는 판매 기법 가운데 하나가 바로 이것이다. 예를 들어 "이것은 오늘 자정까지만 판매합니다!"라고 하거나 "이 색깔로는 마지막 남은 옷입니다."라고 하는 것 말이다. 그러면 곧바로 상황이 역전된다. 이제 절박한 세일즈맨은 물건을 들이밀지 않고, 점점 더 절박해지는 손님이 그 친절하게 도와주는 세일즈맨에게서 원하는 물건을 얻게 되기를 바란다. 우리는 갑자기 아주 고분고분한 손님이 되었다. 그 세일즈맨은 우리에게서 돈을 얻어내려는 사람이 아니라 우리를 위해 중요한 일을 해 줄 수 있는 도량이 넓은 사람이 되었다.

마찬가지로 도량이 넓고 절박하게 보이지 않는 사람, 가져가는 사람이라기보다는 주는 사람처럼 보일 수 있는 마술적인 방법이 있다면 비즈니스상의 교류가 급격히 개선될 것이다. 만일 자신이 실제보다 도량이 넓은 사람이라고 진정으로 생각한다면 자신에 대한 인식이 바뀌어 실제로도 큰 사람이 될 것이다.

이 목표를 달성하기 위해 많은 사람들이 택하는 방법 가운데 하나가 돈을 쓰는 것이다. 물건을 사면 기분이 좋아지는 이유는 큰 사람이 된 느낌이 들기 때문이다. 사람들은 누구나 고객이 왕이라는 것을 안다. 우리는 이 가게에서 저 가게로 돌아다니며 지갑에서 돈을 펑펑 쓰거나 신용 카드를 긁었다. 은인이 된 기분이 드는 것도 놀랄 일은 아니다. 판매원들은 우리 발 앞에 몸을 숙이고 우리를 왕으로 만들어 준다. 특히 자신감이 없을 때는 물건을 사면 아주 기분 좋은, 자신이 지배하는 듯한 미묘한 느낌이 전해져 온다. 물건을 갖는다는 것은 말하자면 월급봉투가 두툼해지는 효과이다. 새로 산 물건들이 담긴 상자를 싣고 집으로 오면 자신이 좀 더 커진 듯한 기분 좋은 느낌이 든다. 말할 필요도 없겠지만, 물건을 새로 사게 되면 새로움을 추구하는 인간의 욕망과 다른 사람이 맛보거나 만지거나 하지 않았고 예전에 다른 사람의 손에 있지 않았던 것들에서 만족을 찾는 인간의 욕망이 충족된다.

물건을 구입함으로써 심리적인 위신을 세우려는 노력의 문제점은 효과가 매우 짧고 반드시 심리적 퇴행이 뒤따른다는 것이다. 혹자는 그것을 '구매자의 후회'라고 부른다. 마약이 불러일으키는 쾌감과 비슷한 그 흥분의 신비로움이 빠르게 사라지는 까닭은 구입한 물건이 그렇게 오래 새것으로 남아 있지 않기 때문이다. 커졌다는 느낌이 사라지는 이유도 마음속 깊은 곳에서는 단지 나 자신만 기쁘게 해주었을 뿐이라는 것을 알기 때문이다. 새 옷이나 새 장난감을 사며 흥겨워하는 것은 위대한 사람들이 선택한 행동이라고 내면의 자아를 속이란 힘들다.

선물을 살 때 드는 느낌은 상당히 색다르다. 다른 사람들을 위해 선물을 사는 일이 그렇게 인기가 있는 것은 그래서이다. 궁극적으로 그것은 자신을 위해 물건을 사는 것보다 훨씬 더 진정한 기쁨을 준다. 나는 수년 동안 내 라디오 프로그램에 전화를 걸어온 수많은 사람들로부터 그들이 크리스마스 휴가철에 가장 좋아하는 일이 친구들과 가족들을 위해 선물을 사는 것이라는 이야기를 들었다. 얼마나 정직한가. 실제로 다른 사람들에게 줄 선물을 사면 자기를 위해 물건을 사는 것보다 만족이 더 크다.

관대하고 도량이 넓다는 내적인 느낌을 불러일으키고 싶을 때 쇼핑 외에는 어떤 대안이 있을까? 다른 사람들에게 안달하고 속 좁은 사람이 아닌 정신이 건전하고 속이 넓은 은인처럼 보이는 가장 좋은 방법은 정기적으로 기부를 하는 것이다. 이것은 분명 우리를 큰 사람으로 보이게 할 뿐 아니라 실제로 큰 사람이 되게 해줄 것이다. 우리는 안달하고 있으며 자신이 교활하며 속이 좁다는 느낌 대신, 크고 자비로우며 마음이 넓어진 느낌이 들 것이다.

교활함이 사람의 천성이라고 말하는 것이 아니다. 하지만 누구나 심한 경제적 압박을 받을 때가 있다. 그럴 때는 그렇지 않은 사람들에게 화가 나는데 이것은 당연한 일이다. 자기 보호적인 마음 상태가 되면 다른 사람들의 필요보다는 자기 자신의 필요에 초점을 맞추게 된다. 이런 상황에 빠지기도 쉽고 다른 사람들도 금방 알아챈다. 또한 그로 인해 비즈니스 동료와 잠재적인 동업자로서의 위상이 많이 약해진다. 개인적으로 궁핍할 때 자기중심성이라는 정신적 중력 경사면에서 미끄러지지 않으려면 행동을 해야 한다. 돈을 내놓는 것은 이런 위험한 경향을 물리치는 가장 강력한 행동 중 하나이다. 그것은 다른 사람들로 하여금 우리와 교류하고 싶게 만든다.

선행뿐만 아니라 잘살기 위해서 돈을 기부하라

분명히 짚고 넘어가야 할 것이 있다. 당신에게 자선을 베풀라고 재촉하는 이유는 가난하고 궁핍한 사람들의 필요가 채워지는 것을 보고 싶어서가 아니다. 당신이 돈을 내면 하나님이 미소를 지으며 그에 대한 보답으로 부자가 되게 해주신다고 주장하는 것도 아니다. 내가 당신에게 돈을 내라고 재촉하는 이유는 그것이 당신의 수입을 늘리는 가장 강력하고 효과적인 방법 가운데 하나이기 때문이다. 나는 믿음을 가진 유대인이기 때문에 성경의 청사진을 따르는 사람들이 번창하도록 자비로우신 하나님이 상황을 이끌어 주신다는 사실에 전혀 놀라지 않지만 그것이 요지는 아니다. 자선 행위가 당신의 수입에 영향을 미치고 그리하여 당신이 놀라게 되는 과정을 들려주려는 것이다.

돈을 내면 처음에는 더 나은 사람이 된듯한 느낌이 든다. 이 요점은 성경에서 약속의 땅을 정탐하러 갔던 사람들이 모세에게 보고를 올리는 이야기를 통해 제시되었다. 보고 내용은 대체로 암울했으며 정탐을 갔던 사람들은 앞으로 이스라엘이 통치하게 될 가능성에 대해 깊은 회의를 나타냈다. 그들은 비록 땅은 기름졌을지 모르지만 요새 같은 도시에 힘센 전사들이 살고 있다며 뒤로 물러섰다.

"그곳에서 네피림 후손인 아낙 자손의 거인들을 보았으며, 우리는 스스로 보기에도 메뚜기 같으니 그들이 보기에도 그와 같았을 것입니다."

유대 전통은 이 겁 많은 정탐꾼들이 그 땅에 살고 있는 사람들의 눈에 어떻게 비치는지 자기들이 어떻게 알 수 있겠느냐고 묻는다. 사실 다른 사람들이 나를 어떻게 생각하는지 알 수 있는 사람은 아무도 없다. 그 답은 시대를 초월한 귀중한 경고를 던진다. 스스로 메뚜기 같다고 생각하면 주변 사람들에게도 그렇게 보일 가능성이 매우 크다. 절박감을 느끼고 자기중심적이 된다면, 주변 사람들의 눈에도 정확히 비친다. 안타깝지만 사람들은 이기적인 느낌이 드는 사람과는 비즈니스를 하거나 가까운 관계를 맺기 싫어한다. 다른 사람들 눈에 메뚜기처럼 보이고 싶지 않으면 그런 생각을 갖지 않도록 조심하라. 말은 쉽지만 어떻게 하면 무거운 압박감이 느껴질 때 자신이 메뚜기 같다는 생각을 하지 않을 수 있을까? 기부를 통해 이런 생각을 피하라.

이쯤 되면 당신은 사람들에게 내비치는 감정을 조절하기 위해 내면의 감정을 조절할 저렴한 방법을 찾아야겠다고 생각할지도 모르겠다. 행운을 빈다. 하지만 주의하라. 수천 년 동안 축적되고 기록된 경험으로 이루어진 현재 유대인의 지혜는 그 과정에서 시간 낭비를 하게 될 것이라고 주장한다.

자선을 베푼다는 것은
새로운 친구들을 사귄다는 뜻이다

돈을 내놓았을 때 수입을 기부 금액 이상으로 늘리는 방법은 사기진작에만 있지 않다. 두 번째 방법에서는 이 메커니즘이 놀라운 마술을 펼친다. 당신도 알다시피 돈을 내놓으면 많은 사람들과 관계를 맺지 않을 수 없다. 분명 여기에서 외로운 친구를 돕고 저기에서 궁핍한 동료에게 익명의 선물을 할 수는 있겠지만, 요령 있게 돈을 낼 방법이 필요하다. 잊지 마라. 당신이 운영하는 것은 자선 단체가 아니다. 당신이 운영하는 것은 '주식회사 나'라는 회사이다. 당신에게서 도움을 받을 만한 사람을 찾거나 그 자금이 효과적으로 사용되도록 관리할 시간이 없다. 당신은 당신대로 돌보아야 할 비즈니스가 있으므로 도움이 필요하다.

다행히 도움을 얻을 수 있는 곳은 매우 다양하다. 종교 단체도 있고 교육, 문화, 의료, 시민 봉사 단체 그리고 다른 형태의 비영리 단체들도 많다. 비영리 단체를 통해 자발적인 자선 기부금을 내면 한 가지 큰이점이 따른다. 유대의 법전을 편찬한 모제스 마이모니데스는 다양한 자선 행위에 순위를 매기고 있다. 가장 높은 순위의 행위는 수혜자 스스로가 비즈니스를 통해 구호에서 벗어나 독립하게 만드는 것이다. 그 다음으로 순위가 높은 행위는 필요한 사람에게 돈을 주되 기부한 사람이나 받는 사람이 서로의 신분에 대해 모르게 하는 것이다. 이렇게 하면 전체적으로 품위가 유지된다. 자선 단체와 연계하면 그 단체가 어느 그룹을 돕기로 선택했는지는 알겠지만 구체적인 수혜자의 신분에 대해서는 모를 것이다. 마찬가지로, 수혜자는 자신이 당신의 그룹에 도움을 받고 있다는 사실을 알겠지만 직접적인 은인이 누구인지는 모른다.

실질적으로 연계할 단체를 고르라. '실질적으로'라고 말한 까닭은 시간과 돈을 모두 투자해야 한다는 뜻이다. 정기적인 모임이 있고 알고 지내고 싶은 사람들이 회원으로 있는 단체를 선택하라. 자신이 속한 지역의 자선 단체에서 활동하는 사람들의 이름을 살피는 일은 어렵지 않다. 누가 누구인지 알아보라. 당신이 비즈니스 목표를 이루는 데 가장 좋은 위치에 있는 사람들이 어느 단체의 회원들인지 알아보고 그것을 기준으로 단체를 고른다고 해서 양심의 가책을 느끼지 마라. 이기적이라고? 절대로 그렇지 않다! 나는 당신이 돈을 낼 곳을 찾는 일에 대해 이야기하고 있다. 당신에게도 이익이 생길까? 물론 생긴다. 내가 지금까지 무슨 이야기를 하고 있다고 생각하는가? 하나님은 인간 상호 간의 교류를 통해 모두에게 이익이 돌아가도록 세상을 만드셨다는 것이 전체의 요지이다.

그래서 이제 당신은 로터리 클럽, 지역 병원 지원 그룹, 사랑의 집짓기 운동 단체, 교회 봉사 모금 기관, 미술 박물관, 혹은 기타 다른 단체에 가입했다. 당신이 지불한 두둑한 가입비는 물론 세금 공제가 된다. 이제 당신은 회의에 참석하고, 위원회에 참여하며, 무슨 일을 해서라도 유용하고 도움이 되는 두드러진 활약을 펼쳐야 한다. 그러면 당신은 새로운 친구와 지인들을 얻게 될 것이다. 당신이 이 책의 두 번째 계명에 담긴 충고를 마음에 품고 있다면 직업적인 신분을 아주 분명하게 알렸을 것이고 새로운 친구와 지인들은 당신이 그들을 위해 무슨 일을 할 수 있는지 정확히 알게 되었을 것이다. 이것은 매우 중요하다.

그러는 동안 이 모든 사교는 이기심과 상관없는 환경에서 이루어진다. 당신은 자신에 대한 걱정에서 벗어나 다른 사람들을 위해 거기에 동참한다. 그것은 따뜻한 분위기를 만들 뿐만 아니라 당신이 사는 도시의 사교 행사 중에서 가장 아름다운 행사들이 왜 자선 행사의 명분으로 이루어지는지 말해준다. 사람들은 누구나 우악스럽게 행동하지 않을 때 최선의 결과가 나타난다. 대개 이런 행사에서는 비즈니스를 하지 않으며, 또 그게 옳다. 하지만 자선 단체의 지원 활동을 하다 보면 우연한 만남의 결과로 인해 비즈니스를 위한 점심 약속이 적지 않게 잡힌다. 회계상의 숫자들을 정확하게 기록해 보면, 이런 활동들에 따른 수입이 기부한 돈을 크게 앞지른다는 것을 알게 될 것이다. 자선 행위의 마술은 이렇게 작용하지만 아직 그것이 전부는 아니다.

기부는 투자와 같다

자선 행위가 수입을 늘리는 강력한 도구가 되는 세 번째 이유는 그것이 유능한 투자가가 되기 위한 훈련에 도움이 된다는 것이다. 예전 영화 007에서 제임스 본드가 화려한 카지노에서 룰렛 탁자로 어슬렁거리며 다가가는 모습을 기억하는가? 투자가 어떤 면에서는 도박과 비슷하다고 주장하려는 것이 아니다. 그는 작은 나라의 국내 총생산액과 맞먹는 돈을 아무렇지 않게 녹색 벨벳 천위에 내려놓은 채 당첨 바퀴가 돌아가기를 기다리곤 했다. 그는 매우 침착해 보였고 도박의 결과에 대해서는 별로 신경을 쓰지 않는 듯했다. 영국 정부의 자금으로 도박을 하고 있었다는 것을 감안하더라도, 그는 매번 이겼고, 그의 차분하고 자신감에 찬 태도와 대조를 이루는 것은 우연히도 같은 탁자에서 도박을 하며 진땀을 빼는 악당의 모습이었다. 확실히 그 악당은 바퀴가 돌 때마다 안절부절 못했다. 그것이 요점이다.

만약 할 때마다 반드시 따야 한다고 생각하면 현명하게 투자하기 어렵다. 투자는 그렇게 돌아가지 않으며 비즈니스도 그렇게 돌아가지 않는다. 사실 인생도 전혀 그렇게 돌아가지 않는다. 투자를 하든 사업을 하든 아니면 실제 생활의 다른 측면을 돌보든, 반드시 이겨야 할 필요는 없지만 어쨌든 이길 것이라고 확신하고 노력해야 한다. 그 다음엔 실패를 딛고 일어나 다시금 노력할 준비가 되어 있어야 한다.

당신도 러디어드 키플링의 시 '만일'에 감명을 받은 많은 사람들 가운데 한 명이 되어 보라. 다음은 세 번째 연과 그 시의 마지막 두 행이다.

만일 네가 얻은 모든 것을 쌓아놓고

그것을 한 번의 동전 던지기에 전부 걸 수 있다면,

잃더라도 처음부터 다시 시작할 수 있다면,

그리고 잃은 것에 대해 한마디 불평도 하지 않을 수 있다면,

만일 너의 심장과 신경과 힘줄이

널 위해 일할 수 있다면

설령 너에게 아무것도 남아 있지 않는다 해도

굳은 의지로 그것들을 견딜 수 있다면,

…

세상과 그 안의 모든 것이 너의 것이 되고,

너는 비로소 참된 어른이 될 것이다, 아들아!

당신도 알다시피 절대로 투자를 하지 못하는 사람들이 있다. 그들은 돈을 잃을까 두려워한다. 그들은 주식이나 채권 그리고 증권에도 마음 편히 투자하지 못하고, 자신들의 비즈니스에도 투자하지 못한다. 틀림없이 이런 사람들은 자선 행위 역시 하지 못한다. 미국 내 도시 곳곳에 있는 대부분의 박애주의 기념물, 병원, 미술 박물관, 대학 건물이 피고용자들이 아닌, 비즈니스를 하는 사람들에 의해 세워졌다는 것은 우연이 아니다. 글쎄, 당신은 비즈니스를 하는 사람들에게는 그런 건물들을 세울만한 돈이 있다고 말할지 모르겠다. 정확하다. 그것이 요점이다. 그 인상적인 건물들을 짓는 데 돈을 내놓게 했던 내면의 자질이 처음에 그 돈을 벌게 해주었던 바로 그 자질이었다. 당신에게 돈을 내놓을 수 있는 관대함이 있다면 위험을 무릅쓰고 돈을 걸어 이익을 낼 줄 아는 용기도 있을 것이다.

사업 확장을 위해 돈을 걸어야 할 순간은 반드시 온다. 명함과 광고 전단을 찍는 정도로 돈이 적게 드는 일이든 사무실을 대규모로 빌리는 것처럼 거액이 필요한 일이든 그 순간은 온다. 결국 당신은 신념이 있는 곳에 돈을 내려놓아야 할 것이다. 그것은 운명의 순간이 될 것이다. 당신은 호주머니 혹은 은행 계좌에서 작년 한 해 모았던 돈의 상당

부분을 꺼내어 탁자 위에 올려놓을 수 있을까?

그 대답은 이 아홉 번째 계명을 얼마나 열심히 지켰느냐에 달려 있을 것이다. 당신도 알다시피 어렵게 번 돈으로 모험을 하는 것은 직관에 어긋난다. 시속 96킬로미터로 나를 향해 날아오는 공을 눈뜨고 끝까지 보는 것은 직관에 어긋나지만, 한편으로는 공을 성공적으로 때릴 수 있는 최고의 기회를 제공하기도 한다. 호주머니나 은행 계좌에서 돈을 꺼내어 탁자 위에 올려놓는 것은 직관에 어긋나지만, 그 돈을 성공적으로 키울 수 있는 최고의 기회를 제공한다. 당신은 자기 자신보다 크고 조직적인 회사를 더 신뢰하는 경향이 있기 때문에 그 돈을 자신의 사업에 투자하기보다는 주식이나 채권에 투자하기 십상이다. 하지만 때로는 자기 자신의 노력에 투자해야 한다.

돈을 꺼내어 위험을 무릅쓰고 사업이라는 탁자 위에 내려놓게 해주는 내면의 자질은, 돈을 꺼내어 그것을 다른 사람들에게 건네주는 자질과 정확히 일치한다. 어느 경우에든 돈을 안전한 곳에서 꺼내어 작별을 고하려는 기꺼운 마음이 있어야 하는 것이다.

나는 자선을 베풀 때면 돈을 꺼내어 준 뒤에 스스로 다짐한다.

"이것은 언젠가 내게 커다란 보상으로 돌아올 수도 있지만 그렇지 않을 수도 있다. 어떤 보장도 없지만 그래도 괜찮다."

나 자신의 노력에 돈을 투자할 때도 다짐한다.

"이것은 언젠가 나에게 돌아올 것이다. 어쩌면 훨씬 더 큰 보상을 해줄지도 모른다. 하지만 아무런 소득이 없을지는 모른다. 그래도 나는 한다."

그것은 같은 행동이고, 주문이다. 계획적이고 정기적으로 기부하는 당신은 웃으면서 품위 있게 탁자 위에 투자금을 내려놓고, 아무렇지도 않게 그 돈에 작별을 고하고, 최선의 결정을 내렸다고 확신을 갖는 사람이 된다. 지금부터는 무슨 일이 일어나더라도 아무렇지 않다. 당신은 탁자에 앉아서 돌아가는 바퀴에 시선을 고정시킨 채 긴장된 얼굴 위로 땀을 쏟는 사람이 아니다. 당신은 제임스 본드 영화에 나오는 악당이 아니다. 당신은 자선을 베푸는 습관으로 인해 치유되었다.

자선은 자신의 바깥에서 자신에게 초점을 맞추는 것

자선 행위가 현금 흐름을 활성화시키는 방법이라고 생각한다면 이 원칙에 집중하는 일이 더 쉬울지도 모르겠다. 지나치게 형이상학적으로 이야기하고 싶지는 않지만, 당신의 목표는 돈이 주변 세계로부터 흘러 들어오게 만드는 것이다. 사람은 누구나 외롭고 고립된 존재다. 홀로 세상에 나와서 홀로 세상을 떠난다. 하지만 그러는 동안 가장 중요한 가치는 그 외로움과 얼마나 효과적으로 싸우고 다른 사람들과 얼마나 효과적으로 연대하느냐 하는 데서 나온다. 내 속으로 물러난다는 것은 본질적으로 피부 표면에서 끝나는 세계를 회피한다는 것이다.

탈무드는 거만함 같은 특징이 '우리를 세상 밖으로 데려갈 수 있다'고 강조하면서 이 점에 대해 조명하고 있다. 옛 유대의 지혜가 지적하는 바에 따르면, 거만한 행동은 사람들로부터 당신을 고립시키고 사람들로 하여금 당신을 자연스레 쫓아내게 만든다. 그 결과 당신은 불가피하게 자기 속으로 물러나기 시작하고 다른 사람들과 상호 의존하는 유대 관계를 쌓기보다 자신의 자원에 갈수록 의존하게 된다. 하나님이 당신에게 내리는 인생명령은 의무적으로 당신의 외로운 상황을 끝내고 다른 사람들과 유대를 쌓으라는 것이다.

전자들이 끊임없이 앞뒤로 움직이며 물질 분자들을 결합시키는 것처럼 돈도 끊임없이 움직이며 사람들을 결합시킨다. 돈의 흐름은 그같은 결합을 유지시키고 반대로 그 결합은 돈의 흐름을 자극한다. 돈이 흐르게 만들어라. 그러면 사람들과 불가피하게 결합하게 될 것이다. 결합이 제대로 이루어지면 더 많은 돈이 흐르게 된다. 흘러 다니는 다른 것들과 마찬가지로 돈도 파이프가 필요하다. 이것은 파이프를 묻어 돈이 당신 쪽으로 흐를 수 있게 하는 것이 당신의 임무임을 뜻한다. 돈 파이프를 어떻게 묻을까? 이런 통로를 만들 수 있는 유일한 방법은 돈을 밖으로 퍼내어 세상으로 흘러가게 하는 것이다. 그런 행동이 만들어낸 파이프들은 당신의 돈을 바깥 세계로 자선의 형태로 전달한 뒤에도 여전히 남아서 사용된다. 이제 이런 파이프들은 현금이 반대 방향으로 흐르는 데도 사용될 수 있다.

언젠가 이스라엘에서 랍비 공부를 하고 있을 때였는데, 한 선생님이 산책을 나가자고 제안하는 바람에 나는 몇 시간 동안 열심히 해온 연구 분석을 잠시 중단했다. 예루살렘 구도시의 벽을 타고 돌아가는 미궁 같은 골목을 따라가는 동안 스승은 마음속에 한 가지 목적이 있는 듯했다. 우리가 계단을 내려가 땅 밑으로 들어갈 때도 나는 놀라지 않았다. 희미한 어둠 속에서 눈에 들어온 것은 바위를 뚫어 만든 굴이었다. 굴의 높이는 몸을 숙이고서야 통과할 수 있을 정도였다. 그의 호주머니에서 나왔을 작은 손전등은 그를 희미한 그림자처럼 보이게 했고, 나는 밀실 공포증을 떨쳐 버리기 위해 서두르는 그의 뒷모습을 바짝 따라갔다. 마침내 우리는 햇빛이 쏟아지는 곳으로 나왔고 나는 놀라서 눈을 다시 떠보았다. 우리는 도시 성벽 바깥에 와있었다. 그는 손전등을 호주머니에 다시 넣고는 그 날 이후로 잊혀지지 않은 한가지 이야기를 해주었다. 약 2,000년 전 예루살렘이 여러 번 포위 공격을 당하던 무렵, 성을 지키던 일단의 사람들은 도움을 얻기 위해서 성 밖으로 나가야 했다. 그들은 이 기다란 굴을 팠고 적진의 뒤쪽으로 나올 수 있었다. 이렇게 해서 그들은 포위된 도시 안으로 식량을 가져올 수 있었다.

그 굴을 판 궁극적인 목적은 식량을 얻는 것이었지만, 식량이 저절로 굴을 파서 도시로 들어올 수는 없는 노릇이었다. 굴은 안에서부터 먼저 시작되어야 했다. 그래야만 그 굴을 통해 밖에서 식량이 들어올 수 있었다.

그 후 오랜 세월이 흘러 1967년에 '6일 전쟁'이 벌어졌을 때 이스라엘군 선발대는 그 당시에 요르단 군대가 장악하고 있던 예루살렘 구도시로 뚫고 들어가기로 했다. 선조들의 역사에 익숙했던 그들은 이 오래된 땅굴의 존재를 알고 있었다. 그들은 입구를 찾아서 내려갔고 삼십 분 뒤에는 구도시 안으로 들어가 군사 작전을 준비했다.

내가 이 이야기를 뚜렷이 기억하는 까닭은 거기에서 중요한 원칙의
모델을 얻었기 때문이다. 한쪽 방향으로 접근하기 위해 파놓은 땅굴
은 결과적으로 반대 방향으로 접근하는 데도 사용될 수 있다. 때때로
무언가를 가져오는 유일한 방법은 먼저 밖으로 나가는 통로를 파는
것이다.

자선은 내가 성공할 만한
자격이 있음을 상기시켜 준다

당신은 자신이 가진 모든 것을 활용하는 법을 배워야 한다. 노
래하는 멋진 목소리든 탁월한 기억력이든 아니면 운동 신경이든 타고
난 이런 적성들을 비즈니스 영역에 활용해야 한다. 그것들을 풍부하
면서도 드러나지 않게 사용하기만 하면 당신은 더욱 기억할 만하고,
더욱 매력적이며, 더욱 호감이 가는 사람이 될 수 있다. 또 당신에게는
귀중한 소지품, 즉 잠재의식이 있다. 잠재의식은 당신이 그것을 자기
편으로 만드는 방법을 얼마나 잘 알고 있느냐에 따라 도움이 되기도
하고 장애가 되기도 한다.

자선 행위가 스스로에 대해 진정한 만족감을 준다고 이야기하는 의
미는 잠재의식까지도 만족감을 느끼게 될 뿐만 아니라 잠재의식은 일
반적으로 의식보다 만족시키기가 훨씬 어렵다는 것이다. 성공을 가로
막는 가장 큰 걸림돌 가운데 하나는 자신이 성공할 만한 자격이 있는

지에 대해 스스로 품고 있는 깊은 의문이다. 예를 들면 어떤 아이들은 쉽게 사고를 당하는 경향이 있다. 그들은 언제나 빠르게 날아오는 공에 맞거나, 다른 아이들은 안전하게 벽을 타고 올라가는 놀이에서 언제나 떨어져서 다치는 아이들이다. 그런 아이는 신기하게도 언제나 문에 손가락이 끼곤 한다. 쉽게 사고를 당하는 아이들에게는 커다란 비밀이 있다. 십중팔구 그런 아이는 지나치게 응석을 받아주었거나 훈계를 적게 한 아이이다.

잠재의식은 믿음을 주고 늘 현명한 판단을 내리므로 나는 이것을 설명하기 위해 잠재의식을 다시 한번 찾아간다. 많은 경우 그런 아이는 도덕적 교양을 지녀서, 다른 아이들은 제대로 벌을 받는데 자신은 무사히 넘어간다는 것을 안다. 그러다 결국 그 아이의 잠재의식이 벌을 주는 부모의 역할을 떠맡는다. 그 결과로 인해 아이는 자신에게 끊임없이 상처를 입히는 것이다.

알다시피 당신은 자신에게 좋은 것을 가질 만한 자격이 있다고 생각해야 한다. 그렇지 않으면 당신의 잠재의식이 최선을 다한 당신의 노력을 전부 막을지도 모른다. 자신에게 커다란 재정적 성공을 이룰 만한 자격이 있다고 진정으로 믿지 않는다면 당신은 거의 극복이 불가능한 장애물 잠재의식과 전쟁을 벌이게 된다. 수입의 일부를 정기적으로 기부하는 것은 앞에 놓인 것을 받을 만한 자격이 있다고, 마지막으로 나의 잠재의식을 설득하는 탁월한 방법이다. 이렇게 하면 잠재의식은 방해를 끝내는 데서 그치지 않고 당신의 오랜 노력을 적극적으로 돕기 시작할 것이다.

사람은 창조하는 자이며 주는 자이다

사람들은 유감스러운 비속어를 사용하여 서로에게 딱지를 붙이는데, 그 목록을 모두 살펴보면 그야말로 두드러져 보이는 두 가지가 있다. 패스트푸드 업계는 '풀어놓은 가축'이라는 말로 고객을 품위 없이 깎아내린다. 실제로 그들은 사람들을 인간이라고 불리는 놀라운 피조물이 아니라 음식을 본능적으로 집어삼키는 동물이라고 생각한다. 단지 유혹적인 환경에서 교묘하게 주어지는 맛있는 음식 때문에 습관이 흔들리는 것뿐인데 말이다.

다른 업계에서는 고객을 '소비자'라고 부른다. 심지어 뉴스에 나오는 재정 보고서들이 '소비자 제품'이라고 언급하는 것을 듣게 된다. 어떤 사람을 어떻게 생각하고 어떻게 부르느냐 하는 것은 그 호칭에 아무런 뜻이 없다고 항변하더라도 궁극적으로는 그 사람과의 관계에 영향을 미칠 것이다. 예를 들어 자기 아내를 끊임없이 '오래된 족쇄'라고 부르는 사람은 점차적으로 그리고 아마 깨닫지 못하는 사이에 아내를 그런 식으로 생각하게 된다는 것은 의심의 여지가 없다. 정신은 이상한 실체이다. 자신의 입이 하는 말을 들으면 그것을 믿어 버리는 경향이 있다.

당연한 이야기지만 일단 어떤 사람을 일정한 방식으로 생각하게 되면 그 생각에 따라 대응하기 마련이다. 낯선 사람들에 대해서는 행동이 동일하지 않은 까닭이 거기에 있다. 낯선 사람을 만나면 당신의 생각은 옷, 행동, 정황 그리고 직업에서 단서를 찾은 다음 결론을 내린다. 그리고 자신의 인사 방식과 그 사람의 교제 방식에 따라 행동한다.

고객을 '풀어놓은 가축'이나 '소비자' 같은 비하하는 말로 부르는 업계는 스스로의 목적과 임무에 해를 끼치고 있다. 잠깐, '소비자'가 왜 잘못된 말일까? 자, 한번 생각해 보자. 동물도 결코 순수하게 소비만 하지는 않는다. 만일 그렇다면 농부는 가축을 키우려 하지 않을 것이다. 젖소는 매년 300달러에 달하는 건초와 사료를 소비하지만 같은 기간 동안 1,200달러 가치에 이르는 우유와 버터 그리고 치즈를 생산한다. 젖소를 순수한 생산자로 보는 것도 어려운 일이 아니다.

인간의 경우, 여러 가지 확대 과정을 통해 그 차이를 몇 배로 키울 수 있다. 활동적이고 바쁘게 움직이는 창조적인 사람들은 그들이 먹는 음식과 사는 집보다 훨씬 더 많은 가치를 생산한다. 그들은 결코 순수하게 소비만 하지 않는다. 심지어 사람들이 버는 보수를 모두 합하여도 그들이 실제로 생산한 것에는 미치지 못한다. 사람들이 봉급 이상으로 창출하는 여분의 가치 일부는 그들의 고용주에게 돌아간다. 그 이익은 그들이 고용된 이유이다. 하지만 그것도 전부는 아니다. 창조적인 사람들은 자신들의 봉급과 고용주들에게 돌아가는 가치 이상으로 돈을 번다. 그 추가적인 가치는 세금 부과라는 과정을 통해 공적인 영역으로 들어간다. 그것은 다른 사람들이 낸 돈에 더해져 넓은 도로, 품위를 지켜주는 보이지 않는 하수도 체계, 공원, 높이 치솟은 건물, 그리고 복잡하고 창조적인 도시에서의 문화적인 삶을 위한 시설들을 만들어낸다. 그렇다. 인간은 전혀 소비자가 아니다. 우리 인간은 창조자이다.

인간은 본래 받는 자가 아니다. 인간은 주는 자의 역할을 훨씬 더 잘한다. 그들은 스스로를 주는 자로 생각하기 원하고, 받는 자일 때보다는 주는 자일 때 더 친절해지는 경향이 있다. 예를 들어 대부분의 사람들이 자기 자식들에게 부담이 될까 봐 염려하는 것을 생각해 보라. 자식들에게 부담이 되면 왜 안 되는가? 결국 자식들도 부모들에게 충분히 오랫동안 상당한 실질적 부담을 주었다. 그것은 정말이지 공평함과는 아무 상관이 없다. 물론 자식들은 부모들에게 빚을 졌다. 그것은 인간이 맺은 계약 가운데 가장 원초적인 것이다. 그럼에도 불구하고 다른 사람에게, 특히 자기 자식들에게 의존하고 싶어 하는 사람이 누가 있는가? 부모들은 자식들을 돌볼 수 있어서 행복해하고 자랑스러워하지만, 자식들이 자신들을 돌본다는 생각은 마음에 들어 하지 않는다. 사람들은 받는 자보다는 주는 자가 되고 싶어 한다.

자선을 베푸는 일은 항상 스스로를 받는 자가 아니라 주는 자로 보는 또 하나의 방법이다. 성취력과 인내 그리고 삶에 대한 강한 열정은 모두 자기 자신을 받는 자가 아니라 주는 자로 볼 때 크게 향상된다. 정기적인 기부 행위를 평생의 습관으로 만드는 것은 스스로를 언제나 주는 자로 바라보게 해주는 방법이다.

1 돈을 내놓는 일에 합리적인 이유를 찾으려고 하지 마라.

자선은 불합리하다. 그럼에도 불구하고 그것은 돈을 내는 사람에게 여러 가지 면에서 이익을 준다. 돈을 내놓는 이유는 그것이 합리적인 일이기 때문이 아니라 옳은 일이기 때문이다.

2 돈을 내놓는 일은 수입을 늘릴 수 있는 가장 강력하고 효과적인 방법 가운데 하나이다. 당신은 아주 짧은 시간 안에 자신이 속한 자선단체 사람들과의 교제를 통해 거래나 동업 혹은 협력을 하게 될 것이다.

3 돈을 내놓는 일은 투자와 같다는 사실을 명심하라.

자선을 베풀 경우에 그것이 언젠가 커다란 보상으로 돌아올 수 있다고 생각하며 돈을 내지만 그렇지 않을 수도 있다. 보장된 것은 아무것도 없다. 자신의 사업에 돈과 노력을 투자할 때도 마찬가지이다. 당신의 투자는 언젠가 커다란 보상을 해줄지도 모른다. 하지만 아무런 소득이 없을 수도 있다. 그래도 어쨌든 그 일을 해야 한다. 돈을 내놓는 일은 투자 근육이 기회를 잡을 수 있도록 충분한 훈련과 준비를 갖추게 한다.

10장 인생관

절대로 은퇴하지 말라

인생을 목적지가 아닌 여행으로 간주함으로써
직업과 정체성을 통합시켜라

절대로 은퇴하지 말라

　메이텔 매트 도우슨은 포드 자동차 회사에서 일한 지 약 60년이 되었고, 이미 오래 전에 은퇴할 수 있었다. 하지만 그는 78세의 나이에도 불구하고 여전히 지게차를 몰며 회사가 허용하는 만큼의 초과 근무를 자원한다. 그가 받는 기본급은 시간당 23.47달러이고, 12시간씩 근무하는 날은 초과 수당이 더해진다. 근속 년수, 경험, 직업 윤리, 그리고 초과 수당으로 인해 그가 버는 돈은 일 년에 약 10만 달러에 이른다. 그리고 그는 그 대부분을 기부에 쓴다.

　1999년 4월 13일 메이텔 도우슨은 웨인 스테이트 대학에 20만 달러를 기부했는데, 이로써 그가 웨인 스테이트에 5년에 걸쳐 기부한 총액은 100만 달러를 넘어섰다. 그는 또 흑인계 대학 연합 기금에 약 25만 달러, 쉬리브포트시의 루이지애나 주립 대학에 20만 달러를 기탁했다. 메이텔 도우슨은 1940년에 디트로이트시로 오기 전에 쉬리브포트시에서 중학교 1학년까지 다닌 것이 전부였다. 그는 소송에서 이긴 적도 복권에 당첨된 적도 없었다. 그가 돈을 버는 방법은 근무와 초과 근무, 저축 그리고 투자였다. 사람들은 그가 수년 전에 은퇴할 것으로 예상했지만, 도우슨은 여전히 자신에게는 은퇴할 계획이 없으며 건강이 허락하는 한 포드사에 남아 계속 일을 하여 돈을 기부하고 싶다고 말한다.

은퇴를 목표로 삼아서는 안 된다

메이텔 도우슨의 이야기에 대해 사람들이 보이는 반응은 두 가지이다. 첫 번째는 존경어린 반응이다. 사람이 자기 일에 계속해서 열심히 전념하고 고용주와 기부금 수혜자들에게 끊임없이 도움을 준다는 게 얼마나 대단한 일인가를 깨닫는다. 하지만 그와 동시에 두 번째 반응을 보이는 사람들이 있다. 그들이 내뱉는 조용하지만 격렬한 기도를 들어보면, 78세는 들 만큼 든 나이이므로 그때가 되면 자신들은 매일같이 일하러 가지 않을 거라는 것이다.

이 두 가지 반응 가운데 어느 쪽이 더 건강한가? 많은 경우에서 보듯이 두 극단의 가운데 있는 지점이 비교적 건강한 위치이다. 나는 분명 78세가 되었을 때도 오늘날처럼 열심히 일해야 하는 상황에 처하고 싶지는 않다. 하지만 78세가 되었을 때 누구에게도 더 이상 쓸모없는 존재가 되고 싶지도 않다. 그때쯤에는 만일 손자들이 있다면 그 아이들과 좀 더 많은 시간을 보내고 싶어 할지도 모르겠다. 아니면 지금보다 좀 더 많은 여행을 다니고 싶어 할지도 모르겠다.

하지만 분명한 것은 내가 생각하는 거대한 인적 협력의 네트워크인 경제 안에서 일정한 역할을 맡고 싶어 한다는 사실이다. 나는 내가 정말로 마음을 쏟는 대의를 위해 매주 일정한 시간 동안 자원봉사를 하고 싶을지도 모른다. 하지만 내가 실질적으로 하는 일이, 빠져도 티가 나지 않는 어떤 활동에 대해 자원봉사를 하는 척하면서 노인 복지관에서 바쁘게 지내는 것뿐이라면, 나 자신의 쓸모에 대해 스스로를 속이고 싶지 않다. 바꾸어 말하면, 돈 버는 일에 들어가는 시간을 좀 더 줄일 수 있기를 바라지만, 일을 완전히 그만두고 싶지는 않다는 것이다. 왜냐하면 그래야만 내가 하는 일을 통해 누군가에게 가치를 인정받기 때문이다.

은퇴를 골프에 빗대어 생각해 보라. 당신이 골프 치는 법을 배우고 있다고 가정해 보라. 당신이 그렇게 열심히 익히고 훈련하는 목적은 분명 골프 클럽의 헤드가 공을 때려서 공이 그린을 향해 날아가도록 하는 데 있다. 당신은 '딱'하는 흡족한 소리를 듣고 공이 페어웨이를 따라 굴러가는 것을 보는 순간 할 일을 다 했다고 추측한다. 하지만 그렇지 않다. 공이 제대로 굴러가고 있다 하더라도 당신은 여전히 스윙 이후의 완벽한 연결 동작을 마치는 데 초점을 두어야 한다.

당신도 대부분의 사람들과 마찬가지로 공은 이미 쳤는데 왜 연결 동작이 중요한지 궁금해 할 것이다. 당신이 연결 동작을 잘하든 못하든 공의 궤도는 변하지 않는다. 역설적으로 들리겠지만 답은 클럽으로 공을 때리는 순간을 최종 목표로 삼으면 드라이버 샷에 커다란 결함이 생긴다는 것이다. 그러나 클럽으로 공을 때리는 것을 온전한 스윙과 완벽한 연결 동작이라는 최종 목표로 가는 도중에 벌어지는 하나의 사건으로 바라보면 당신이 친 공이 완벽하게 페어웨이의 한가운데로 굴러갔다는 것을 알게 된다. 만일 은퇴가 당신의 목표라면 당신의 드라이버 샷 전체에 큰 결함이 생긴다. 당신은 자신이 창출할 수 있는 모든 것을 창출하지는 못할 것이다. 하지만 만일 자신의 생산적인 직업 생활을 만기일이 없는 흥미롭고 지속적인 과정으로 바라본다면 잠재력이 제한받는 것을 피할 수 있다.

올림픽에서 금메달을 따는 단거리 주자를 떠올려 보라. 그녀는 결승 테이프를 통과하는 순간 갑자기 멈추는가? 물론 그렇지 않다. 일단 결승선을 통과한 후에야 속도를 줄이기 시작한다. 사실 그녀는 결승선이 달려가야 할 거리의 끝이라고 생각하지 않는다. 당신은 은퇴일을 자신의 결승선으로 여기지 말아야 한다. 그와 같은 생각을 마음속에서 모두 몰아내라.

믿음은 사실보다 사람의 행동을 훨씬 더 많이 규정한다. 담배를 끊는 사람들 가운데 새로운 사실을 발견해서 끊는 사람은 드물다.

"와! 담배 피우는 게 건강에 나쁜 줄은 몰랐군. 이 충격적인 사실을 알게 됐으니 하루에 두 갑씩 피우는 습관은 끊는 게 좋겠어"하고 혼잣말을 하는 사람은 거의 없다. 그렇다. 사람들이 담배를 끊는 이유는 대개 믿음이 변했기 때문이다. 예를 들어 어떤 여자가 의사를 만나 진짜로 건강에 대한 두려움을 느낀다면 담배를 끊을 것이다. 하지만 그녀가 습관을 끊은 것은 새로운 정보 때문이 아니라 믿음이 변했기 때문이다. 지금까지 그녀는 개인적으로 자신이 담배의 해로운 효과로부터 안전하다고 생각했다. 이제는 스스로 자신의 경솔한 행동에 희생될 수 있다고 믿는다. 이런 식으로, 사람들이 믿고 있는 것들은 그냥 사실로만 알고 있는 것들보다 그들의 삶에 훨씬 더 많은 영향을 미친다.

은퇴를 삶의 목표로 생각하는 믿음이 매우 파괴적인 이유는 그것이 생각 전체에 감염되는 일종의 정신적인 바이러스를 형성하는 듯하기 때문이다. 은퇴하겠다는 생각은 주변 세계에 대한 당신의 시각을 오염시키는 왜곡 렌즈가 되고 당신이 잘못된 걸음을 내딛도록 오도한다.

만일 더 이상 '일할 필요가 없는' 미래의 어느 날을 마음에 그리고 있다면 이미 무의식적으로 속도를 늦추고 있는 셈이다. 일정한 나이가 되면 은퇴하겠다는 목표를 갖고 있으면 은퇴할 생각이 없을 때보다 그 나이가 되었을 때 소유하고 있는 부가 훨씬 적을 것이다.

은퇴를 전통적으로 멸시해온 것이 유대인에게 경제적인 성공을 가져다준 중요한 요인이다. 은퇴하는 유대인들이 있을까? 물론 있다. 하지만 미리 예정한 날짜에 인생 계획의 일부로서 은퇴를 생각하는 사람들은 거의 없다. 많은 경우에 사람들은 비즈니스를 팔거나 커다란 돈을 만지게 되어 일을 그만둔다. 그런데 어떤 사람들은 현명하게 비즈니스를 다시 시작하는 반면 어떤 사람들은 게을러서 쇠락한다. 지금 일을 하고 있다면 절대로 은퇴하지 않겠다고 계획하라. 당신이 현재 은퇴한 상태라면 일자리를 구하거나 만들 때까지 이 책을 내려놓아라. 일자리를 구하면 그때 다시 돌아와 이 장을 끝마쳐라.

일하면서 장수하는 인생 이야기

머틀 토마스가 교사 일을 시작한 1920년대에는 교사가 되기 위해 필요한 자격증이라고는 고등학교 졸업장밖에 없었다. 물론 요즘에는 교사가 되려면 대학 졸업장이 필요하다. 그래서 머틀 토마스는 100세라는 노숙한 나이에 최근 오마하에 있는 네브래스카 대학에서 졸업장을 받았다.

우디 소머즈는 90세로, 캘리포니아 주 새크라멘토에서 이발소를 운영하고 있고 일주일에 네 번은 걸어서 출근한다. 일에서 은퇴한 손님들에 대해 우디는 이렇게 말한다.

"그들은 하나같이 '절대로 은퇴하지 말았어야 했는데……'라고 말하지. 내가 보기에 그들은 건강이 나빠지고 있어."

이발소 문이 열려 있으면 그것은 우디가 잘 지내고 있다는 뜻이다.

"우리는 죽을 때까지 건강해."

그가 말했다.

월터 왓슨 박사는 90세로, 조지아 주 오거스타에 있는 유니버시티 병원의 산부인과 과장이다. 그는 보통 아침 6시 30분에 회진을 돈다. 그는 시타델 군사학교에서 대학 풋볼을 했고, 그 후 풋볼 감독을 하다가 의과 대학에 진학했다. 그는 환자들에게 더 이상 도움을 줄 수 없을 때까지 의사 일을 계속할 계획이다. 그 날이 오면 "감독으로 돌아가겠다."라고 말한다.

헤이젤 하워드는 메사추세츠 주 린에 있는 맥도날드 매장에서 일한다. 91세인 그녀는 패스트푸드 식당에서 사람들과 어울리는 것을 좋아하며 근무 때마다 매번 500건의 감자튀김 주문을 소화해낸다. 아직도 1986년형 무스탕을 몰고 일주일에 나흘을 일하는 그녀는 11명이나 되는 손자들 가운데 한 명과 집의 1층을 나눠 쓰고 있다. 지금부터 1년 뒤에 은퇴하겠다고 말하는 그녀는 그러다가 다시 한번 생각해본다.

'운전 면허증을 갱신한 지 얼마 안 됐는데. 95세까지는 면허증이 살아있을 테고 말이야.'

야칸소 주 뉴포트의 벤 프랭클린 할인 가게에서 일하던 샘 월튼이 가격 할인에 대한 아이디어를 고용주들에게 거절당했을 때 그의 나이는 이미 44세였다. 다른 사람들은 은퇴를 학수고대하기 시작할 나이였지만 월튼은 새롭게 사업을 시작했다. 결국 그의 소매업 개념은 건설 자재, 책, 비디오 같은 다른 산업으로까지 퍼져나갔다. 그의 엄청난 성공에도 불구하고 대부분의 사람들은 1985년에 「포브스」지가 포브스 400인 명단에 그를 1위로 올리기까지 샘 월튼이라는 이름을 들어보지 못했다. 1991년, 월마트는 시어스를 앞질러 미국 최대의 소매점이 되었다. 샘은 1992년에 숨을 거둘 때까지 월마트의 확장을 위해 열정적으로 일했다.

탈무드는 다윗 왕의 위대함이 그가 결코 게으르지 않은 데도 있다고 설명한다. 다윗 왕이 죽기로 되어 있던 날, 그의 부지런함으로 인해 죽음의 천사는 자기 할 일을 놓치고 만다. 죽음은 창조성과 양립하기가 무척 어려운 까닭에 사람이 창조적인 노력을 기울이고 있을 때는 죽는다는 것은 불가능하다. 다윗 왕이 쉬기를(혹은 은퇴하기를) 바라며 기다리고 있던 죽음의 천사는 문제를 자기 손으로 직접 처리해야 한다는 것을 깨달았다. 죽음의 천사는 다윗 왕의 뒤로 가서 커다란 소리를 내어 그를 놀라게 만들었다. 그러자 그는 몰두하고 있던 일을 중단한 채 무엇 때문에 그런 소리가 났는지 생각했다. 휴식을 취하며 자신의 주의를 빼앗은 그 소리를 생각하는 순간 그에게 약점이 드러났고, 죽음의 천사는 그를 데려갈 수 있었다.

장수의 비결은 다른 사람들을 돌보는 데 있다

도날드 헨스루드 박사는 마요 클리닉 경영자 건강 프로그램의 책임자이다. 그는 이렇게 말한다.

"삶이 인간관계를 중심으로 돌아간다는 것은 나이가 들어가면서 보입니다. 친밀한 인간관계를 유지하는 사람들은 더 오래 더 건강하게 삽니다. 진부하게 들릴지 모르지만 다른 사람들을 돌보면, 우리 자신을 돌보는 데에도 도움이 됩니다."

아니요, 헨스루드 박사. 전혀 진부하게 들리지 않아요.

그것은 유대교가 3,000년 동안 가르쳐 온 바와 똑같다. 생산적으로 일한다는 것은 당신이 다른 사람들을 돌보고 있다는 뜻이다. 은퇴는 본질적으로 이기적이다. 은퇴한 사람이 다른 사람들과 의미 있는 관계를 유지하기가 어려운 까닭은 관심이 주로 자기 자신에게만 가고, 그것이 다른 사람들 눈에 보이기 때문이다.

인간관계가 가장 복잡한 곳을 들자면 직장과 직장 동료들 사이를 빼놓을 수 없다. 이것이 놀랄 일이 아닌 까닭은, 의미 있는 관계를 위한 이상적인 조건은 상호 의존에 의해 생겨나고, 서로에게 의존하고 있다는 것을 사람들이 인식하는 곳은 직장이기 때문이다. 예를 들어 마케팅 업무가 효과적으로 이루어지지 않으면 기술부서의 노력은 수포로 돌아간다. 마찬가지로 영업 사원들이 성과를 올리지 못하면 회계부서 사람들도 일자리를 잃는다. 만일 당신이 어떤 일을 해서 돈을 받으려면 적어도 다른 한 명의 사람에게 의미 있고 가치 있는 무언가를 하라. 은퇴한 사람에게는 다른 사람에게 자신의 유용성을 보여줄 만한 지표가 없다. 헨스루드 박사는 계속해서 이렇게 말한다.

"우리가 일하는 시기에는 바쁘고 자극도 받고 수요도 있습니다. 어떤 사람들은 은퇴를 두 다리 쭉 뻗고 장미꽃 피는 것이나 보며 세월을 보내는 시간으로 생각합니다. 제 경험상 그런 사람들은 정신적으로나 육체적으로 건강하지 않습니다."

이야기를 하나 하겠다. 옛날 옛적 멀고 먼 나라에 착한 농부가 살았다. 그는 마을 사람들에게 치즈와 버터 그리고 우유를 제공했다. 그는 저녁이 되어 들이나 시장에서 집으로 돌아오면 아내의 일을 도와주고 아이들에게 먹을 것을 주었다. 저녁 식사를 마친 뒤에는 아이들에게 책에 나오는 놀라운 이야기들을 읽어 주었고 밤이 되면 침대에 데려다 주었다.

어느 날 그는 못된 공작의 손에 붙들려 억울한 누명을 쓰고 감옥에 들어갔다. 간수들은 그가 아침부터 밤까지 무거운 회전반을 돌리도록 윽박질러댔다. 그가 이마에 땀을 흘리며 돌렸던 막대기는 벽 속으로 들어가 있었고, 그는 반대편에 밀을 가는 기계가 있다고 확신했다. 한 간수가 어떻게 하면 그리 즐겁게 자신의 운명을 받아들일 수 있냐고 그에게 물었다.

　"내가 이 회전반을 잡고 애를 쓰면 벽 저편에서는 아주 커다란 맷돌이 돌아갑니다. 농부들이 여기저기에서 밀을 가져오고 내가 일한 덕분에 마을 사람들이 모두 밀가루를 얻어서 빵을 구울 수 있으니까요."

　그 간수는 무표정하게 웃으며 그를 조롱했다.

　"그 막대기 끝에는 맷돌이 없어."

　감옥에 갇힌 농부는 며칠 동안은 낙심했지만 다시금 쾌활함을 되찾았다. 그가 돌렸던 막대기 끝에 맷돌은 없어도 아이들이 행복하게 타고 노는 회전목마가 있을지도 몰랐다. 또다시 그 간수는 웃으면서 그의 상상을 깨뜨렸다.

　"회전목마도 없고 아이들도 없어."

　농부는 소망을 품고 물었다.

　"그러면 혹시 강물과 농장과 들에 대는 수차가 있는 건가요?"

　간수가 농부의 쇠고랑을 풀어 바깥으로 데려갔을 때 농부는 자신이 그렇게 오랫동안 돌렸던 막대기 끝에 아무것도 달려 있지 않음을 알 수 있었다. 그저 막대기를 돌린 것이었다. 농부는 슬피 울며 드러눕더니 그 자리에서 숨을 거두었다.

당신의 기분을 우울하게 만들고 싶은 생각은 전혀 없다. 현실 속 삶의 이야기는 내가 들려준 작은 우화와는 정반대이다. 너무나 많은 사람들이 열심히 일하면서도 자신의 수고에 아무런 목적이나 의미가 없다고 부당하게 의심한다. 삶이 축소되고 노력의 성과가 줄어드는 이유는 자기 일에 대해 회의를 품기 때문이다. 내 이야기에 나오는 죄수와는 달리 어떤 사람들은 자신들이 매일같이 성실하게 돌리는 막대기 끝에 정말이지 아무것도 없다고 확신한다.

진실을 벗어날 수 있는 것은 아무것도 없다. 당신은 어떤 중요한 대의를 위해 자원해서 노력을 기울일 때는 대개 자신의 노력으로부터 진정한 이익이 발생한다고 확신한다. 하지만 정말로 확신할 수는 없다. 대부분의 단체는 자원봉사자들에 대한 책임을 지지만, 어떤 단체들은 그들을 끊임없이 이용해 먹어야 하는 집단으로 여긴다. 그래서 사람들은 자원봉사에 대해 조심스럽게 다가가는 경향이 있다. 사람들은 자신들의 일이 당연하게 받아들여지는 것을 원치 않으며, 자신들이 실제로 유용한 일을 하고 있는지 알고 싶어 한다. 좋은 단체는 자원봉사자들을 의미 있게 활용하는 방법을 개발할 뿐 아니라, 그들이 얼마나 유용하게 쓰여 지고 있는지 알려준다. 당신이 보수를 받고 있다면 자신의 일이 부를 창조하는, 보다 크고 눈에 보이지 않는 인간 협력의 장에서 필수적인 역할을 하고 있다고 확신해도 좋다. 현명한 고용주는 직원들로 하여금 자신들의 중요한 역할을 이해할 수 있게 도와준다. 누구나 자신의 역할이 유용하다고 느낄 필요가 있는 것이다.

자신이 다른 사람들에게 가치가 있고 도움이 된다는 느낌을 소유하려는 이러한 욕구는 인간 심리에 너무나 깊숙이 자리 잡고 있는 나머지 심지어는 인간의 성적인 능력에까지 영향을 미친다. 특히 남성의 경우, 자신이 다른 사람들에게 아무런 가치가 없다고 느끼면 발기불능이 오기도 한다. 이것이 남자가 직장을 잃으면 종종 비극적으로 성기능 장애가 뒤따르는 이유 가운데 하나이다. 직장을 잃는다는 것은, 당신이 속한 공동체 전체로부터 다음과 같은 전보를 받는 것과 같다.

"안녕, 당신은 이제 더 이상 쓸모가 없어. 우린 더 이상 당신이 필요치 않아."

사실 당신의 인생은 다른 사람들을 위해 일하려는 당신의 필요와 밀접한 관련이 있다. 은퇴는 일각수一角獸만큼이나 비현실적인 개념이다. 거기에는 많은 운이 따르고 재정 계획이 튼튼하다면 다른 사람들을 위해 일하지 않고도 진정으로 인생을 즐길 수 있을 거라는 암시가 들어 있다.

히브리어는 '은퇴'라는 개념 자체를 인식하지 못한다

단어가 존재하지 않으면 그에 해당하는 개념 자체가 존재하지 않는다는 것이 고대 히브리어의 원칙이다. 히브리 언어는 하나님의 언어이고 그래서 완벽한 언어로 여겨진다. 물론 3,000년 된 언어 속에 초고속 인터넷 접속 같은 최근의 기술 진보를 담아낼 단어들은 없다. 하지만 시간을 초월한 인간적 개념들을 나타내는 단어들이 없다면 그것은 그런 개념이 비현실적이라는 뜻이다.

그러한 개념 중의 하나가 '우연'이다. 고대 히브리어에 우연의 개념이 없다는 것은 글자 그대로 우연이 아니다. 현실을 바라보는 유대의 관점에서는 완전히 따로 떨어져서 저절로 일어나는 일은 하나도 없다. 모든 사건은 앞의 사건들과 연결되어 있고 뒤의 결과들과 이어져 있다. 자신의 어휘 목록에 우연이라는 단어를 포함시키기만 해도, 하나의 사건을 연속되는 일련의 사건들 속에서 정확하게 이해하지 않고 그냥 우연으로 바라보는 오류를 범할 수 있다.

히브리어에 없는 개념 중의 하나가 은퇴이다. 히브리어에 은퇴에 해당하는 단어가 없다는 것은 은퇴라는 개념 자체에 결함이 있음을 히브리어 신봉자들에게 알려준다. 존재하기는 하지만 상상하기가 거의 불가능한 개념들을 생각해 보라. 예를 들면 수학에는 마이너스 일의 제곱근 같은 허수 개념이 있다. 솔직히 말해서 나는 수학에 깊은 관심이 있음에도 불구하고 이런 숫자는 상상하기가 어렵다. 하지만 그 숫자가 매우 유용하여서 이름 'i'가 생겼다는 것도 알고 있다. 존재하기는 하지만 설명하기가 어려운 개념이 있듯이 설명하기는 쉽지만 존재하지 않는 개념도 있다. 우연과 은퇴는 분명 설명은 할 수 있지만 존재하지 않는 개념의 본보기들이다. 그렇다. 단순히 일하지 않겠다고 결심할 수는 있지만, 그처럼 불합리한 행동에 이름을 붙인다고 해서 합리적인 현실이 되는 것은 아니다. 살아 있다는 것은 숨 쉬고, 먹고, 그리고 일한다는 뜻이다. 물론 당신은 이렇게 기본적인 것들 외에도 많은 일을 하지만 시작은 거기부터이다.

은퇴하겠다는 바로 그 생각이
끈기라는 자질을 좀먹는다

존 퀸시 아담스는 말했다.

"용기와 끈기는 마술의 부적을 갖고 있어서 그 앞에서는 고난과 장애가 허공 속으로 흩어진다."

언젠가 사무엘 존슨은 말했다.

"위대한 일을 하는 것은 힘이 아니라 끈기이다."

수많은 조사 결과들이 끊임없이 지적하는 바에 따르면, 다른 분야들도 그렇지만 세일즈에서 끈기만큼 성공과 직접적인 관련을 맺는 자질은 없다. 그것은 또 자기 자신에게 가르치기 가장 어려운 특성들 가운데 하나이다. 실패를 떨치고 노력을 배가하려면 끈기가 필요하다. 쓰러진 자리에서 자신을 일으켜 세우고 다시 한번 목표를 겨냥하려면 끈기가 필요하다. 고통을 견디고 때로는 굴욕까지 감수해 가며 고집스럽게 일에 집중하려면 엄청난 끈기를 보유해야 한다.

인내력은 어떻게 키울 수 있을까? 끈기가 있다는 것은 가슴이나 몸이 아닌 머리를 따르는 능력이 있다는 뜻이다. 당신은 머리를 써서 식이요법과 운동 프로그램을 꾸준히 실시하면 생활이 나아질 것이라고 판단한다. 직장에서의 매출을 높이기 위해 매일 10통씩 무작위로 전화를 걸겠다고 결심하기도 한다. 혹은 더 나은 자격을 갖추기 위해서 힘겨운 자격인증 야간학교에 다니는 일도 있다. 그러나 감정에 이끌려 친구와 함께 저녁 시간을 보내고 싶은 날도 많을 것이고, 몸 상태에 따라 침대에 올라가 잠을 자고 싶은 날도 많을 것이다. 그와 같은 충동을 극복하고 계획한 바를 지켜나가면 그때마다 당신은 목표에 더 가까이 가게 되는데, 더욱 중요한 것은 끈기라는 근육이 단단해져서 앞으로 있을 일들에 대해서도 충분히 감당하게 된다는 점이다.

그와는 반대로 감정이나 몸의 요구에 굴복하면 그때마다 당신은 목표 달성이 지연될 뿐 아니라 끈기라는 근육이 약해져서 다음번에 고투를 벌일 때는 훨씬 더 어려워질 것이다. 운동 요법이 전부 그렇듯이 거기에는 시간과 노력이 든다. 깨달아야 할 중요한 사실은 이것이 정신적인 힘이긴 하지만 육체적인 힘을 기르는 방식으로 길러진다는 것이다. 당신이 지구력을 키우고 싶다면 매주 몇 킬로미터씩을 뛰겠다고 결심하고 점차적으로 거리를 늘려가는 방법이 있다. 특정 부위의 근육을 강화하고 싶을 때는 운동 프로그램에 몰두할 것이고 시간이 지나면 그 근육들이 발달될 것이다.

정신적인 근육도 별로 다르지 않다. 운동 계획을 세워서 인내력을 점차 향상시켜야 한다. 처음에는 극복할 수 있는 문제들부터 시작하라. 끈기 훈련에서는 초반에 실패하는 것보다 나쁜 일은 없다. 그런 다음엔, 달성해야 할 목표가 생기면 머리를 따르고 가슴과 몸은 무시할 수 있다고 충분히 확신하게 되는 지점에 이를 때까지 점차적으로 발전해 나가라.

끈기를 키우거나 없앨 기회들은 어릴 때부터 있다. 부모들이 당신에게 숙제를 끝마칠 때까지 텔레비전을 못 보게 할 때마다 그것은 다음

날 선생님의 화를 면하게 해줄 뿐 아니라 끈기의 근육을 단련하는 데 도움을 주었다. 아마 당신은 이후에 달리기나 수영 혹은 노 젓기를 배웠을 것이다. 이런 것들은 비슷한 다른 운동과 마찬가지로 몸을 훈련하여 머리를 따르게 하는 데 도움이 된다. 따라서 당신의 비즈니스 경력이 시작될 무렵에는 끈기 근육이 상당히 발달되어 있었다. 그렇지 않다면 당신은 크게 발전하지도 못하고 큰 성과를 내지도 못했다. 그것만큼은 확실하다. 부지런하고 단호한 선생님이 당신의 머릿속에 되풀이해서 심어준, 세상에 대한 모든 지식들도 잘 발달된 끈기 근육 없이는 당신을 먼 곳으로 데려가지 못한다.

그러므로 당신은 끈기 근육을 단련하기 위해 이미 상당한 훈련을 했어야 했다. 마찬가지로 이제는 그 근육을 망가뜨리는 활동과 태도를 피하는 것이 중요하다. 끈기를 파괴하는 생각 가운데 으뜸가는 것이 은퇴 생각이다. 심지어 재정 계획에 스며든 무의식적인 은퇴의 주제는 때때로 당신을 해치기에 모자람이 없다.

책임감 있는 재정 설계를 방해하려는 것이 아니다. 하지만 설계자가 당신에게 몇 살에 은퇴하고 싶냐고 물어보면 당신은 "절대로 은퇴하지 않습니다!"라고 단호하게 대답해야 한다. 당신은 어떤 구체적인 날짜나 나이가 될 때까지 일정한 크기의 투자 밑천을 모으고 싶다고 결심했을 수도 있다. 그것은 노력을 북돋우는 긍정적인 자극이 된다. 하지만 그 날짜나 나이가 되면 은퇴하고 싶다고 생각하는 것은 전혀 다른 문제이고 매우 파괴적인 결과를 낳는다.

은퇴 신화에 대한 세 가지 거짓말

은퇴는 시간의 흐름과 경력을 통합하는 오랜 유대의 시각과 극적인 대조를 이룬다. 다음은 은퇴를 멋진 것으로 믿게 만드는 일반적인 거짓말 세 가지이다.

거짓말 1 : 일 그 자체로는 가치가 없다

첫 번째 거짓말은 당신의 일과 인간의 활동 모두가 그 자체로 가치를 갖기보다는 어떤 목적에 초점을 맞추고 있다는 것이다. 이런 거짓말을 받아들이면 더 이상 일할 필요가 없을 때까지만 일하면 된다고 믿게 된다. 바보는 "아, 마침내 일이라는 이 한심한 활동에 등을 돌릴 수 있는 날은 행복할 거야."라고 노래를 부른다. 그는 일하기 위해 사는 것이 아니라 살기 위해 일한다고 주장한다. 그는 이틀간의 주말을 살기 위해 주중에 닷새를 일하거나 밤 시간을 즐기기 위해 낮에는 어쩔 수 없이 끔찍한 일을 견딘다.

은퇴 신화를 머릿속에 받아들이면 단지 살기 위해 일한다는 마음가짐을 갖게 된다. 실제로는 일하기 위해 사는 것이다. 일을 통해서 얻을 수 있는 성취가 없다면 그 삶은 직업적인 면에서 심리적 안정을 끊임없이 필요로 하는 삶이다. 교황 요한 바오로 2세는 일을 주제로 다룬 회칙回勅「노동하는 인간Laborem Exercens」에서 옛 유대의 지혜를 다음과 같이 반영하고 있다.

일은 인간에게 선한 것-인간성에 선한-것이다. 인간은 일을 통해 자연을 필요에 맞게 변화시킬 뿐만 아니라 인간으로서의 성취도 이루기 때문이다. 일은 인간의 존엄성을 표현하고 그것을 증가시킨다. 일은 가정을 꾸릴 수 있는 방편을 제공해주고 이웃과 관계를 맺게 해준다. 이웃 사람들의 부에 기여하는 것은 말할 것도 없다.

자신의 일이 정말로 싫을 때는 어떻게 할까? 사람들은 흔히 좋아하는 일을 직업으로 삼으라는 충고를 듣는다. 이것은 일반적으로 말해 건전하지 못한 충고이다. 자기가 좋아하는 일을 통해 적절한 생활비를 버는 것은 항상 가능하지는 않다. 예컨대 나는 보트 타기를 좋아한다. 내가 이것을 직업으로 삼으려 했다면 아마도 끔찍한 결과를 초래했을 것이다. 옛말에 있듯이 보트 타기가 어떤 기분인지 알고 싶다면 정장을 한 채 차가운 비를 맞고 서서 백 달러짜리 지폐들을 찢어야 한다. 보트와 관련된 영역에서 일하며 만족할 만한 생활비를 버는 사람들도 있다는 것은 부인할 수 없는 사실이지만 그들은 좀처럼 보트 타기를 하지 못한다. 어떤 사람들은 세계에서 가장 큰 보트 제조업체인 베이라이너나 씨레이 같은 기업을 운영하고, 어떤 사람들은 포트폴리오에 보트 정박지가 포함된 부동산 사업을 하기도 한다.

자기가 좋아하는 일만 하면서 생활비를 버는 사람은 있다 하더라도 극히 소수이다. 일에 대한 훨씬 더 효과적인 접근방식은 자기가 직업적으로 하는 일을 사랑하는 법을 배우는 것이다. 무엇을 할 것인가 하는 선택은 자신이 좋아하는 일을 근거로 이루어져서는 안 된다. 그것은 이기적이지 않은 사람에게 성공이 찾아온다는 비즈니스의 중심 전제에 위배된다. 자기가 개인적으로 좋아하는 일에 초점을 맞추면 비즈니스에서 성공할 수 없다. 자기가 좋아하는 일에 대해서는 지나치게 관심을 쏟지 말아야 한다. 대신 다른 사람들이 당신에게서 필요로 하고 당신이 제공해줄 수 있는 것에 초점을 맞춰라. 바꾸어 말하면 돈을 따라가라. 만족스러운 보수를 받을 수 있는 영역을 찾아라. 그것은 다른 사람들 입장에서 보면 그만큼 필요한 일이라는 뜻이다. 그래서 돈이 그 분야에 있는 것이다. 사람들은 사실상 이렇게 말한다.

"누가 와서 우리에게 필요한 것을 공급해 주지 않겠소? 보시오. 우리가 가진 진짜 돈을 기꺼이 지불하리다."

자신에게 참가 자격이 있고 번창할 것으로 보이는 산업을 찾아라. 그리고 그 일을 자신의 비즈니스로 만들고 좋아하라.

어떤 일을 좋아하게 되는 길은 무엇일까? 답은 간단하다. 그 일에 숙달하여 뛰어난 능력을 발휘하라. 잘할 수 있으면 좋아하게 되고 그것을 통해 성취감을 얻게 된다는 것은 믿을 만한 사실이다. 학창 시절에 수학이나 화학 혹은 작문을 얼마나 싫어했었는지 기억나는가? 나중에 똑같은 과목을 어떻게 좋아하게 되었는지도 기억할지 모르겠다. 변한 것은 당신의 성취도 외에는 없었다.

사람들이 필사적으로 성취감을 느끼려 하는 이유는 그것이 자신들이 다른 사람들에게 유용하다는 표시이기 때문이다. 사람들은 다른 사람들로부터 감사를 받아야 하고, 보수를 받는 일은 그 감사를 측정할 수 있는 신뢰할 만한 방법이다. 사람들은 이런 성취감을 주는 자기 직업에 대해 감사를 느끼기도 한다.

절대로 일을 바꿀 생각을 해서는 안 된다고 말하는 것이 아니다. 그와는 반대로 변화의 가능성에 대해 문을 활짝 열어놓아야 한다. 어쩌면 다른 분야로 가야 할 수도 있다. 어쩌면 다른 고용주 밑에 들어가야 할 수도 있다. 거기에는 아무 문제가 없다. 적어도 자기가 좋아하는 일을 하겠다는 전제하에 풍부한 경제적 잠재성이 있는 상황을 포기하고 최소한의 금전적 기회만 제공하는 상황을 택하지만 않는다면 말이다.

당신이 야심만만한 성공적인 비즈니스 종사자라면 당신이 하는 모든 일이 자신뿐 아니라 다른 사람들에게도 이익이 되어야 한다는 점을 늘 명심해야 한다. 당신이 비즈니스를 하는 주된 이유는 자신이 원하는 것을 얻을 뿐 아니라 다른 사람들도 그들이 원하는 것을 얻을 수 있게 하기 위해서이다. 이것이 그 누구에게도 해당되지 않고, 심지어 전설적인 성공을 거둔 마이크로소프트사의 빌 게이츠에게도 해당되지 않는다면 사람들은 칩을 현금으로 바꾸고, 주식을 팔아치우고, 골고루 편성된 포트폴리오에 수익금을 투자한 후 은퇴하여 피지로 떠날 것이다. 말할 것도 없지만 만일 빌이 실제로 은퇴하여 피지로 갔다면 마이크로소프트사의 직원과 투자가들의 형편은 아마 더 나빠졌을 것이다. 전 세계의 컴퓨터 사용자들도 형편이 나빠질 것이고 워싱턴 주 레드몬드 지역 부동산에 부분적으로 투자해 놓은 사람들도 손해를 볼 것이다. 비즈니스에 정말로 성공하는 사람은 결코 자기 자신의 행복만 걱정하지 않는다. 아쉽게도 은퇴 신화는 더 이상 일할 필요가 없을 때까지만 일하면 된다고 믿도록 부추긴다. 다른 사람들을 향한 당신의 수고를 전적으로 부정하는 것이다.

거짓말 2 : 나이가 들면 생산성과 유용성이 떨어진다

은퇴 신화가 만들어내는 두 번째 거짓말은 시간이 갈수록 사람이 약해지고 돈 버는 능력도 떨어진다는 것이다. 그렇다면 내가 실제로 나이가 들어 은퇴가 점점 더 가까워질수록 하루가 다르게 돈 버는 능력이 조금씩 사라진다는 것은 거의 자명한 일이 된다. 이것은 거짓말이다.

진실은, 만일 내가 하는 비즈니스가 링 위에서 다른 권투 선수를 두들기거나 공을 움켜잡고 경기장을 휘젓는 일이 아니라면, 날이 갈수록 더 능력 있게 부를 창출하게 되고 수입을 얻는 잠재력도 커진다는 것이다. 내가 이렇게 말하는 까닭은 돈을 버는 일이 인간관계에 달려 있고 시간이 지나면 누구든지 명함집이 두둑해지기 때문이다. 당신은 시간이 갈수록 친구와 지인들이 점점 더 늘어나야 한다. 당신은 자기중심성에서 크게 벗어나야 하며, 이것은 당신이 우정을 북돋우고 유지할 준비를 보다 더 잘 갖춰야 한다는 뜻이다. 감정적으로나 심리적으로 성숙해지면 보다 능숙하게 의사를 교환하고 충동적인 행동에 덜이끌리게 된다. 세월이 지나면 흔히 더 강해지고 더 탄력적으로 변하며 더 능숙하게 유연성을 발휘하게 된다.

당신은 롤러코스터가 돌아가는 것을 수없이 보았다. 당신은 높은 곳에 영원히 있는 것은 없다는 지식으로 주변 사람들의 흥분을 가라앉히는 법을 안다. 그리고 영원히 낮은 곳에 있는 것도 없다고 동료들을 안심시켜 그들의 의기소침함을 떨쳐주기도 한다. 마지막으로 당신이 이 직업에서 저 직업으로 끊임없이 옮겨 다니지 않았다면, 시간이 지남에 따라 당신이 가진 해당 분야의 기술과 직업적인 솜씨는 주변 사람들에게 더욱 널리 알려지게 된다.

유대교는 성경을 통해서, 학문적인 성과나 물질적인 성과가 미미하더라도 나이가 든 사람에게는 존경을 표해야 할 도덕적인 의무가 있다고 주장한다. 유대교의 가르침에 의하면 젊은 사람은 교육을 많이 받고, 능력이 많아도 대부분의 나이 든 사람들이 지니고 있는 인생에 대한 경험과 지혜를 축적할 수는 없다.

그러나 대부분의 사람들은 노인을, 속도가 떨어지기 시작한 사람보다는 천천히 걷는 사람으로 보는데, 그는 확실히 예전보다는 운전 속도가 느려졌고 평상시에 대화할 때도 좀 더 오랫동안 생각하는 것처럼 보인다. 그 노인이 당신 회사의 직원이라면 당신은 그를 더 젊고 더 풋풋하고 더 힘센 사람으로 대체할 때가 되었다고 결론을 내릴지도 모른다. 그 노인이 맡은 특정 임무가 육체적인 인내력을 많이 요구할 수도 있다. 하지만 대부분의 회사들은 나이에 따른 경험과 지혜를 활용할 수 있는 방법을 찾음으로써 그런 사람들에게 호의를 베풀 것이다.

거대한 우편주문 의류회사 랜즈 엔드 같은 많은 회사들은 구매가 폭발적으로 늘어나는 연말이 되면 노인들을 정기적으로 고용하여 도움을 받는다. 그 회사들은 젊은 직원들한테서는 좀처럼 찾아볼 수 없는 윤리의식과 고객 서비스 정신이 나이든 직원들에게는 있음을 알게 되었다.

사람의 진정한 경제적 가치는 물질적인 것이 아니라 정신적인 것이다. 다른 사람들이 볼 때 당신은 구덩이를 파는 사람으로서 일정한 경제적 가치를 가질 수도 있지만, 그것은 당신이 가진 진정한 가치의 지극히 작은 부분에 불과하다. 헨리 포드는 실제로는 손만 두 개 있으면 되는데 사람을 통째로 데려다 써야 한다고 불평한 것으로 악명이 높다. 오늘날 성공적인 기업가치고 손만 두 쪽 있는데 기꺼이 월급을 줄 사람은 없을 것이다. 누구든지 자신이 돈을 지불하는 사람들로부터는 정신과 육체의 전적인 헌신을 얻으려 한다. 인간 창조성의 온전한 스펙트럼은 정신과 육체가 전적으로 통합되어 일에 대해 함께 헌신하고 생각하는 사람에게서만 나올 수 있다.

무의식적으로라도 "15년만 있으면 은퇴한다.", 또는 "10년만 더 일하면 된다."는 생각을 하게 되면 결과적으로는 자신의 힘이 줄어들고 수입을 벌어들이는 활동이 위축되고 있다고 자기도 모르게 믿게 된다. 바꾸어 말하자면, 다른 사람들에 대한 자신의 유용성이 하루가 다르게 줄어드는 것을 보게 된다. 아무것도 진실을 벗어날 수는 없을 것이다.

일하는 회사가 강제적인 은퇴 정책을 편다면 남은 근로 연수가 "몇 년" 밖에 없다고 생각하지 않을 수 없다. 그럼에도 불구하고 그와 같은 상황에서 다가오는 은퇴 날을 일을 그만두는 날로 생각하기보다는 직업을 바꾸는 날로 생각한다면 얻는 게 있을 것이다. 더 바람직한 방향은 그 날이 왔을 때, 아니면 그 날이 오기 전에 다음 낙하지점을 준비해 놓는 것이다. 작은 가게를 낼 수도 있겠고 간판을 내걸고 컨설팅을 해줄 수도 있겠다. 컨설팅을 해준다는 것은 숙련된 기존의 영역에서 계속 일을 하지만 정규 직원으로서가 아니라 독립된 하청업자로서 그렇게 한다는 뜻이다.

내가 이런 식으로 전환해 보라고 충고했던 많은 직원들은 이전의 고용주들과 컨설팅 계약에 대해 성공적인 협상을 벌였고, 고용주들은 그 직원들이 활동하는 동안에는 그들의 서비스를 활용할 수 있기를 간절히 원했다. 하는 일이 무엇이든 활동을 언제나 세밀하게 조정하여 현실을 복구하면 시간이 갈수록 더 적은 도움이 아닌 더 많은 도움을 세상에 줄 수 있다. 당신이 미식축구 선수나 권투 선수라 할지라도 당신의 전성기는 미래의 감독이나 고문 혹은 상담자로서의 자리에 놓여 있는지도 모른다.

거짓말 3 : 사람은 창조자가 아닌 소비자일 뿐이다

은퇴 신화가 만들어내는 세 번째 거짓말은 우리를 포함한 모든 사람들이 창조자가 아닌 소비자라는 것이다. 당신이 은퇴할 때까지 차지하고 있는 것은 여물통 한 칸이다. 따라서 적당한 기간이 지난 뒤에 우리가 할 수 있는 유일한 선행은 자리를 비켜줘서 다른 사람에게 먹을 기회를 주는 것이다. 이 시나리오에서는 은퇴란 경제적인 면에서 가능한 한 공평하게 사람들은 순환시키는 방법이다. 이 시나리오는 많은 회사들이 채택하고 있는 강제 은퇴 정책에 도덕적 정당성을 부여한다. 당신은 16년 동안 한쪽 사무실을 차지해 왔으므로 이제 다른 사람 차례이다. 당신이 은퇴해서 길을 비켜주지 않으면 그 사람은 우리 회사를 떠나 경쟁사에 들어갈지도 모른다. 당신은 충분한 보상을 받지 않았는가. 이제 좋은 동료로서 선한 일을 하라. 떠나라!

물론 이것이 사실이라면 한 회사가 다른 회사를 인수한다는 것은 말이 안 될 것이다. 왜냐하면 그렇게 해서 얻는 것이라곤 순전히 수백 개의 새로운 입을 먹여야 하는 책임밖에 없기 때문이다. 전쟁에서 한 나라가 다른 나라를 지배하고 차지하는 것은 힘이 센 나라가 수백만 명의 새로운 시민들을 먹여 살리고자 하는 이타적인 충동을 느끼기 때문이 아니다. 두 경우 모두 인간은 지구상에서 자신의 필요보다 훨씬 더 많은 가치를 창출하는 능력이 있는 유일한 생물임을 현명한 리더들이 알기 때문이다. 직원 개개인의 창조성과 생산성이 최고 수준으로 발휘될 수 있게 기업이 조직화되어 있다고 전제한다면 직원들이 많고 회사가 클수록 생산량과 이윤이 커질 수 있다.

사람이 부를 창출하는 과정은 주로 물질적이라기보다는 정신적이다. 인간의 정신적인 잠재력은 나이가 들수록 계속 커질 수 있기 때문에 부를 생산하는 인간의 잠재력에는 만기일이 없다. 이런 이유로 인해 정치인들은 줄어드는 인구를 걱정한다. 예를 들어 1986년에 프랑스의 출산율이 최소한의 대체 수준인 2.1명보다도 낮은 1.8명까지 떨어졌다는 것이 처음으로 명백해졌을 때 프랑스 정부는 대가족을 늘리기 위한 프로그램을 발표했다. 그들은 세 명 이상의 아이를 낳은 엄마들에게 3년 동안 매달 약 300달러의 "임시 육아 월급"을 지불하기로 했다. 서독의 출산율을 1.3명이고 영국과 스칸디나비아 국가들도 비숫한 인구 위기를 겪고 있다. 1986년 당시 자크 시라크 프랑스 총리는 "인구통계학적 관점에서 보면 유럽은 사라지고 있다."고 말했다. 사람들이 그저 먹여주어야 할 입에 불과하다면 지금처럼 낮은 인구는 문제가 아니라 축복으로 보일 것이다.

심지어는 미국에서도 출산율이 대체 수준보다 낮아서 사회 보장 제도의 혜택을 받는 한 사람을 받쳐줄 노동자가 오늘날에는 3.5명이지만 2030년에는 1.5명에 불과할 전망이다. 이것이 문제로 인식된다는 바로 그 사실이 나타내는 것은 사람들이 창조적이고 생산적인 자산이라는 것이다. 미국 기업 연구소의 수석 연구원 벤 워텐버그는 수년 전부터 이 문제에 대해 경고해 왔다.

인구의 크기와 세계에서 누리는 권력 사이에는 관계가 있다. 벨기에는 747여객기를 만들지 못한다. 룩셈부르크는 스타워즈 전략 방어체제를 갖추지 못한다. 최초로 인공위성을 쏘아 올린 유일한 국가가 미국과 러시아인 까닭은 이렇게 지나치게 돈이 많이 드는 무기와 기술에 돈을 대려면 세금을 내는 엄청난 인구가 뒷받침되어야 하기 때문이다. 지금은 현대 민주주의 국가들이 세계 인구의 약 7분의 1을 차지한다. 제2차 세계대전이 끝날 무렵 이 국가들은 세계 인구의 약 4분의 1이었다. 현재의 추세가 계속된다면 서구 국가들의 인구는 2050년까지 세계 인구의 10분의 1 또는 12분의 1까지 떨어질 것이다. 세계인구의 4분의 1일 때보다 15분의 1일 때 문화를 지배하기가 훨씬 더 어려운 것은 당연한 일이다. 문명의 역사는 성장하고 소멸하는 국가의 문화와 역사이다. 우리의 특정한 민주주의 국가들이 영원히 지속될 것이라고 말할 수 있는 근거는 아무것도 없다. 나는 야구 장갑을 만드는 사람과 대화를 나눈 적이 있었다. 그리 멀리 내다보지 않아도 5년에서 10년 이내에 나이 어린 소년들로 이루어진 시장은 상당히 축소될 것임을 알 수 있다. 그는 내 이야기를 듣고 나서 말했다.

"맙소사, 난 이제 큰일 났군요."

그리고 내가 말했다.

"맞아요, 이제 아셨군요."

은퇴 신화가 유지되면 사람들이 창조자라기보다는 소비자이고, 따라서 비즈니스 문제를 다루는 최선의 방법은 이런 소비자들의 수를 최소화하는 것이라는 잘못된 인식이 사람들 속에 자리 잡게 된다. 더 나쁜 것은 은퇴를 인생 설계의 필수적인 요소로 받아들였을 때는 자기 자신을 무의식적으로 창조자가 아닌 소비자로 생각할 가능성이 훨씬 더 커진다는 점이다. 자기 자신이 먹여야 할 입에 불과하다는 생각을 마음속 깊이 하게 되면 창조적인 생각을 내놓을 가능성이 크게 줄어든다. 은퇴는 부를 창출하는 유일한 방법이 육체적인 노동이라는 물질주의적 신화를 키운다. 내가 만일 땅을 파거나 무언가를 만들거나 동식물을 키우지 않는다면 부를 창출할 수 없다는 것이다. 이런 신화의 관점 아래에서는 육체적인 힘이 줄어들고 있는 사람은 분명 아무런 기여도 할 수 없는 사람이다. 사회 전체적인 부에도 도움이 되지 않을 뿐 아니라 더 이상 자신의 필요에 대해서도 기여할 수가 없다. 사회가 그를 돌보아야 하는 것이다.

사실 84세의 존이 아침 시간을 커피 가게에서 보내면서 중년의 톰을 설득하여 젊은 딕이 나이든 해리의 자동차 수리점을 살 수 있도록 돈을 투자하게 만든다면, 그리고 그 거래를 통해 존이 수수료를 번다면, 존은 지금 상당한 부를 창출한 셈이다. 직접적으로는 자기 자신과 다른 세 명의 부를 늘려주었고 간접적으로는 이웃 전체의 부에도 기여했다. 사실 느긋하기까지 한 이 아침의 대화를 통해 존은 예전에 가구 공장 직원으로 있으면서 한 달 동안 창출한 것보다 더 많은 부를 창출한 셈이다. 당시에 그는 품질 좋은 사무실 가구를 조립했으므로 허리가 튼튼하고 눈이 좋아야 했다. 이제 그는 육체적으로는 약해졌는지 모른다. 하지만 그는 뛰어난 정신적인 기술로 자기가 소비하는 것보다 훨씬 더 많은 부를 창출하고 있다. 은퇴를 인생의 한 단계로 생각하면 창조의 샘이 될 가능성은 훨씬 적어진다. 만기일에 대한 무의식적인 의식은 생산성을 억누르고 삶에 인공적인 제한을 가한다.

진정한 일의 역할

하나님은 인간을 에덴동산에 두어 그곳을 돌보게 하셨다. 유대교는 이 일이 인간에게 만족의 원천이 되었다고 가르친다. 이 일에서 인간은 창조의 행위를 통해 창조주의 동업자로서의 운명을 따르게 된다. 인간은 일을 통해서 자신이 실제로 하나님의 형상으로 창조되었음을 증명하는데, 이것은 인간이 하나님과 똑같이 창조성을 발휘할 수 있는 지구 위의 유일한 피조물이기 때문이다. 일을 넘겨받은 아담에게는 시간의 제한이나 나이의 제한이 없었다. 그 후에 나온 욥기는 인간의 만족과 일 사이의 본질적인 관계를 되풀이하여 강조했다.

"인간은 일하기 위하여 났나니"

우리가 일하는 까닭은 그 일의 성과가 필요해서가 아니라 일 자체에 의미와 가치가 내재되어 있기 때문이다. 그 의미는 우리의 일이 사람들에게 이익을 준다는 사실에서 비롯된다. 나의 일이 다른 사람들에게도 이익을 주어야 한다는 것은 부수적인 측면의 이익이므로 하나님을 자비로우신 분으로 여기는 사람들은 이런 사실에 놀라지 않는다. 이 본질적인 요점은 아무리 강조해도 지나치지 않다. 비즈니스의 성공은 다른 사람들에게 이익을 주기 위해 일하는 데 달려 있다. 고객이나 의뢰인, 직원, 그리고 소속 공동체 말이다. 그것이 우리의 일차적인 동기가 되어야 한다.

분명히 "내가 다른 사람들에게 어떻게 이익을 주는지 알 수 있지?"라는 질문이 따를 것이다. 나는 어쩌면 이웃집 벽에 분무식 페인트로 낙서를 해서, 안목이 없는 사람들에게 이익과 아름다움을 선사하고 있는지도 모른다. 거기에서 수입과 이윤이 생긴다. 사람들의 욕구를 측정하는 이런 필수적인 지표들이 없으면 사람들은 모두 운동가의 열정이 불러온 비자발적인 결과에 강요당할 것이다. 하나님은 그분의 자녀들에게 돈이라는 선물을 수여함으로써 다른 사람들 눈에 비치는 그들의 욕구가 아닌 그들 자신의 욕구를 충족시킬 수 있는 이점을 주었다. 보수와 이윤은 내게 필요한 것을 공급하고 있고 다른 사람들의 욕구를 충족시키고 있다고 말한다. 그것들은 우리가 하는 일의 동기가 아니라 우리가 하는 일의 정당성이다.

수 세기에 걸쳐 유대인 비즈니스 종사자들의 집단 무의식에 뿌리박힌 유명한 탈무드 이야기 가운데 하나는 정의로운 호니 이야기이다. 어느 날 호니는 길을 따라 여행을 하다가 한 노인이 쥐엄나무를 심고 있는 것을 보았다. 호니는 그에게 물었다.

"이 나무가 열매를 맺으려면 시간이 얼마나 걸립니까?"

그는 약 70년이 걸린다고 대답했다. 호니는 물었다.

"어른께서는 그 열매를 맛볼 수 있을 정도로 오래 사실 수 있다고 생각하십니까?"

그는 다 자란 쥐엄나무들이 세상에서 자기를 기다리고 있었다고 대답했다.

"조상들이 나를 위해 그 나무들을 심은 것처럼 나도 후손들을 위해 이 나무들을 심는 거지요."

이 이야기에 담긴 생각은 일이란 주로 다른 사람들이 우리의 노력 덕분에 어떻게 이익을 얻게 되는가 하는 문제라는 것이다. 그 날은 오늘이 될 수도 있고 앞으로가 될 수도 있지만 일을 한다는 것은 도덕적이고 자비로우며 다른 사람들을 돌보는 행동이다.

유대 전통은 또 일에 따르는 한 가지 부수적인 이익을 들고 있는데 그것은 자기 가치와 독립에 대한 의식이다. 탈무드는 상호 간의 의무를 논의하면서 야곱이 요셉에게 약 270킬로그램의 밀을 맡아달라고 부탁하고 몇 달 동안 나라 밖을 떠돌았던 상황을 분석하고 있다. 아마 밀 시장의 축소나 세균 때문에 밀의 가격이 떨어지고 있었던 것 같다. 도덕적 정당성에 관한 질문은, 나중에 야곱이 돌아와서 밀을 돌려달라고 했을 때 요셉은 같은 양의 밀을 다시 살 수 있으므로 값을 보전하기 위해 야곱을 대신해서 밀을 팔아야 하느냐는 것이었다. 해답은 명확해 보였다. 요셉은 친구의 밀 가격을 보전하고 보호하기 위해 당연히 할 수 있는 일을 해야 하는데 왜 그것을 논의하는가? 탈무드는 야곱에게 있어 자신이 직접 재배한 밀만큼 맛있는 밀은 세상에 없다는 것을 우리에게 상기시켜 준다.

탈무드의 추론에 의하면 사람들은 다른 사람들의 자비에 의존하기보다는 자기 힘으로 돈을 벌기 원한다. 일이라는 과정은 우리가 음식을 먹을 때 그것이 세상의 다른 사람들을 위해 선한 일을 한 결과임을 알려줘서 우리의 자존심을 세워준다. 다른 사람의 이마에 흐르는 땀으로 먹고살아야 할 만큼 운이 나쁜 사람은, 탈무드에 따르면 "부끄러운 빵"을 먹고 있는 것이다. 은퇴한 사람들은 자신들이 다른 사람들의 자선이 아니라 직접 모아둔 예금과 투자금으로 먹고산다고 볼 수 있지만, 그럼에도 불구하고 창조적으로 일할 때보다 세상에 대한 기여가 적은 것은 사실이다.

어떤 의미에서 보면 은퇴란 이야기가 정상적으로 끝나기 전에 "끝"이라고 쓰는 것이다. 왜 흥미진진한 여행을 중도에 끝내는가? 흔히 도착은 여행 그 자체만 못할 때가 있다. 창조적인 경력을 마감하는 것은 엔진을 끄는 일과 같다. 즉 도착했다는 뜻이다. 로버트 루이스 스티븐슨은 말했다.

"기대를 갖고 여행하는 것이 목적지에 도착하는 것보다 낫다."

계속해서 비즈니스 활동을 하는 것이야말로 인생 전체를 통해 늘 기대를 갖고 여행하는 최선의 방법이다. 이렇게 하면 자신이 번영할 수 있을 뿐 아니라 다른 사람들도 번영할 수 있도록 도와주는 더 나은 결과를 낳을 수 있다.

Thou Shall Prosper
성공으로 가는 길

1 마음속에 구체적인 날짜를 정하고 은퇴를 하나의 목적으로 생각하지 마라.

그리고 일을 언젠가는 그만두어야 할 무엇으로, 일시적이거나 유한한 기능으로 생각하지 마라. 일은 돈 버는 것 이상의 가치가 있다. 그것은 우리를 살아 있게 하고, 삶에 동참하게 하고, 다른 사람들이 있는 공동체의 일부가 되게 한다. 이 모두는 생존과 장수를 위해 필요하다.

2 은퇴는 본질적으로 이기적이라는 것을 깨달아라.

생산적으로 일한다는 것은 우리가 다른 사람들을 돌보고 있다는 뜻이다. 은퇴하면 다른 사람들과 의미 있는 관계를 유지하기 어려운 까닭은 주로 자기 자신만 염려하게 되고 그것이 다른 사람들 눈에 보이기 때문이다. 우리가 무언가를 해서 돈을 받고 있다면 적어도 한 명의 다른 사람에게 의미 있고 가치 있는 일을 하고 있다는 뜻이니 안심하라. 은퇴한 사람은 자신의 유용성을 다른 사람들에게 보여줄 신뢰할 만한 지표가 없다.

3 은퇴는 성공에서 가장 중요한 요인인 끈기를 좀먹는다는 것을 명심하라.

실패를 떨쳐버리고 노력을 배가하려면 끈기가 필요하다. 쓰러졌던 자리에서 자신을 일으켜 세우고 다시 한번 목표를 겨냥하려면 끈기가 필요하다. 고통을 견디고 때로는 굴욕까지 감수해 가며 고집스럽게 일에 집중하려면 엄청난 끈기가 있어야 한다. 그리고 끈기는 실력 향상으로 이어져 목표를 달성하게 만든다.

4 은퇴 신화에 내재한 세 가지 거짓말을 믿지 마라.

첫째, 일은 목표를 위한 수단일 뿐이라는 생각을 거부하라. 그 대신 일 자체에 가치가 있다는 것을 인정하라. 우리는 일을 위해 살아야 하고 자기 일을 즐겨야 한다. 둘째, 나이가 들수록 약해지고 돈 버는 능력이 떨어진다는 생각을 받아들이지 마라. 사실은 그 반대이다. 우리는 자신의 기능이나 전문적인 기술 영역에 대해 더 많은 것을 알게 되고, 우리를 도울 수 있는 사람들이나 우리의 일을 통해 이익을 얻을 수 있는 사람들을 더 많이 만나게 되며, 역경을 다루는 일에 더욱 능숙해진다. 셋째, 사람들이 한정된 자원을 가진 왕성한 소비자들일 뿐이라는 잘못된 인식을 무시하라. 그 대신 유용하고 가치 있는 어떤 것을 창조하는 창조자라는 것과 생산하고 있다는 것을 인식하라.

에필로그

인생은 비즈니스이고 비즈니스는 인생이다.
하나를 배우면 나머지도 알게 된다.

나의 삼촌 조는 먼지 나는 시골길을 롤스로이스를 타고 돌아다니며 말년을 보냈다. 그는 어느 제조회사의 영업사원이었다. 그는 제조회사 영업사원으로서 대단한 성공을 거두었다. 젊은 시절에는 유럽과 일본에서 고가 오디오 장비를 수입하고 그것을 서비스해주는 사업을 벌였다.

그는 제조업자와 수입업자 그리고 도매상들에게 접근하여 다른 판매원들이 서비스를 꺼리는 외딴 지역의 소매상들에게 그들의 제품을 더 많이 팔아주겠다고 제안했다. 나이 지긋한 삼촌이 두 번째로 큰돈을 벌고 있다고 생각될 즈음, 나는 다소 무능하고 가난한 랍비 학교 졸업생이었다.

나는 내 자존심과 비즈니스에 대한 약간의 지적인 경멸감을 모두 버리고 삼촌에게 일할 기회를 달라고 부탁해야 하는 건 아닌가 하고 고민했다. 눈치만 보며 지내던 어느 날, 나는 삼촌에게 그가 하는 일이 정확히 무엇인지 물으면서 말을 꺼냈다. 그의 대답은 나를 놀라게 했는데, 그는 내게 말을 할 때 자신의 말을 실제로 굳게 믿고 있는 것처럼 보였기 때문이었다. 그는 이렇게 말했다.

"다니엘, 나는 전국의 수많은 가게 주인들이 많은 수입을 올릴 수 있도록 돕는단다."

그 순간 내게 떠오른 생각은 그가 롤스로이스를 몰기 위해 일을 하는 것이 아니라, 다른 사람들을 더욱 잘 도와서 그들이 원하는 것을 얻도록 하기 위해 좋은 차를 몰고 다닌다는 것이었다. 그는 마치 아이에게 이야기하듯 설명을 계속했고, 어떤 의미에서는 나도 내가 아이라고 생각했기 때문에 내면의 혼란이 내 눈을 통해 드러나지 않을 도리가 없었다.

"내가 공급하는 내구성 제품들은 내 고객의 고객들이 정말로 원하는 것들이지."

그 후에 그는 관대하게도 잠시 동안 함께 일할 기회를 주었다.

그는 내게 우리가 판매해야 할 다양한 제품들을 실은 카탈로그와 설명서들을 주었고 방문해야 할 외딴 지역의 가게 목록도 건넸다. 1100 킬로미터가 넘는 여행을 하면서 단 한 건의 주문도 받지 못하고 아무런 보람 없이 돌아오자마자 나는 왜 내가 물건을 팔 수 없었는지 장황하고 복잡하게 설명을 늘어놓기 시작했다. 그는 완곡하게 나의 말을 막았다.

"다니엘, 이야기는 할 필요가 없단다. 나도 이야기 만드는 데는 도사니까 말이다. 그냥 숫자만 이야기하거라. 그러면 이야기는 내가 하지. 가게를 몇 군데나 방문했는지, 한 가게에서 얼마나 오래 있었는지, 가게 안에 사람들은 얼마나 있었는지, 그들은 손님들이었는지 아니면 다른 판매원들이었는지, 얼마나 많은 제품들을 보여주었는지, 주문서는 얼마나 많이 썼는지."

나는 또다시 한 가지 깨달음을 얻었다. 비즈니스를 하는 삼촌은 랍비인 나에게 토라의 교훈을 가르치고 있었다. 히브리어에서 소퍼sofer 라는 단어는 서기, 학자, 그리고 출납원, 즉 숫자에 능통한 사람을 묘사할 때 똑같이 사용된다. 우리는 숫자를 통해 현실에 뿌리박지 않고서는 절대로 뛰어난 학자가 될 수 없다. 이야기는 우리의 상상력이 물리학 법칙처럼 불편한 어떤 것에 의해 방해받지 않고 치솟게 해준다. 숫자는 현실적이라서 이야기보다 훨씬 더 빠르고 훨씬 더 정확하게 현실을 반영할 수 있다. 나는 재정 보고서의 가치와 그 보고서에 담긴 이야기 대 숫자의 비율은 반비례 관계가 아닐까 하고 생각한다. 숫자는 설명하는 데 그리 많은 말이 필요하지 않다. 조 삼촌의 말처럼, 숫자를 주면 이야기를 이해할 수 있다는 식이다. 숫자는 현실을 반영하고, 비즈니스가 숫자에 의존하는 이유는 그것이 현실이기 때문이다.

조 삼촌은 그 첫 번째 출장에서 내가 부실한 성과를 올린 한 가지 이유를 재빨리 찾아냈다. 나는 가게 주인들이 손님들을 상대하느라 나를 기다리게 했을 때 짜증을 냈었다. 왜냐하면 내가 최신 스테레오 음향 장비를 보여주려고 이렇게 달려왔는데 주인들은 한 시간 넘게 나를 앉혀 놓고 기다리게 한다고 생각했던 것이다.

"네가 거기에 간 것은 네 목적을 이루기 위해서가 아니라 그 사람의 목적을 이루기 위해서야."

삼촌이 꾸짖었다. 비즈니스는 다른 사람들을 돕는 문제이다.

나는 토라와 유대인이 체험한 역사 전체가, 비즈니스에서 장기적인 성공을 이루기 위해서는 선하신 하나님이 의도하신, 도덕적이고 윤리적으로 예의 바르게 행동하는 법을 배워야 한다는 관점을 지지한다고 믿는다. 우리가 비즈니스에 종사한다면 자신이 하는 거의 모든 일에 있어서 적어도 한 명의 다른 사람을 만족시키는 것이야말로 성공을 위한 필수 조건이다. 우리가 대법원 판사나 종신 계약을 맺은 대학 교수가 아니라면 자신이 비즈니스를 하고 있음을 명심해야 한다. 장난스럽지만 나는 이 두 직업이 고객이나 의뢰인들을 만족시킬 필요가 전혀 없는 몇 안 되는 현대의 직업들을 대표한다고 생각한다. 판사나 교수, 혹은 심지어 대학생이 된다는 것은 이상할 정도로 현실과 동떨어진다는 의미이다.

고등 교육 학위가 없는 비즈니스 종사자들이 학위를 가진 사람들보다 더 뛰어난 성과를 내는 것은 어쩌면 우연이 아니다. 2002년 「포브스」지 선정 500대 기업의 명단에 오른 회사들을 이끄는 CEO의 약 3분의 1이 석사 학위가 없다. 그 회사들은 명단에 오른 다른 회사들보다 더 나은 성과를 냈다.

학교에서는 교수들이 선한 목적을 위한 노력과 의도에 대해 보상을 해 준다. 그래서 학생은 평범한 성과를 내고도 뛰어난 점수를 얻는다. 하지만 현실 세계와 비즈니스에서는 성과가 의도와 변명보다 훨씬 더 중요하다. 우리에게 잔디를 깎거나 차를 고치거나 혹은 피자를 배달할 의도가 있었느냐는 우리가 실제로 그 일들을 했느냐보다 중요하지 않다. 적어도 그것이 현실 세계의 작동 방식이다. 비즈니스는 학교에 비해 현실에 대한 준비가 더 철저해야 한다.

몇몇 학교들을 포함한 여러 가지 환경 속에서 사람들은 자신의 감정에 초점을 맞추고 거기에 근거하여 행동하라고 권유받는다. 그들은 무언가에 홀린 표정으로 이것을 정직함이라 일컫는다. 하지만 현실 세계에서는 종종 예의 바르게 행동해야 하고 때로는 자기가 혐오하는 사람들에 대해서도 공손하게 굴어야 한다. 이것이 국제 외교와 시장의 기본이다. 세상은 우리의 감정이 아닌 실제 행동에 따라 우리에게 호의적인 반응을 보인다. 비즈니스는 대부분의 사람들이 우리의 감정에는 특별한 관심이 없음을 일깨워 준다. 그들이 관심을 갖는 것은 우리의 행동이다.

현실 세계에서는 절대로 원하는 것을 전부 가질 수는 없다. 자신이 원하는 상품이나 서비스와 바꿀 수 있는 에너지와 자원은 제한적이다. 그러므로 자신이 정말로 원하는 것과 내어줄 준비가 되어 있는 것이 어떤 것들인지 결정해야 한다. 비즈니스는 어떤 물건이나 다른 사람의 노동에 대해 권리를 갖는 사람은 아무도 없다는 현실적인 인식을 제공하는 몇 안 되는 문화제도 가운데 하나이다. 이런 것들을 얻을 수 있는 유일한 방법은 우리가 제공할 수 있는 자원과 바꾸는 것뿐이다. 그리고 우리가 제공할 수 있는 자원은 무한하지 않다.

미국의 문화가 연예계와 스포츠계의 스타들을 우상화하는 것을 보면 개인주의를 강조하는 듯하다. 하지만 현실 세계의 진실은 사람들과의 협력이 성공으로 가는 열쇠라는 것이다. 이것이 기업의 비밀이다. 사과 한 개에 사과 한 개를 더하면 사과 두 개가 되지만 사람 한 명에 사람 한 명을 더하면 두 명이 아니라 셋, 넷, 혹은 어쩌면 스무 명이 된다. 협력을 가르치는 최선의 방법은 팀 스포츠와 비즈니스에 있다.

요즈음은, 실제로 실행할 수 없을지는 몰라도 이론상으로는 내 아들을 미국 최고의 대학에서 4년을 보내게 하기보다는 조 삼촌 같은 일류 비즈니스 종사자 밑에서 수업을 받게 하고 싶다. 이렇게 하면 아들이 현실 생활에 대해 보다 나은 준비를 하게 되지 않을까 싶어서이다.

나는 이 책을 통해 옛 유대의 지혜에서 찾아볼 수 있는, 비즈니스의 경제적이고 철학적인 비전을 수습할 때 배우게 될 내용들을 설명했다. 내가 반평생 동안 부주의하게도 나의 이론적인 지식과 실제적인 활동 사이에 장벽을 세웠다는 사실을 깨닫는 일은 고통스러웠다. 그런 의미에서 이 책을 쓰는 일은 고민이었다. 당연한 이야기지만 나는 언제나 '이 열 가지 생각을 지켰더라면 좋았을 텐데……' 하고 생각한다. 그랬다면 나는 무수한 성공을 맛보았을 것이고 실패는 더 적고 덜 고통스러웠으리라.

역사상 가장 성공적인 사람들 가운데 한 명이 가진, 실행과 시험을 거친 원칙들을 배우는 것은 살아가면서 그것들을 훈련하는 것보다는 분명 더 현명한 일이다. 우리는 이 원칙들을 배우고 적용하여 번영을 이룰 수 있다. 우리는 지금부터 돈을 벌기 위한 10가지 사고방식을 지킬 수 있을 뿐 아니라 그렇게 하는 가운데 경제적으로 번영하고 생활의 질을 높이게 될 것이다. 그리고 주변에 있는 모든 사람들의 삶까지 향상시키는 훨씬 더 중요한 일을 하게 될 것이다.

참고 자료

Introduction

1. Mark Twain, "Concerning the Jews," Harper's, September 1898.
2. Babylonian Talmud, tractate Berachot, 58a.
3. Bruce Orwall, "Hostility between Disney's Eisner and Katzenberg Explodes in Court," Wall street Journal, May 5, 1999. Also see Bruce Orwall, "Katzenber Suit Is Partially Settled," Wall Street Journal, November 11, 1997, B1 and B10.
4. Steven Silbiger, The Jewish Phenomenon (Atlanta, GA: Longstreet, 2000), 4.
5. Howard Schultz, Pour Your Heart into It(New York: Hyperion, 1997), 18.
6. Babylonian Talmud, tractate Ta'anit, 7a.

The First Commandment
Believe in the Dignity and Morality of Business.

1. Forbes, February 16, 2009.
2. "How Faith Can Heal," Time, February 23, 2009, 61.
3. Sayings of the Fathers, chap. 4, mishna 2.
4. Rabbi Joseph Karo, "Laws of Chanuka," in Code of Jesish Law, sect. 673, para. 1.
5. Winston S. Churchill, A History of the English-Speaking Peoples(New York: Dorset, 1956), 289-290.
6. Virginia Cowles, The Rothschilds, a Family of Fortune(New York: Knopf, 1973).
7. Genesis 2:12.
8. Nachmanides on Exodus 25:24.
9. Genesis 48:20.
10. Numbers 6:24.
11. Babylonian Talmud, tractate Nedarim, 38a.
12. Proverbs 14:24.
13. Exodus 11:2.
14. Exodus 12:35-36.
15. Jolayne Houtz, "T.T.Minor: A School Both Blessed and Cursed," Seattle Times, June 19, 2000.
16. Anthony Biance, with William C. Symonds, "Gulfstream's Pilot," Business Week, April 14, 1997, 64.
17. Editorial, "Asides: Nein, Danke," Wall Street Journal, November 3, 1995.
18. Michael Medved, Hollywood vs. America, (New York: HarperCollins, 1992), 220.
19. Forbes, September 4, 2000, 82.

20. Linda Richter, Robert Richter, and Stanley Rothman, Watching America (New York: Prentice Hall, 1991), 201.

21. Ibid., 155.

22. Marc Gunther, "Business Is TV's Newest Bad Guy," Fortune, July 7, 1997, 32.

23. Timothy Lamer and Alice Lynn O'Steen, Businessmen Behaving Badly: Prime Time's World of Commerce (Alexandria, VA: Media Research Center, Special Reports, 1997).

24. Michael Fumento, "Businessmen Are Hollywood's Favorite Bad Guys," National Review, June 22, 1992.

25. Christopher Hitchens, "Ayn Randed," The American Spectator, September 2001.

26. Samuel II 19:31.

27. Aaron Bernstein, "Too Much Coorporate Power?" Business Week, September 11, 2000.

28. Diane Anderson, "The Gospel of Greed," Industry Standard, June 19, 2000.

29. Dinesh D'Souza, "Is Greed Good?" (lecture delivered at Grand Rapids, MI, May 3, 2001).

30. "The Greatest Love Stories of the Century," People, February 12, 1996.

31. Jay Nordlinger, "Telling Adulterers' Stories," The Weekly Standard, April 29. 1996.

32. Allan Sloan, "The Hitmen," Newsweek, February 26, 1996, 44.

33. James K. Glassman, "Thank You, American Businessmen," American Enterprise, March 2000, 62.

34. Kemba Dunham, "Right and Wrong: What's Ethical in Business? It Depends on When You Ask," Wall Street Journal, January 11, 1999, 63.

35. Michael Kinsley, "The Outrage That Wasn't," Time, December 28, 1998.

36. Babylonian Talmud, tractate Nedarim, 64b.

37. Marianne M. Jennings, "Business Students Who Hate Business," Wall Street Journal, May 3, 1999.

38. Charles Oliver, "Capitalists versus Capitalism," Investor's Business Daily, September 17, 1997.

39. David Cay Johnston, "Management: Creating Waves in Nonprofit Sea," New York Times, February 2, 2000, C1.

40. Russell H. Conwell, Acres of Diamonds (New York: Penguin, 1960.)

The Second Commandment
Extend the Network of Your Connectedness to Many People

1. Deuteronomy 5:16.

2. Babylonian Talmud, tractate Kiddushin, 39b.

3. Moses Maimonides, Laws of Repentance, chap. 9, sect. 1.

4. Leslie Alan Horvitz, Insight, July 7, 1997, 38.

5. Cunnar Biorck, "Social and Psychological Problems in Patients with Chronic Cardiac Illness," American Heart Journal(1959): 414.

6. James J. Lynch, the Broken Heart: The Medical Consequences of Loneliness (New York: Basic, 1977), 14.

7. Dale Carnegie, How to Win Friends and Influence People (New York: Simon and Schuster, 1936).

8. Frederick Lewis Allen, Only Yesterday: An Informal History of the 1920s (New York: Wiley, 1997).

9. Shakespeare, Julius Caesar, act 1, scene 2.

10. Steve Lipman, "Chai-Tech Success," New York Jewish Week, December 18, 1998, 88.

11. Genesis 3:8.

12. Genesis 4:9.

13. William Gilbert and Arthur Sullivan, The Mikado, act 2, no. 17 (1885).

14. Genesis 4:12.

15. Genesis 4:16.

16. U.S. Census Bureau, Annual Report on Income and Poverty in the United States (1998).

17. Geoffrey Colvin, "Why Execs Love Golf," Fortune, April 30, 2001, 46.

18. Jonah 1:8.

19. Rick Brooks, "Alienating Customers Isn't Always a Bad Idea, Many Firms Discover Banks, Others Base Service on Whether an Account Is Profitable or a Drain 'Redlining in the Worst Form'," Wall Street Journal, January 7, 1999.

20. David Barboza, "In This Company's Struggle, God Has Many Proxies," New York Times, November 21, 2001, C1.

21. Eric Ransdell, "They Sell Suits with Soul," Fast Company, October 1998, 66.

The Third Commandment
Get to Know Yourself

1. Deuteronomy 11:19

2. The Torah is written using only consonants ; thus the word them is "oTaM," where as the word meaning you in the plural is "aTeM." Had the word "oTaM" (them) been written conventionally with a consonant letter vav included, the word could only have meant "them." As it is written, it clearly means to say that you are obliged to teach "you" before you teach "them."

3. Babylonian Talmud, tractate Kiddushin, 29b; and Maimonides Laws of Torah Study, chap. 1, sect. 4.

4. Americn Psychiatric Association, Diagnostic and Statistical Manual of Mental Disorders, 3d ed. [DSM III] (Washington, DC: American Psychiatric Association,

1980), 259.

5. Genesis 22:2.

6. Genesis 22:5.

7. Three times a day, observant Jews recite the Shema prayer, which places head before heart.

8. Genesis 2:7.

9. Genesis 2:19.

10. Babylonian Talmud, tractate Berachot, 61a.

11. Rabbi Abraham J. Twerski, Dearer Than Life (Brooklyn, NY: Shaar Press, 1997), 102.

12. New York Times, October 19, 1997.

13. Wall Street Journal, October 30, 1997, B1.

14. Robert Ardrey, The Territorial Imperative (London: Collins, 1967).

15. A. H. Maslow, Toward a Psychology of Being (Princeton, NJ: Krech Crutchfield, 1962); and Elements of Psychology (New York: Knopf, 1958).

16. Genesis 2:10.

17. Genesis 2:12.

18. Saying of the Fathers, chap. 4, mishna 1.

19. Genesis 3:17-19.

20. Roy Baumeister, "Violent Pride," Scientific American, April 2001.

21. William J. Bennett, The Devaluing of America (New York: Summit, 1992).

22. Personality and Social Psychology Review, November 2001.

23. Genesis 34:21.

24. Rabbi Yitzchak of Volozhin (1780-1849).

25. Stephen Birmingham, Our Crowd (New York: Harper and Row, 1967), 289.

26. Psalms 34:15 (shalom means both "peace" and "fulfilled totality").

27. Helen Gurley Brown, "Conducting Training Needs Assessment," Fortune, October 28, 1996, 179-187.

The Fourth Commandment
Do Not Pursue Perfection

1. New York Post, February 26, 2009.

2. Michael Grunwald, "Unknowing Residents Have Little Left But Lawsuits," Washington Post, January 1, 2002, A17.

3. Editorial, Wall Street Journal, January 24, 2002.

4. New York Times, September 30, 1999.

5. Andrew Carnegie, "How I Served My Apprenticeship," Youth's Companion, April 23, 1896.

6. Burton W. Folsom Jr., The Myth of the Robber Barons (Herndon, VA: Young America's Foundation, 1996), 27.

7. Robert Sobel, The Entrepreneurs (New York: Weybright and Talley, 1974).

8. Walter Donway, "In Defense of Decades of Greed," Wall Street Journal, September 4, 1992.

9. Forbes, February 16, 2009.

10. Charles Oliver, "Capitalists versus Capitalism," Investor's Business Daily, September 17, 1997.

11. E. Fuller Torrey, Nowhere to Go: The Tragic Odyssey of the Homeless Mentally Ill (New York: Harper and Row, 1989).

12. Marvin Olasky, The Tragedy of American Compassion (Lanham, MD: Regnery Gateway, 1992), 211.

13. Manhattan Institute, Policy Issues in Homelessness (New York: Manhattan Institute, 1990).

14. Deuteronomy 15:4, 5.

15. Deuteronomy 15:11.

16. Leviticus 19:14.

17. Moses Maimonides, Laws of Gifts to the Poor, chap. 7, sect. 5.

18. Babylonian Talmud, tractate Bava Metziah, 62a.

19. William Bradford, History of the Plimoth Plantation (London: Ward and Downey, 1986), 12.

20. Ayn Rand, Atlas Shrugged (New York: Random House, 1958).

21. Brent Schlender, "The Bill and Warren Show," Fortune, July 20, 1998 (cover story).

22. Editorial, "The Civilizing Effect of the Market," Wall Street Journal, January 24, 2002, A1.

The Fifth Commandment
Lead Consistently and Constantly

1. Max Planck, Treatise on Thermodynamics, trans. Alexander Ogg (Cape Town, South Africa: Dover, 1926).

2. "Green Buttermilk and Some Real Leadership, Can It Be Real?" Forbes ASAP, April 8, 1996, 10-112.

3. Sam Roberts, "La Guardia's Legacy Is Formidable But It May Be Surpassed," New York Times, December 31, 2001.

4. Dan Barry, "A Man Who Became More Than a Mayor," New York Times, December 31. 2001.

5. Hampton Sides, Ghost Soldiers, The Forgotten Epic Story of World War II's Most Dramatic Mission (New York: Doubleday, 2001).

6. Exodus 18:17.

7. Sayings of the Fathers, chap. 1, mishna 6.

8. Rich Karlgaard, "Digital Rules," Forbes, September 17, 2001.

9. Genesis 38:1.

10. Genesis 44:18.

11. Babylonian Talmud, tractate Kiddushin, 29a.

12. Genesis 24:3.

13. Genesis 24:37.

14. Lydia Strohl, "Why Doctors Now Believe Faith Heals," Reader's Digest, May 2001, 109-115.

15. Genesis 19:17.

16. Genesis 15:5.

17. John Keegan, The Mask of Command (New York: Viking, 1987), 308.

18. Babylonian Talmud, tractate Chagiga, 13b.

19. William Shakespeare, Hamlet, act 4, scene 4.

20. Sayings of the Fathers, chap. 4, mishna 20.

21. John Keegan, The Mask of Command (New York: Viking, 1987), 11.

The Sixth Commandment
Constantly Change the Changeable While Steadfastly
Clinging to the Unchangeable

1. Konrad Heiden, Der Fuehrer, trans. Ralph Manheim (Boston: Houghton Mifflin, 1994), 144.

2. Fortune, February 2, 2009.

3. Wall Street Journal, September 16, 2008, B1.

4. Edward Luttwak, "The Secret the Soviets Should Have Stolen," Business 2.0, May 1, 2001, 83.

5. "Research News," Science, July 25, 1986, 417.

6. Stephen Jay Gould, "Mickey Mouse Meets Konrad Lorenz," Natural History, May 1979, 30.

7. Dean Starkman, "Westfield's Lowy Joins Top Ranks of Mall Tycoons," Wall Street Journal, January 15, 2002, B1.

8. Carrie Coolidge, "Pushing the Envelope," Forbes, October 19, 1998.

9. Deuteronomy 33:18.

10. Deuteronomy 33:19.

11. Rashi's commentary, Deuteronomy 33:18

12. James C. Collins, "Change Is Good-But First Know What Should Never Change," Fortune, May 29, 1995.

13. De Beers is the South African-based international diamond syndicate.

14. Ann Marsh, "Ice Capades," Red Herring, March 6, 2001, 124-134.

15. Jeffrey A. Trachtenberg and Matthew Rose, "Feeling the Stewart Effect," Wall Street Journal, June 26, 2002, B1.

16. "Companies Rethink Casual Clothes," USA Today, June 27, 2000.

17. Teri Agins and Lisa Vickery, "Heads Up-The Suits Are Coming," Wall Street Journal, April 6, 2001, B1.

The Seventh Commandment
Learn to Foretell the Future

1. New York Times Magazine, March 1, 2009.
2. Winston S. Churchill, The Gathering Storm, Vol. 1 of The Second World War (Boston: Houghton Mifflin, 1948), 222.
3. Greg Sandoval, "Shaheen Defends Webvan Tenure" (NET News. com, April 23, 2001). Http://news.cnet.com/Shaheen-defends-Webvan-tenure / 2100-1017-3 -256311.html
4. Cicero, De Divinatione, I, 118.
5. Diane Maley, "The Philosopher King-Behind the Reichmann's Mystique," Report on Business, December 1988.
6. Ecclesiastes 1:9
7. Newsweek, October 28, 1946.
8. Genesis 5.
9. "Pass It On," Alcoholics Anonymous World Service, 1984, 384.
10. Nikolas Kondratieff, The Long Wave Cycle (New York: Richardson and Snyder, 1984).
11. Leviticus 25.
12. Richard Lipkin, "Cycles: Beating to the Same Pulse," Insight, March 14, 1988.
13. Foundation for the Study of Cycles, University of California at Irvine.
14. Thomas Petzinger Jr., "The Front Lines. A Professor Teaches How to Turn Xeroxes into Lucrative Profits," Wall Street Journal, 1998.
15. K. L. Billingsley, The Seductive Image (Westchester, IL: Crossway Books, 1989), 69.
16. Sharon Begley, "So Much for Destiny: Even Thoughts Can Turn Genes 'On' and 'off,'" Wall Street Journal, June 21, 2002, C1.

The Eighth Commandment
Know Your Money

1. William James, The Principles of Psychology (New York: Henry Holt, 1890), chap. 10.
2. Genesis 32:25.
3. Babylonian Talmud, tractate Chullin, 91a.
4. James E. Ewart, Money (Seattle, WA: Principia Publishing, 1998).
5. Thomas A. Stewart, "Brain Power: Who Owns It... How They Profit from It,"

Fortune, March 17, 1997, 105.

6. Paul Johnson, A History of the American People (New York : HarperCollins, 1997), 640.

7. Friedrich Hayek, The Fatal Conceit (Chicago: University of Chicago Press, 1988), chap. 6, "The Mysterious World of Trade and Money."

8. Carl Menger, Principles of Economics (London: London School of Economics, 1934).

9. Extrapolated from discussions in Babylonian Talmud, tractate Sanhedrin, 38a, and Pirke D'Rabbi Eliezer, chap. 48.

10. Tiferet Yisrael, Rabbi Yehuda Loew, chap. 26.

11. Herman Minkowski, 1908, Lecture to 80th Assembly of German natural Scientists and Physicians; quoted in Albert Einstein, The Principle of Relativity.

12. Generally accepted accounting principles-the rules, conventions, and practices that form the foundation for financial accounton.

13. Jewish law calculatess damages in a similar way. If a man loses an arm in an industrial accident, damages are estimated on the basis of the amount of money that most people in that occupation would be willing to accept in return for losing an arm.

14. Babylonian Talmud, tractate Bava Metzia, 42a.

15. John Tracy, How to Read a Financial Report (New York: Wiley, 1998).

The Ninth Commandment
Act Rich: Give Away 10 Percent of Your After-Tax Income

1. Naomi Mauer, "Tithing," The Jewish Press, September 7, 2001.

2. Zahar, iii, 110b.

3. Steven E. Landsburg, "Giving Your All: The Math on the Back of the Envelopes," Slate.com, Http://slate.msn.com/default.aspx?id=2034 (online magazine), January 11, 1997.

4. Dan Seligman, "Is Philanthropy Irrational?" Forbes, June 1, 1998.

5. Study by Daniel Zizzo, Oxford University, and Andrew Oswald, Warwick University, February 2002.

6. Dan Seligman, "Is Philanthropy Irrational?" Forbes, June 1, 1998.

7. "Giving USA 2001, The Annual Report on Philanthropy" (The Center on Philanthropy, Indiana University, Bloomington, IN).

8. Genesis 47:22-26.

9. Numbers 13:33.

10. Rudyard Kipling, "If," in One Hundred and One Famous Poems (New York: Barnes and Noble, 1993), 116.

The Tenth Commandment
Never Retire

1. Jim Irwin (Associated Press), Seattle Post-Intelligencer, April 14, 1999.
2. "100-Year-Old Finally Gets College Degree," CNN.com, www.cnn.com/2001/US/06/01/centenarian.graduate.ap/index.html, June 1, 2001.
3. Roy Hoffman, "Working Past 90," Fortune, November 13, 2000, 366-384.
4. Babylonian Talmud, tractate Shabbat, 30b.
5. Donald D. Hensrud, "The Mayo Clinic Doctor," Fortune, April 20, 2001, 210.
6. William Diehl, "I'll Never Retire," The Free Market, February 1997.
7. William McGurn, "Pulpit Economics," First Things, April 2002, 21-25.
8. Leviticus 19:32.
9. Babylonian Talmud, tractate Kiddushin, 32b.
10. "Europe's Population Bomb," Newsweek, December 15, 1986.
11. U.S. News & World Report, December 16, 1985, 67.
12. Job 5:7.
13. Babylonian Talmud, tractate Taanit, 23a.
14. Babylonian Talmud, tractate Bava Metziah, 38a.
15. Robert Louis Stevenson, "El Dorado," in the Works of Robert Lewis Stevenson, Vailima Edition (26 vols.), ed Lloyd Osbourne and Fanny Van de Grify Stevenson (London: Heinemann, 1922-1923).

Epilogue

1. Matthew Herper, "Keep Your CEO Out of Grad School," Forbes.com, April 25, 2002. www.forbes.com/2002/04/25/0425ceoschools.html